Kohlhammer

Religionspädagogik innovativ

Herausgegeben von

Rita Burrichter
Bernhard Grümme
Britta Konz
Hans Mendl
Manfred Pirner
Thomas Schlag

Band 61

Die Reihe »Religionspädagogik innovativ« umfasst sowohl Lehr-, Studien- und Arbeitsbücher als auch besonders qualifizierte Forschungsarbeiten. Sie versteht sich als Forum für die Vernetzung von religionspädagogischer Theorie und religionsunterrichtlicher Praxis, bezieht konfessions- und religionsübergreifende sowie internationale Perspektiven ein und berücksichtigt die unterschiedlichen Phasen der Lehrerbildung. »Religionspädagogik innovativ« greift zentrale Entwicklungen im gesellschaftlichen und bildungspolitischen Bereich sowie im wissenschaftstheoretischen Selbstverständnis der Religionspädagogik der jüngsten Zeit auf und setzt Akzente für eine zukunftsfähige religionspädagogische Forschung und Lehre.

Georg Langenhorst / Markus Schiefer Ferrari /
Rudolf Sitzberger (Hrsg.)

Vorbilder für unsere Zeit

26 Entwürfe für Modell-Lernen heute

Eine Freundesgabe für Hans Mendl zum
65. Geburtstag

Verlag W. Kohlhammer

1. Auflage 2025

Alle Rechte vorbehalten
© W. Kohlhammer GmbH, Stuttgart
Gesamtherstellung: W. Kohlhammer GmbH, Heßbrühlstr. 69, 70565 Stuttgart
produktsicherheit@kohlhammer.de

Print:
ISBN 978-3-17-045754-6

E-Book-Formate:
pdf: ISBN 978-3-17-045755-3
epub: ISBN 978-3-17-045756-0

Für den Inhalt abgedruckter oder verlinkter Websites ist ausschließlich der jeweilige Betreiber verantwortlich. Die W. Kohlhammer GmbH hat keinen Einfluss auf die verknüpften Seiten und übernimmt hierfür keinerlei Haftung.
Dieses Werk einschließlich aller seiner Teile ist urheberrechtlich geschützt. Jede Verwendung außerhalb der engen Grenzen des Urheberrechts ist ohne Zustimmung des Verlags unzulässig und strafbar. Das gilt insbesondere für Vervielfältigungen, Übersetzungen, Mikroverfilmungen und für die Einspeicherung und Verarbeitung in elektronischen Systemen.

Inhalt

Hans Mendls Impulse für eine zeitgenössische Religionsdidaktik
Vorwort 9

I Spiegelfiguren aus Bibel und Kirchengeschichte

Gleichnisse mit unmoralischen Helden in didaktischer Perspektive 17
Hanna Roose

Den Anderen mit Wohlwollen verstehen
Ramon Lull als Modell für den abrahamischen Trialog 27
Clauß Peter Sajak

Ein ›rechter Heiliger‹?
Vorbildlernen mit Martin Luther 35
Claudia Gärtner

Sophie und Hans Scholl
Biografisch-historisches Lernen anhand filmischer Inszenierungen 45
Konstantin Lindner

Bonhoeffer im Marienretabel
Michael Triegels Naumburger Altarbild: Kontroversen und Perspektiven ... 57
Rita Burrichter

II Zeitgenössische Stars, Helden, Local heroes

Vereinnahmt mich nicht!
Reinhard Mey als Vorbild? 69
Georg Langenhorst

Cristiano Ronaldo
Ein (Anti-)Held unserer Zeit? 79
Ulrich Riegel

Damar Hamlin, Football Player
Zur gesellschaftlichen Bedeutung von Religion im American Football 89
Matthias Werner

Schwester Birgit Weiler
Eine prophetische Theologin in der Weltkirche 99
Annegret Langenhorst

Tomáš Halík
Leben und Glauben zwischen Mut und Zweifel, Säkularität und Spiritualität 109
Ulrich Kropač

Vorbildlernen und soziale Medien
Theoklitos Proestakis – Hero of Takis Shelter (Kreta) 121
Michaela Neumann

›Local heroes‹ in Zeiten von Flucht und Vertreibung
Unterrichtsprojekte und didaktische Reflexion 135
Walter Leitmeier

III   Biografisch Lernen fiktional

»Bist so ein Held, Schorsch?« (*Kirsten Boie*: Dunkelnacht)
Zum Vorbild-Charakter einer fiktiven Figur 145
Norbert Brieden

»Leuchtkäfer der Vergangenheit« (*Katja Petrowskaja*: Vielleicht Esther)
Autofiktionale Annäherungen an Urgroßeltern 157
Markus Schiefer Ferrari

Mit den Augen der Anderen
Autofictions als Medien eines Lernens an fremden Biografien 169
Eva Stögbauer-Elsner

»Ich sprech' mit Gott, aber Gott nicht mit mir« (*Fard*: »Gott«)
Der Rap als Gestaltungsmodell für den Religionsunterricht 179
Klaus König

Lovena
Kurzspielfilme als Medium biografischen Lernens 191
Burkard Porzelt

An Modellen von Menschsein bilden
Menschenrechtliche Impulse im Schulbuchwerk »Religion verstehen« 201
Matthias Bahr

VorBILDliche Schüler*innen
Identifikations- bzw. Begleitfiguren in Religionsschulbüchern 211
Tanja Gojny

IV Lernprozesse: Biografisch Lernen praktisch

Vorbildliches Handeln unter dem Radar des Vorbildlernens?
Unterrichtsrelevante Modell-Situationen christlicher Nächstenliebe 225
Manfred Riegger

Religiöses Lernen an Held*innen und Vorbildern
Ein Einwurf aus kroatischer Perspektive 237
Jadranka Garmaz

Biografische Zugänge zum Leben nach dem Tod?
Nahtoderfahrungen anhand der Lebensgeschichte von Eben Alexander 247
Johannes Heger

Wenn die Zeitzeug*innen gehen
Antisemitismuskritische Bildung durch VR-Experiences 257
Mirjam Schambeck sf

Authentisch oder Marketing?
Sinnfluencer im Spagat zwischen Sein und Schein in der digitalen Welt ... 269
Rudolf Sitzberger

Sinnfluencer*innen im Religionsunterricht
Ein Unterrichtsprojekt 281
Carolin Grillhösl-Schrenk

Kann man von Let's Playern lernen?
YouTuber der Gaming-Szene im Religionsunterricht 293
Manuel Stinglhammer

Beiträgerinnen und Beiträger 305

Hans Mendls Impulse für eine zeitgenössische Religionsdidaktik
Vorwort

Der Passauer Religionspädagoge *Hans Mendl* wird im Mai 2025 65 Jahre alt. Er hat die Entwicklungen der deutschsprachigen Religionspädagogik und Religionsdidaktik über 25 Jahre maßgeblich geprägt. Gleich in mehreren Bereichen setzten seine Arbeiten Wegmarken für diese wissenschaftlichen Disziplinen und ihre praktischen Wirkungen.

- 2005 erschien die Monografie über »Lernen an (außer-)gewöhnlichen Biografien«, konzipiert als »religionspädagogische Anregungen für die Unterrichtspraxis«. Damit war ein erstes eigenprofiliertes Forschungsfeld vorgespurt: der Bereich des Modell-Lernens, insbesondere im Blick auf die dann in einer viel beachteten Datenbank breit präsentierten »Local heroes«. 2015 folgte ein Band über »Lernen an außergewöhnlichen Biografien« unter dem Titel »Modelle – Vorbilder – Leitfiguren«, 2020 die Studie »Helden wohnen nebenan«.
- Mendl macht sich stark für das Prinzip des »performativen Religionsunterrichts«, dessen Grundanliegen eine in Vorbereitung, Durchführung und Reflexion erfolgende erfahrungs- und handlungsbezogene Religionsdidaktik ist. 2008 erschien sein Grundlagenbuch »Religion erleben«, 2016 das umfangreiche und theoretisch grundlegende »Studienbuch« »Religion zeigen, Religion erleben, Religion verstehen«, 2022 und 2024 folgten die materialreichen Praxisbände zu »Religion erleben« für die Primar- und Sekundarstufe in seiner Herausgeberschaft.
- Seit 2010 ist Mendl Initiator, Motor und Herausgeber des »Jahrbuch[s] für konstruktivistische Religionspädagogik«, dessen Anliegen es ist, konstruktivistische Lernansätze theoretisch und praktisch in der Religionspädagogik zu beheimaten. Die Theorie konstruktivistischer Religionsdidaktik gehört zu den zentralen Kernelementen von Hans Mendls umfangreichen Schaffens.
- Mendl arbeitet nah an der Basis. Das zeigt sich in den letzten drei hier anzuzeigenden Bereichen. Sein Grundlagenwerk »für Studium, Prüfung und Beruf«, 2011 unter der Überschrift »Religionsdidaktik kompakt«, liegt inzwischen in neunter Auflage vor und gilt als *das* studierendenfreundliche Überblicksbuch zum Themenfeld. Im »Taschenlexikon Religionsdidaktik« (2019) findet sich ein begleitendes Nachschlagewerk.
- Praktisch wird diese Arbeit in der Passauer »Lernwerkstatt Religionsunterricht«, die 2026 auf 25 Jahre Erfolgsgeschichte zurückblicken kann. Hier werden praxisnah alle Ideen und Theorien mit den Studierenden erprobt, reflektiert und weiterentwickelt, um eine spätere Anwendung im Unterricht greifbar und erfahrbar werden zu lassen.

- Dieser Praxisbezug wird schließlich greifbar in der konkreten Lehrbucharbeit. Zusammen mit *Markus Schiefer Ferrari* gibt Hans Mendl seit 2004 das für den gymnasialen Religionsunterricht konzipierte und weit verbreitete Schulbuch »Religion vernetzt« heraus, das Schüler*innenbuch und Lehrer*innenhandbuch sowie Zusatzmaterialien erschließt. Mit der völlig verschiedenen Neuausgabe »Religion vernetzt plus« (bis zur 10. Jahrgangsstufe) prägt es gleich zwei Schülergenerationen.

Ein imposantes, umfangreiches, in seiner Generation beispielloses Panorama! Umso mehr, wenn man bedenkt, dass mit diesen Hinweisen nur ausgesuchte Schwerpunkte seiner breitgespannten Arbeiten benannt sind. Hans Mendl verkörpert eine Religionspädagogik, die immer theoretisch fundiert ist, gleichzeitig aber auf die Praxis hin konkretisiert und durchbuchstabiert wird. Dabei stehen für ihn immer die Mitdozierenden, Studierenden und Schülerinnen und Schüler im Mittelpunkt – die Menschen, um die es letztlich geht.

Hans Mendl hat selbst ein biografisches (Selbst-)Porträt verfasst. Sein Beitrag »Leben als Ermutigung und Wirken« findet sich in dem von Horst F. Rupp und Susanne Schwarz herausgegebenen siebten Band »Lebensweg, religiöse Erziehung und Bildung. Religionspädagogik als Autobiographie« (Würzburg 2020), S. 195–210. Diese Ausführungen und Angaben müssen hier nicht wiederholt werden. Wer mag, kann sich dort orientieren.

Wir greifen den Anlass heraus, um ihm ein von Hochachtung, Respekt und Freundschaft geprägtes thematisch zentriertes Buch zu widmen. Nicht im Sinne einer – doch etwas altbacken und verstaubt wirkenden – ›Festschrift‹ im klassischen Sinne, die der Dynamik und Kreativität des Geehrten nicht entsprechen würde, sondern in Form einer ›Freundschaftsgabe‹, die ein zentrales Grundanliegen Hans Mendls aufnimmt und konstruktiv weiterdenkt. Mit dem vorliegenden Band über »Vorbilder unserer Zeit« greifen die Herausgeber das erste der oben benannten Themenfelder auf, das maßgeblich von Hans Mendl – wieder und zugleich neu – in den Fokus der Religionspädagogik gerückt wurde und sich bis hin zu seiner schönen kleinen Monografie über »Franz von Assisi für junge Leute« (2023) in die Gegenwart zieht. Anlässlich seines 65. Geburtstags haben die Herausgeber Freundinnen und Freunde, Wegbegleiter und Wegbegeiterinnen aus der Religionspädagogik versammelt, um dieses herausfordernde Feld näher zu beleuchten.

Warum? – Die Welt ist in den letzten Jahrzehnten bunter und vielfältiger geworden, und das Leben offenbart sich in einem breit ausgespannten Fächer von Möglichkeiten. Aber nicht alle Menschen sehen diese Vielfalt als Chance zur freien Wahl, betonen eher das Gefühl der Überforderung durch die ständige Pflicht zur Entscheidung. Doch nach welchen Kriterien? Orientierung in dieser mannigfaltigen Lebenslandschaft können Modelle und Vorbilder bieten. Auf allen erdenklichen Kommunikationskanälen sind sie verfügbar und präsent: Sei es im engsten Familienkreis, in der die Eltern nach wie vor einen prägenden Einfluss ausüben, sei es in der Peergroup, in der die Leader vorangehen, sei es in der Gestalt von zahlreichen Influencerinnen und Influencern, seien es schließlich Stars und Helden der Filme, Geschichten und Geschichte. Die Wirkmächtigkeit und Prägkraft als Orientierungsmarker im Blick auf heutige Jugendliche und junge Erwachsene belegen viele neuere Untersuchungen der Shell- und weiterer Studien nachdrücklich.

Lange jedoch galt das Thema der Helden, der Stars und klugen, vorbildgebenden Köpfe in der Bildungsarbeit als obsolet. Zu einem Zeitpunkt, an dem noch keinerlei Renaissance der Helden zu erahnen war, nahm sich Hans Mendl dieses Themas an. Mit seinem feinen Gespür für die relevanten Fragen und Aufgaben in der Religionspädagogik brachte er nicht nur die *Local heroes* als wichtigen Lernbereich in den Unterricht ein. Die Gründung der Local-heroes-Datenbank im Jahr 2000 an seinem Lehrstuhl für Religionspädagogik und Didaktik des Religionsunterrichts in Passau markierte den Beginn einer Ära, in der das Lernen an Biografien seinen festen Platz fand und heute unverzichtbarer Bestandteil religiöser Bildung ist.

Diese Entwicklungen werden in diesem Buch aufgenommen und weitergeführt. Wegbegleiterinnen und Wegbegleiter, Freundinnen und Freunde, Schülerinnen und Schüler Hans Mendls legen 26 Tiefenbohrungen zum Vorbild-Lernen vor. *Vier* – in sich verbundene und sich überlappende – *Abteilungen* strukturieren das Lernfeld und auch dieses Buch:

- Im ersten Schritt geht es »*Spiegelfiguren aus Bibel und Kirchengeschichte*«. Bis in die Lehrpläne hinein gelten sie als Modelle biografischen Lernens, in den sich Elemente des Modell-Lernens mit Aspekten von Bibel- und Kirchengeschichtsdidaktik mischen. Das Panorama spannt sich aus von Gleichnissen Jesu mit unmoralischen Helden (*Hanna Roose*) über die Bedeutung Ramon Lulls für den abrahamischen Trialog (*Clauß Peter Sajak*) bis hin zur Anfrage an die gegenwärtige Fremdnutzung Martin Luthers durch rechte Gruppierungen (*Claudia Gärtner*). Mediale Aspekte werden betont im Blick auf Filme über die Geschwister Scholl (*Konstantin Lindner*) sowie auf die Darstellung Friedrich Bonhoeffers im umstrittenen Naumburger Altarbild des Künstlers Michael Triegel (*Rita Burrichter*).
- Die zweite Abteilung wendet sich real lebenden Menschen unserer Zeit zu, die als Stars, Helden oder Local heroes ein Lernen an fremden Biografien ermöglichen. Diese Perspektive kann den Sänger Reinhard Mey in den Mittelpunkt stellen (*Georg Langenhorst*), aber auch Stars des Amerikanischen Football (*Matthias Werner*) – sowie möglicherweise als Anti-Held – den Fußballer Cristiano Ronaldo (*Ulrich Riegel*). Mit Schwester Birgit Weiler kann eine prophetische Warnstimme aus dem Kontext Amazoniens ins Zentrum rücken (*Annegret Langenhorst*), aber auch eine Gestalt wie der tschechische Priester und Religionsphilosoph Tomáš Halík (*Ulrich Kropač*). Der Einsatz für den Tierschutz wird im Blick auf den Kreter Theoklitos Proestakis beleuchtet (*Michaela Neumann*). ›Local heroes‹ erhalten im Kontext von Flucht und Vertreibung eine besondere, im Unterricht konzeptionell einzuholende Bedeutung (*Walter Leitmeier*).
- Medien – bereits in anderen Kapiteln reflektiert – stehen im Zentrum der dritten Gruppierung, in der es um *fiktionale* Erschließungen von Modell-Situationen geht. In Kirsten Boies preisgekröntem Jugendroman »Dunkelnacht« geht es um heldenhaftes Verhalten in der Zeit der Nazi-Diktatur (*Norbert Brieden*). In Katja Petrowskajas Roman »Vielleicht Esther« geht es hingegen um autofiktionale

Annäherungen an die Urgroßeltern (*Markus Schiefer Ferrari*). Autofictions erschließen überhaupt in besonderer Weise fremde Biografien, indem sie dazu helfen »mit den Augen der Anderen« zu sehen (*Eva Stögbauer-Elsner*). Die jugendnahe Szene der Rap-Musik arbeitet intensiv mit biblischen und religiösen Motiven und eignet sich so bestens für Gestaltungen im Religionsunterricht (*Klaus König*). Auch Kurzspielfilme bieten sich als mögliche Medien biografischen Lernens an, verdeutlicht am Film »Lovena« (*Burkard Porzelt*). Ein besonderes Medium stellen Religionsschulbücher dar. Sie versuchen menschenrechtliche Impulse zu geben (*Matthias Bahr*) und stellen selbst durch erfundene Schülergestalten Identifikations- und Begleitfiguren zur Verfügung (*Tanja Gojny*).
- Der Schlussteil des Buches wendet sich den Fragen zu, wie man Lernen an fremden Biografien praktisch gestalten kann. So lässt sich das Ideal der ›christlichen Nächstenliebe‹ in unterrichtlichen Modell-Situationen erschließen (*Manfred Riegger*). Ein Blick auf Modell-Lernen in Kroatien eröffnet internationale Perspektiven (*Jadranka Garmaz*). Die Nahtoderfahrung von Eben Alexander eröffnet kontrovers diskutierbare Zugänge zum ›Leben nach dem Tod‹ (*Johannes Heger*). Durch das Verschwinden von Zeitzeug*innen erhält der Zugang über VR-Medien eine zentrale Bedeutung in antisemitismuskritischer Bildungsarbeit (*Mirjam Schambeck*). In drei abschließenden Beiträgen rückt die digitale Welt ins Zentrum. ›Sinnfluencer‹ kann man wahrnehmen im Spannungsfeld von Sein und Schein (*Rudolf Sitzberger*). Sie lassen sich in einer konkret vorgestellten Stundenfolge in den Religionsunterricht einbauen (*Carolin Grillhösl-Schrenk*). Auch die Gaming-Szene von You-Tubern kann religionsdidaktisch nutzbar gemacht werden (*Manuel Stinglhammer*).

Ein breit gefächertes Perspektivenfeld wird somit erschlossen. Es zeigt, wie stark anschlussfähig der von Hans Mendl wieder und neu erschlossene Themenbereich des Vorbild- und Modell-Lernens ist. Reflektierte und bewusst immer wieder neu und anders angefragte Perspektiven auf die Vorbilder und Modelle machen deutlich, wie diese als »Modell« für ein Lernen an fremden Biografien in unterrichtliche Prozesse eingespielt werden können, das nicht nur einfach nachgeahmt oder modellhaft übernommen wird, sondern tatsächlich jede und jeden dazu anregen können, seine eigene Biografie wahrzunehmen, zu reflektieren und ggf. anders oder neu auszurichten.

Biblische, historische, biografische, ästhetische, mediale, didaktische und methodische Stränge verweben sich zu ganz eigengeprägten Fortführungen, die stets das individuelle Forschungs- und Tätigkeitsprofil der jeweiligen Verfasserinnen und Verfasser aufnehmen und erkennen lassen. *Local heroes?* Hans Mendl ist in seiner einflussreichen, begeisternden und anregenden Art längst selbst einer geworden.

Am Ende bleibt ein Wort des Dankes:

- den Beiträgerinnen und Beiträgern für ihre Ideen, Ausführungen und Verlässlichkeit,
- *Nicole Strauß* und *Christina Wall* am Augsburger Lehrstuhl für Religionspädagogik und Didaktik des Religionsunterrichts für unermüdliche Arbeiten an der Planung und Realisierung des Manuskripts,

- den Herausgeberinnen und Herausgebern für die Aufnahme in die Reihe »Religionspädagogik innovativ« des Stuttgarter Kohlhammer Verlags,
- dem Bistum Passau, der Schulabteilung des Bistums Graz, dem Institut für Katholische Theologie am Fachbereich Kultur- und Sozialwissenschaften der Rheinland-Pfälzischen Technischen Universität Kaiserslautern-Landau, Campus Landau und der Universität Augsburg für die Gewährung von Druckkostenzuschüssen, ohne die das Projekt nicht realisierbar gewesen wäre.

die Herausgeber:
Georg Langenhorst (Augsburg)
Markus Schiefer Ferrari (Landau)
Rudolf Sitzberger (Passau)

I Spiegelfiguren aus Bibel und Kirchengeschichte

Gleichnisse mit unmoralischen Helden in didaktischer Perspektive

Hanna Roose

Bereits 1986 erschien das exegetisch orientierte Buch »Unmoralische Helden. Anstößige Gleichnisse Jesu« von Tim Schramm und Kathrin Löwenstein. Folgt man dieser exegetischen Spur, stellt sich in didaktischer Hinsicht die Frage, was Schülerinnen und Schüler von solchen Gleichnissen lernen können. Sie sträuben sich gegen eine moralische Lektüre, präsentieren gerade keine moralischen Vorbilder – und beanspruchen doch, Jesu Botschaft zu sein. Der Beitrag untersucht, wie sich der Ansatz von Hans Mendl zu diesen Gleichnissen verhält.

Einleitung: Helden »nebenan« und unmoralische Helden

Hans Mendl hat gezeigt, dass Helden didaktisches Potenzial haben, wenn sie von ihrem Sockel geholt und nahbar werden. In seinem Buch »Helden wohnen nebenan« öffnet er den Leserinnen und Lesern die Augen, um Helden des Alltags besser wahrzunehmen. Diese Seh-Schule macht Mut, sie eröffnet die didaktische Chance, Schülerinnen und Schülern erreichbare Vorbilder nahezubringen. Helden, die »nebenan wohnen«, bewegen sich auf der Grenze zwischen Helden und Vorbildern: zwischen Helden, die in außergewöhnlichen Situationen auftreten, und Vorbildern, die »im normalen Lebenslauf Werte [...] verkörpern und weitergeben« (*Luibl* 2021, 1).

Die didaktische Stoßrichtung geht bei Mendl sowohl in eine gesellschaftliche als auch in eine biografische Richtung.

Das erste Kapitel seines Buches »Helden wohnen nebenan« trägt die Überschrift: »Besteht unsere Gesellschaft nur aus Ichlingen oder ist Altruismus angeboren?« (*Mendl* 2020, 15) Helden zeichnet (u. a.) Altruismus aus. Sie tauchen dort auf, wo Gesellschaften oder Gemeinschaften nach neuen ethischen Maßstäben und Orientierungsmustern suchen. Dabei ist es im »Postheroismus« (*Luibl* 2021, 2) kaum noch möglich, ungebrochen von Helden zu erzählen. In seinem Buch »Helden wohnen nebenan« präsentiert Mendl Helden des Alltags, die angesichts von Not nicht weg-, sondern hinschauen. Sie fungieren insofern als gesellschaftlicher Kitt:

> Denn sie springen dort ein, wo Hilfe nötig ist, wenn der Sozialstaat an seine Grenzen kommt: in der Nachbarschaftshilfe, bei der Betreuung von Kranken und Sterbenden, als Friedensstifter, Lebensretter, Krisenseelsorger, bei der Telefonseelsorge, bei der Tafel, bei

der Flüchtlingshilfe, bei der Bahnhofsmission, bei Hilfsprojekten im In- und Ausland. (*Mendl* 2020, online Inhaltsbeschreibung)[1]

In gesellschaftlicher Hinsicht trägt der Ansatz von Hans Mendl damit der »postheroischen« Gesellschaft Rechnung (*Bröckling* 2020): Das Heldentum ist »wieder Teil gesellschaftlicher Entwicklungen geworden« (*Luibl* 2021, 2).

Der Untertitel des Buches »Helden wohnen nebenan« zielt auf biografisches Lernen, genauer: auf das »Lernen an fremden Biografien«. Klassischerweise wird Helden und ihren Biografien insbesondere in der »Zeit des Übergangs von der Kindheit zum Heranwachsenden [...] besondere Wichtigkeit« (*Büttner u. a.* 1997, 15) zugeschrieben. Orientierung muss letztlich immer individuell vollzogen werden. Dabei werden Vorbilder ausgetauscht, neue Personen werden zu Helden, andere erscheinen nicht mehr so heldenhaft. Das Lernen an und mit Helden vollzieht sich nicht mechanistisch, sondern so, dass die »Freiheit des Lernenden« gewahrt bleibt:

> Heldengeschichten eröffnen zunächst einen emotionalen Bezugsraum, in dem dann Lebenseinstellungen und Werte sichtbar werden. Dies bedeutet nicht, dass das Heldenverhalten direkt umgesetzt wird, sondern an ihnen lernt man Orientierung – welche Inhalte dabei umgesetzt werden, liegt in der Freiheit des Lernenden. (*Luibl* 2021, 4.2)

Helden verstehen wir in der Regel als moralische Helden. Sie zeigen sich als gute Menschen, die in lobenswerter Weise handeln. Helden, die »nebenan wohnen«, ermutigen uns dazu, es ihnen gleichzutun oder zumindest dazu, unser Handeln an ihrem zu orientieren. In Gleichnissen des Neuen Testaments begegnen uns allerdings auch »unmoralische Helden« – so jedenfalls formulieren es der Neutestamentler Tim Schramm und die Neutestamentlerin Kathrin Löwenstein (1986). Diese »unmoralischen« Helden tauchen weder in Lehrplänen für den Religionsunterricht noch in Religionsbüchern auf. Und doch postulieren Schramm und Löwenstein in der Einleitung zu ihrem Buch über »unmoralische Helden«: »Jesus hat wiederholt moralisch fragwürdige Protagonisten in seinen Geschichten auftreten lassen – und er will, dass wir von ihnen lernen [...]!« (*Schramm/Löwenstein* 1986, 11)

Dieser Spur möchte ich folgen. (Wie bzw. was) Können wir von »unmoralischen Helden« aus dem Neuen Testament lernen – von Helden, die nicht »nebenan wohnen«, sondern sich als fiktive Gestalten in einer historisch und kulturell abständigen Welt tummeln; von Helden, die keine ungebrochenen Vorbilder sind, sondern gegen geteilte Werte verstoßen? Sind unmoralische Helden damit didaktisch (un)interessant? Wie müsste ihr didaktisches Potenzial bestimmt werden? Wie verhalten sie sich zu den Helden des Alltags, die »nebenan wohnen«, von denen Hans Mendl erzählt? Diesen Fragen geht der Beitrag nach, indem er zunächst einzelne »unmoralische Helden« aus Gleichnissen Jesu vorstellt und sie anschließend auf ihr didaktisches Potenzial hin befragt.

---

[1] Vgl. dazu https://shop.verlagsgruppe-patmos.de/helden-wohnen-nebenan-303177.html, letzter Zugriff am 15.2.2024.

Unmoralische Helden in Gleichnissen und Bildworten Jesu

Schramm und Löwenstein benennen sechs »unmoralische Helden« in neutestamentlichen Gleichnissen und Bildworten Jesu. Es sind: »der kluge Verwalter« (Lk 16,1–13), »der Prozessgegner« (Lk 12,58–59par), »der listige Finder« (Mt 13,44), »der Meisterdieb« (Lk 12,39; Mt 24,43f.; EvTh 21.103), »der Richter« (Lk 18,1–8) und »die entschlossenen Pächter« (Mk 12,1–12; Mt 21,33–46; Lk 20,9–19; EvTh 65.66). Ich klammere hier »die entschlossenen Pächter« aus und konzentriere mich auf die übrigen fünf »unmoralischen Helden«.[2]

Inwiefern sind bzw. handeln diese Helden »unmoralisch«? Und inwiefern werden sie dennoch als Helden präsentiert?

Der kluge Verwalter aus Lk 16,1–13 begeht gleich einen doppelten Betrug: Er unterschlägt gegenüber seinem Herrn Geld und wird daraufhin entlassen. In dieser Situation animiert er andere Schuldner seines ehemaligen Herrn zur Urkundenfälschung: Sie sollen den Betrag ihrer Schuld herabsetzen. In einem inneren Monolog gibt der Verwalter Einblick in seine Motivation: »Ich weiß, was ich tun muss, damit mich die Leute in ihre Häuser aufnehmen, wenn ich als Verwalter abgesetzt bin.« (Lk 16,4) Der Verwalter reagiert auf das Auffliegen seines ersten Betrugs also mit einem zweiten. Er zeigt keine Reue, keine Tendenz zur Umkehr, keine Skrupel. Schramm und Löwenstein resümieren: »Ein dubioser Charakter, zweifellos, und dennoch: ›Der Herr lobte den ungerechten Haushalter, dass er klug gehandelt habe.‹« (*Schramm/Löwenstein* 1986, 16; vgl. Lk 16,8a) Am Schluss des Gleichnisses wird er also von seinem (ehemaligen) Herrn – oder von Jesus als Herrn – explizit für sein kluges Handeln gelobt.

In eine ähnliche Richtung geht die kleine Erzählung vom Prozessgegner in Lk 12,58–59par. Erzählt wird von einem Mann, der mit einem anderen zum Gericht geht:

> (58) Solange du mit deinem Gegner auf dem Weg bist zum Gericht, gib dir Mühe, von ihm loszukommen, damit dich der Gegner nicht dem Richter übergebe und der Richter nicht dem Vollstreckungsbeamten und der Vollstreckungsbeamte dich nicht in das Gefängnis werfe.
> (59) Ich sage dir: Du wirst nicht von dort herauskommen, bis du den letzten *Quadrans*[3] zurückerstattet hast. (Rekonstruierte Q-Fassung nach *Labahn* 2007, 178)

Die Erzählung setzt voraus, dass der Mann den Prozess verlieren und anschließend dem Gerichtsdiener übergeben wird. Die parataktische Verbindung des mehrmaligen Übergebens vom Gegner zum Richter, vom Richter zum Vollstreckungsbeamten und vom Vollstreckungsbeamten zu »dir« suggeriert einen Mechanismus, der auto-

---

2 Mk 12,1–12par erfordert weitreichende diachrone Analysen, um der Argumentation von Schramm und Löwenstein folgen zu können (1986, 26–42), die nachzeichnen, »wie aus ›entschlossenen Pächtern‹ [und damit unmoralischen Helden] ›böse Winzer‹ wurden« (1986, 36). Ich spare das Gleichnis daher aus.
3 Der Quandrans ist eine römische Münze von sehr geringem Wert (vgl. *Labahn* 2007, 181).

matisiert abläuft, wenn er einmal ins Rollen geraten ist. Angesichts dieser Aussicht geht es darum, noch auf dem Weg – also bevor der Prozess beginnt – den Kopf aus der Schlinge zu ziehen und sich mit dem Prozessgegner zu einigen. Schramm und Löwenstein imaginieren die Möglichkeiten, die dem Angeklagten bleiben, in Analogie zum Gleichnis vom klugen Verwalter:

> Für Jesu Gleichnis dürfen wir uns aber – im Kontext der übrigen anstößigen Geschichten erfolgreiches ›Bestechen und Breitschlagen‹ vorstellen [...] Und dann könnte auch diese Parabel einmünden in ein ›Jesus lobte den bestecherischen Delinquenten, dass er klug gehandelt hatte!‹ (Schramm/Löwenstein 1986, 61)

Der listige Finder aus Mt 13,44 kauft einen Acker, auf dem er zuvor einen Schatz gefunden hat: »⁴⁴ Mit dem Himmelreich verhält es sich wie mit einem Schatz, verborgen in dem Acker, den ein Mensch fand und (wieder) verbarg, und aus seiner Freude geht er hin und verkauft alles, was er hat, und kauft jenen Acker.« (Müller 2007, 420)

Statt den Besitzer über seinen Fund zu informieren, versteckt der listige Finder den Schatz wieder im Acker (Mt 13,44). »Auch der Schatzfinder ist ein unmoralischer Held. Er bringt seinen Fund listig, um nicht zu sagen: arglistig an sich: der Besitzer bleibt über den wahren Wert seines Ackers im Unklaren; er muss sich nach vollzogenem Verkauf als getäuscht, ja, dupiert vorkommen« (Schramm/Löwenstein 1986, 44).

Und trotzdem wird der »listige Finder« im Matthäusevangelium nicht kritisiert. Im Gegenteil: Sein Handeln kommt im Kontext von Himmelreichgleichnissen parallel zu demjenigen vom Kaufmann zu stehen, der alles verkauft, um eine kostbare Perle zu erstehen (Mt 13,45).

Der erfolgreiche bzw. aussichtsreiche Dieb ist eine besonders spannende Figur in Bildworten Jesu. Sie begegnet in unterschiedlichen Schriften des Neuen Testaments (Lk 12,39; Mt 24,42–44; Offb 3,3; 16,5 u. ö.). Schramm und Löwenstein rekonstruieren folgende ursprüngliche Fassung aus dem Überlieferungsbestand: »›Wenn der Hausherr gewusst hätte, zu welcher Stunde der Dieb kommt, hätte er ihn nicht in sein Haus einbrechen lassen‹, aber – so könnte man fortfahren, er wusste es nicht, und deswegen war der Dieb so erfolgreich.« (ebd., 51)

Dem Dieb gelingt es, einzubrechen und den Hausherrn zu überlisten. Denn der Hausherr wusste nicht, wann der Dieb kommen würde. Der Dieb ist unberechenbar und gerade deshalb erfolgreich. Sozialgeschichtlich ist zu berücksichtigen: »Diebe und Räuber sind eine existenzbedrohende Realität der antiken Welt.« (Labahn 2007, 156) Der Dieb ist kein Robin Hood, Sozialromantik wird man in das Bildwort nicht hineinlesen dürfen.

Neutestamentliche Texte bearbeiten das Bildwort eschatologisch. Der erfolgreiche Einbruch liegt nicht zurück, sondern wird für die – nahe – Zukunft erwartet. Angesichts des Einbruchs des Diebes geht es darum, wachsam zu sein – ohne dadurch den erfolgreichen Einbruch verhindern zu können. So heißt es in Lk 12,39–40: »³⁹Bedenkt: Wenn der Herr des Hauses wüsste, in welcher Stunde der Dieb kommt, so würde er verhindern, dass man in sein Haus einbricht. ⁴⁰Haltet auch ihr euch bereit! Denn der Menschensohn kommt zu einer Stunde, in der ihr es nicht erwartet.«

Der Dieb wird mit dem Menschensohn parallelisiert. In Offb 3,3 (vgl. 16,15) spricht Jesus von sich selbst als dem erfolgreichen Dieb: »Wenn du aber nicht wachst, werde ich kommen wie ein Dieb, und du wirst nicht wissen, zu welcher Stunde ich komme.« (Offb 3,3b) »Siehe, ich komme wie ein Dieb. Selig ist, der da wacht [...]« (Offb 16,15). Jesus Christus selbst begegnet als »unmoralischer Held«.

In Lk 18,1–8 begegnen wir einem Richter, der als Protagonist der Erzählung auftritt. Eine Witwe bittet ihn, ihr zu ihrem Recht zu verhelfen. Aber der Richter kommt dieser Bitte nicht nach – obwohl genau das seine Aufgabe wäre. Die Erzählung charakterisiert ihn als »Ichling« (vgl. die Frage in *Mendl* 2020, 15). Er war ein Mann, »der Gott nicht fürchtete und auf keinen Menschen Rücksicht nahm« (Lk 18,2). Wir begegnen hier dem schroffen Gegenteil von Altruismus. Im Laufe des Gleichnisses ändert sich an dieser Charakterisierung nichts. Die Entscheidung des Richters, der Witwe doch zu helfen, entspringt nicht einer moralischen Umkehr, sondern kaltem Kalkül. Über einen inneren Monolog erhalten wir Einblick in seine (niederen) Beweggründe: »Ich fürchte zwar Gott nicht und nehme auch auf keinen Menschen Rücksicht: trotzdem will ich dieser Witwe zu ihrem Recht verhelfen, denn sie lässt mich nicht in Ruhe. Sonst kommt sie am Ende noch und schlägt mich ins Gesicht.« (Lk 18,4–5)

Erstaunlich ist nun: Dieser unmoralische Richter wird in der Erzählung für sein Verhalten nicht gerügt, sondern – im Gegenteil – vom lukanischen Jesus mit Gott verglichen: »Sollte Gott seinen Auserwählten, die Tag und Nacht zu ihm rufen, nicht auch zu ihrem Recht verhelfen, sondern zögern?« (Lk 18,7)

Das heißt: In ausgewählten Gleichnissen und Bildworten werden Figuren dadurch als Helden präsentiert, dass sie

- explizit für ihr Verhalten gelobt werden (Lk 16,8),
- implizit für ihr Verhalten gelobt werden (Lk 12,57–59par)
- mit dem Himmelreich verglichen werden (Mt 13,44)
- mit Jesus Christus verglichen werden (Lk 12,39par; Offb 3,3; 16,15)
- mit Gott verglichen werden (Lk 18,1–8).

Ihr Verhalten erscheint dabei dennoch unmoralisch: Sie betrügen, bestechen, stehlen, nutzen ihre Macht aus etc.

Wie gehen die urchristliche Überlieferung und die Exegese mit diesen anstößigen Figuren und Gleichnissen um? Ich umreiße im folgenden Kapitel drei unterschiedliche Strategien: die »Moralisierung« des unmoralischen Helden, die Kontrastierung des unmoralischen Helden als »Anti-Held« und die Fokussierung des unmoralischen Helden auf eine einzelne Eigenschaft hin.

Urchristliche und exegetische Strategien im Umgang mit unmoralischen Helden

Schon Texte des Neuen Testaments selbst zeugen davon, dass moralisch anstößige Figuren und Erzählungen als Problem wahrgenommen und als solche interpretativ bearbeitet wurden. Besonders gut lässt sich das am Gleichnis vom klugen Verwalter beobachten (vgl. zum Folgenden *Büttner/Roose* 2004, 63-64). Lk 16,8a fokussiert auf das »kluge« Verhalten des Verwalters, also auf eine *bestimmte* Eigenschaft, die sich in seinem Verhalten zeigt. Lk 16,9 verknüpft die Ungerechtigkeit, von der in 16,8a die Rede ist, nicht mehr mit dem Handeln des Verwalters, sondern mit dem Geld: Dieses »ungerechte« Geld setzt der Verwalter in moralisch zu befürwortender Weise ein: Er verteilt Almosen an andere, um in Gottes Wohnstätten aufgenommen zu werden. Der unmoralische Held wird zum moralischen Helden. Die Verse 10-12 gehen in eine andere Richtung: Der Verwalter dient nun als abschreckendes Beispiel. Er hat im Geringsten untreu gehandelt. Daher ist zu erwarten, dass er auch im Großen untreu sein wird. Der kluge Verwalter wird so zum Anti-Helden.

Wie geht die neutestamentliche Wissenschaft mit »unmoralischen Helden« um? Alle drei Strategien, die in Lk 16,8-13 zu beobachten sind, finden sich hier wieder.

Die Moralisierung des Helden: Der unmoralische Held als moralischer Held

Gerd Theißen und Annette Merz deuten das Gleichnis vom klugen Verwalter aus Lk 16,1-13 vor dem Hintergrund einer neuen Rechtsordnung, die das Reich Gottes prägt. In ihr gilt die »bedingungslose Vergebungsbereitschaft Gottes« (*Theißen/Merz* 2023, 247). Diese neue Rechtsordnung macht aus dem unmoralischen einen moralischen Helden: »Was in irdischen Rechtsverhältnissen ein Akt der Veruntreuung ist – die eigenmächtige Herabsetzung der Schulden anderer –, ist in der Rechtsordnung des Reiches Gottes eine positive Handlung: Der unmoralische untreue Verwalter wird in ihr zum moralischen Helden (vgl. Lk 16,1ff.).« (*ebd.*, 247-248) Derrett geht einen anderen Weg, um aus dem unmoralischen Helden aus Lk 16,1-13 einen moralischen zu machen. Er unterstellt, dass der Verwalter im Dienst seines Herrn wucherischen Kredit eingeräumt habe. Wenn der untreue Verwalter den Schuldigern nun Schulden erlasse, wirke er dem verbotenen Wucher entgegen. (vgl. *Derrett* 1961)

Der Mann auf dem Weg zum Gericht aus Lk 12,57-59par wird zu einem moralischen Vorbild in Sachen Versöhnungsbereitschaft: »So geht es zunächst einmal, vergleichbar mit anderen neutestamentlichen Texten, um den Rechtsverzicht zugunsten eigener Versöhnungsbereitschaft [...]« (*Labahn* 2007, 183; mit Verweis auf *Reiser* 1990, 277).

Die Kontrastierung des unmoralischen Helden: Der unmoralische Held als Anti-Held

Die Figur des Anti-Helden konstituiert sich über einen Kontrast zum moralischen Helden. Der Anti-Held erregt Aufmerksamkeit, er schärft den Blick für die eigenen Maßstäbe. Der Blick bleibt jedoch nicht bei ihm haften, sondern sucht sich andere Helden.

Der Dieb in der Nacht stellt einen Anti-Helden dar. Er verkörpert eine Gefahr, die sich am ehesten mit der aufrüttelnden Wirkung der Worte Jesu vergleichen lässt: »Die Parabel und ihre Rahmung zeigen das Ringen der frühen Christen mit der Sprengkraft der Worte Jesu in einer sich verändernden Zeit und vor einem sich wandelnden Erfahrungsschatz.« (*Labahn* 2007, 157)

Insofern lässt sich darüber sagen: »Die Geschichte über den Dieb als unmoralischen Helden kann ein [...] Bild für das Reich Gottes sein, dessen ungehindertes und unerwartetes Eintreffen in verschiedenen Bildern Jesu festgestellt wird.« (*ebd.*)

Der Vergleich hinkt allerdings. Denn während der Einbruch eines Diebes verhindert werden soll, sind der Einbruch der Gottesherrschaft bzw. die Wiederkunft Jesu Christi neutestamentlich erwünscht. Beides erfordert jedoch stete Aufmerksamkeit und Bereitschaft. Angesichts dieser Gemeinsamkeit wird der Hausherr zum moralischen Helden:

> Der Dieb als Anti-Held [...] wird zum Antipoden, die Adressaten finden ihre Existenz im Hausherrn gespiegelt. [...] Stete Aufmerksamkeit ist erforderlich, um sich vor dem Dieb zu schützen; stete Bereitschaft ist notwendig, um dem Menschensohn angemessen begegnen zu können. (*Schottroff* 2015, 158)

Auch der Richter, der der Witwe widerwillig Recht verschafft, firmiert als Anti-Held. Ihm gegenüber steht als Kontrastfigur die Witwe: Sie Frau, er Mann; sie in einer schwachen gesellschaftlichen Position, er in einer starken; sie aktiv, er passiv. Die Not der Witwe scheint groß. Wie kann – so fragen sich die Zuhörenden – ein gutes Ende aussehen?

»Nahe liegend sind, betrachtet man die vorausgesetzten Machtverhältnisse und bekannte Erzählmuster, vor allem zwei Erzählstränge: Gott könnte eingreifen und den Richter bestrafen (vgl. Lk 12,20), oder der Richter könnte sich freiwillig bekehren.« (*Merz* 2007, 670)

Umso überraschender ist der Fortgang der Erzählung. Der Richter verschafft der Witwe Recht – aber nicht, weil er sich bekehrt, sondern weil er die Forderungen der Witwe leid ist. Er fürchtet um sein persönliches Wohl (Lk 18,4b–5). Gott greift nicht ein, um den Richter zu bestrafen, sondern er wird zum Richter in ein – komplexes – *Entsprechungsverhältnis* gesetzt (Lk 18,6–8). Die Entsprechung mit Gott liegt im Recht-Schaffen. Gott schafft selbstverständlich Recht, der Richter – von dem man es eigentlich auch erwarten würde – tut dies nicht, sondern muss dazu gezwungen werden. Der Schluss geht vom Kleineren zum Größeren:

»Wenn schon ein ungerechter Richter aus zweifelhaften Motiven heraus doch seines Amtes waltet und Gerechtigkeit für die Witwe schafft, dann wird doch Gott, bekanntermaßen ein gerechter Richter, zweifellos Recht schaffen.« (*ebd.*, 671)

Als moralische Heldin fungiert die Witwe, die nicht aufgibt, sondern aus einer sozialen Position der Schwäche ihr Recht einfordert. Sie reiht sich damit ein in eine Erzähltradition von starken Witwen in Israel:

»Tamar (Gen 38), Judith und Ruth setzen ihre Verführungskünste ein [...] Immer müssen die beteiligten Männer am Ende erkennen, dass Gott auf Seiten der Witwe steht und nicht nur deren eigenmächtiges Handeln billigt, sondern selbst sogar ›durch die Hand einer Frau‹ handelt (Jdt 4,10).« (*ebd.*, 676–677)

Die Fokussierung: Der unmoralische Held als Träger *eines* (moralischen) Vergleichspunkts

Luise Schottroff (vgl. 2015, 205–224) wendet sich dezidiert gegen eine Moralisierung des »unmoralischen Helden« beim Gleichnis vom klugen Verwalter:

> Der Schuldenerlass, den er im eigenen Interesse ohne Wissen des Herrn durchführt, wird in der Auslegungsgeschichte manchmal geadelt. So findet sich die Überlegung, der Nachlass von 50 % und 20 % der Schulden (V. 6.7) habe die Wucherzinsen, die in der Schuldsumme enthalten waren, gestrichen. So erscheint sein Schuldenerlass in etwas rosigerem Licht, weil er sich nachträglich wenigstens an das ersttestamentliche Zinsverbot hält. Doch die Erzählung und die Deutung wollen den Verwalter nicht in irgendeiner Weise positiv darstellen, sondern als Betrüger – im Sinne von Gesetzen und im Sinne des reichen Mannes. (*Schottroff* 2015, 208)

Wir haben es nach Schottroff vielmehr mit einem »unmoralischen Helden« zu tun, dessen Verhalten nur in *einem* Punkt nachahmenswert ist: Er handelt »klug« (Lk 16,8a). Diese Klugheit bezieht Schottroff in einer synchronen Lektüre der Verse 8-13 auf die Art, Geld zu nutzen, um Freundschaften aufzubauen. (vgl. *ebd.*, 213) Der »unmoralische Held« hat genau *eine* positive Charaktereigenschaft, die sein Handeln bestimmt.

Ähnlich verhält es sich bei dem Menschen, der einen Schatz im Acker findet (Mt 13,44). Die Tugend, auf die es bei ihm ankommt, besteht in der Entschlossenheit, mit der er sein Anliegen verfolgt. Er weiß genau, was er will – und er weiß es spontan. Er zögert und zaudert nicht. Er freut sich und setzt sein ganzes Vermögen ein, um an den Schatz zu kommen. Nichts ist ihm dafür zu schade.

»Unmoralische Helden« sind also in genau *einem* Punkt moralisch: in ihrem klugen Handeln oder in ihrer Entschlossenheit.

»Unmoralische Helden« – didaktisch: (Wie) Können wir von »unmoralischen Helden« lernen?

Zu dem Buch »Helden wohnen nebenan« heißt es auf der Verlagshomepage:

> In diesem Buch erhalten die Helden des Alltags ein konkretes Gesicht: Sie erzählen von ihren Motiven, ihren Erfahrungen und dem persönlichen Gewinn ihres Handelns bei ganz unterschiedlichen Projekten. Sie werden auf diese Weise zu Mutmachern für die Gestaltung einer besseren Welt. Und: Diese Helden wohnen nebenan – auch in Ihrer Nähe! (*Mendl* 2020, online Inhaltsbeschreibung)[4]

Auch »unmoralische Helden« wie der kluge Verwalter und der Richter erzählen in den Gleichnissen von ihren Motiven. Sie kalkulieren den persönlichen Gewinn ihres Tuns. Es sind genau diese Erzählungen in der Form innerer Monologe, die die

---

4 Vgl. dazu https://shop.verlagsgruppe-patmos.de/helden-wohnen-nebenan-303177.html, letzter Zugriff am 15.2.2024.

Protagonisten zu »unmoralischen Helden« machen. Die Strukturparallelität bei inhaltlich kontrastierender »Füllung« ist auffällig. Die »unmoralischen Helden« begegnen uns als »Ichlinge«. Machen sie – trotzdem – die Welt besser? Oder bescheidener gefragt: (Wie) Können wir heute von »unmoralischen Helden« lernen?

Die Antwort fällt – angesichts des unterschiedlichen Umgangs mit »unmoralischen Helden« – differenziert aus:

Eine erste Antwort könnte lauten: Wir können von »unmoralischen Helden« nichts lernen. Deshalb müssen sie in moralische Helden umgedeutet werden, die dann als nachahmenswerte Vorbilder fungieren: als Vorbilder, die Mut machen. Dieser Weg arbeitet einer Wahrnehmung zu, die die Bibel als moralisches Buch rahmt: »Die moralische Codierung der Bibel findet bei Kindern und Jugendlichen, ja noch bei Studierenden, großen Anklang. Kinder erwarten, dass es in der Bibel ›gerecht zugeht‹.« (*Roose* 2007, 223)

Ohnehin tendieren Curricula dazu, (biblische) »unmoralische Helden« auszuklammern. Sie kommen dort und auch in Religionsbüchern so gut wie nicht vor. »Die einseitige Selektion biblischer Texte führt zu einem moralisch geprägten ›Kanon im Kanon‹, der nur solche Texte enthält, die nach den aktuellen gesellschaftspolitischen Maßstäben als ›moralisch korrekt‹ gelten.« (*ebd.*) Eine Moralisierung der »unmoralischen Helden« könnte ihre curricularen Aufnahmechancen erhöhen, allerdings würden sie tendenziell austauschbar mit anderen – von vornherein moralischen – Helden biblischer Erzählungen.

Eine zweite – spannendere – Antwort könnte lauten: »Unmoralische Helden« initiieren einen paradoxen Lernprozess: Wir erkennen, wie wir auf keinen Fall sein möchten – und zwar genau bei den Menschen, die uns viel bedeuten. Nicht selten wollen Jugendliche und Erwachsene gerade nicht (mehr) so sein wie ihre Eltern, nicht so wie ihre Geschwister. Während moralische Helden Lernen tendenziell als Nachahmung rahmen, bedeutet Lernen bei »unmoralischen Helden« bewusste Abgrenzung. Oder anders formuliert: (Biografische) Abgrenzungsbewegungen benötigen die Figur des unmoralischen Helden. Sie öffnen den Blick für andere Vorbilder.

Die von Luibl propagierte »Freiheit des Lernenden« (2021, 4.2), bei dem Lernen an fremden (Helden-)Biografien nicht einfach meint, diese nachzuahmen, wird angesichts von »unmoralischen Helden« konstitutiv. Es geht um eine kritische Distanznahme, um den Entwurf eines positiven Gegenspielers – ohne den »unmoralischen Helden« als Helden ganz fallenzulassen.

Bibeldidaktisch eröffnen »unmoralische Helden«, die als Anti-Helden stehengelassen werden, die Möglichkeit, die Wahrnehmung der Bibel als eines Buches, in dem es stets moralisch zugeht, produktiv zu durchbrechen.

Eine dritte Antwort könnte lauten: Unmoralische Helden zeigen uns, dass es sich lohnt, auch bei Menschen, die für einen selbst nicht (mehr) als Vorbilder taugen, nach einzelnen Eigenschaften zu suchen, die nach wie vor nachahmenswert erscheinen. Was können wir aus einer Freundschaft, einer Beziehung mit einem Menschen mitnehmen, auch wenn diese Freundschaft, diese Beziehung zerbrochen ist? (Nicht nur) Kinder und Jugendliche neigen zu radikalen Urteilen und Brüchen in (zerbrechenden) Freundschaften und Beziehungen. »Unmoralische Helden« der dritten Lesart können die Wahrnehmung dahingehend schulen, diese Urteile zu differenzieren.

Die drei Antworten orientieren sich an Chancen biografischen Lernens. Diese Lernchancen sind allerdings auch von gesellschaftlicher Relevanz: Dialogfähigkeit mit Menschen, die (für andere) Helden sind, meinen eigenen moralischen Vorstellungen jedoch nicht (mehr) entsprechen, ist ein wesentlicher Bestandteil für ein demokratisches Zusammenleben. In einer Auseinandersetzung mit moralischen und unmoralischen Helden erweist Religionspädagogik exemplarisch ihre biografische und gesellschaftliche Relevanz – und es ist eines der großen Verdienste von Hans Mendl, dass er diese Relevanzfrage nie aus den Augen verliert.

Literaturverzeichnis

BRÖCKLING, ULRICH, Postheroische Helden. Ein Zeitbild, Frankfurt a. M. 2020.

BÜTTNER, GERHARD u. a., Zur Konzeption, in: *Gerhard Büttner u. a.* (Hg.), SpurenLesen 5/6. Werkbuch, Stuttgart 1997, 5–19.

BÜTTNER, GERHARD / ROOSE, HANNA, Moderne und historische Laienexegesen von Lk 16,1–13 im Lichte der neutestamentlichen Diskussion, in: Zeitschrift für Neues Testament 7 (2004), Heft 13, 59–69.

DERRETT, JOHN DUNCAN MARTIN, Fresh Light on St Luke xvi. The Parable of the Unjust Steward, in: New Testament Studies 7 (1961), Heft 3, 198–219.

LABAHN, MICHAEL, Achtung Menschensohn! (Vom Dieb) Q 12,39f. (Mt 24,43f. / Lk 12,39f. / EvThom 21,5), in: *Ruben Zimmermann* (Hg.), Kompendium der Gleichnisse Jesu, Gütersloh 2007, 154–163.

LABAHN, MICHAEL, Forderung zu außergerichtlicher Einigung (Der Gang zum Richter) Q 12,58f. (Mt 5,25f. / Lk 12,58f.), in: *Ruben Zimmermann* (Hg.), Kompendium der Gleichnisse Jesu, Gütersloh 2007, 178–184.

LUIBL, HANS JÜRGEN, Helden, in: WiReLex 2021 (https://bibelwissenschaft.de/stichwort/200948/; letzter Zugriff am 15.2.2024)

MENDL, HANS, Helden wohnen nebenan. Lernen an fremden Biografien, Ostfildern 2020.

MERZ, ANNETTE, Die Stärke der Schwachen (Von der bittenden Witwe) Lk 18,1–8, in: *Ruben Zimmermann* (Hg.), Kompendium der Gleichnisse Jesu, Gütersloh 2007, 667–680.

MÜLLER, PETER, Die Freude des Findens (Vom Schatz im Acker und von der Perle) Mt 13,44.45f. (EvThom 76; 109), in: *Ruben Zimmermann* (Hg.), Kompendium der Gleichnisse Jesu, Gütersloh 2007, 420–428.

REISER, MARIUS, Die Gerichtspredigt Jesu. Eine Untersuchung zur eschatologischen Verkündigung Jesu und ihrem frühjüdischen Hintergrund (Neutestamentliche Abhandlungen Neue Folge 23), Münster 1990.

ROOSE, HANNA, Zwischen Erziehung, Religion, Moral und Wissenschaft: Der biblische Kanon im Religionsunterricht, in: *Gerhard Büttner / Annette Scheunpflug / Volker Elsenbast* (Hg.), Zwischen Erziehung und Religion. Religionspädagogische Perspektiven nach Niklas Luhmann (Schriften aus dem Comenius-Institut 18), Münster 2007, 214–231.

SCHOTTROFF, LUISE, Die Gleichnisse Jesu (4. Aufl.), Gütersloh 2015.

SCHRAMM, TIM / LÖWENSTEIN, KATHRIN, Unmoralische Helden. Anstößige Gleichnisse Jesu, Göttingen 1986.

THEIßEN, GERD / MERZ, ANNETTE, Wer war Jesus? Der erinnerte Jesus in historischer Sicht. Ein Lehrbuch, Göttingen 2023.

Den Anderen mit Wohlwollen verstehen
Ramon Lull als Modell für den abrahamischen Trialog

Clauß Peter Sajak

Die Person

Der wohl berühmteste Sohn Mallorcas ist der mittelalterliche Theologe Ramon Lull (lat. *Raimundus Lullus*), an den auch heute noch auf seiner Heimatinsel Mallorca zahlreiche Orte erinnern. So sind in seiner Geburtsstadt Palma de Mallorca Straßen und Plätze nach ihm benannt, am Paseo Marítimo steht er prominent unterhalb der gotischen Kathedrale und blickt in Form einer monumentalen Skulptur des Bildhauers Horacio de Eguía auf das Meer hinaus. Einige Straßen weiter inmitten der Altstadt liegt Lull in der gewaltigen Hallenkirche des Franziskanerkonvents begraben, hinter dem barocken Hochaltar verbirgt sich sein spätmittelalterliches Grabmal (ca. 1460). Vierzig Kilometer weiter östlich findet sich auf dem Puig de Randa, einem knapp 600 Meter hohen Tafelberg, sogar ein kleines Museum, das eigens der Person des Ramon Lull und seinem Werk gewidmet ist. Es liegt im Zentrum des Klosters Santuari de Nostra Senyora de Cura, das auf eine Gründung von König Jakob I. von Aragon im Jahre 1229 zurückgeht.

Hierher hatte sich der katalanische Scholastiker zu verschiedenen Zeiten seines Lebens zurückgezogen, um an seinen theologischen Schriften zu arbeiten, die sich vor allem dem Verhältnis des Christentums zu Judentum und Islam widmen. Heute finden Besuchende hier unter anderem ein Wandgemälde, das irgendwann im Laufe des 20. Jahrhunderts zur Illustration des Lebensweges von Lull angefertigt worden ist. Es zeigt einen Christen, einen Muslim und einen Juden eng beieinander in einem Boot. Sie tragen jeder ein Buch unter dem Arm, das durch Stern, Halbmond oder Menorah als heilige Schrift gekennzeichnet ist. Über dieser trialogischen Bootspartie schwebt Ramon Lull und hält sein Hauptwerk, die *Ars magna*, in seiner Hand. Es ist das Opus, an dem Lull sein Leben lang gearbeitet hat und das vor allem ein Ziel hatte, nämlich einen friedlichen und vernunftbasierten Trialog von Juden, Christen und Muslimen zu initiieren. In Zeiten der mittelalterlichen Kreuzzüge und Religionskriege war dies kein singuläres, aber doch ein sehr seltenes Phänomen und es kann heute noch wichtige Impulse liefern und Vorbild sein, wenn es darum geht, den abrahamischen Trialog von jüdischen, christlichen und muslimischen Menschen zu fördern und zu gestalten.

Das Leben

Ramon Lull hat sich wohl angesichts des Konzils von Vienne (1311/12) von einem Bewunderer eine ausführliche Autobiografie anfertigen lassen, aus der seine Lebensdaten und -stationen auch heute noch recht gut rekonstruierbar sind (*Riedlinger* 1991, 500). Er wurde um 1232/33 in Palma de Mallorca geboren, einer kosmopolitischen Stadt, die eben erst (1229) durch Jakob I. von Aragon aus muslimischer Herrschaft befreit worden war. An dessen Hof machte Lull Karriere, u. a. als Erzieher des Erbprinzen und späteren Königs Jakob II. (1276–1311). Als Hofbeamter widmete er sich der Troubadourlyrik, heiratete um 1257 Blanca Picany und wurde Vater zweier Kinder, Dominik und Magdalena (*Riedlinger* 1991, 500). Wie es sich für einen ambitionierten Theologen gehört, stellte er sich im Rückblick in diesem ersten Lebensabschnitt gern als ausgelassenen, reichen und weltlichen jungen Mann dar. Um 1263 soll ihm während der Arbeit an einem Liebeslied fünfmal der gekreuzigte Christus erschienen sein. Nach diesem Bekehrungserlebnis wurde ihm klar, dass »er 1. bei der Bekehrung der Muslime sein Leben geben, 2. ein Buch [...] gegen die Irrtümer der Ungläubigen schreiben müsse und 3. den Papst sowie Könige und Fürsten zur Gründung von Klöstern bewegen müsse, in denen Missionare Arabisch [...] erlernen könnten.« (*Riedlinger* 1991, 500) Damit war das Programm seines späteren Lebens umrissen.

In den folgenden Jahrzehnten studierte Lull Latein und Arabisch, widmete sich der christlichen wie auch der muslimischen Theologie und verfasste eine ganze Reihe von theologischen Werken unterschiedlichster Gattungen. Im Jahr 1274 legte er die erste Fassung seines Hauptwerkes *Ars compendiosa inveniendi veritatem* vor und gründete zwei Jahre später auf dem Puig de Randa ein erstes Sprachkloster für zukünftige Missionare (*Lohr* 2023, 1). Es folgten Jahre des rastlosen Reisens durch den ganzen Mittelmeerraum, in denen Lull die Missionierung von Juden und Muslimen vorantreiben wollte. Sein Hauptwerk, die *Ars*, überarbeitete er in dieser Zeit mehrfach und erreichte nach 1309 in Paris ihre Approbation, nun unter dem Titel *Ars generalis ultima*.

Einer seiner größten Erfolge gelang ihm 1311 als »das Konzil von Vienne auf sein Drängen hin die Einrichtung von Sprachkursen [in Hebräisch, Griechisch und Arabisch, C. P. S.] an den führenden Universitäten« (*Lohr* 2023, 1) beschloss. An das Konzil schlossen sich noch einmal produktive Arbeitsperioden auf Mallorca (1312/13), in Messina (1313/14) und sogar Tunis (1314/15) an. Der dort herrschende Sultan suchte in diesen Jahren die militärische Unterstützung der Katalanen und verhielt sich entsprechend tolerant gegenüber dem christlichen Missionar (*Abulafia* 2013, 448). Wohl auf der Rückfahrt nach Mallorca verstarb Lull im Jahr 1316 (*Hösle* 2000, 444). Seit dem 14. Jh. wird er in der Diözese Mallorca offiziell als Seliger verehrt (Festtag: 3. Juli).

Das Werk

Lull hat eine Fülle von unterschiedlichsten Schriften hinterlassen, ihre Zahl liegt je nach konsultierter Bibliografie zwischen 240 und 280 (*Riedlinger* 1991, 502). Sein Lebenswerk hat nur ein großes Ziel, nämlich Juden und Muslime mit Hilfe einer auf Logik und Vernunft basierenden Argumentation zur Umkehr, also zur Annahme des Glaubens an Jesus Christus zu bewegen:

> Er ist nicht der Erste, der diesen Weg wählt. Aber während beispielsweise Ramon Martí zu diesem Zweck Bibelstellen mit Kommentaren von Philosophen vermischt, lässt Lull ausschließlich rationale Argumente zu, wie es die arabische Form des theologischen Streitgesprächs, der Kalám, verlangt. Dazu dienen die *Ars* und weitere Schriften. (*Senellart* 2020, 258)

Bereits in einem der frühesten Werke, der *Logik des al-Ghazali*, gibt sich Lull ausführlich »Rechenschaft über die Schwierigkeiten des Dialogs« (*Fidora* 2004, 121) mit Andersgläubigen. Hier entwickelt Lull ein folgenreiches Prinzip für das Religionsgespräch, das heute wieder im Kontext der interkulturellen Kommunikation große Aufmerksamkeit gewonnen hat (*Dresner* 2011, 970):

> Jeder interreligiöse Dialog muss »von jenem hermeneutischen Grundsatz ausgehen, den man in unseren Tagen das ›principle of charity‹ (Donald Davidson) genannt hat, nämlich die Annahme, dass die Aussage des anderen einen möglicherweise wahren propositionalen Gehalt besitzt und nicht einfach Unsinn ist. Das heißt aber zugleich, dass auch wir unsere eigenen Ansichten im Gespräch unter dem Vorbehalt formulieren müssen, dass deren Wahrheit auch nur eine mögliche Wahrheit ist, denn ansonsten könnten wir die Aussagen des anderen nicht für möglich halten. (*Fidora* 2004, 122)

Um der Gefahr des Relativismus in diesem Kontext zu entgehen, fordert »er immer wieder, dass die Wahrheitsansprüche auch religiöser Überzeugungen rational nachvollziehbar sein müssen, so etwa im *Buch der Beweise*« (*ebd.*, 123). In der *Ars* entwirft Lull zusammenfassend das Führen eines Trialogs aus einer Perspektive, »die alle möglichen Vorurteile über die zu verhandelnden Sachverhalte, seien diese religiöser oder anderer Natur, von vornherein ausschließt« (*ebd.*, 127). Alexander Fidora resümiert entsprechend:

> Für Lull steht außer Frage, dass das Heilsangebot Gottes für die Menschen aller Sprachen, Kulturen, Religionen und Zeiten gilt, und darum muss es verkündet werden. [Die mehr als 240 Schriften Lulls, C. P. S.] gehen aus vom universalen göttlichen Heilswillen und zielen auf das universale Projekt der Vernunft, das alle Bereiche der Wirklichkeit vom Sinnlichen bis zum Geistigen, von der Praxis bis zur Theorie, von der Natur bis zur Offenbarung erfasst. So veranschaulichen alle Werke Lulls in letzter Konsequenz dasselbe: Die Vernunft ist eine in allen und allem, und sie ist offen für alles, auch für Gott; nichts anderes aber heißt universal. (*ebd.*, 133)

Der Trialog

Von besonderer Bedeutung ist *Das Buch vom Heiden und den drei Weisen*, in dem Lull tatsächlich ein theologisches Dreigespräch inszeniert: Vor den Toren einer Stadt treffen sich ein jüdischer, ein christlicher und ein muslimischer Gelehrter, die in der Hitze des Mittags im Schatten zusammensitzen und zum Zeitvertreib über Glaubensfragen sprechen wollen. Ein Heide tritt hinzu und veranlasst die drei Gelehrten, argumentativ für ihre je eigene Religion zu werben. In diesem erzählerischen Rahmen entfaltet sich nun ein Trialog der Religionsvertreter:

> Im ersten Buch wird mit zwingenden Argumenten bewiesen, daß Gott existiert [...] und daß es eine Auferstehung geben wird. Das zweite Buch enthält die Überzeugungen des weisen Juden, der versucht, seinen Glauben gegenüber dem Islam und Christentum als den besseren zu erweisen. Das dritte Buch führt die Argumente des weisen Christen auf, der seinerseits versucht, den christlichen Glauben gegenüber dem islamischen und jüdischen als den besseren zu erweisen. Im vierten Buch schließlich werden die Gründe des weisen Sarazenen dargestellt, der ebenso zu zeigen versucht, daß sein Glaube dem der Juden und der Christen überlegen ist. (*Pindl* 1998, 6.)

Da es keinem gelingt, die anderen zu überzeugen, vereinbaren die drei Weisen, bevor sie auseinandergehen, dass sie das Religionsgespräch so lange fortsetzen wollen, bis sie zur Erkenntnis der Wahrheit in der Frage aller religiösen Fragen gelangt seien. Nicht nur der Schluss mit seinem eschatologischen Vorbehalt in Sachen Wahrheitsfrage erinnert an die Ringparabel, die in ihrer wohl bekanntesten Fassung von Gotthold Ephraim Lessing (1729–1781) im dritten Akt seines Ideendramas *Nathan der Weise* in die europäische Kunst- und Literaturgeschichte eingegangen ist. Hier können sich die drei Söhne des einen Vaters nicht über die Echtheit und damit die Wahrheit der ihnen überlassenen Ringe einigen und sollen am Ende der Zeit das Urteil über die Wahrheit ihrer Überlieferung einem weiseren Richter überlassen.

Zwar kommt der Begriff des Trialogs bei Lessing nicht explizit vor, doch kann das gesamte Theaterstück als narrativer Diskurs über das Verhältnis von Juden, Christen und Muslimen mit den je eigenen Wahrheitsansprüchen verstanden werden. Anlass für diesen inszenierten Trialog auf der Bühne war ein Publikations- und Predigtverbot, das Lessing aufgrund seiner Ausführungen zu einer allen Religionen zugrundeliegenden natürlichen, also positiven Religion auferlegt worden war. Deshalb nutzte er nach eigenen Worten die Bühne als Kanzel und entwarf mit Nathan die Vision eines friedlichen Zusammenlebens von Juden, Christen und Muslimen im Heiligen Land. Den Hintergrund bildet eine Religionstheologie, in der sich der Wahrheitsanspruch der verschiedenen Religionen an dem Maß der von ihnen gelebten Liebe messen lassen muss (*Sajak* 2019, 37).

Das Vorbild

Anders als Martin von Tours (316/17–397) oder sein zeitgenössischer Vorläufer Franz von Assisi (1181/82–1226), von dem interessanterweise auch der Besuch bei einem Sultan mit dem Ziel der Bekehrung überliefert ist (*Le Goff* 2020, 224), ist Ramon Lull bisher weder in religionsunterrichtlichen Curricula oder Materialien berücksichtigt noch im Kontext des biografischen Lernens (*Sajak/Eiff* 2017) aufgegriffen worden. Das liegt vielleicht auch daran, dass er im spanischsprachigen Kosmos eine populäre historische Gestalt ist, aber im deutschsprachigen Raum vornehmlich von Expertinnen und Experten aus dem Bereich der Mediävistik rezipiert wird. Schon im späten Mittelalter wurde Lull von den verschiedensten romanischen Denkern aufgegriffen und weitergeführt, in der deutschen Theologie dagegen lediglich von Nikolaus von Kues (*Hösle* 2000, 444). Es ist also Zeit zu prüfen, in welchem Sinn und in welchem Maß Ramon Lull Gegenstand eines Lernens an fremden Biografien im Religionsunterricht in Deutschland sein kann.

Nach Hans Mendl muss ein »Lernen an fremden Biografien [...] stringent dem biografischen Lernen zugeordnet werden« (*Mendl* 2017, 1). Da aber Identitätsbildung im Kontext der Postmoderne »immer nur fragmentarisch, gebrochen und unabschließbar erfolgen kann, so hat dies auch eine Auswirkung auf die Bedeutung, die das biografische Material hat, welches im Prozess dieser Lernprozesse eingespielt wird« (*ebd.*). Es muss entsprechend auf die je spezifischen Bedürfnisse der lernenden Schülerinnen und Schüler zugeschnitten sein (*ebd.*). Zu Fragen ist deshalb, ob Ramon Lull »über ein spezifisches und jeweils auch didaktisch klärungsbedürftiges Lernpotenzial [verfügt], das sich für ein orientierendes Lernen eignet« (*ebd.*, 2).

Mit Blick auf den gesellschaftlichen Makrokosmos wie auch auf den Mikrokosmos Schule lässt sich rasch konstatieren, dass es im Kontext des ethischen wie religiösen Lernens zweifellos ein grundsätzliches Anliegen sein muss, junge jüdische, christliche wie muslimische Menschen dazu anzuleiten, in ein vernunftbasiertes Gespräch über ihre religiösen Wahrheitspräpositionen wie auch über die daraus resultierenden normativen Geltungsansprüche einzutreten. Gerade in einer Zeit, die durch die Dynamik der kommerzialisierten sog. ›Sozialen‹ Medien von Moralisierung, Emotionalisierung, Skandalisierung und Radikalisierung geprägt ist, tut es Not, auf eine Person zu verweisen, die in ihrer Zeit, die von religiöser Gewalt und exklusiver Religiosität geprägt war, unter Verzicht auf Gewalt und Macht den auf Vernunft gründenden Diskurs über Wahrheitsfragen gesucht hat. Gerade weil Ramon Lull selbst immer wieder – auch unter Todesgefahr – auf Reisen in muslimischem Territorium den friedlichen und auf die Vernunft gründenden Dialog mit dem Islam gesucht hat, lässt sich an seiner Biografie jene Dialektik von »Offenheit und Positionalität« (*ebd.*, 8) entdecken, die für das religiöse Lernen an Biografien heute so wichtig ist. Dabei kann der hermeneutische Grundsatz des ›principle of charity‹ eine elementare Struktur vorgeben, an der sich Wesentliches für den Trialog von Juden und Jüdinnen, Christen und Christinnen wie Musliminnen und Muslimen lernen lässt.

Das Prinzip

Das ›principle of charity‹ wird im Deutschen in der Regel als ›Prinzip des wohlwollenden Verstehens‹ übersetzt und besagt, »dass wir die Ideen, die wir anfechten, im günstigsten Licht präsentieren müssen« (*Baillargeon* 2007, 78; Übers. *Sajak*). Alle Äußerungen von Diskurspartnern sollten folglich als rational und bei Dissens in ihrem bestmöglichen, stärksten Sinn verstanden werden. ›Wohlwollen‹ bedeutet hier also in der Abgrenzung von klassischen Techniken der traditionellen Rhetorik, in den Aussagen des Anderen nicht etwa Irrationalität, Unlogik oder Unwahrheiten zu suchen, sondern wo immer möglich eine rationale und logische Interpretation zu unternehmen.

Im Kontext der interkulturellen Kommunikation ist dann vor allem die sog. ›radikale‹ Interpretation des Prinzips nach Donald *Davidson* (2001, 141–514) rezipiert und wirksam geworden. Dazu schreibt einschlägig Eli Dresner:

> The principle of charity is one central such constraint (Davidson). Roughly put, it says that, when interpreting someone, you have no choice but to ascribe to her (1) overall logicality and rationality, and (2) beliefs and utterances which are mostly true. The justification of this principle is directly derived from the conditions of radical interpretation: In order to have meaningful language (and thought), one has to be interpretable, says Davidson, and being interpretable consists of manifesting the above-mentioned features (logicality, rationality, and truthfulness). (*Dresner* 2011, 972)

Für das trialogische Lernen hat die Anwendung dieses Prinzips erhebliche Auswirkungen. Wenn die an Diskussion und Diskurs Partizipierenden sich verpflichten, der Interpretation einer anderen Person erst einmal »(1) allgemeine Logik und Rationalität und (2) Überzeugungen und Äußerungen zuzuschreiben, die größtenteils wahr sind« (Übers. *Sajak*), wird nicht nur eine erste Voraussetzung für den im interreligiösen Lernen immer wieder beschworenen religiösen Perspektivwechsel benannt, vielmehr entsteht zugleich auch eine Atmosphäre der Wertschätzung und des Verständnisses – eben: ›charity‹ – die im besten Fall Menschen aus verschiedenen Traditionen in eine Glaubens- und Verstehensgemeinschaft zusammenbringt, die das Gemeinsame der unterschiedlichen abrahamischen Traditionen stärker wirksam werden lässt als alles Verschiedene oder gar Trennende.

Die Konkretion

Lässt sich denn mit Schülerinnen und Schülern ein Unterrichtsvorhaben gestalten, das die Person des Ramon Lull als Modell, Vorbild und Leitfigur (*Mendl* 2015) in den Blick nimmt? Ohne Frage ist ein solches Vorhaben in den höheren Jahrgangsstufen der Sekundarstufe I oder der Sekundarstufe II, also der gymnasialen Oberstufe, zu verorten. Mit Blick auf Themen wie die Vielfalt der Religionen, die Verwiesenheit des Christentums auf das Judentum und die Herausforderung eines Dialogs mit dem Islam, ist es gerade in diesem Kontext aber höchst sinnvoll, die Gestalt des Ramon Lull und sein Bemühen um ein angemessenes und wertschätzendes Verstehen des Anderen in den Mittelpunkt des Unterrichts zu stellen. Hier zeigen sich gleich mehrere Elemente im Leben und Werk Lulls, die ein spezifisches Lernpotential bergen:

- Mallorca als wichtiger Ort des Miteinanders der drei abrahamischen Religionen im Mittelalter;
- Lulls Konversion vom Dichter und Prinzenerzieher hin zum Philologen und Theologen, der sein Leben ganz in den Dienst des Dialogs mit den Religionen stellt;

- Lulls Mut, der ihn in Zeiten von Kreuzzügen und religiöser Gewalt mehrfach in muslimische Gebiete führt, um das Gespräch mit Religionsführern wie dem Sultan aufzunehmen;
- Lulls Idee, das Prinzip des wohlwollenden Verstehens konsequent als Grundlage des Trialogs von Jüdinnen und Juden, Christinnen und Christen sowie Musliminnen und Muslimen zu verwenden, um so eine Atmosphäre der Wertschätzung und ein besseres Verstehen der Glaubenslogik der jeweils Anderen zu ermöglichen.

Dabei kann die Idee des *wohlwollenden Verstehens* als elementare Struktur des ganzen Vorhabens dienen: Denn erst, wenn sich Lernende darauf einlassen, Mensch und Welt von der Erwählung und Stellvertretung Israels, von der Menschwerdung Gottes in Jesus von Nazareth oder aber von der Offenbarung Gottes im Koran her konsequent zu denken und zu entfalten, kann der Aufbau und die Tektonik der jeweils anderen abrahamischen Religion verstanden und beurteilt werden. Oder um das Motiv des Freskos an der Wand des Ramon-Lull-Museums im Santuari de Cura auf dem Puig de Randa zum Schluss wiederaufzunehmen: Wenn sich Menschen aus dem Judentum, dem Christentum und dem Islam darauf einlassen, mit Wohlwollen und Wertschätzung aus der Perspektive des Anderen den Blick des Glaubens zu wagen, werden sie ohne Frage erkennen, dass sie als »Kinder Abrahams« (vgl. *Bauer* 2005) in einem Boot sitzen, aber ihre je eigenen Traditionen im Gepäck haben. Und wie auf dem Fresko kann sich auch heute noch Ramon Lull als ein Steuermann mit Autorität erweisen.

Literaturverzeichnis

Abulafia, David, Das Mittelmeer. Eine Biographie, Frankfurt a. M. 2013.

Baillargeon, Normand, Intellectual Self-Defense, New York 2007.

Bauer, Thomas / Schneiders, Thorsten Gerald (Hg.), »Kinder Abrahams«: Religiöser Austausch im lebendigen Kontext. Festschrift zur Eröffnung des Centrums für Religiöse Studien, Münster 2005.

Davidson, Donald, Inquiries into Truth and Interpretation. Philosophical Essays Vol. 2, Oxford 2001.

Dresner, Eli, The Principle of Charity and Intercultural Communication, in: International Journal of Communication 5 (2011), 969–982.

Fidora, Alexander, Ramon Llull – Universaler Heilswille und universale Vernunft, in: *Matthias Lutz-Bachmann / Alexander Fidora* (Hg.), Juden, Christen und Muslime. Religionsdialoge im Mittelalter, Darmstadt 2004, 119–133.

Hösle, Vittorio, Raimundus Lullus (Ramon Llull), in: Metzlers Lexikon der christlichen Denker, Stuttgart 2000, 444–445.

Le Goff, Jaques, Franziskus und Clara von Assisi, in: *Jaques Le Goff* (Hg.), Menschen des Mittelalters. Von Augustin bis Jeanne d'Arc, Darmstadt 2020, 220–224.

Lohr, Charles, Art. Raimundus Lullus, in: Religion in Geschichte und Gegenwart online 2023 (https://referenceworks.brill.com/display/entries/RGG4/SIM-124530.xml; letzter Zugriff am 28.3.2024).

Lull, Ramon, Das Buch vom Heiden und den drei Weisen, übers. u. hg. v. Theodor Pindl (Universal-Bibliothek 9693), Stuttgart 1998.

MENDL, HANS, Modelle – Vorbilder – Leitfiguren. Lernen an außergewöhnlichen Biografien, Stuttgart 2015.

MENDL, HANS, Modelllernen, in: WiReLex 2017 (http://www.bibelwissenschaft.de/stichwort/100311/; letzter Zugriff am 28.3.2024).

RIEDLINGER, HELMUT, Art. Lullus, Raymundus Lullus (Ramon Lull), in: Theologische Realenzyklopädie Bd. 21, Berlin 1991, 500–509.

SAJAK, CLAUß PETER, Trialogisches Lernen konkret. Zehn Jahre Schulenwettbewerb der Herbert-Quandt-Stiftung – eine Bilanz, Freiburg 2019.

SAJAK, CLAUß PETER / EIFF, MIRIAM SOPHIA VON, Biografisches Lernen, in: WiReLex 2017 (https://bibelwissenschaft.de/stichwort/100230/; letzter Zugriff am 28.3.2024).

SENELLART, MICHEL, Ramon Llull, in: *Jaques Le Goff* (Hg.), Menschen des Mittelalters. Von Augustin bis Jeanne d'Arc, Darmstadt 2020, 256–259.

Ein ›rechter Heiliger‹?
Vorbildlernen mit Martin Luther

Claudia Gärtner

»Es gibt viel zu viel ödes [...] Unterrichtsmaterial zu Martin Luther« (*Mendl* 2015, 144). Ich hoffe, dass der Jubilar Hans Mendl ein solches Urteil nicht über die folgenden Überlegungen zum Vorbildlernen mit Martin Luther fällen wird. Denn mein Beitrag geht von der These aus, dass die Auseinandersetzung mit Martin Luther als rechtem Vorbild leider von erschreckender Aktualität und Relevanz ist.

Martin Luther – ein protestantischer Heiliger?

Spätestens seit der Lutherdekade werden Leben und Werk Martin Luthers in evangelischen Unterrichtsmaterialien wieder vermehrt aufgegriffen, wie *Veit-Jakobus Dietrich* (vgl. 2016, 21f.) herausstellt. Dabei folgen die Darstellungen oftmals den klassischen Stationen bzw. Mustern eines Heldenmythos (vgl. *ebd.*), wobei vielfach eine dualistische Grundstruktur (gut – böse, Unheil – Rettung, finsteres, katholisches Mittelalter – Reformation, ...) vorherrscht. Teils führt dies dazu, dass Luther implizit oder explizit als eine Art ›protestantischer Heiliger‹ thematisiert wird, wenn bspw. Vergleiche zu Nikolaus oder Sankt Martin hergestellt werden (vgl. *ebd.* 2016, 26). Auch die Faszination für Artefakte aus dem Leben Luthers, wie z. B. das Tintenfass, Kleidungsstücke oder Einrichtungsgegenstände auf der Wartburg, die von ›Pilgern‹ bewundert werden, erinnert an katholische Praktiken der Heiligenverehrung, wenngleich Luther die katholische Reliquienpraxis stark kritisierte (*Laube* 2017).

Die Schattenseiten Luthers werden hingegen in diese Heiligen- bzw. Heldenstruktur weitgehend bruchlos integriert. Unterrichtsmaterialien der Sekundarstufe II thematisieren zwar teilweise seine kritische Haltung gegenüber den Bauern sowie sein judenfeindliches Denken, relativieren dies häufig aber im Gesamtkontext seines Lebens und Werkes (*Dietrich* 2016, 27). Für Dietrich folgt hieraus jedoch nicht die religionspädagogische Aufgabe, diesen Heiligen- bzw. Heldenmythos vorschnell zu entmythologisieren, sondern vielmehr die religionsdidaktische Aufgabe, Schüler*innen zu mehrperspektivischem Denken und Urteilen zu befähigen, die das Vorbildhafte und Problematische in Luthers Biografie und Werk erschließen helfen. Für Dietrich gilt es, die Deutungsmacht, die mit Heiligen- oder Heldendarstellungen einhergeht, zu brechen, um selbstbestimmtes religiöses Lernen zu ermöglichen (*ebd.*, 30), sodass dann Luther reflektiert kritisch auch als Vorbild betrachtet werden kann.

Hans Mendl problematisiert ebenfalls die religionsdidaktische Erschließung von Heiligen und Held*innen. Diese laufe nicht nur Gefahr anzuöden, da vorausschaubare Lernmaterialien zu Langeweile führen, sondern sie erweisen sich oftmals auch als zu weit von der Lebenswelt der Lernenden entfernt und zugleich als moralisch stark aufgeladen. Um der Gefahr zu entgehen, Vorbilder als unerreichbare, fehlerfreie Personen vorzustellen und dadurch für Lernende unattraktiv und irrelevant zu gestalten, hat Hans Mendl sein beeindruckendes Projekt der *Local heroes* aufgebaut (*Mendl* 2020). Fokussiert werden nahbare Vorbilder aus dem lokalen Umfeld der Schüler*innen mit kleineren Taten von realistischer Reichweite (*Mendl* 2015, 93-126). Mendl schließt hieraus jedoch nicht, dass größere Vorbilder und Heilige grundsätzlich aus dem Unterricht verbannt werden sollten, vielmehr sollten sie in ihren Ambivalenzen und Brüchen dargestellt werden (*ebd.*, 276; vgl. ähnlich *Gautier* 2020, 417; *Rickers* 2008). Ergänzend zu diesem beeindruckenden religionsdidaktischen Ansatz möchte ich im Folgenden am Beispiel Martin Luthers eine weitere religionsdidaktische Spielart des Vorbildlernens mit großen Heiligen bzw. Held*innen entfalten. Dieses schult insbesondere ideologiekritisches Denken (*Mendl* 2019, 62), das angesichts zunehmend populistischer und extremistischer öffentlicher Diskurse fachübergreifend von wachsender Bedeutung ist.

Martin Luther – ein ›rechter Heiliger‹?

Im Lutherjahr 2017 wurde in vielen Ausstellungen und Veröffentlichungen eindrucksvoll herausgestellt, wie perspektivreich die Lutherrezeption über die Jahrhunderte gewesen ist. Luther avancierte dabei immer wieder zu einer »Kultfigur« (*Rößler* 2017), die jedoch ganz unterschiedlich interpretiert wurde: Er wurde als »Prophet« (*Kolb* 2017, 25), als idealer »Lehrer« (*Bollbuck* 2017, 49) in der Geschichte des Protestantismus rezipiert oder als Kultfigur in Filmen stilisiert (*Wipfler* 2017). Luther ist heute immer noch ein »Verkaufsschlager« (*Stiftung Kloster Dalheim/Grabowsky* 2016, 351) und wird weiterhin vielfach in der (Populär-)Kultur aufgegriffen und gestaltet sowie ökonomisch groß vermarktet, sei es als erfolgreichste Playmobilfigur aller Zeiten oder im Tourismus. Luther ist so auch zu einer Werbe-Ikone geworden.

Allerdings wurde und wird Luther auch für gesellschaftliche oder politische Interessen instrumentalisiert. Insbesondere seine antisemitischen Äußerungen oder sein ambivalentes Verhältnis zur Obrigkeit und zur Gewalt im Bauernkrieg bieten hierbei Anknüpfungspunkte für herrschaftsstabilisierende oder nationalistische, antisemitische Interessen. Für das 20. Jahrhundert konnte die Ausstellung im Kloster Dalheim in Wort und Bild rekonstruieren, wie Luther für nationale Interessen im ersten Weltkrieg und im Nationalsozialismus von rechts sowie in der DDR von links instrumentalisiert wurde (vgl *ebd.* 2016). Auch in Schulbüchern schlug sich diese politische Vereinnahmung nieder. So charakterisieren *Schuster* und *Franke* (1938) in ihrem Kirchengeschichtsbuch »Das Evangelium im deutschen Volk« Luther wie folgt:

> Immer mehr durchdringt sich Luther mit dem Bewusstsein, dass er [...] berufen ist, gerade als Deutscher dem deutschen Volke eine religiöse Erneuerung zu bringen. Eine tiefe Liebe zum deutschen Volk, dem er angehört, ein starker Glaube an dieses Volkes Sendung trägt sein Wirken und Kämpfen. (*Schuster/Franke* 1938, zit. n. Dam 2019, 17)

Die Gegenwartsdiagnose, dass Luther im 21. Jahrhundert zur Werbe-Ikone und zum Verkaufsschlager mutierte, darf nicht darüber hinwegtäuschen, dass die Lutherrezeption auch an diese Geschichte politischer Instrumentalisierung anknüpft. So legte etwa 2017 die NPD auf Wahlplakaten Martin Luther die Worte in den Mund »Ich würde NPD wählen. Ich kann nicht anders«. Dies soll im Folgenden am Beispiel des Buches »Martin Luther für junge Leser. Prophet der Deutschen« des ehemaligen evangelischen Religionslehrers *Karlheinz Weißmann* (2017) vertieft (ausführlich *Gärtner/Herbst* 2023; 2024) und im Hinblick auf Vorbildlernen problematisiert werden.

Martin Luther – ein ›rechtes Vorbild‹?

Weißmann ist einer der wichtigsten Vordenker der Neuen Rechten und hat zusammen mit Götz Kubitschek das Institut für Staatspolitik gegründet. Er inszeniert sich in der neurechten Szene als religiöser Intellektueller mit umfangreichen historischen und theologischen Veröffentlichungen (*Claussen* 2021a, 2021b). Das im Verlag der Jungen Freiheit herausgegebene Lesebuch für Jugendliche ist im Jahr des Reformationsjubiläums erschienen und kommt durch seine aufwendigen Illustrationen, seine umfangreichen Texte und seine ausführliche Darstellung von Luthers Biografie und Werk als gut historisch recherchiertes und didaktisch aufgebreitetes Werk daher, das breit rezipiert und vertrieben wurde.

Luther wird bei Weißmann seinen jungen Leser*innen dezidiert als Vorbild entfaltet. Zwar betont er an einzelnen Stellen auch Luthers ambivalente Seiten, ohne hieraus jedoch kontroverse oder streitbare Dimensionen abzuleiten. So wird Luthers Position in den Bauernkriegen oder sein Gutheißen von Gewalt in aller Deutlichkeit beschrieben (*Weißmann* 2017, 125–126), aber durch vielfältige Deutungselemente rationalisiert und gerechtfertigt. Hierdurch geht Luther als »»gerechtfertigter‹ Sieger« (*Dietrich* 2016, 27) hervor, ohne dass der Heldenmythos oder die Vorbildfunktion ernsthaft diskutabel werden. Dies hält auch *Claussen* (2020, 32) fest: »Unkritisch wird Luther als ein großer Mann vorgestellt, der die Weltgeschichte verändert hat.« Im Sinne eines Vorbildlernens, wie es Hans Mendl vertritt, hätten Luthers Antijudaismus bzw. Antisemitismus (z. B. *Pangritz* 2017; *Kaufmann* 2014), aber auch seine Behindertenfeindlichkeit (*Bachmann* 1985, 183, 278–280) oder die Rolle anderer Reformatoren und somit die Relativierung der Einzelperson ›Luther‹ (*Dieterich* 2016, 28–29) betont werden müssen.

Teilt Weißmanns Buch diese religionsdidaktischen Anfragen, die eng mit (kirchen-)geschichtlichen Verkürzungen einhergehen, mit anderen Unterrichtsmaterialien (*Dietrich* 2016), so treten bei »Luther für junge Leser« weitere gravierende Problemstellungen hinzu (*Gärtner/Herbst* 2023; 2024). Analog zur einseitigen Konstruktion von Luther als Held und Vorbild unterlässt es Weißmann, die (kirchen-)geschichtswissenschaftlichen Debatten und offenen Fragen zu Luther aufzugreifen sowie die grundlegende Konstruktion von Geschichte hervorzuheben. Damit ist sein Lesebuch nicht nur fachlich unzulänglich, sondern blendet auch zentrale (kirchen-)geschichtsdidaktische Prinzipien und Lernziele aus, die multiperspektivische Lesarten von Geschichte und die Ausbildung eines (Kirchen-)Geschichtsbewusstseins anzielen (z. B. *Lindner* 2021).

Beispielsweise deutet er Reformation als Ergebnis einer Heldentat: des Thesenanschlags Luthers (*Weißmann* 2017, 79–81), wohingegen er wissenschaftliche Diskussionen zur Gegenüberstellung von Luther und Müntzer oder zur Historizität des Thesenanschlags nicht einmal andeutet. Indem er auf Quellen komplett verzichtet und einen auktorialen Erzählstil verwendet (*Gärtner/Herbst* 2024), erschwert er eine Diskussion und eigenständige Urteilsbildung von Lesenden. Inhaltlich ist dieses unzulängliche didaktische und methodische Vorgehen von besonderer Brisanz, da Weißmann Luther – bevor sich historisch überhaupt Nationalbewusstsein im modernen Sinn entwickelt hat – anachronistisch als deutschen Nationalhelden stilisiert, der bspw. vor einem Meer von Deutschlandfahnen abgebildet wird (*Weißmann* 2017, 14f.). Ganz in diesem Sinne ordnet er Luther auch in eine »Linie des Widerstands« (*Weißmann* 2017, 19) zwischen Arminius, Widukind, Bismarck, von Stauffenberg als Hitlerattentäter und einem Arbeiter des Aufstands in der DDR ein. Für Weißmann ist damit »geklärt, dass die oft vertretene Meinung, die Deutschen seien ein Volk von Duckmäusern und parierten nur allzu gern, bestenfalls die halbe Wahrheit ist.« (*ebd.*) Exemplarisch wird hieran die gezielte Konstruktion von geschichtlich hochgradig problematischen Linien deutlich, in denen die Deutschen »versuchten, sich gegen ihre eigenen Unterdrücker oder gegen Fremdherrschaft zu behaupten« (*ebd.*, 18). Diese Konstruktion wird nicht transparent gemacht, sondern als »Klarstellung« postuliert.

Unterstrichen wird diese Vereindeutigung von Luther durch die zahlreichen, ästhetisch differenziert gestalteten Illustrationen. Dabei lassen diese, ähnlich wie die Texte, kaum Mehrdeutigkeit oder Ambivalenzen zu. So wird der Bauernaufstand auf einer Doppelseite (*ebd.*, 120f.) in düsteren Farben gezeigt, die Mimik wirkt gewaltbereit, die horizontale Anordnung der Personen verleiht der Menschenmenge eine Geschlossenheit und Massivität, die Waffen und Gerätschaften sind dynamisch und angriffslustig angeordnet. Die Bildintention ist eindeutig: Der wilde Pöbel zieht durch das Land und scheut nicht vor Gewalt zurück. Auch Luther ist durchgängig ausdrucksstark gezeichnet: Nahezu stereotyp wird er entschieden, kämpferisch, hart arbeitend und hager dargestellt – entgegen den überlieferten Porträts, die einen eher korpulenten Luther zeichnen. Die Bildunterschriften zielen ebenfalls auf Vereindeutigung der Bilder. Oftmals sind sie als ganze, erläuternde Sätze formuliert und damit umfassender als ein Bildtitel, teils wird mit der Bildunterschrift gar die Bildgattung manipuliert, wenn Weißmann untertitelt: »Das Leben der Mönche sollte sich ganz auf Gott konzentrieren, hier sieht man sie im Kreuzgang ihres Klosters« (*ebd.*, 70). So macht der neurechte Autor aus einer Illustration ein vermeintlich historisches Bilddokument, was durch eine naturalistische Darstellungsweise unterstrichen wird.

Auf ästhetischer Ebene überbrückt Weißmann zudem die historische Distanz zwischen Luther und seinen Leser*innen, indem er die Betrachtenden mit ins Bild zieht. So laden einige Bilder optisch dazu ein, sich in die Reihe der Zuschauenden zu stellen. Besonders deutlich wird dies in einer Abbildung, in der sich die Betrachtenden perspektivisch neben Luther platzieren und sich von »seinen Fans« (*ebd.*, 13–14) bejubeln lassen können. Wolfgang Kemp beschreibt diese Eigenschaft von Bildern mit: »Der Betrachter ist im Bild« (*Kemp* 1985), wodurch die Leser*innen implizit Teil der von Weißmann konstruierten heldenhaften Luthergeschichte werden und somit dem Vorbild ganz nahe rücken.

»Luther für junge Leser« wird so auf unterschiedlichen Ebenen eindeutig als »Prophet der Deutschen« konstruiert, wie der Untertitel des Lesebuchs lautet. Kontroversität oder Ambivalenzen werden ausgeblendet und eine eindeutige Interpretation auf der inhaltlichen wie auch ästhetischen und formalen Ebene hergestellt: Luther, der kämpferische, heldenhafte Deutsche als »ideologisch-existentielles – man könnte auch sagen: geschichtstheologisches Grundmotiv« (*Claussen* 2020, 33) des Buches.

Im Hinblick auf Vorbildlernen ist zusätzlich – quasi auf einer Metaebene – ein Grundmotiv von Weißmann aufschlussreich, wenn er einleitend in seinem Lesebuch darüber räsoniert, warum seit dem Ende des 18. Jahrhunderts keine historischen Personen mit dem Beinamen ›der oder die Große‹ versehen wurden (*Weißmann* 2017, 10). Er macht dafür eine starke »Neigung zur Gleichmacherei« (*ebd.*, 12) verantwortlich, die für ihn in dem Satz »alle Menschen sind gleich« zum Ausdruck kommt und die er kategorisch ablehnt, da »Menschen ziemlich verschieden sind« (*ebd.*). Deshalb gäbe es auch feige und tapfere, durchschnittliche und außergewöhnliche Menschen. Damit eröffnet er einerseits Möglichkeiten des Vorbildlernens. Andererseits vermischt er gezielt die Ebene menschlicher Eigenschaften, die zweifelsohne unterschiedlich sind, mit der Ebene der grundlegenden Würde der Menschen. Auch durch die biblische Vorstellung der Gottebenbildlichkeit wird diese allen Menschen zugesprochen, unabhängig von Geschlechterverhältnissen oder anderen Kategorien. Gerade dies wird bei Weißmann, teils polemisch, immer wieder unterlaufen. Neben der Vorherrschaft des kämpferischen heldenhaften Deutschen zeigt sich dies auch bei den Themen ›Sexismus‹ und ›Antisemitismus‹. Weißmann malt Luther als eine Person, der die Ehe als »Kern der Familie« (*ebd.*, 132) sehr wichtig ist und die von einer natürlichen Ordnung des Mann-Frau-Verhältnisses ausgeht (*ebd.*, 132–133).

Religiösen bzw. theologischen Themen weist Weißmann in seinem Lesebuch wenig Bedeutung zu. Luthers prophetisches Wirken bezieht er konsequent auf die Nation – und nicht auf die Religion bzw. Konfession. Bei den Illustrationen wird dies z. B. bei der Abbildung »Luther predigt in Wittenberg« (*ebd.*, 111) deutlich. Während dieses Motiv kunstgeschichtlich z. B. bei Lucas Cranach d. J. dezidiert als eine Darstellung lutherischer Theologie fungiert (*Gärtner/Herbst* 2023, 122f.), ist es bei Weißmann explizit auf die Figur Luthers fokussiert, die – so der Begleittext – einerseits der staatlichen Obrigkeit gehorchen und andererseits beim Bildersturm zurückhaltend sein sollte (vgl. *Weißmann* 2017, 110).

Interessanterweise spielt in dem Lesebuch die Bibel nur eine untergeordnete Rolle. Zum einen wird die luthersche Übersetzung der Bibel als Heldentat gepriesen (*ebd.*, 103), zum anderen nimmt Weißmann bei seinen seltenen biblischen Verweisen auf die theologisch hochgradig umstrittene Stelle Röm 13,1 Bezug, wobei er unkritisch Luthers Übersetzung (erneut ohne Quellenangabe) zitiert: »Jedermann sei untertan der Obrigkeit, die Gewalt über ihn hat, denn die Obrigkeit ist von Gott.« (*ebd.*, 117) Inwiefern »Obrigkeit« heute noch eine angemessene Übersetzung darstellt, thematisiert Weißmann nicht (*Gärtner/Herbst* 2023, 128). Damit suggeriert Weißmann zum einen, dass Röm 13,1 eine eindeutige Interpretation – die Forderung, sich politischen Autoritäten prinzipiell zu unterwerfen – zulässt (*Weißmann* 2017, 117), zum anderen erwähnt er vermutlich gezielt nicht, dass die Perikope auch zur Legitimierung von Diktaturen verwendet wurde.

Trotz dieser wenigen religiösen Verweise wird die besondere Problematik eines ungebrochenen Vorbildlernens in religiösen Kontexten deutlich. Denn die hier als eindeutig eingespielten Bibeltexte sowie die entsprechenden Bilder können zur religiösen Autorisierung des neurechten Denkens instrumentalisiert werden, denen so ein absoluter Wahrheitsanspruch verliehen wird. Dann wird die Geschichte Luthers, die als eine Geschichte des Deutschen inszeniert wird, zugleich sakralisiert und religiös instrumentalisiert.

Martin Luther – ein kontroverses Vorbild? Religionsdidaktische Prinzipien

Diese kurzen Einblicke in Weißmanns Lesebuch haben verdeutlicht, dass hier nicht nur die historisch bezeugten Schattenseiten und Ambivalenzen Luthers unterschlagen bzw. verfälschend rekonstruiert werden. Zudem mangelt es auch an einem grundlegenden Geschichtsbewusstsein, das die Konstruktion von Geschichte ebenso betont wie deren Mehrperspektivität mit Leerstellen und Mehrdeutigkeiten. Zentrale geschichtsdidaktische Prinzipien (*Lindner* 2017) werden hierdurch ignoriert. An diese Stelle tritt eine hochgradig ideologische, neurechte Darstellung von Luther als »Prophet der Deutschen«. Die fachliche Mehrperspektivität und Kontroversität wird ausgeblendet, und Lernende werden insbesondere durch die Bilddarstellungen emotional überwältigt. Dadurch unterbleibt eine Befähigung zu kritischer Urteilsbildung.

Die Lernenden werden nicht ermutigt, ihre eigene Situation und ihre eigenen Interessen zu analysieren. Hierdurch werden die Grundprinzipien des aus der Politikdidaktik entstammenden Beutelsbacher Konsens (Kontroversitätsgebot, Überwältigungsverbot und Schüler*innenorientierung) massiv unterlaufen (*Gärtner/Herbst* 2023). Auch aus kultur- und kunstpädagogischer Sicht sind die Problemstellungen eklatant. Denn die in diesen didaktischen Konzeptionen zentrale Teilhabe am kulturellen Erbe wird bei Weißmann nicht eingelöst, wenn er auf die vermeintlich objektive Weitergabe eines historischen Wahrheitskerns durch kulturelle Artefakte und Narrationen zielt. Kulturelle Teilhabe umfasst, sich das kulturelle Erbe im Horizont der eigenen Vorerfahrungen und Lebenswelt (transformiert) anzueignen und es somit als relevant zu bewahren. Dies erfordert jedoch in einer heterogenen Gesellschaft, »multiperspektivische Zugangsweisen aufzuzeigen und den Dialog einzuüben. Solche Mehrstimmigkeit meint [...] nachdrücklich das Erschließen gewandelter historischer Deutungen und die sachkundige Verhandlung heterogener Perspektiven der eigenen Gegenwart« (*Welzel* 2013, 319). Mit der Faro-Konvention des Europarats ist eine solche methodische und inhaltlich mehrstimmige Interpretation sogar für Bildungseinrichtungen verpflichtend (*Faro-Convention* 2005, Art. 7).

Mit dem Schwerter Konsent wurde an anderer Stelle (*Gärtner/Herbst/Kläsener* 2023) versucht, diese in unterschiedlichen Didaktiken relevanten Anforderungen an Lernprozesse dezidert für religiöses Lernen aufzugreifen und hieraus die sog. ›3k3p-Prinzipien‹ zu formulieren. Religiöses Lernen sollte demnach kontrovers, kritisch, konstruktiv, positionell, partizipatorisch und praktisch sein. Anhand dieser Prinzipien lässt sich pointiert zeigen, dass und wie Weißmanns Lesebuch religionsdidaktisch hochproblematisch ist. Die mangelnde Kontroversität wurde durchgängig festgestellt, ebenso werden Lernende nicht zur kritischen Reflexion von Schattenseiten oder Ambivalenzen von Luthers Leben und Werk aufgefordert. Hingegen ist »Martin Luther für junge Leser« durchaus in gewisser Weise konstruktiv und positionell, indem es durch die Erinnerung an den Reformator Lernende neue Handlungsperspektiven eröffnet und deutliche Positionen vertritt. Allerdings sind diese – wie die Analysen zeigen – weder gespeist aus der Hoffnungsperspektive des biblisch verkündeten Reich Gottes noch sind die vertretenen Positionen (selbst-)kritisch reflektiert und transparent. Vielmehr werden intransparent neurechte Positionen normativ gesetzt und aus diesen Urteils- und Handlungsperspektiven abgeleitet. Ganz in diesem Sinne lässt sich mit Weißmanns Buch partizipatorisches und praktisches Lernen nur ermöglichen, indem die Lesenden diese neurechten Positionen übernehmen und in entsprechende Praktiken überführen.

Weißmanns Luther kann somit religionsdidaktisch nicht als Vorbild dienen, weder als Alltagsheld noch als großer Heiliger. Dennoch ist Vorbildlernen im Religionsunterricht mit Weißmanns Lesebuch möglich, gar hochaktuell und relevant. Denn hieran kann exemplarisch die ideologische *Instrumentalisierung von Vorbildern* erschlossen werden (vgl. *Mendl* 2015, 17–19). Nicht die Person Luther, sondern vielmehr das Lesebuch und das darin zum Ausdruck kommende Vorbild Luther wird zum Lerngegenstand. So wird quasi auf einer Metaebene anhand des Buches Vorbildlernen kritisch reflektiert. Diese kritische Reflexion kann bereits mit dem Titelblatt beginnen, auf dem Luther mit entschiedener Mimik monumental dargestellt wird, hinter ihm deutlich kleiner sind Bauern, Gelehrte, Ritter und Adelige versammelt. Die linke Hand ruht auf einer Bibel, die rechte Hand ist nach oben gestreckt. Die Geste erinnert sowohl an einen Schwur auf die Bibel als auch sehr deutlich an den Hitlergruß. Hier wird bereits die fatale Verknüpfung von politisch rechten Motiven und religiöser Autorität offensichtlich.

Anhand der Bilder und Texte im Buch lassen sich weitere zentrale Ideologeme der Neuen Rechten erschließen, insbesondere im Gewand der sog. ›Konservativen Revolution‹ (*Gärtner/Herbst* 2024). Hierunter versteht man einen in den letzten Jahren zunehmend erfolgreichen »Verkaufstrick« (*Assheuer* 2018), um konservative und rechtsextreme Milieus miteinander zu verzahnen. Die Formulierung der ›Konservativen Revolution‹ stammt ursprünglich von rechten Vordenkern in der Weimarer Republik, um »Dinge zu schaffen, die zu erhalten sich lohnt« (*Moeller van den Bruck*,

1931, 264). Was harmlos klingt, lässt sich jedoch als rechtsextremistisch und antidemokratisch einordnen, da die historischen Verfechter dieser Ideologie die Weimarer Republik abschaffen und Werte wie Elite, Führung, Gott, Nation, Natur, Ordnung, Rasse und Volksgemeinschaft beibehalten wollten. Wenn sich Neurechte wie Weißmann heute auf die ›Konservative Revolution‹ beziehen und etwa Martin Luther als einen solchen Revolutionär darstellen, dann soll hiermit unter Umgehung des Nationalsozialismus und Holocaust (*Weiß* 2017, 148–154) ein rechtes, nationalistisches Denken entfaltet werden. Es richtet sich gegen universalistische Menschenrechte und propagiert einen völkischen Nationalismus und »antiegalitäre Elitevorstellungen« (*Pfahl-Traughber* 2019).

Hierzu zählen bei den Neurechten auch ein modern-rassistischer ›Ethnopluralismus‹ und antisemitisch kodierte Verschwörungserzählungen wie der ›Große Austausch‹. Exemplarisch zeigen sich diese Ideologeme z. B. bei Weißmann, indem er den Hitlerattentäter von Stauffenberg in die Heldenreihe deutscher Widerstandskämpfer aufnimmt (*Weißmann* 2017, 18f.). Hier findet eine vermeintliche Abgrenzung zum NS-Regime statt, ohne davon jedoch ideologisch abzurücken. Bereits entfaltet wurden die antiegalitären Positionen, die Integration von Luthers Antisemitismus sowie die Propagierung klassischer Männer- und Frauenbilder im Lesebuch. Zusätzlich integriert Weißmann Motive, die gegenwärtig im rechtspopulistischen Diskurs weltweit Konjunktur haben. Für ihn steht Luther auf der Seite des einfachen Volkes, der den einfachen Menschen »aufs Maul« (*Weißmann* 2017, 106) schaut. Ihre Interessen vertritt er gegen degenerierte Eliten (*Weißmann* 2017, 80–81, 92).

Eine kritische Analyse des Lesebuchs trägt somit nicht nur zur Entlarvung von ideologisch verzerrtem und instrumentalisiertem Vorbildlernen bei, sondern führt auch exemplarisch in Ideologien und Strategien der neuen Rechten ein. Religiöses Lernen leistet so zugleich einen fachübergreifend relevanten Beitrag zu politischer und demokratiefördernder Bildung und ist damit – so die These – alles andere als öde.

Literaturverzeichnis

Assheuer, Thomas, Neue Rechte: Germanische Thing-Zirkel, in: Zeit Online 2018 (https://www.zeit.de/2018/14/neue-rechte-nationalismus-konservatismus-zirkel/komplettansicht; letzter Zugriff am 23.1.2024).

Bachmann, Walter, Das unselige Erbe des Christentums: die Wechselbälge. Zur Geschichte der Heilpädagogik (Gießener Dokumentationsreihe Heil- und Sonderpädagogik 6), Gießen 1985.

Bollbuck, Harald, Martin Luther in der Geschichtsschreibung zwischen Reformation und Aufklärung, in: *Hole Rößler*, Luthermania 2017, 47–68.

Claussen, Johann Hinrich, Retro-Utopie: Völkischer Protestantismus. Über die Theologie von Karlheinz Weißmann, in: Bundesarbeitsgemeinschaft Kirche + Rechtsextremismus [BAG K+R] (Hg.), Einsprüche. Studien zur Vereinnahmung von Theologie durch die extreme Rechte, Berlin 2020, 24–37.

Claussen, Johann Hinrich, Politische Theologie als Kultur der Niederlage. Ein Versuch, den Ideenpolitiker Karlheinz Weißmann als Theologen zu verstehen, in: *ders.* u. a. (Hg.), Christentum von rechts. Theologische Erkundungen und Kritik, Tübingen 2021a, 85–112.

CLAUSSEN, JOHANN HINRICH, Es muss gemacht werden. Warum es wichtig ist, sich mit der »Neuen Rechten« inhaltlich fundiert auseinanderzusetzen, in: Zeitzeichen 2021b (https://zeitzeichen.net/node/8894; letzter Zugriff am 23.1.2024).

DAM, HARMJAN, Wie Sensibilität für den politischen Zeitgeist Religionslehrer in die Irre führen kann. Das Beispiel Hermann Schuster und Walter Franke, in: rpi-Impulse 5 (2019), Heft 3, 16–17.

DIETERICH, VEIT-JACOBUS, Ein protestantischer Heiliger? – Martin Luther im evangelischen Religionsunterricht, in: *Thomas Breuer / Veit Jacobus Dieterich* (Hg.), Luther unterrichten. Fächerverbindende Perspektiven für Schule und Gemeinde, Stuttgart 2016, 21–35.

FARO-CONVENTIONEN, Council of Europe Framework Convention on the Value of Cultural Heritage for Society, in: CETS No. 199 2005 (https://www.coe.int/en/web/conventions/full-list?module=treaty-detail&treatynum=199; letzter Zugriff am 23.1.2024).

GÄRTNER, CLAUDIA / HERBST, JAN-HENDRIK, Der Beutelsbacher Konsens und ästhetisches Lernen im Religionsunterricht. Konkretisierende Reflexionen am Beispiel von religiösem Bildungsmaterial an der Grenze zum Rechtsextremismus, in: *Jan-Hendrik Herbst / Claudia Gärtner / Robert Kläsener*, Beutelsbacher Konsens, 2023, 115–134.

GÄRTNER, CLAUDIA / HERBST, JAN-HENDRIK, Religiöse Bildung und das Kontroversitätsgebot – auf dem praktischen Prüfstand: Exemplarische Analysen anhand von neurechtem Bildungsmaterial, in: *Thomas Goll* (Hg.), Kontroversität. Grundlage und Herausforderung (nicht nur) der politischen Bildung (Dortmunder Schriften zur politischen Bildung), Frankfurt am Main 2025, 87–109.

GAUTIER, DOMINIK, Irritierbarkeit. Eine theologische Überlegung zur kritisch-emanzipatorischen Religionspädagogik, in: *Claudia Gärtner / Jan-Hendrik Herbst* (Hg.), Kritisch-emanzipatorische Religionspädagogik. Diskurse zwischen Theologie, Pädagogik und Politischer Bildung, Wiesbaden 2020, 403–420.

HERBST, JAN-HENDRIK / GÄRTNER, CLAUDIA / KLÄSENER, ROBERT, Der Beutelsbacher Konsens in der religiösen Bildung. Exemplarische Konkretionen und notwendige Transformationen, Frankfurt am Main 2023.

KAUFMANN, THOMAS, Luthers Juden, Stuttgart 2014.

KEMP, WOLFGANG, Der Betrachter ist im Bild. Kunstwissenschaft und Rezeptionsästhetik, Köln 1985.

KOLB, ROBERT, Lutherbilder der frühen Neuzeit, in: *Hole Rößler*, Luthermania 2017, 25–46.

LAUBE, STEFAN, Süchtig nach Splittern und Scherben. Energetische Bruchstücke bei Martin Luther, in: *Hole Rößler*, Luthermania 2017, 69–90

LINDNER, KONSTANTIN, Lernen an Kirchengeschichte, in: *Ulrich Kropač / Ulrich Riegel* (Hg.), Handbuch Religionsdidaktik (Kohlhammer Studienbücher Theologie 25), Stuttgart 2021, 309–316.

MENDL, HANS, Modelle – Vorbilder – Leitfiguren. Lernen an außergewöhnlichen Biografien (Religionspädagogik innovativ 8), Stuttgart 2015.

MENDL, HANS, Weltverantwortung. Politisch und global lernen im Religionsunterricht, in: ÖRF 27/1 2019, 57–72.

MENDL, HANS, Helden wohnen nebenan. Lernen an fremden Biografien, Ostfildern 2020.

MOELLER VAN DEN BRUCK, ARTHUR, Das dritte Reich. 3. Auflage, Hamburg 1931.

PANGRITZ, ANDREAS, Theologie und Antisemitismus: Das Beispiel Martin Luthers. Frankfurt am Main 2017.

PFAHL-TRAUGHBER, ARMIN, Was die »Neue Rechte« ist – und was nicht, in: bpb Dossier Rechtsextremismus 2019. (https://www.bpb.de/politik/extremismus/rechtsextremismus/284268/was-die-neue-rechte-ist-und-was-nicht; letzter Zugriff am 23.1.2024).

RICKERS, FOLKERT, »Kritisch gebrochene Vorbilder« in der religiösen Erziehung, in: Jahrbuch der Religionspädagogik 24 (2008), 213–238.

RÖSSLER, HOLE (Hg.), Luthermania. Ansichten einer Kultfigur, Wiesbaden 2017.

STIFTUNG KLOSTER DALHEIM / GRABOWSKY, INGO, Luther. 1917 bis heute, Münster 2016.

Weiß, Volker, Die autoritäre Revolte. Die Neue Rechte und der Untergang des Abendlandes, Bonn 2017.

Weißmann, Karlheinz, Martin Luther für junge Leser: Prophet der Deutschen, Berlin 2017.

Welzel, Barbara, Kulturelles Erbe in einem Einwanderungsland. Einige Perspektiven kunsthistorisch-kultureller Bildung, in: *Barbara Lutz-Sterzenbach* u. a. (Hg.), Bildwelten remixed. Transkultur, Globalität, Diversität in kunstpädagogischen Feldern, Bielefeld 2013, 313–324.

Wipfler, Esther P., Filmstar Martin Luther. Projektionen einer Kult-Figur, in: *Hole Rößler*, Luthermania 2017, 91–104.

Sophie und Hans Scholl
Biografisch-historisches Lernen anhand filmischer Inszenierungen

Konstantin Lindner

»Freiheit der Rede, Freiheit des Bekenntnisses, Schutz des einzelnen Bürgers vor der Willkür verbrecherischer Gewaltstaaten, das sind die Grundlagen des neuen Europa.« Dieses Zitat aus dem fünften Flugblatt der »Weißen Rose«, das im Januar 1943 veröffentlicht wurde, zeugt von zentralen Werten, für die sich die Mitglieder der Münchener Widerstandsgruppe angesichts der menschenverachtenden nationalsozialistischen Diktatur engagierten. Sechs Mitglieder wurden nach der Verteilung des sechsten Flugblatts 1943 zum Tod durch das Fallbeil verurteilt und bezahlten ihr Engagement mit dem Leben – unter anderem Hans und Sophie Scholl.

Bis heute zeugen Straßen-, Schulnamen oder Denkmäler davon: »Im Gedenken an alle, die gegen Unrecht, Gewalt und Terror des ›Dritten Reichs‹ mutig Widerstand leisteten« – diese Worte finden sich beispielsweise unter der Büste Sophie Scholls, die 2003 in der Walhalla im bayerischen Donaustauf aufgestellt wurde. Damit wird Sophie Scholls Vorbild-Charakter sowie der anderer Widerstandskämpfer*innen dokumentiert.

Im Rahmen schulischer Lehr-Lern-Arrangements werden die »Geschwister Scholl« und die »Weiße Rose« thematisiert – insbesondere im Geschichts-, bisweilen auch im Religionsunterricht. Ihr Engagement, ihr grausames Schicksal beeindrucken und stellen zugleich unweigerlich Fragen an die eigene Lebensorientierung und -gestaltung der Schüler*innen: Woher kommen Kraft und Mut, sich einem übermächtigen, gewalttätigen Regime im Wissen um die Gefahr für das eigene Leben entgegen zu stellen? Hätte ich es wohl geschafft, in ähnlichen repressiven Kontexten Widerstand zu leisten? Etc. Anhand derartiger Fragen zeigt sich das Potenzial einer Beschäftigung mit Hans und Sophie Scholl, aber auch mit anderen Widerstandskämpfer*innen im schulischen Unterricht. Ihre Biografien ziehen noch nach Jahrzehnten in den Bann und ermöglichen biografische Lern- und Bildungsprozesse.

Lernen an Biografien aus der Kirchengeschichte. Religionsdidaktische Verortungen

Für eine Thematisierung christlich motivierten Widerstands angesichts diktatorischer Regime bietet sich im Religionsunterricht ein biografischer Zugang sowohl in motivationaler Hinsicht an als auch, weil dadurch zugänglich wird, was es bedeuten kann, sich aus religiöser Verortung heraus allen Gefahren zum Trotz für eine humane Welt einzusetzen.

Motivationale Passungen

Biografisches ist bei Heranwachsenden hoch im Kurs. Laut SINUS-Jugendstudie 2020 orientieren sich 14- bis 17-Jährige insbesondere an ihren Müttern, aber auch an anderen Familienmitgliedern. Ebenso werden Menschen aus politischen Feldern wie die Kinderrechtsaktivistin und Friedensnobelpreisträgerin Malala Yousafzai, aus dem Showbiz wie der Rapper »Capital Bra« oder »charismatische historisch-politische Figuren« (*Calmbach u. a.* 2020, 222) wie Che Guevara genannt. Dass Kinder und Jugendliche biografische Informationen aktiv suchen, belegen Ergebnisse der Social-Media-Studie #UseTheNews (*Wunderlich/Hölig* 2022): In Bezug auf die Nutzung von Social Media kann diese Studie vier Account-Typen herausarbeiten. Zu diesen zählen u. a. auf Personen fokussierte themenvielfältige sowie auf Personen fokussierte themenspezifische Accounts. Bei diesen beiden Typen markiert der »Vorbildcharakter« einen wesentlichen Grund, warum Nutzer*innen derartigen Accounts folgen: Bei themenvielfältigen Accounts sind nicht zuletzt »Lifestyle und Persönlichkeit«, aber auch »Eigenschaften wie ›offen und ehrlich‹, ›lustig‹ und ›humorvoll‹« anziehend (*ebd.*, 26). Hinsichtlich themenspezifischer Accounts wiederum zeigen sich »›authentisch‹, ›nahbar‹ und ›vertrauenswürdig‹ sowie ›beeindruckend‹ und ›spannend‹« (*ebd.*) als elementare Zuschreibungen, die zum »Following« motivieren. Übergeordnete Motive der Nutzung sind u. a. sozial strukturiert, insofern »Einblick in den Alltag bzw. das Mitverfolgen des Alltags von einzelnen Persönlichkeiten sowie der damit verbundene Beziehungsaufbau« (*ebd.*, 27) für die befragten 14- bis 24-Jährigen attraktiv sind. Aber auch Orientierung und Werte stellen starke Nutzungsmotive dar (vgl. *ebd.*, 28).

Diese in exemplarischer Absicht präsentierten empirischen Befunde bestätigen die von Hans Mendl in Orientierung an Zeitreihenvergleichen über verschiedene Jugendstudien hinweg diagnostizierte *Renaissance des Interesses an vorbildhaften Personen*, die sich ab der Jahrtausendwende eingestellt hat (vgl. *Mendl* 2015, 21–23). Das Faszinations- und Motivationspotenzial einer Beschäftigung mit Biografischem kann bei der Gestaltung religionsunterrichtlicher Lehr-Lern-Arrangements genutzt werden. Freilich ist dabei zu bedenken, dass sich der Charakter von Medien, denen Schüler*innen in ihren lebensweltlichen Zusammenhängen große Bedeutung zusprechen, im schulisch-unterrichtlichen Zusammenhang eventuell verschieben wird: In Bezug auf Biografisches kann sich beispielsweise ein motivationaler »Change« einstellen, insofern eine analytische Betrachtung eventuell weniger Attraktionspotenzial besitzt als das mit selbstgesteuertem Following einhergehende Interesse.

Kirchengeschichtsdidaktische Passungen

Das Arbeiten mit biografischen Zugängen ist für die Thematisierung von Kirchengeschichte im Religionsunterricht seit langem elementar. Es erweist sich u. a. aus kirchenhistoriografischen Gründen passend, insofern bereits in der Antike biografisch ausgerichtete Schriftproduktion Historisches dokumentierte – häufig in Orientierung an »großen Männern«. Diese Einschränkung auf von Männern gemachte Geschichte brachte in didaktischer Hinsicht das Problem mit sich, dass es so schien, als würde nur ein kleiner Teil der Menschheit die Geschichte »machen«. Geschichte jedoch ist vielgestaltig und entsteht in der konstruierenden Rückschau auf verschiedene Quellen, deren Auswertung von einem bestimmten Frageinteresse her bestimmt ist. Um einen breiter fundierten Zugriff auf Geschichte zu erwirken, werden seit der zweiten Hälfte des 20. Jahrhunderts zunehmend die Perspektiven von Frauen und von sog. »kleinen Leuten« als (Kirchen-)Geschichte Repräsentierende integriert. Von diesem Fundament her können kirchengeschichtliche Lern- und Bildungsprozesse mehrperspektivisch angelegt werden, was nicht zuletzt dem rekonstruktiven Charakter des (kirchen-)geschichtlich Tradierten entspricht und den historisch geronnenen Facettenreichtum religiöser Weltdeutungen repräsentiert (vgl. *Lindner* 2007, 69–86).

In religionsdidaktischer Hinsicht sprechen weitere Gründe für die biografische (Re-)Konstruktion von Kirchengeschichte im Rahmen religionsunterrichtlicher Lehr-Lern-Arrangements: Schüler*innen bringen der Geschichte von Personen nachweislich ein stärkeres Interesse entgegen als einer Beschäftigung mit allgemeinen (struktur-)geschichtlichen Entwicklungen (vgl. *Mendl* 2015, 21–26). Überdies bietet eine biografische Zugangsweise die Option, Einblicke zu erhalten, wie Menschen zu verschiedenen Zeiten den christlichen Glauben gelebt und gestaltet und somit je aktuell rekonstruiert haben. Insbesondere die Chance auf eine persönlich-relevante Auseinandersetzung mit der Vergangenheit, die Ermöglichung kirchenhistorischer Sinnbildung auf Basis einer Prüfung historischer Quellen und deren Interpretation, ein mehrperspektivisches Zugänglich-Machen religiöser Weltdeutungen (vgl. *Lindner* 2016, 211–214), aber auch »Prozesse ›orientierenden Lernens‹« (*Mendl* 2002, 269) lassen sich auf diese Weise initiieren.

Geschwister Scholl. Historische und kirchengeschichtsdidaktische Konturierungen

Für die Zeit des Nazi-Regimes in Deutschland können im Religionsunterricht viele Personen thematisiert werden, die aus ihrer christlichen Lebens- und Weltdeutung heraus Widerstand geleistet haben – nicht wenige davon haben das Einstehen für ihre Überzeugungen mit dem Leben bezahlt. Zu den »prominenten« Personen zählen unter anderem Dietrich Bonhoeffer, Clemens August Graf von Galen, Johannes Harms, Bernhard Lichtenberg, Rupert Mayer, Katharina Staritz oder Hermann Stöhr. Daneben finden sich viele »kleine Leute«, die vor Ort auf ihre je eigene Weise aus christlicher Motivation heraus Widerstand geleistet haben.

Die Geschwister Sophie und Hans Scholl wiederum als zentrale Figuren der Münchener Widerstandsgruppe »Die weiße Rose« sind für ihr schicksalhaftes Engagement weithin bekannt. Der Sachverhalt, dass sie aus ihrem christlichen Glauben heraus handelten, lässt sich in religiösen Lern- und Bildungsprozessen produktiv aufgreifen: Religiös konnotierte Passagen aus dem Leben der Geschwister Scholl können im Religionsunterricht Möglichkeits- und Diskursräume eröffnen, um mit Schüler*innen über die lebens- und weltverändernden Potenziale christlicher Weltdeutung in den Austausch zu treten.

Historische Skizzen

Hans Scholl (1918–1943) war zusammen mit seinem Freund Alexander Schmorell (1917–1943) Initiator der »Weißen Rose«, einer Widerstandsgruppe, die zwischen Juni 1942 und Februar 1943 mit Verweisen auf nationalsozialistische Verbrechen sowie auf die nicht mehr aufzuhaltende Kriegsniederlage die Deutschen zum Widerstand aufforderte. Dafür nutzten sie das Medium Flugblätter, mit denen sie sich vornehmlich an die sog. »geistige Elite« richteten, von der sie hofften, dass sie weitere Menschen für das Anliegen gewinnen könnten: »Mit der Herstellung und Verbreitung unserer Flugblätter wollten Hans Scholl und ich einen Umsturz herbeiführen [...], weil wir beide der Ansicht waren, damit den Krieg verkürzen zu können« (*Schmorell*, zit. N. Zoske 2018, 213), so formulierte Schmorell bei seinem Verhör vor der Gestapo am 25.2.1943 das Anliegen. Unter anderem klagte die »Weiße Rose« auch den bestialischen Massenmord an den Jüdinnen und Juden an (vgl. *zweites Flugblatt* 1942; *Gottschalk* 2020, 234). Den »Weiße Rose«-Mitgliedern ging es darum, andere wachzurütteln und zum Handeln zu bewegen, um das Ende des sinnlosen Krieges sowie die Wiederherstellung von Freiheit und humaner Weltordnung abseits nationalsozialistischer Gräuel zu forcieren. Bewusst argumentieren Scholl und Schmorell mit vielschichtigen Referenzen, »um möglichst viele Menschen zu erreichen und zu überzeugen« (*Gottschalk* 2020, 234). Neben philosophisch-humanistischen Ideen, die sich aus der Beschäftigung mit Aristoteles oder Fichte, mit den Dichtern Goethe, Novalis, Schiller oder mit Laotse speisten (welche in den Flugblättern zitiert wurden), erwies sich auch der christliche Glaube als zentrale Quelle des Engagements vieler Mitglieder der »Weißen Rose« gegen das nationalsozialistische Regime. Im vierten Flugblatt beispielsweise appellieren sie an die Christ*innen, sich ihrer von Gott gegebenen Kraft zu bedienen, um das Böse, das in der Macht Hitlers als am mächtigsten verortet wird, zu bekämpfen.

Spätestens aus den Formulierungen dieses vierten Flugblattes, das sie an der Ludwig-Maximilians-Universität im Juli 1942 in die Hände bekam, schloss Sophie Scholl (1921–1943), dass ihr Bruder Hans damit etwas zu tun haben musste (vgl. *Gottschalk* 2020, 230f.). Bis zur Veröffentlichung der Flugblätter V und VI war die »Weiße Rose« auf ein Netzwerk von mehr als 50 Personen angewachsen (*ebd.*, 294); höchstwahrscheinlich haben Hans Scholl und weitere Mitstreiter beim Verfassen der beiden letzten Flugblätter auch Ideen eingearbeitet, die im Dialog mit Sophie entstanden sind. Letztgenannte »besorgte Papier, Briefumschläge und Briefmarken, half beim Vervielfältigen, beim Falten und Eintüten, sie schrieb Hunderte von Adressen aus Telefonbüchern ab und tippt[e] sie auf die Umschläge« (*Gottschalk* 2020, 264).

Bis heute am bekanntesten ist die Verteilungsaktion an der Münchener Ludwig-Maximilians-Universität am 18.2.1943: Die Geschwister deponierten Abdrucke des fünften und des sechsten Flugblattes an verschiedenen Stellen im Hauptgebäude an der Ludwigstraße. Aus der zweiten Etage des Lichthofs warfen sie schließlich noch Flugblätter herab, wobei sie vom Hausmeister beobachtet und festgenommen wurden (vgl. *Zoske* 2020, 279f.; *Zoske* 2018, 198f.). Ihrer Überstellung an die Gestapo folgten Verhöre, bei der beide – wie auch ihr Mitstreiter Christoph Probst – nach anfänglichem Verneinen zu ihren Taten standen.

In der wenige Tage später angesetzten Gerichtsverhandlung am 22.2.1943 wurden Probst sowie Hans und Sophie Scholl zum Tod durch die »Fallschwertmaschine« verurteilt. Die Geschwister konnten sich von ihren Eltern verabschieden und mit dem evangelischen Gefängnispfarrer Karl Alt das Abendmahl feiern. Probst ließ sich noch katholisch taufen. Im Abstand von fünf Minuten wurden alle drei ab 17 Uhr noch am Tag des Urteils hingerichtet.

Religiöse Einordnungen

Hans und Sophie Scholl stammten aus einem christlichen Elternhaus; ihre Mutter Magdalena war ehemals evangelische Diakonisse. In ihren Kinder- und Jugendjahren waren sie gegen den Willen ihrer Eltern in nationalsozialistischen Gruppierungen aktiv: Hans u. a. als Mitglied der »Hitlerjugend«, Sophie als Scharführerin im »Bund Deutscher Mädel«.

Spätestens mit Aufnahme seines Medizinstudiums an der Münchener Universität im Jahr 1939 begann Hans die nationalsozialistische Ideologie zu hinterfragen; vor allem Fronteinsätze führten dazu. Nicht zuletzt sein christlicher Glaube spielte dabei eine große Rolle. Gespräche mit dem katholischen Publizisten Carl Muth bewirkten eine »intensivere Beziehung zu Christus« (*Zoske* 2018, 127), die für Hans auch ein Grund zum Widerstand war, wie er an Weihnachten 1941 in einem Brief an eine Freundin schrieb: »Die Geburt des Herrn ist mir das größte religiöse Erlebnis. Denn Er ist mir neu geboren. Europa wird in diesem Lichte sich wenden müssen, oder es wird untergehen« (*ebd.*). Unter anderem die Texte von Thomas Mann und dessen Rundfunkansprachen aus dem Exil bestärkten ihn darin, Widerstand zu leisten: Die »Würdigung des Christentums als wesentliche und zu schützende Grundlage des Humanen durch den von ihm hoch geschätzten Literaten [...] bedeutete für ihn Bestätigung und Stärkung seiner Widerstandshaltung« (*ebd.*, 198). Auch die Lektüre der Abschriften der Predigten des Münsteraner Bischofs Clemens August Graf von Galen, der öffentlich das Nazi-Regime und dessen sog. »Euthanasie« an Menschen mit Behinderungen anprangerte, dürften diese Haltung bestärkt haben (vgl. *Gottschalk* 2020, 207f.; vgl. *Zoske* 2020, 236).

Sophie Scholl entschloss sich wohl spätestens nach dem Tod eines Familienfreundes an der Ostfront im Jahr 1942 zum Widerstand. Auch für sie spielte der christliche Glaube dabei elementare Bedeutung: Bei ihr »entstand aus religiöser Motivation die soziale Tat des Widerstands« (*Zoske* 2020, 243.249), wobei sie aber immer wieder mit ihrem Glauben haderte. Ende Juni 1942 schrieb sie beispielsweise in ihr Tagebuch: »nichts anderes kann ich, als Dir mein Herz hinhalten, das tausend Wünsche von Dir wegziehen«. Sie fühlte sich bisweilen von Gott entfernt und suchte daher »nach Vorbildern [...], die von einem starken Bekehrungsglauben berichteten« (*Gottschalk* 2020, 205), z. B. las sie daher Texte von Blaise Pascal, aber auch von Augustinus. Sophie, die ab 1942 an der Ludwig-Maximilians-Universität Biologie und Philosophie studierte, sah in Kirche und Abendmahl eine »Trost- und Kraftquelle« (*Zoske* 2020, 249). Die Beschäftigung mit theologischen und philosophischen Texten zur Prädestination oder zum freien Willen gab ihr Kraft zu emanzipatorischem Widerstand gegen die Nazi-Diktatur, um sich nicht durch Untätigkeit schuldig zu machen. Ihre Freundin Susanne Hirzel beschrieb dies folgendermaßen: Sophie »lebte auf einer anderen Ebene, fühlte sich von ihrem Gewissen gerufen und hatte [...] bei ihren Überlegungen ihr eigenes Sterben miteinbezogen« (*ebd.*, 254). Elementarer Antrieb war für sie ein hoher ethischer Anspruch, den sie auch als Maßstab nahm, um sich selbst zu befragen: »Ja, ich bemerkte auf einmal mit Schrecken, daß ich alles anscheinend Gute getan hatte, nicht um Gutes zu tun, sondern um in den Augen anderer für gut zu gelten« (*ebd.*, 269).

Der christliche Glaube also war für die ethischen Haltungen der Geschwister Scholl prägend. Nicht zuletzt aus den Verhörprotokollen gehen ihre starken Ideale hervor. »Ich war der Überzeugung, daß ich aus innerem Antrieb handeln musste und war der Meinung, daß diese innere Verpflichtung höher stand, als der Treueid, den ich als Soldat geleistet habe« (*Zoske* 2018, 209), erklärte Hans. Sophie wiederum beendete ihre Aussage mit den Worten: »Ich bin nach wie vor der Meinung, das Beste getan zu haben, was ich gerade jetzt für mein Volk tun konnte. Ich bereue deshalb meine Handlungsweise nicht und will die Folgen, die mir aus meiner Handlungsweise erwachsen, auf mich nehmen« (*Zoske* 2020, 348)

Auch die Dokumente, die über die letzten Stunden und die Hinrichtung der Geschwister berichten, verweisen auf die Relevanz des christlichen Glaubens: Hans ließ sich vom evangelischen Gefängnispfarrer unmittelbar vor seinem Tod das Hohelied der Liebe aus dem ersten Korintherbrief (1 Kor 13) sowie Psalm 90 vorlesen; auch empfand er keine Bitterkeit seinen Gegnern gegenüber: »Nein, nicht soll Böses mit Bösem vergolten werden« (*Zoske* 2018, 219). Von Sophie wiederum ist überliefert, dass sie bei ihrer letzten Begegnung auf die Worte ihrer Mutter »Aber gelt, Jesus« antwortete: »Ja, aber Du auch« (*Gottschalk* 2020, 299). Auf die Rückseite ihrer Anklageschrift schrieb sie »Freiheit« – es war das letzte Wort, das Hans vor seiner Hinrichtung rief (*Zoske* 2018, 220).

Kirchengeschichtsdidaktische Perspektiven

Wie oben erläutert, liegt eine große Chance biografischer Zugänge zur Kirchengeschichte darin, dass sie *religiöse Wirklichkeitsdeutungen zugänglich machen*. Biografische Einblicke ermöglichen es Schüler*innen im Religionsunterricht, »einen historischen Sachverhalt aus der Perspektive der an ihm beteiligten Personen« (*Pandel* 2017, 352) zu betrachten. Die Flugblätter, aber auch die edierten Briefe oder Gedichte von Hans und Sophie Scholl bieten einen reichen Fundus (vgl. *Gottschalk* 2020; *Zoske* 2018; 2020) und gewähren Einblicke, wie diese beiden ihr Christ*in-Sein durch Widerstand realisiert haben. Ebenso sollten die Zweifel, die Sophie Scholl in Bezug auf ihren Glauben hatte, im Lernprozess zur Geltung kommen. So wird für Schüler*innen zugänglich, dass auch »Großgestalten des Glaubens und der Geschichte [...] viel menschlicher als die mit Patina bedeckten und bereinigten biografischen« (*Mendl* 2015, 143) Darstellungen sind, und was es bedeutet, mit dem eigenen Glauben zu ringen. Im Angesicht der thematisierten Lebensentwürfe können sich die Lernenden motiviert sehen, *religiöse Deutungsweisen mehrperspektivisch und selbstvergewissernd in Anspruch zu nehmen.* Aus der Begegnung mit verschiedenen Blickwinkeln auf einen Sachverhalt kann Sensibilität für die eigene (religiöse) Lebensgestaltung wachsen.

Insofern es »die« Kirchengeschichte nicht gibt, sondern kirchenhistorische Darstellungen immer nur eine Rekonstruktion des Vergangen von einer bestimmten Fragestellung her auf Basis der zur Verfügung stehenden Quellen sind, sollten kirchengeschichtliche Themen so aufbereitet werden, dass sie für *den rekonstruktiven Charakter sensibilisieren.* Die Auseinandersetzung mit dem Widerstand, den Hans und Sophie Scholl leisteten, kann Schüler*innen ermöglichen, dieses Charakteristikum von Geschichtsschreibung zu durchschauen und auch ihre eigene Rolle bei der Rekonstruktion von Geschichte wahrzunehmen. U. a. Rekurse auf verschiedene »Ordnungen« von Biografischem erscheinen dabei bedeutsam: So macht es einen Unterschied, ob die Vergegenwärtigung von Sophie Scholl mittels ihrer Tagebucheinträge und Briefe erfolgt (Biografisches »erster Ordnung«) oder auf Basis historischer Darstellungen zu ihr (Biografisches »zweiter Ordnung«) oder gar im Rekurs auf Filme und Romane, die Sophie Scholl unter Zuhilfenahme fiktionaler Elemente thematisieren (Biografisches »dritter Ordnung«) (vgl. *Lindner* 2007, 260). Es gilt, eine Mischung aus Quellenarbeit (Auswertung von Briefen, Notizen, Fotografien etc.), filmischen Inszenierungen oder auch Augmented Reality-Optionen[1] anzubieten und die Schüler*innen zu motivieren, ein eigenes historisches Urteil zu bilden und eventuell gar »eigene historische Erzählungen kompetent [zu] produzieren« (*Barricelli* 2014, 150; vgl. *Dierk* 2015). Dadurch können sich die Lernenden *kirchengeschichtsbezogene narrative Kompetenz aneignen und bezüglich ihrer eigenen Rolle bei der Produktion von Geschichte vergewissern.*

Im Kontext des Rekonstruktionsparadigmas ist es überdies bedeutsam, *multiperspektivische Betrachtungs- und Deutungsweisen zu ermöglichen* – u. a. die Verhörprotokolle von Hans und Sophie Scholl lassen sich hierfür heranziehen, wenn es beispielsweise darum geht, nach den Begründungsfiguren für das widerständige Engagement zu fragen. Hierzu bietet es sich an, die Aussagen der Schwester Inge Scholl oder anderer Zeitzeug*innen aufzugreifen (vgl. die verschiedenen Zitate und edierten Aussagen bei *Zoske* 2018 und 2020). Auf Basis dieser Quellen können die Lernenden eigene historische Einordnungen und Deutungen vornehmen. So *schulen sie ihr Geschichtsbewusstsein* als die Fähigkeit, aus verschiedenen historischen Facetten eine Synthese zu produzieren und zugleich die eigene »Geschichtlichkeit« (*Jeismann* 1997, 42) zu reflektieren. Beispielsweise kann die Auseinandersetzung mit

---

1 Z. B. mittels »Weiße Rose – Die App«; vgl. https://www.weisse-rose-stiftung.de/weisse-rose-die-app/. Letzter Zugriff am 31.4.2024.

christlich fundierten Lebensfacetten von Hans und Sophie Scholl »zur Bildung religiöser Standpunkte beitragen« (*König* 2015, Abschn. 1.2) – sowohl durch Zustimmung als auch mittels Emanzipation.

Zentral für die Beschäftigung mit den Geschwistern Scholl im Religionsunterricht ist zweifelsohne die ethische Perspektive. Durch die Thematisierung ihres Einsatzes für humane Werte trotz aller Gefahren für das eigene Leben, können diskursethische Lern- und Bildungsprozesse angebahnt werden, ganz im Sinne eines »orientierenden Lernens an (außer-)gewöhnlichen Biografien« (*Mendl* 2015, 245). Gleichwohl besteht hier die *Gefahr, dass Geschichte genutzt wird, um moralisierend auf Schüler*innen einzuwirken.* Eine historische Kontextualisierung kann helfen, diese Schieflage zu vermeiden, indem geklärt werden kann, warum Hans und Sophie Scholl gehandelt haben. Besonders geeignet hierfür ist das Lernen an sog. Dilemmata: Hierbei werden historische Personen in Situationen zugänglich, die sie mit gleichwertigen Alternativen konfrontieren, welche jeweils für sich problematisches Potenzial bergen. Im Fall der Mitglieder der »Weißen Rose« wäre dies beispielsweise die Frage, ob man sein eigenes Leben aufs Spiel setzen oder für seine Überzeugungen einstehen sollte. Bei kirchengeschichtlichem Lernen gilt es, derartige *Entscheidungssituationen im Leben historischer Personen zu identifizieren und zu thematisieren.* Im Wissen um die historischen Kontexte können Schüler*innen gefordert werden, »ein begründetes Werturteil« (*Mendl* 2015, 246) zu fällen. Dadurch bekommen sie eine Ahnung, was es heißen kann, Christ*in-Sein in gefährlichem Umfeld zu realisieren.

Historisches Lernen mittels filmischer Inszenierungen. Religiös-bildende Potenziale

Lernarrangements zu den Geschwistern Scholl sollten im Religionsunterricht so gestaltet werden, dass »gewinnbringend orientierendes Lernen stattfinden kann« (*Mendl* 2015, 88) und die skizzierten kirchengeschichtsdidaktischen Leitlinien zur Geltung kommen. Historische Filme können genutzt werden, um mit den Schüler*innen an Schlüsselszenen zu arbeiten, die Charakteristisches am Denken und Handeln von Hans und Sophie inszenieren. Anhand von Szenen aus zwei Spielfilmen werden im Folgenden exemplarische Lehr-Lern-Optionen skizziert. Dabei gilt es, die »Perspektivgebundenheit der filmischen Erzählung« (*Träger* 2015, Abs. 1) zu berücksichtigen, um anhand des Biografischen »dritter Ordnung« (vgl. oben) für den rekonstruktiven Charakter von (Kirchen-)Geschichte zu sensibilisieren.

»Die weiße Rose« von Michael Verhoeven

1982 brachte Michael Verhoeven (1938–2024) den Spielfilm »Die weiße Rose« (123 Min.; FSK 12) ins Kino. Im Zentrum stehen die Geschehnisse zwischen Mai 1942 und der Hinrichtung von Hans und Sophie Scholl sowie von Christoph Probst im Februar 1943. Verhoeven und Mario Krebs, mit dem er das Drehbuch verfasst hatte, wiesen im Abspann des Films auf die Auffassungen des Bundesgerichtshofes hin, dass die Todesurteile aufgrund damals gültigen Rechts gerechtfertigt waren. In der Folge dieses Films wurde über die Urteile des nationalsozialistischen sog. »Volksgerichtshof« in Deutschland stark diskutiert, was dazu führte, dass der 10. Bundestag in seiner 118. Sitzung im Januar 1985 diese Urteile einstimmig für rechtsungültig erklärt hat, da diese ein »Terrorinstrument zur Durchsetzung der nationalsozialistischen Willkürherrschaft« (*Deutscher Bundestag* 1985, Drucksache 10/2368) gewesen seien.

Mittels seiner 1980er-Jahre-Ästhetik bietet der stark historisch ausgerichtete Film Schlüsselszenen, die Potenzial für die Initiierung kirchenhistorisch fundierter Lern- und Bildungsprozesse bergen. Anhand der Szene (00:23:52–00:25:25), in der Sophie ihren Bruder Hans angesichts seiner Flugblattaktivitäten zur Rede stellt, lässt sich die *Relevanz religiöser Wirklichkeitsdeutung* thematisieren. Hans verteidigt sich u. a. mit folgendem Hinweis: »Hast du vergessen – die geheimen Predigten von Bischof Galen, die damals verschickt wurden? Wie uns das aufgerüttelt hat!« Diese Szene kann im Rahmen eines Lernarrangements zunächst mittels historiografischer Darstellungen hinsichtlich Prägungen der Geschwister Scholl verifiziert und sodann Anlass zu weiteren Frage- und Suchprozessen werden. Im Sinne einer mehrperspektivischen (kirchen-)historischen Sinnbildung bietet es sich zudem an, Passagen der Predigten von Galens zu lesen (vgl. *Lindner* 2011). Auf dieser Basis lässt sich schließlich über die Kraft religiöser Überzeugungen nachsinnen, die Menschen – hier die Geschwister Scholl, aber eventuell auch die Schüler*innen – motivieren, sich für Humanität zu engagieren.

Mit den Lernenden kann überdies an filmischen Inszenierungen von Dilemmasituationen gearbeitet werden – z. B. anhand der Szene (00:31:45–00:33:40), in welcher Hans Scholl sich mit Christoph Probst um die Form des Widerstands streitet, für den die Widerstandsgruppe in ihren Flugblättern werben soll: Probst wehrt sich gegen Scholls Vorschlag, für gewalttätige Sabotageakte zu werben.

Historisches Analysepotenzial bietet die filmische Inszenierung (01:44:20–01:58:08) der Ereignisse zwischen der Verteilung der Flugblätter im Lichthof der Münchener Universität und der Hinrichtung. In Bezug auf diese Szenerie können Schüler*innen zu deren Passung zu Verhörprotokollen sowie Aufzeichnungen rund um die Verurteilung und Hinrichtung von Probst und den Geschwistern Scholl forschen.[2] Darüber hinaus bietet diese Passage die Möglichkeit, Religionsbezüge zu identifizieren, deren Inszenierung zu analysieren (z. B. Dramaturgie, Bild-/Tongestaltung, Kameraführung; vgl. u. a. *Mendl* 2019, 74f.) und damit verbundene, eigene historische Interpretationen (narrative Kompetenz!) zu formulieren.

---

2 Vgl. www.weisse-rose-stiftung.de; Letzter Zugriff am 31.3.2024.

»Sophie Scholl – die letzten Tage« (Marc Rothemund)

Marc Rothemund (*1968) zeichnet in seinem 2005 veröffentlichten und oscarnominierten Film (116 Min.; FSK 12) die Zeit zwischen dem Tag vor der Verhaftung der Geschwister Scholl und ihrer Hinrichtung nach. Seine Filmästhetik nutzt immer wieder fiktionale Elemente und schafft den Filmschauenden somit Raum zum Nachdenken abseits historischer Detailgenauigkeit.

Insbesondere zwei Szenen bieten sich als Ausgangspunkte für religiöse Lern- und Bildungsprozesse an. Zum einen das Verhör von Sophie Scholl durch den Gestapo-Ermittler Robert Mohr (01:05:20–01:11:50): In dieser Szenerie ist Sophie als starke Frau gezeichnet, die dem Ermittler sagt, dass sie aufgrund der nationalsozialistischen Verbrechen wie Rassenhass, Judenvernichtung oder Tötung geisteskranker Menschen nicht gegen ihr Gewissen handeln kann, weil »kein Mensch das Recht hat, ein Urteil zu fällen, das allein Gott vorbehalten ist. [...] Jedes Leben ist kostbar.« Mohr kommentiert Sophies Hinweis, dass ihr Handeln »mit Sitte, Moral und Gott« zu tun habe: »Gott gibt es nicht!« Ausgehend von der historischen Kontextualisierung dieser Szene lassen sich mit Schüler*innen Reflexionen zu religiösen Weltdeutungen und deren Relevanz für ethische Fragestellungen anstellen. Auf dieser Basis können sie motiviert werden, über ihre eigenen Werthaltungen und Überzeugungen und damit verknüpfte Konsequenzen für die Lebensgestaltung nachzudenken.

In Bezug auf die Abschiedsszene von den Eltern könnte überdies die Szene aus Rothemunds Film (01:44:51–01:46:54) mit der Inszenierung dieser historisch überlieferten Situation durch Verhoeven (01:54:59) verglichen werden – z. B. in Bezug auf die Wortwahl oder die filmischen Mittel. Unter Zuhilfenahme historiographischer Darstellungen lässt sich zum einen der konstruktive Charakter von Geschichtsschreibung diskutieren. Zum anderen können diese verschiedenen Materialien zum Ausgangspunkt für eigene historische Narrationen in Bezug auf dieses Ereignis durch die Schüler*innen werden: Erklärfilme (vgl. *Käbisch/Lindner* 2022), Videoclips oder fiktionale Chats, in denen diese letzte Begegnung von Sophie mit ihrer Mutter thematisiert wird, bieten sich an, damit Schüler*innen ihre Version der Geschichte erzählen. Letztgenanntes Format passt überdies zum Instagram-Kanal @ichbinsophiescholl, mit dem BR und SWR anlässlich des 100. Geburtstags von Sophie Scholl im Jahr 2021 an sie und ihren Einsatz für die Menschlichkeit erinnerten (vgl. *Singh* 2024).

Mittels dieser und anderer filmischer Inszenierungen kann es im Religionsunterricht gelingen, heutigen Schüler*innen Gelegenheit zu geben, sich mit dem Engagement von Hans und Sophie Scholl und deren potenzieller Vorbildhaftigkeit auseinanderzusetzen.

Literaturverzeichnis

CALMBACH, MARC u. a., Wie ticken Jugendliche? 2020, Bonn 2020.
BARRICELLI, MICHELE, Narrativität, in: *Ulrich Mayer* u. a. (Hg.), Wörterbuch Geschichtsdidaktik, Schwalbach 2014, 149f.

DIERK, HEIDRUN, Art. Geschichtserzählung, in: WiReLex 2015 (https://doi.org/10.23768/ wirelex.Geschichtserzhlung.100051).

GOTTSCHALK, MAREN, Wie schwer ein Menschenleben wiegt. Sophie Scholl. Eine Biografie, München 2020.

JEISMANN, KARL-ERNST, Geschichtsbewusstsein, in: Klaus Bergmann u. a. (Hg.), Handbuch der Geschichtsdidaktik, Seelze-Velber ⁵1997, 42–44.

KÄBISCH, DAVID / LINDNER, KONSTANTIN, Kirchengeschichtsdidaktik ›up to date‹. Grundlegungen und Perspektiven am Beispiel von MrWissen2go, in: Zeitschrift für Pädagogik und Theologie 74 (2022), Heft 3, 326–340.

KÖNIG, KLAUS, Art. Vergegenwärtigung, kirchengeschichtsdidaktisch, in: WiReLex 2015 (https:// doi.org/10.23768/wirelex.Vergegenwrtigung_kirchengeschichtsdidiaktisch.100056).

LINDNER, KONSTANTIN, In Kirchengeschichte verstrickt. Zur Bedeutung biographischer Zugänge für die Thematisierung kirchengeschichtlicher Inhalte im Religionsunterricht, Göttingen 2007.

LINDNER, KONSTANTIN, Clemens August von Galens Widerstand gegen die »Aktion Gnadentod«. Ein Praxisbeispiel biografischen Lernens im Religionsunterricht, in: Loccumer Pelikan (2011), Heft 2, 90–94.

LINDNER, KONSTANTIN, Biografische Zugänge zur Kirchengeschichte. Religionsdidaktische Auslotungen, in: *Stefan Bork / Claudia Gärtner* (Hg.), Kirchengeschichtsdidaktik. Verortungen zwischen Religionspädagogik, Kirchengeschichte und Geschichtsdidaktik, Stuttgart 2016, 204–219.

MENDL, HANS, Historische Gestalten als Vorbilder im Religionsunterricht?, in: rhs - Religionsunterricht an höheren Schulen 45 (2002), Heft 5, 268–276.

MENDL, HANS, Modelle - Vorbilder - Leitfiguren. Lernen an außergewöhnlichen Biografien, Stuttgart 2015.

MENDL, HANS, Taschenlexikon Religionsdidaktik. Das Wichtigste für Studium und Beruf. München 2019.

PANDEL, HANS-JÜRGEN, Geschichtsdidaktik. Eine Theorie für die Praxis, Schwalbach 2017.

TRÄGER, JOHANNES, Art. Film, kirchengeschichtsdidaktisch, in: WiReLex 2015 (https://doi.org/ 10.23768/wirelex.Film_kirchengeschichtsdidaktisch.100049).

SINGH, RICARDA, »Stell Dir vor, es ist 1942 auf Instagram ...«. Analyse der Kontroverse um den Kanal ichbinsophiescholl, Münster 2024.

WUNDERLICH, LEONIE / HÖLIG, SASCHA, Social Media Content Creators aus Sicht ihrer jungen Follower: Eine qualitative Studie im Rahmen des Projekts #UseTheNews, Hamburg 2022 (https:// doi.org/10.21241/ssoar.81872).

ZOSKE, ROBERT M., Flamme sein! Hans Scholl und die Weiße Rose. Eine Biografie, München 2018.

ZOSKE, ROBERT M., Sophie Scholl: Es reut mich nichts. Porträt einer Widerständigen, Berlin 2020.

Bonhoeffer im Marienretabel
Michael Triegels Naumburger Altarbild: Kontroversen und Perspektiven

Rita Burrichter

Ausstellungseröffnung im Paderborner Diözesanmuseum im Dezember 2022. Gezeigt wird das von Michael Triegel 2020–2022 ergänzte, ursprünglich 1517–1519 von Lucas Cranach d. Ä. geschaffene Marienretabel aus dem Westchor des Naumburger Doms – ein Flügelaltar mit einer spannend-spannungsvollen Geschichte. Die Präsentation des monumentalen Bildwerks im anspruchsvoll-schwierigen Raumgefüge des von Gottfried Böhm 1975 konzipierten Museums erweist sich für die Autorin dieses Beitrags gleichermaßen als visuelle Herausforderung wie visuelle Offenbarung.

Die visuelle Herausforderung: Räumlicher Abstand wie in einem Kirchenraum ist im Ausstellungsraum kaum zu gewinnen. Es ist aber gerade die fehlende Übersicht, der fehlende Abstand, wodurch sich gewissermaßen sogartig eine gleichsam unausweichliche Nähe, eine zwingende Nahsicht einstellt.[1] Könnte aus einer solchen »Perturbation« (*Mendl* 2019, 210) ein produktiver Lernprozess hervorgehen für die mit Bildern befasste Praktische Theologin, die sich wie manch andere bislang nicht sicher ist, was von den religiösen Bildwerken Michael Triegels im Horizont der Diskurse über Kunst, Theologie und Kirche zu halten ist. (vgl. *Rauchenberger* 2015, 40)

Die visuelle Offenbarung: Die eingeschränkte Möglichkeit der räumlichen Abstandnahme verhindert eingeübte professionsbezogene Routinen der persönlichen Abstandnahme. Ikonographische Klärungen, Scheidung der Hände, geistesgeschichtliche Zuordnungen, Aufweis theologischer Programmatik, Zueinander von Bildkonzept und Bildwirkung – die Systematik kunstgeschichtlicher Hermeneutik (*Bätschmann* 2008), auf der ganz wesentlich auch der religionsdidaktische Umgang mit Bildwerken aufruht (*Burrichter/Gärtner* 2014, 18–21), taugt nicht recht in der erzwungenen Nahsicht. Merkwürdig genug: Gerade im Scheitern des Versuchs, das zahlreiche Bildpersonal sach- und fachgerecht in den Griff zu bekommen, erweisen sich die einzelnen Figuren als echtes Gegenüber, sprechen mich an, berühren mich mit der feinen Zeichnung ihrer Gesichtszüge, mit dem naturgetreuen Kolorit von Haut, Haaren, Kleidung. Das gilt für Triegel und Cranach gleichermaßen. In der Nahsicht verschwimmen mir die kunstwissenschaftlichen Kriterien, eindrücklich ist aber die persönliche Konfrontation mit Maria, dem Jesuskind, mit all den Zeuginnen und Zeugen des Glaubens aus dem 16. und 21. Jh., die mich anschauen. Die mir sagen, die mich fragen – was eigentlich?

---

1 Einen Eindruck dieser Raumsituation vermittelt die Aufnahme in: https://www.naumburger-dom.de/resumee-ausstellungsreise-marienaltar; letzter Zugriff am 27.3.2024.

Im Versuch, im schmalen Raum des Museums zwischen Eingang und Podest doch noch den Überblick zu einem monumentalen Altarwerk zu bekommen, dessen Teile 500 Jahre Glaubens- und Frömmigkeitsgeschichte überspielen, stellt sich die Frage nach der Relevanz für die eigene Gegenwart. Wer und wozu braucht überhaupt noch *Altarretabel*? Wer *braucht* eine Darstellung Marias mit dem Kind umgeben von ihrer Mutter Anna, dem evangelischen Theologen Dietrich Bonhoeffer, der Hl. Agnes, Petrus und Paulus, der Hl. Elisabeth und weiteren Assistenzfiguren? Die Frage nach der *Relevanz* ist das eigentliche Thema der Form und der Inhalte von »Triegel trifft Cranach«[2], der Ergänzung des Marienretabels aus dem Naumburger Dom, die die Evangelische Gemeinde von Naumburg und das Domkapitel der Vereinigten Domstifter höchst passend ausdrücklich als »Projekt« bezeichnen (Kunde 2022). Die Kontroversen um dieses Projekt erhellen nicht zuletzt auch das religionspädagogische Projekt eines »fremde Wertoptionen« mit »eigenen Wertvorstellungen« konfrontierenden Lernens am Modell (Mendl 2015, 69). In den Kontroversen aber zeigen sich zugleich auch die Perspektiven.

Historische und zeitgenössische Kontroversen: konfessionsbezogene Blickachsen

Durch eine bischöfliche Stiftung großzügig finanziert wird 1517 Lucas Cranach d. Ä. mit der Erstellung eines monumentalen Flügelalters beauftragt, der im Zuge einer größeren Umgestaltung das neue Zentrum des Westchors des in der ersten Hälfte des 13. Jh. erbauten Naumburger Doms bildet. Cranach zeigt auf dem linken vorderen Seitenflügel die Apostel Philippus und Jakobus d. J. zusammen mit dem zeitgenössischen amtierenden Bischof Philipp von Wittelsbach sowie auf dem rechten vorderen Seitenflügel den Apostel Jakobus d. Ä. und die ›apostola apolstolorum‹ Maria Magdalena zusammen mit dem Stifter des Retabels, dem verstorbenen Bischof Johannes III. von Schönberg. Auf den Rückseiten der Seitenflügel erscheinen die Heiligen Katharina und Barbara. Die Mitteltafel trug laut Quellenlage eine Mariendarstellung. Weiteres dazu ist nicht bekannt. Die Beauftragung der Cranach-Werkstatt mit dem höchst kostspieligen Retabel (Habenicht 2023, 18) wertet den nachweislich seit 1281 mit einem Marienaltar als Hauptaltar versehenen Raum (Odenthal 2012, 71) ausgerechnet im reformatorisch bedeutsamen Jahr 1517 in besonderer Weise auf. Ob damit nur der spätmittelalterliche katholische »Apparat der Jenseitsvorsorge« mit der auch für die diesseitige Ökonomie höchst interessanten »gigantischen Heilsmaschine« (Habenicht 2023, 21) angetrieben oder doch vornehmlich die Grablege des verstorbenen Bischofs nobilitiert werden sollte, kann offenbleiben. Wichtig erscheint, dass in der doppelchörigen Anlage ein prominenter

---

2 Bildmaterial und Informationen zu Intention, Konzept und aktuellem Stand: https://www.naumburger-dom.de/triegel-trifft-cranach; letzter Zugriff am 27.3.2024.

Kirchenraum der Gottesmutter zugeeignet ist und ihre Verehrung durch Gebet, Prozessionen und eben auch durch ihre Präsenz im Bild befördert wird.

Das erklärt, dass in den Bildstreitigkeiten der Reformation um 1541/42 mit Billigung von Landesherr und Kirchenleitung in einer gewaltsamen Aktion der Mittelteil des Retabels zerstört wird (*Ludwig/Kunde* 2011, 152). Die erhaltenen Seitenflügel sind bis 1876 im Ostchor angebracht und werden später im Depot verwahrt. Im sog. konfessionalistischen Zeitalter nimmt der Naumburger Dom kirchenpolitisch wie liturgisch eine »hybride Sonderstellung« (*ebd.* 86) ein. Langhaus und Kreuzaltar werden von der lutherischen Gemeinde genutzt, der Ostchor von den katholischen Kanonikern. Gesänge in lateinischer Sprache bleiben bis ins 19. Jh. im Naumburger Dom liturgische Praxis. In der Folgezeit, insbesondere auch zu DDR-Zeiten wird die Wahrnehmung des Westchors vor allem durch die kunsthistorisch prominenten 12 Stifter*innenfiguren aus der Mitte des 13. Jh. bestimmt. Stipes und Mensa des Hauptaltars stehen ohne Retabel leicht erhöht auf der Chorstufe.

Erst in den 2000er Jahren kommt anlässlich einer Ausstellung durch Besucher*innennachfragen der Wunsch in Kirchengemeinde und Domkapitel auf, den Altar im Zentrum des Westchors wieder mit einem Altarretabel zu besetzen. Es soll »in den direkten Kontakt zu Lucas Cranach d. Ä. [...] treten [...] und doch eigene Positionen zum Leuchten [...] bringen.« (*Kunde* 2022) Beauftragt wird Michael Triegel, prominenter Absolvent der renommierten Leipziger Hochschule für Grafik und Buchkunst und ausgewiesener Kenner der christlichen Ikonographie und Bildtradition. Triegel, geboren 1968 in Erfurt, nähert sich nach eigenen Aussagen biografisch dem christlichen Glauben über die Kunst. In der Konfrontation mit religiösen Bildwerken in römischen Kirchen und Museen erfährt er den über bloße Formästhetik hinausgehenden geistig-geistlichen Gehalt der Formen, Gestalten, Symbole der künstlerischen Tradition seit Dürer, in deren zeitgenössischer Nachfolge er sich sieht. (*Schwind 2022*) Seine vielgerühmte (und gelegentlich geschmähte) »altmeisterliche« Malerei folgt dabei nicht bloßen historischen Versatzstücken. Dass in seinen porträtgenauen Darstellungen von Personen der christlichen Heilsgeschichte er selbst, seine Tochter sowie seine Frau zu erkennen sind, beruht nicht einfach auf Identifikation, sondern ist zu verstehen als intellektuell-religiöser Reflexionsprozess:

> Um andere Menschen durch meine Kunst zu berühren, muss ich zuerst selbst berührt, emotional involviert sein. Deshalb sind die heiligen Personen meiner Bilder keine Phantasiegestalten und Abziehbilder traditioneller Stereotypen. Sie haben reale Vorbilder in Menschen, denen ich begegnet bin, die mich interessieren, die ich liebe. Die Haupttafel meines Altars erzählt von der Menschwerdung Gottes und der Gottesebenbildlichkeit des Menschen. (*Triegel* zit. nach *Schwind* 2022)

Die darin aufscheinenden anthropologischen und soteriologischen Überlegungen versteht Triegel, der sich 2014 in der Dresdener Hofkirche taufen lässt, nicht lehrhaft:

> Wenn es die katholisch korrekte Lehre wäre, dann hieße es, dass ich Antworten hätte – und die habe ich nicht. Das klingt fast abgedroschen, aber ich bin auf der Suche und kann nur meine Fragen formulieren. Was ich male ist nicht das, was andere glauben sollen oder was ich glaube, sondern es sind die Fragen, die sich mir aufdrängen. Wenn ich großes

Glück habe, hat der Betrachter ähnliche Fragen und am Ende kann er durch meine Bilder zu neuen eigenen Antworten kommen. (*Triegel* 2016, 32)

Die Aufstellung des ergänzten Naumburger Altarretabels wurde am 3. Juli 2022 im Rahmen einer ökumenischen Vesper, gestaltet durch den evangelischen Landesbischof Kramer und den katholischen Bischof Feige, mit der Altarweihe abgeschlossen. Im Wortsinn *merkwürdige* ökumenische Überschneidungen konfessioneller Blickachsen: Lucas Cranach, der spätere schlechthinnige Maler der Reformation, schafft einen Marienaltar, der von protestantischen Bilderstürmern zerstört und aus einer evangelischen Kirche entfernt wird, die dem katholischen Gottesdienst weiterhin Raum gibt. 500 Jahre später beauftragt das evangelische Domkapitel mit der Ergänzung einen katholischen Künstler, der einen evangelischen Theologen an prominenter Stelle im Bild zeigt. Das Werk wird in einer ökumenischen Vesper in Anwesenheit der obersten Kirchenleitungen beider Konfessionen geweiht.

Eine durchaus ebenfalls »konfessionsbezogene«, nämlich auf fundamentalen Einstellungen und Überzeugungen aufruhende säkulare Blickachse durchkreuzt allerdings 2022 zeitgleich das Projekt mit einem wirkmächtigen Protest. Es meldet sich der internationale Denkmalschutz mit dem Hinweis, der Naumburger Dom könne den 2018 erlangten Status einer UNESCO-Welterbestätte verlieren. Die Stifterfiguren und der Lettner des Westchors gelten als herausragende Werke des Naumburger Meisters und seiner Werkstatt in der ersten Hälfte des 13. Jh. und sind wesentlicher Bestandteil der Erhebung des Doms zum Weltkulturerbe. Mit der Wiederaufstellung eines Altarretabels werde, so die Argumentation des Denkmalschutzes, die Blickachse in den Westchor empfindlich gestört. Das Domkapitel entscheidet daraufhin, bis zur historisch-kunsthistorischen Prüfung und Klärung das Retabel 2022–2023 auf Museumsreise zu schicken. Seine Wiederaufstellung im Naumburger Dom von Dezember 2023 bis Juli 2025 firmiert nunmehr als ›Projekt‹.

Versteht man den Projektbegriff in diesem Zusammenhang nicht nur als kluges Kompromissangebot von Seiten des Domkapitels, das vorschnelle endgültige Verwerfung und Aberkennung verhindern soll, sondern als einen Begriff, der zum Ausdruck bringt, dass etwas zeitlich und intentional begrenzt entwickelt und erprobt wird, so erweist er sich als *theologisch* höchst produktiv. Das Cranach-Triegel-Projekt ermöglicht die Erprobung und Befragung neu zu findender Formen liturgischer und frömmigkeitsbezogener Praxis in einer enttraditionalisierten Gegenwart. Womöglich gibt der die liturgischen Zeiten und damit den Raum je aktuell markierende Wandelaltar in seiner bewusst anachronistisch gebrochenen Gestalt ganz neue, nämlich spirituelle Impulse für Funktion und Gebrauch eines weiterhin kulturhistorisch eben auch säkular hochgeschätzten Raums? Und wird dazu gerade als Altarretabel auch dringend gebraucht? Das Cranach-Triegel-Projekt konfrontiert darüber hinaus nicht nur mit einer 500 Jahre zeitlichen Abstand überspielenden Gestalt, sondern auch mit einem inhaltlich dezidierten, 500 Jahre Kirchentrennung überwindenden Gehalt. Womöglich gibt das ausgerechnet in einem Marienretabel eines evangelischen Kirchenraums realisierte Bildprogramm der im *Credo* aufgerufenen Kirche Jesu Christi, der *Una Sancta*, der *Oikumene* dringend gebrauchte ekklesiologische Impulse?

Gemeinschaft der Heiligen: ekklesiologische Blickachsen

Triegel wählt als Ergänzung des Mittelteils den Bildtypus der *Sacra Conversazione*, der Heiligen Unterhaltung. Das liegt ikonographisch nahe, um zu den Seitenflügeln Cranachs mit ihren Heiligen- und Stifterporträts eine harmonische Überleitung zu schaffen. Der Begriff der ›Sacra Conversazione‹ wird im 19. Jh. geprägt und versammelt ganz unterschiedliche Bildgestalten, die zunächst in der italienischen Renaissance begegnen und deren einzige Gemeinsamkeit ist, dass sie die Gottesmutter Maria mit dem Kind und eine Anzahl von Personen in einem gemeinsamen, nicht szenisch bestimmten Bildraum zeigen. (*Stein-Kecks* 2002, 414) Der Begriff der Unterhaltung erscheint dabei, rein äußerlich betrachtet, irreführend, denn die gezeigten Personen – Apostel, Heilige, Gestalten der Kirchengeschichte, aber auch zeitgenössische Stifter*innen oder Herrscher*innen – lesen in Büchern, zeigen ihre Marterwerkzeuge, tragen Kirchenmodelle, Lämmer oder Blumenkörbe, schauen aus dem Bild heraus, wenden sich auch nicht immer der thronenden, in der Landschaft sitzenden oder auf Wolken schwebenden Maria mit dem Kind zu und sind nur selten ins Gespräch vertieft. Die weitgehende innerbildliche Beziehungslosigkeit der Figuren untereinander, die Disparatheit ihrer Wahl und Anordnung wird noch unterstrichen, wenn zeitlich und thematisch nicht zueinander passende Personen gezeigt werden oder diese Figuren anachronistisch durch jeweils zeitgenössische Kleidung ›vergleichzeitigt‹ werden.

Das Cranach-Triegel-Projekt versammelt nachgerade klassisch solche Elemente. In einem unbestimmten Raum vor Goldgrund versammeln sich Personen der Christentumsgeschichte und der jeweiligen Zeitgeschichte. Zwar sind sie in Körperhaltung und Blickrichtung durchaus auf das Zentrum des Mittelteils, Maria mit dem Kind, ausgerichtet, dies aber nicht im Sinne einer gemeinsamen Aufmerksamkeit, sondern eher in Gestalt einer in sich gekehrten, auf sich selbst bezogenen Konzentration. Sie erscheinen als Gruppe dadurch irgendwie ›zusammengewürfelt‹. Die Selbstversunkenheit in vielen Bildern dieses Typs führt in der kunstgeschichtlichen Diskussion zu der These, dass die Heiligen nicht miteinander sprechen, sondern sich aussprechen und die Betrachterinnen und Betrachter ansprechen:

> *Wir* sind es, denen eine conversazione angeboten wird über sehr ernsthafte und schließlich entscheidende Gegenstände, über die Muttergottes als eine Ahnende und über Christus als letzten Ratschluß, als Weisheit. Dieses ist die Stille der Kontemplation, in der Geist und Empfindung sprechen und in der auch Entscheidung gefordert wird. (*Hubala* zit. nach *Stein-Kecks* 2002, 425)

Vor dem Naumburger Marienretabel stehend ist diese kommunikative Außenbeziehung unmittelbar nachvollziehbar und wird durch die Modelle Triegels noch verstärkt. Sein Dietrich Bonhoeffer schaut aus dem Bild heraus. Das Buch in seinen Händen verweist auf die Theologie Bonhoeffers und damit nicht nur auf den Märtyrer im Widerstand gegen die nationalsozialistische Diktatur, sondern ganz grundlegend auf ein christliches Bekenntnis, das im anderen Menschen Gott erkennt und von dorther Entscheidung, auch politische Entscheidung, trifft. Bonhoeffer wird hier nicht katholisch eingemeindet, gar zum Marienverehrer stilisiert, sondern vorgestellt als ein auf Welt und Mitmenschen bezogener Zeuge des Evangeliums, der seine Entscheidung zum Gesprächsangebot macht. Das abgelegte Zeugnis erweist sich so in der Ansprache durch die Bildfigur auch als Anspruch an die Betrachterinnen und Betrachter. Die Rahmung durch das Bildmotiv entbindet diesen Anspruch von der Nachahmung eines heroischen Vorbilds, bindet ihn aber ein in Prozesse der Werterhellung und Wertkommunikation des Lernens am Modell. *(Mendl* 2015, 69f.)

Dieser Anspruch geht über rein individuelle Wahrnehmungs- und Deutungsbeziehungen im ›Gespräch‹ zwischen Bildpersonal und Betrachter*innen hinaus. Fassbar ist dies in der geistesgeschichtlichen Tradition des Begriffs der *Conversazione*, der nachweislich bereits im 12. Jh. auch synonym für Gemeinschaft, insbesondere im monastischen Kontext, stehen kann:

> ›Conversatio‹ versteht unter ›Gemeinschaft‹ nicht nur physisches Beisammensein, sondern impliziert einen moralischen Wert. ›Conversatio morum‹, der ›Tugendwandel‹ der klösterlichen Gemeinschaft, wird in den monastischen Schriften vielfach beschrieben und an herausragenden Einzelpersonen gerühmt. (*Stein-Kecks* 426)

Damit gewinnt der Begriff in seiner Bild gewordenen Gestalt einen ausdrücklich ekklesiologischen Bezug. Die Disparatheit im Zueinander der vorgestellten Personen löst sich auf, wenn ihre Darstellung als Anschaulichwerden der miteinander in Gott Verbundenen verstanden wird. Ein Übriges tut der nie szenische, vielmehr narrativ weitgehend unbestimmt bleibende Bildraum, der Zeitlichkeit überbrückt. Von hier aus ist der Gedanke naheliegend, dass in der *Sacra Conversazione* die *Communio Sanctorum* aufgerufen wird, die Gesamtheit der Glieder der Kirche Jesu Christi, die im *Credo* als Gemeinschaft der Heiligen bezeichnet wird. In der Darstellung Triegels erschließt sich dann einmal mehr, warum für die Gestalt des Petrus ein römischer Obdachloser mit Basecap Modell gestanden hat, für Paulus ein jüdischer Gläubiger an der Klagemauer in Jerusalem oder für Maria die Tochter des Malers. In diesem Werk wird nicht die Gradualität innerhalb der Gemeinschaft der Lebenden und der Toten betont, wie sie in den Vorstellungen katholischer Heiligenverehrung nach wie vor oft zum Ausdruck kommt, sondern ganz grundsätzlich die »seinshafte Bestimmung«, die damit einhergeht: »Jeder Mensch ist berufen zum Heiligen. Ob man dieser Berufung folgt und wie der einzelne dies ausgestaltet, liegt an jeder Person selbst« (*Mendl* 2015, 55).

Identifizierbare Zeitgenossen und Zeitgenossinnen als biblische Figuren und Heilige sind keine Erfindung der Gegenwart. Das Rollenporträt ist schon in der Frühen Neuzeit äußerst beliebt und begegnet gerade auch bei Cranach d. Ä., der u. a. sich selbst, seine Frau und seinen Schwiegervater als Mitglieder der sog. Heiligen Sippe, der erweiterten Familie Jesu zeigt. (*Burrichter* 2009, 29) Am Rollenporträt zeigt sich, was die Geschichte des bildkünstlerischen Porträts grundsätzlich bestimmt. Von den Anfängen des antiken Porträts an geht es in ihm weniger um naturgetreue Abbildlichkeit als vielmehr darum, Spuren des Lebens sichtbar zu halten. In diesem Sinne gibt das Porträt verbindliche Hinweise auf Bedeutung und Anspruch von Personen und sichert mit seiner kommemorativen Kraft die Präsenz der Person über Zeit und Ort hinweg.

Das gilt gleichermaßen für das religiös, politisch und institutionell konnotierte Porträt wie auch für das spätere bürgerliche und das autonome Porträt der Neuzeit und der Moderne. (*Beyer* 2002, 16) In der Porträtgenauigkeit Triegels geht es daher nicht um eine wie auch immer zu verstehende zeitgenössische Aktualisierung (»Bonhoeffer als Heiliger«). Es geht auch nicht darum, prominenten Persönlichkeiten bloße Reverenz zu erweisen, wenn er auch Sponsor*innen des Retabels im Bildpersonal porträtiert. Vielmehr zeigt sich hier eine hoch sensible Form der Verschränkung der Anerkennung von höchstpersönlicher Individualität der Gläubigen (wie sie theologisch das Credo im grammatischen Singular ausspricht und wie sie der Rechtfertigungsglaube betont) mit der Leib-Christi-Werdung des Gottesvolks in der Vergemeinschaftung als Kirche Jesu Christi (wie sie Paulus als Anspruch und Aufgabe für die Gemeinde bestimmt). Alex Stock weist auf einen solchen Zusammenhang anlässlich einer Fotografie von Thomas Struth hin, die Kirchenbesucher*innen vor einer *Sacra Conversazione* von Bellini in Venedig zeigt:

> Er [Thomas Struth] hält die Besucher der Kirche, die frommen und neugierigen, untereinander und mit dem, was in dieser Kirche zu sehen ist, zu einer Art heiligem Theater zusammen. Die *communio sanctorum* nimmt die Form einer zwanglosen *Sacra conversazione* an. Das ist ein Bild der Kirche auf der Schwelle zwischen ästhetischer Vereinzelung und gottesdienstlicher Bindung. Man kann Struths ›San Zaccaria‹ lesen […] als ekklesiologisches Paradigma. (*Stock* 2014, 264)

Derart programmatisch gelesen erweist sich auch das Naumburger Marienretabel als produktives Paradigma des Neu-Denkens der Kirche Jesu Christi im Zeitalter eines postkonfessionellen Christentums. Es ebnet historische und aktuelle konfessionelle Unterschiede nicht ein, zeigt aber im nackten hilflosen Christuskind, das Maria vorweist wie einen am Kreuz hängenden Christus, den gemeinsamen Grund und das gemeinsame Ziel der hier aus unterschiedlichen Zeiten und Räumen Versammelten.

Jenseits raumzeitlicher Bedingungen: spirituelle Blickachsen

Die Stellung des Hauptaltars im Naumburger Westchor lässt annehmen, dass bereits das ursprüngliche Retabel eine gestaltete Rückseite besaß, da der Altar umgangen werden konnte. Die Ergänzung von Michael Triegel zeigt nunmehr auf dem rückwärtigen Mittelteil den auferstandenen Christus aufrecht in einem Kirchenraum stehend, der in zentralperspektivischer Malerei den Durchblick durch den Naumburger Westchor und die Rückseite des Lettners zeigt. Hier wird also das sichtbar, was durch den Altaraufbau den Blicken der davorstehenden Betrachter*innen entzogen ist. Ein derartiges künstlerisches Spiel von Zeigen und Verbergen in einem Altarwerk mag vordergründig vor allem als hoch beeindruckender künstlerisch-illusionistischer Effekt erfahren werden, stellt aber im Grunde sehr nachdrücklich die Frage nach Repräsentation und Präsenz des Göttlichen in Bild und Kirchenraum. Wir haben nur Abbilder, nur *Verweise* auf das Urbild.

Diese gegenüber bildmagischen Missverständnissen wichtige theologische Differenz hielt schon das 2. Konzil von Nizäa 789 fest. Nicht zuletzt die Bildstreitigkeiten der Reformation zeigen aber die Unschärfe der Rede von realer Gegenwart unter den eucharistischen Gestalten und im Wort auf. Die Frage nach Repräsentation und Präsenz in der Memoria und der christlichen Praxis der je aktuellen Gemeinschaft der Nachfolger*innen mag darin lehrhaft aufgehoben sein. Aber ist sie auch erfahrbar? Hier und jetzt in diesem Raum unter uns? Diese Frage stellt – wenn auch nicht so spektakulär wie die Rückseite – bereits das Bildprogramm der *Sacra Conversazione* mit seinem absichtsvoll unbestimmten Bildraum. Befinden sich eigentlich Maria und das Kind, die Apostel, Heiligen und Zeitgenoss*innen im selben Raum, gar im ›Himmel‹? Und was bedeutet das für die Betrachter*innen, die so unmittelbar aus dem Bild heraus als Gemeinschaft der Heiligen angesprochen werden? Das Bild antwortet ikonographisch und perspektivisch mit einem bedachtsamen eschatologischen Vorbehalt. So halten die Assistenzfiguren des Mittelteils einen in *Trompel'œil*-Manier gemalten kostbaren Brokatstoff, der die in religiösen Bildwerken – insbesondere auch in Bildern der thronenden Gottesmutter mit Kind – gut belegte Funktion eines Ehrentuchs übernimmt:

> Dieses Würdemotiv ist vergleichbar mit dem *velum*, dem Tuch zur symbolischen Hervorhebung der Stellung eines weltlichen Herrschers, wie es etwa im Zeremoniell für die römischen Kaiser in der Spätantike gebraucht wurde, um deren *aura* und die Erhöhung der menschlichen Person in einen göttlichen Status sichtbar zu machen. [...] Im Rekurs auf antike Herrscherikonographie, die bereits in der Spätantike in die christliche Bildwelt importiert wurde, soll das Ehrentuch die Würde Marias und des Jesuskindes symbolisieren. (*Zieke* 2020, 293f.)

Das Tuch trennt sehr deutlich den Bildraum in einen Bereich, der der Gottesmutter und den begleitenden Engeln vorbehalten ist und einen Bereich hinter dem Tuch, in dem sich die Assistenzfiguren befinden. Die Scheidung erscheint strikt, gleichwohl kommen die versammelten Personen vor dem durchgehenden Goldgrund zu stehen, der gemeinhin die *Doxa Theou*, die Herrlichkeit Gottes symbolisiert. Es handelt sich also nicht einfach um die weltliche Sphäre, aber eben auch nicht um den Raum, in dem mit himmlischen Klängen dem Kind und seiner Mutter gehuldigt wird. Das Tuch markiert eine Grenze, bildet zugleich aber dadurch einen innerbildlich schrankenlosen Raum im Vordergrund, in den wiederum die vor dem Altar stehenden Menschen visuell hineingezogen werden. Die dabei zentralperspektivisch gebildeten Räume sind ausgesprochen schmal. Der Goldgrund schiebt die Assistenzfiguren eng gedrängt an das Tuch, der Thron Mariens steht steil auf einem schmalen Wiesenstück, die Betrachter*innen fallen gleichsam ins Bild hinein. Das Tuch erweist sich eindrücklich als »Ort der Liminalität« (*ebd.*, 295), formuliert aber in der Platzierung der Glieder der Gemeinschaft der Heiligen davor und dahinter die Verheißung der schon angebrochenen und noch ausstehenden Vollendung der göttlichen Gemeinschaft. Das Bildmotiv der *Sacra Conversazione* erweist sich damit einmal mehr als »raumzeitliche Brücke zu Gott« (*Vowinckel* 2011, 90).

Eine derartige Mittlerfunktion ist spätmittelalterlichen Bildwerken an sich nicht fremd. Sie gerieten damit aber in der Frühen Neuzeit zu Recht innerkirchlich immer stärker in die Kritik derer, die die personale, unvermittelte (*sola fide*) Dimension der Gottesbeziehung in den Vordergrund stellen. Die zuvor immer auch anschaulich und in liturgischen Praxisvollzügen konstituierte »irdisch-himmlische Einheit der Kirchengemeinschaft« (*Bärsch* 2010, 37) gerät im Horizont neuzeitlicher und moderner Individualisierung aus dem Blick. Es scheint kein Zufall zu sein, dass die Sehnsucht nach einer irdisch-himmlischen Einheit in der Gegenwart als auch säkular-spirituell greifbare Sehnsucht nach Vergewisserung der Verbundenheit mit dem Kosmos, der Geschichte derer vor uns und dem Göttlichen wieder begegnet.

Im Horizont christlicher Tradition wäre dabei immer wieder neu nach Praxisformen, Texten und Artefakten Ausschau zu halten, die als eine solche raumzeitliche Brücke zu Gott taugen und jenseits von Traditionalismus und Indifferenz den ekklesiologischen und spirituellen Transformationen der Gegenwart Rechnung tragen. Das entschiedene Eintreten der Naumburger Gemeinde und des Domkapitels für das ergänzte Retabel erstaunt auf diesem Hintergrund nicht: Es wird als zentrierender Ort im unbestimmter werdenden Kirchenraum gebraucht. Nicht so sehr in seiner überkommenen religiösen Funktion, wohl aber in und durch die mit ihm verbundenen ästhetischen Perturbationen als spiritueller und liturgischer Proberaum des Christlichen in religiös unbestimmter Gegenwart.

Literaturverzeichnis

Bärsch, Jürgen, Kirchenraum und Kirchenschatz im Horizont des mittelalterlichen Gottesdienstes. Die Liturgie als Sinnträger für Gebrauch und Funktion gottesdienstlicher Räume und Kunstwerke, in: *Ulrike Wendland* (Hg.), ... das Heilige sichtbar machen. Domschätze in Vergangenheit, Gegenwart und Zukunft, Regensburg 2010, 31–58.

Bätschmann, Oskar, Anleitung zur Interpretation – kunstgeschichtliche Hermeneutik, in: *Hans Belting* u. a. (Hg.), Kunstgeschichte. Eine Einführung, Berlin [7]2008, 199–228.

Beyer, Andreas, Das Porträt in der Malerei, München 2002.

Burrichter, Rita, We are family: Die Heilige Sippe, in: Welt und Umwelt der Bibel (2009), Heft 4, 28f.

Burrichter, Rita / Gärtner, Claudia, Mit Bildern lernen. Eine Bilddidaktik für den Religionsunterricht, München 2014.

Habenicht, Georg, Der Naumburger Bilderstreich zum Triegel-Cranach-Altar. Ein Kunststück in fünf Aufzügen, Petersberg 2023.

Kunde, Holger, Das Projekt »Triegel trifft Cranach«. Ergänzung und Wiederaufstellung des Marienretabels auf dem Altar des Westchores im Naumburger Dom, in: *Karl Schwind* (Hg.), Triegel trifft Cranach. Die Entstehung des Naumburger Altars von Michael Triegel, Leipzig 2022, n. p.

Ludwig, Matthias / Kunde, Holger, Der Dom zu Naumburg. Großer DKV-Kunstführer, München 2011.

Mendl, Hans, Modelle – Vorbilder – Leitfiguren. Lernen an außergewöhnlichen Biografien, Stuttgart 2015.

Mendl, Hans, Taschenlexikon Religionsdidaktik. Das Wichtigste für Studium und Beruf, München 2019.

Odenthal, Andreas, Gottesdienst und Memoria im Naumburger Dom. Eine liturgiewissenschaftliche Problemanzeige anhand des Liber Ordinarius von 1487, in: *Hartmut Krohm / Holger Kunde* (Hg.), Der Naumburger Meister. Bildhauer und Architekt im Europa der Kathedralen, Bd. 3, Petersberg 2012, 62–77.

Rauchenberger, Johannes, Bekehrung aus der Form: Ein Atelierbesuch bei Michael Triegel, in: Kunst und Kirche 78 (2015), Heft 2, 40–45.

Schwind, Karl (Hg.), Triegel trifft Cranach. Die Entstehung des Naumburger Altars von Michael Triegel, Leipzig 2022.

Stein-Kecks, Heidrun, »Santa (sacra) Conversazione«. Viele Bilder, ein Begriff und keine Definition, in: *Karl Möseneder / Gosbert Schüssler* (Hg.), »Bedeutung in den Bildern«. Festschrift für Jörg Traeger zum 60. Geburtstag, Regensburg 2002, 413–442.

Stock, Alex, Poetische Dogmatik. Ekklesiologie, 1. Raum, Paderborn 2014.

Triegel, Michael, Auf der Suche nach dem verlorenen Paradies. Michael Triegel im Gespräch mit *kunst und kirche,* in: Kunst und Kirche 79 (2016), Heft 4, 28–33.

Vereinigte Domstifter zu Merseburg und Naumburg und des Kollegiatstifts Zeitz: https://www.naumburger-dom.de

Vowinckel, Annette, Das relationale Zeitalter. Individualität, Normalität und Mittelmaß in der Kultur der Renaissance, München 2011.

Zieke, Lars, Natur und Mimesis. Visualisierungen des Atmosphärischen in der religiösen Malerei Venedigs und Mailands um 1500, Regensburg 2020.

II   Zeitgenössische Stars, Helden, Local heroes

Vereinnahmt mich nicht!
Reinhard Mey als Vorbild?

Georg Langenhorst

Sechstausend Menschen in einer Sportarena, vor allem Sechzig- bis Neunzigjährige. Manche mühen sich an Krücken die engen Zuschauerränge hinauf. Die Atmosphäre ist angespannt von Vorfreude und Konzentration. Dann brandet Applaus auf: Ein schmaler, eher schmächtiger, aber drahtiger Achtzigjähriger betritt die vorn aufgebaute Bühne, ganz allein, nur mit einer Gitarre. Er stimmt einen ersten Akkord an, summt eine Melodie – und alle anderen sind von einem Moment auf den anderen stumm, gebannt, fasziniert, innerlich begeistert. So wird es ab Dezember 2022 an dreißig Abenden nacheinander sein. Deutschlandweit durchgehend ausverkaufte Hallen – ein unglaubliches Programm für den Sänger in einem Alter, in dem andere längst Rentner*innen sind. Er nicht: Wie seit 60 Jahren schreibt er Lieder, komponiert er Melodien, geht er auf Tourneen. Er, das Urbild dessen, was man in den 1970er Jahren noch mit Respekt, später oft mit leicht spöttischem Unterton ›Liedermacher‹ nannte: *Reinhard Mey* (*1942).

Generationen von (ehemaligen) Jugendlichen haben mit seinen Songs Gitarre-Spielen gelernt – das so ganz einzigartige ›Mey-Picking‹. Haben seine Lieder verinnerlicht und mit ihnen das Vertrauen gewonnen, vor anderen zu singen und zu spielen. Haben mit anderen zusammen seine bekanntesten Lieder bei Feiern, Gruppentreffen und an Lagerfeuern angestimmt. Haben im Spannungsbogen von Imitation und eigener Kreativität selbst versucht, Lieder in seinem Stil zu schreiben – so wie ihr großes Vorbild: eben Reinhard Mey, nicht mehr und nicht weniger als »seit Jahrzehnten der beliebteste Sänger der Deutschen« (*Klute* 2013, 3).

Und wie hält er es mit der Religion? Nein, ein religiöser Mensch ist der in Berlin gebürtige Liedermacher nicht. Zwar evangelisch getauft, aber die Eltern praktizierten diese Religion nicht. Mey wird später aus der Kirche austreten, seine Kinder bleiben ungetauft. »Du glaubst eh nicht?«, befragt ihn ein Gesprächspartner. Die Antwort ist so knapp wie eindeutig: »Nein« (*Mey* 2005, 102). Und damit ihn auch alle verstehen, nimmt er 2004 den Song »Ich glaube nicht« auf die CD »Nanga Parbat« (*ders.* 2016, 422f.) mit auf, eine harte Absage an alle religiösen Institutionen. Im Gespräch wird er deutlich. Er berichtet davon, dass christliche Interessengruppen ihn und sein Werk immer mal wieder für ihre Zwecke einspannen wollen. Eindrücklich grenzt er sich ab: »Bitte, ihr Betschwestern und Betbrüder, vereinnahmt mich nicht. Ich bin nicht in eurer Partei« (*ders.* 2005, 102).

Unabhängig von dieser klar formulierten Warnung erfreuen sich sowohl er, der Liedermacher, als auch viele seiner Lieder gerade in christlichen Kreisen großer Beliebtheit. Seine Songs wurden/werden auf christlichen Freizeiten begeistert gesungen, einzelne Chansons werden im Religionsunterricht und in dessen methodisch-didaktische Materialsammlungen[1] eingespielt, aufgenommen und dadurch eben doch ›vereinnahmt‹.

Grund genug, genauer hinzuschauen: Taugt Reinhard Mey als Beispiel für Prozesse des Modell-Lernens? Bietet er selbst, bieten seine Lieder Anknüpfungspunkte für chancenreiche Lernprozesse im Religionsunterricht? Bewahrheitet sich bei ihm der von *Hans Mendl* nachdrücklich betriebene »Verzicht auf die unselige Unterscheidung zwischen Idol und Vorbild« zugunsten einer »unvoreingenommene[n] Annäherung an die Stars der Medienkultur« (*Mendl* 2015, 195)?

Zunächst ist einzuräumen: Auch wenn es immer wieder Jugendliche gibt, die sich in der Liederwelt Reinhard Meys wohlfühlen: Wenn überhaupt, dann ist er ein medienkulturelles ›Idol‹ der heutigen Großelterngeneration – also die Generation des mit diesem Buch Geehrten oder des Verfassers dieses Beitrags. In der für Jugendliche zentralen Medienkultur der *Gegenwart* ist der 83-Jährige nicht mehr daheim. Aber: Das sind die Rolling Stones oder die Beatles auch nicht. Oder Johann Sebastian Bach. Für sie gilt wie eben auch für Reinhard Mey: Seinen Liedern haftet »etwas Zeitloses an« (*Kobold* 2022, 5). Eine vorbildliche, identifikationsstiftende und emotionstragende Bedeutung kann musikproduzierenden Menschen auch weit über ihre ›Hoch-Zeit‹ hinaus zukommen. Die Musikszene ist »politisch, weltanschaulich und ethisch hoch relevant« (*König* 2021, 403), deshalb öffnet das ›Lernen mit Liedern‹ eigene Perspektiven. Danach fragen wir. Diese Grundlinie stellen wir ins Zentrum.

Ein Kind des 20. Jahrhunderts

Die Grundzüge der Biographie Reinhard Meys sind rasch skizziert: Im Kriegsjahr 1942 in Berlin geboren, dort in ›gutbürgerlichen‹ Verhältnissen aufgewachsen – der Vater ist Jurist, die Mutter Lehrerin, es gibt eine vier Jahre ältere Schwester. Stets wird er von einer guten Beziehung zu den Eltern reden, von einem behüteten Aufwachsen, soweit das die Zeitumstände zuließen. Früh lernt er Klavier, Trompete, Gitarre. Die Musik ist ihm wichtiger als der schulische Erfolg. Zur Lerninstitution Schule wird er immer ein zwiespältiges Verhältnis haben.

Im Alter von 14 Jahren gründet er eine erste Band, spielt Skiffle, versucht sich an Jazz, ist fasziniert vom französischen Chanson, vertont Balladen. Nach dem Abitur am Französischen Gymnasium in Berlin ruft zunächst die Sicherheit versprechende Berufsausbildung: Er lässt sich zum Industriekaufmann bei der Schering AG ausbilden, bleibt ›seiner Stadt‹, Berlin, treu. Dann findet er eine zweite Heimat auf Zeit: Frankreich. Fasziniert von dem Land verbringt er viel Zeit dort,

---

[1] Methodisch-didaktische Modelle etwa in: Theodor Eggers, Gott und die Welt 5/6, Düsseldorf 1998 (zu »Zeugnistag«); ders., Gott und die Welt 9/10, Düsseldorf 1993 (zu »Herbstgewitter«); Volker Garske, »Er ging auf dem See.« Raumsymbolik in Bibel, Literatur und Popmusik, Essen 2005, 172–182 (zu »Ich bring dich durch die Nacht«); ders., Der Seewandel Jesu. Mt 14,22-33. EinFach Religion, Paderborn 2008, 88.

heiratet in erster Ehe die viel besungene Freundin *Christine* und baut sich als »Frédèrik Mey« eine ganz eigene Karriere als Chansonnier in Frankreich auf.

Gleichzeitig veröffentlicht er die ersten Liederzyklen auf Französisch und Deutsch. Der Erfolg stellt sich zunächst langsam ein. Dann aber wird er zu einer der prägenden Gestalten der sich seit den späten 1960er Jahren aufbauenden Liedermacherszene, angesiedelt zwischen popularisiertem Folk und politisierendem Protestsong. Auch bei ihm werden politische und soziale Themen relevant. In seinen liedgewordenen Alltagsspiegelungen setzt er aber nie so stark auf politische Propaganda wie Weggefährten à la *Hannes Wader* oder Zeitgenossen à la *Franz Josef Degenhard*.

Denn *das* wird sein Feld – die Verdichtung und Vertonung von Lebenserfahrungen: von Liebe und Trennung, von Elternschaft und Einsamkeit, von Freundschaft und Wegbegleitung, von kritischer Zeitgenossenschaft und sozial-empathischem Blick auf Menschen am Rande. Gerade diese Mischung fasziniert viele: In den Mey-Liedern spiegelt sich eigene Erfahrung, eigene Freude, eigenes Leid, eigene Sehnsucht, eigene Enttäuschung. Mit dem dreifachen Familienvater durchleben seine Fans ihre eigene Lebenszeit von Verliebtheit, Trennung, Familiengründung, allmählichem Abschied von den Eltern und Kindern, das Alt-Werden.

Andere Songs reflektieren den Gang der Zeit: den in der eigenen Biografie, den der gesellschaftlichen Entwicklungen sowie den des Jahreskreises. Immer wieder wird die Natur zum Erlebnisraum der Lieder. Der Hobbypilot lässt seine Hörer*innen innerlich mit ihm abheben in die Freiheit des Fliegens, wie in seinem bekanntesten, vielfach parodierten Lied »Über den Wolken« (*Mey* 2016, 699f.). Er blickt sehnsüchtig auf die verpassten Möglichkeiten dieser kleinen Fluchten aus den Bedrängnissen des Alltags.

Ein Teil von Meys Texten zeichnen sich durch Witz, Humor, Satire und sprachliche Gewandtheit aus. Nicht zuletzt deshalb werfen ihm Kritiker*innen verbürgerlichte Harmlosigkeit und gesellschaftliche Anpassung vor – Items, die eher als Spieglungen der eigenen Absetzungen und Positionen der Kritisierenden fungieren. Sie übersehen, dass sich im Werk dieses »Poet[en] des Alltäglichen« (*Schneider* 2022, 15) Lieder von »spöttischer Satire« neben eine große Zahl von Songs reihen, in denen es um »humanistische Empathie« (*ebd.*, 17) geht, oft genug gesteigert zum kompromisslosen Protest gegen gesellschaftliche Missstände.

Seine Musik, sei es tatsächlich nur von der Gitarre begleitet, sei es in den aufwendigen und raffinierten Arrangements in den CD-Einspielungen, passt idealtypisch zu diesen Themenfeldern. Geprägt sind sie von einer Lust des Singens und Melodie-Erfindens, deren Reichweite im Nachhinein erstaunt, auch wenn die kreative Energie mit zunehmendem Alter abnimmt. Auch das ein Prozess, in dem sich viele Mey-Fans wiederfinden.

Schauen wir anhand von besonders geeigneten Liedern und ihren Kontexten auf diese vielfältigen Bereiche, ausgesucht im Blick auf potentielle Anschlussfähigkeiten an religiöse Lernprozesse.

Sozialethische Themen: Ökologie, Frieden, Überfluss

Beginnen wir mit einem oft übersehenen Feld. Immer wieder hat Reinhard Mey kompromisslose »Protestlieder geschrieben«, in denen sein zutiefst »humanes Credo gegen Krieg, Unmenschlichkeit, Verfolgung« (ebd., 58) deutlich wird. »Es gibt keine Maikäfer mehr« nimmt schon 1973 das Thema der bedrohten Schöpfung ernst. »Wahlsonntag« (1989) persifliert den Umgang von Politiker*innen mit den Medien. »Vernunft breitet sich aus in Deutschland« (1993) präsentiert sich als harte Abrechnung mit den staatstragenden Machtinstitutionen und träumt davon, dass »Kriegstreiber und Kirchenfürsten« »endlich ausgespielt« haben und »Verdummungsindustrien« (Mey 2016, 719–721) bankrott gehen.

Im Nachhinein interessant: Schon 1982 träumt der Berliner Sänger ganz offen davon: »Ich würde gern einmal in Dresden singen«, weil »die Lieder hier wie drüben klingen / im einen wie im andern Frankfurt, im einen wie im anderen Berlin« (ders. 2016, 462f.). Dass die Voraussetzung dafür ein umfassender »Frieden« (1993) ist, besingt er ebenso wie die Absage, den Kriegstreibern die eigenen Söhne zu überlassen: »Nein, meine Söhne geb' ich nicht« (1985). Diese Friedensvision wird zur allgemeinen Ansage in dem parodistischen Song »Alle Soldaten wolln nach Haus« (1989) oder später im aufrufartigen Lied: »Die Waffen nieder! (2004)«.

Ökologie, das Wohl der Tiere, der unendliche Wert des Friedens, die Bedrohungen der Demokratie von innen wie von außen: All das ist ein unterliegender Warnstrom im Werk Reinhard Meys, der sich in »Sei wachsam« (1995) bündelt. Nein, ein harmloser, das Mittelmaß vertonender Alltagsbesinger ist dieser Liedermacher nie gewesen. Im Gegenteil: In und mit seinen Liedern kann man sehr gut »Empathie lernen« (Mendl 2020, 21).

Blick auf Marginalisierte

Ein besonderer Blick Reinhard Meys richtet sich von Anfang an auf Menschen am Rande der Gesellschaft. Er hebt sie aus dem Graubereich der Nichtbeachtung und verleiht ihnen Achtsamkeit und Würde. Nur wenige Beispiele seien hier genannt. »Der irrende Narr« rückt schon 1970 einen Wohnsitzlosen ins Zentrum. »In Tyrannis« wendet den Blick 1971 auf Menschen in Gefängnissen. »3. Oktober 91« (1991) thematisiert den Mord an einem türkischen Mitbewohner in Berlin. Die Ballade »Die Kinder von Izieu« (1993) erinnert an von den Nazis ermordete jüdische Kinder in Frankreich. »Der Bruder« (1997) reflektiert das Leben eines Schwarzen in Berlin. »Gerhard und Frank« (2020) schildert eindrücklich das gemeinsame Leben eines homosexuellen Paars bis zum Tod des Einen. In »Der Vater und das Kind« (2020) fällt der Strahl auf ein schwer beeinträchtigtes Kind, das zusammen mit seinem Vater ein Konzert besucht.

Nirgendwo wird diese Hinwendung zu den Marginalisierten deutlicher als in einem Lied, das sich einer biblischen Redeweise bedient: In »Selig sind die Verrückten« (Mey 2016, 659–661) (1993) hebt Mey die Menschen am Rande der Gesellschaft in den Fokus. Doch, dieser Refrain knüpft am Vorbild aus den jesuanischen Makarismen an, freilich ohne jeglichen Transzendenzbezug:

> Selig die Abgebrochenen,
> Die Verwirrten, die in sich Verkrochenen.
> Die Ausgegrenzten, die Gebückten,
> Die an die Wand Gedrückten,
> Selig sind die Verrückten!

Strophe für Strophe rückt einer nach dem anderen ins Zentrum der Betrachtung: ein »kleiner, grauer Pfarrer«, vereinsamt und dem Alkohol verfallen; »Kurti«, ein Wohnsitzloser; eine alleinstehende, arbeitslose Gelegenheitsprostituierte; eine alte Frau, deren einziger Freund ein räudiger Hund ist; schließlich »Sven«, ein vernachlässigter Jugendlicher. Liebevoll beschreibt Mey diese Menschen, die mitten in unserer Lebenswelt zuhause sind und gleichzeitig keinerlei Zuhause haben.

Und warum diese »Selig-Preisungen« (vgl. *Langenhorst* 2024)? Intuitiv erfasst Mey, was schon Jesus mit dieser Sprachform bewirken wollte: Keine Vertröstung auf ein wie immer geartetes besseres ›Jenseits‹. Sondern den Zuspruch einer Würde in aller vermeintlichen Erbärmlichkeit jetzt und hier. Zwar verzichtet er »bewusst auf jegliche eschatologische oder gar apokalyptische Begründung«, gleichwohl ist seine Verwendung der ›Seligpreisungen‹ mit den biblischen Vorlagen »in sehr wesentlichen Punkten identisch« (*Vonach* 2001, 522). Ansehen hat nur, wer angesehen wird. Wer nicht gesehen wird, hat ein Recht auf Gesehen-Werden. Dieses Programm kann, muss aber nicht religiös fundiert sein.

Religion à la Kohelet

Damit wird schon deutlich: Auch wenn Reinhard Mey selbst nicht religiös ist; auch wenn er den Machtapparat Kirche heftig kritisieren kann: Sowohl die reale Präsenz oder den geistigen Wärmestrom des Christentums als auch den Sprachfundus biblischer Quellen kann er durchaus wertschätzen. »Betet mit mir für Balthasar« (*Mey* 2016, 294f.) kann er schon 1966 völlig ohne Ironie in einem liedhaften Nachruf auf einen Freund dichten. Den alltäglichen Weg eines Alltags beschreibt er 1967 in »Ein Tag« als Prozess »Vom Haustor zur Kneipe, genau zwanzig Schritte / Von der Kneipe zur Kirche, zur Bank in der Mitte« (*ebd.*, 257). »Hab Dank für Deine Zeit« (1987) wiederum besingt all diejenigen, die sich vorbildlich um Menschen am Rande kümmern, sei es in Altenheimen, Krankenhäuser, oder einfach im Alltag. Wie in »Selig sind die Verrückten« bedient sich Mey der Sprachform des aus dem Bereich des Religiösen entlehnten Zuspruchs, ohne dabei eine spezifisch religiöse Dimension zu betonen.

Neben Seligsprechung und Danksagung kann in ähnlicher Weise die Bitte um Verzeihung und Vergebung treten. In »Es ist immer zu spät« (1997) werden Momente aufgerufen, in denen es versäumt wurde, das Richtige zu tun oder zu sagen. Es bleibt allein die Bitte »Verzeih!« (*ebd.*, 311f.). Ein weiteres Lied des überzeugten Vegetariers Reinhard Mey trägt den Titel »Erbarme dich« (1999), das sich dem (un)menschlichen Umgang mit Tieren widmet und den Titel im Sinne einer Anklage verwendet.

Ein biblisches Motiv ragt in Meys Werk insofern heraus, als dass er sich tatsächlich auch inhaltlich mit ihm identifiziert: der Gedanke des Buches Kohelet (vgl. *Langenhorst* 2021, 527–539), des Predigers Salomo, dass alles menschliche Streben letztlich nur »Windhauch« (Koh 1,1) ist. Direkte Aufnahme findet dieses Motto in »Der Wind geht allzeit über das Land« (1984), in dem der Blick über vermeintlich friedlich daliegende Felder, Dörfer und Städte zur Erinnerung an hier einst tobende Kriege wird. Beides, Idylle wie Kriegschaos, unterliegt dem Verdikt der im Titelbild anklingenden Vergänglichkeit.

Selbst die Liebe zum wichtigsten Menschen fällt unter diese Perspektive. Zwar betont der Song »Ein und Alles« (1995) »Mein Ein und Alles bist du!«, aber dann reflektiert der Sänger: »Die Zeit geht hinweg über unsere Müh'n / Über Eitelkeit und Tand. / Ein Windhauch sind wir und alles vergeht / Und nichts von uns, nichts hat Bestand« (*Mey* 2016, 276).

Mag sein, dass ab 2005 »nicht nur eine Häufung religiöser Vokabeln« in seinen Songs auffällt, »sondern es begegnet ein neues Thema: der Glaube. Dies scheint eine neue Phase in der Entwicklung der Texte Meys zu sein« (*Keppeler* 2005, 137). Ja, das ist schon überraschend, wenn Mey angesichts der Geburt eines Enkelkindes Segenswünsche formuliert. Das Lied »Fahr' dein Schiffchen durch ein Meer von Kerzen« weiß um die Zerbrechlichkeit. Dem kann auch er, der Großvater, nur durch hoffnungsvolle Zusagen begegnen: »Durch alle Gezeiten / Soll Dich Liebe leiten« (*Mey* 2016, 310f.). Und dazu dienen denn auch religiös konnotierte Vorstellungen: Da ist die Rede von »Seraphim, die deinen Wagen ziehn« und davon, dass »durch alle Fährnis dich ein Schutzengel begleite«. Religiöse Sprachbilder, das ja. Aber diese Beobachtung relativiert sich an der klaren Aussage des Sängers: »Ich bin in religiösen Dingen ein Agnostiker« (*ders.* 2005, 108). Dann aber baut Reinhard Mey eben diese eine Brücke: »Ich finde mich in vielen Stellen bei dem Prediger Salomo wieder.« (*ebd.*)

Hoffnung über den Tod hinaus?

Wie weit aber trägt eine solche agnostische Spiritualität, wenn das Leben brutale Wunden schlägt? Reinhard Mey, der sich lange als glücklicher Mensch beschrieben hatte, musste erleben, dass der zweite Sohn, Max(imilian), in ein jahrelanges Wachkoma fällt und schließlich 2014 stirbt. Und der Sänger? Macht auch diese Erfahrung zum Thema seiner Lieder.

Schon früh hatte Mey über die allgemeine Vergänglichkeit des Lebens sowie über Sterben und Tod geschrieben. Dazu wenige Beispiele: Von 1973 – Mey ist 31 – stammt der Song »Wie ein Baum, den man fällt«, in dem er leichthin betont er ›möchte im Stehen sterben‹ (*ders.* 2016, 783f.). »Mein Testament« (1973) blickt ironisch auf die nach seinem Tod Zurückbleibenden. »Eh meine Stunde schlägt« (1976) reflektiert über all das, was er im Leben noch verwirklichen und erfahren will. »Schade, dass du gehen musst« (1971) erweist sich als humorvoll-trauriger Nachruf auf einen Freund. »Lass es heut' noch nicht geschehen« (1980) erbittet sich weitere Lebenszeit.

»Du hast mir schon Fragen gestellt« (1982) wirft die Frage auf »was ist, wenn wir nicht mehr leben?« (*ebd.*, 262) Der Sänger zuckt mit den Schultern: »Da muss ich passen, tut mir leid«, denn »niemand weiß da so recht Bescheid«. Aber dann wagt er doch ein Bild: »Ich stelle mir das Sterben vor / So wie ein großes, helles Tor, / Durch das wir einmal gehen werden.« Er nimmt durchaus Hoffnungsbilder auf: »Dahinter liegt der Quell des Lichts / Oder das Meer, vielleicht auch nichts«. In jedem Fall aber sei dies »ein guter Platz, um dort zu bleiben.« Konsequenz: »Durch dieses Tor zu geh'n hat dann / Nichts Drohendes«. Es mahnt uns vielmehr »jede Minute bis dahin« »in tiefen Zügen zu erleben«.

Erfahrungen mit dem Sterben geliebter Menschen werden sowohl diesen Ton als auch diese Ausrichtung verändern. »Nein, ich lass dich nicht allein« von 1995 beschreibt die geduldigen Nachtwachen am Sterbebett eines Freundes. Am Ende, nach durchwachten Nächten und der Erinnerung an viel gemeinsame verbrachte Tage, steht der Abschied: »Wenn du es willst, wenn's dir gefällt / Lass ich dich los, lass ich dich gehen« (*ebd.*, 614f.). Aber im Blick auf den eigenen Sohn?

Drei Lieder wird er dem im Koma liegenden Sohn Max explizit widmen. 2010 erscheint »Drachenblut«, in dem er den zuvor so lebenshungrigen, so unangepassten Sohn wie in Skizzen porträtiert: »Begierig zu sehn, in welches Meer der Strom mündet, / Hast du dein Licht an beiden Seiten angezündet« (*ebd.*, 247). Doch Mey weiß, dass der Sohn nicht wieder aufwachen wird: »mein fernes, mein geliebtes Kind schlaf ein.« Die Bereitschaft, den Sohn gehen zu lassen, wird auf harte Proben gestellt.

2013, Max liegt inzwischen schon seit vier Jahren im Wachkoma, widmet er ihm das ergreifende Lied »Dann mach's gut«. Schon ahnend, dass es die so sehr ersehnte Wiederbegegnung nicht geben wird, ruft er Erinnerungsbilder auf, vor allem an den letzten Abschied. »Wir begreifen unser Glück erst, wenn wir es von draußen sehn« (*ebd.*, 109f.). Alles würde er dafür tun, nur einmal noch – wie so oft – den Sohn vom Bahnhof abzuholen. Er weiß, dass es nicht mehr dazu kommen wird.

Was bleibt? Die tiefem Schmerz und langsamer Einsicht abgerungene Bereitschaft, den Sohn loszulassen, um seinetwillen. »Lass nun ruhig los das Ruder« spricht er den Sohn an. »Lass los«, sagt er ihm zu, »Dein Schiff kennt den Kurs allein« (*ebd.*, 532). »Es kommt nicht der grimme Schnitter, / Es kommt nicht ein Feind, / Es kommt, scheint sein Kelch auch bitter / Ein Freund, der's gut mit uns meint.« Mey schafft es, das Sterben als »Heimkehr« zu benennen, als friedliches Ausruhen nach langen Kämpfen. »Frieden« erhofft er sich für den Sohn, »Licht«. Klage? Mey, der sich selbst als nicht-religiös bezeichnet, schreibt: »Nein, hadern dürfen wir nicht«. Am Ende steht der Vers: »Doch wir dürfen weinen.« Und noch einmal wird auch dieses Geschehen unter das Zeichen des Predigers Kohelet gestellt: »Und der Wind wird weiter wehn«, mit leichter Verschiebung: »Und nichts ist vergebens.« »Selten wurde außerhalb der religiösen Gebetssprache eine so weise und tröstliche Sterbepoesie geschrieben« (*Baumann-Lerch* 2014, 44), kommentierte 2014 Eva Baumann-Lerch in der Zeitschrift Publik-Forum.

2016, Max ist gestorben, weitet sich der Blick. »Wenn's Wackersteine auf dich regnet« bleibt eine eher blasse Selbstermutigung: »es gibt im Leben keine Höhen

– ohne Tiefen« (*ebd.*, 777f.). Ganz anders in »So lange schon«. Hier folgen wir dem Sänger inmitten einer kleinen Schar von Erinnernden auf einen Friedhof. »Du fehlst uns«, singt er dem Sohn nach, »du fehlst uns so lange schon« (Mey 2016, 668f.). Kein Trost im Jenseits wird aufgerufen, kein Blick auf das ›helle Tor‹, wohl aber das Wissen darüber, »Du bist ja immer unter uns, von Zuneigung umgeben«.

In der bis dato vorletzten CD »Das Haus an der Ampel« (2020) nimmt Mey einen imaginären Dialog mit den längst verstorbenen Eltern auf. Vor ihnen lässt er sein Leben Revue passieren. Auch im Blick auf den zweiten Sohn: »Und, ja, Max ist gegangen, Max hat alles gesehn / Die dunkelsten Nächte und den hellsten Schein / Immer ein bisschen weiter, immer allein« (*ders.* 2020). In »Wir haben jedem Kind ein Haus gegeben« schließlich besinnt er sich auf die Zeit als Vater, auf das Verhältnis zu jedem einzelnen Kind. Das Lied schließt, fast programmatisch: »Wir werden einander wiederfinden / Und Freude wird da sein und Frieden und Trost« (*ebd.*). Strahlt hier doch eine religiös konnotierte Hoffnung auf so etwas auf wie ein gemeinsames Beisammen-Sein ›nach dem Tod‹? Zumindest die Sehnsucht. Alles andere bleibt ungesagt.

Lernprozesse doppelter Korrelationen

Perspektivenwechsel: In welcher Art können solche Texte Lebensmodelle profilieren, kann ein solcher Künstler als Mensch zum ›Vorbild‹ im Religionsunterricht werden? Jegliche Art von vorschneller Übergriffigkeit, jede Art von Vereinnahmung verbietet sich. Hans Mendl verweist immer wieder auf Mick Jaggers Absage an jegliche fremde Indienstnahme: »You'll never make a saint of me!« (*Mendl* 2005, 140) Wenn, dann gilt es sich also in aller Vorsicht anzunähern und die von Mey selbsterklärte Distanz vor allem zur Kirche, weitgehend aber auch zu Bibel und Glaube zu respektieren. Erneut folgen wir damit Hans Mendl. Er führt aus: »Man sollte den Blickwinkel nicht einengen auf das Feld von explizit Religiösem und getauften Stars, wenn man sich« aus Sicht der Religionspädagogik und dem Vorbild-Lernen »mit Personen in der Medienwelt beschäftigt« (*ebd.*, 196).

Aber wie? Klaus König verweist darauf, dass Zeugnisse der Kultur ganz allgemein »religiös relevante Fragen, religiöse Motive, Positionen und Gehalte« (*König* 2021, 401) aufweisen, ohne selbst schon religiös zu sein. Reinhard Meys Songs sind idealtypische Beispiele dafür. Die Einspeisung seiner Lieder (und ihrer biografischen wie gesellschaftlichen Hintergründe) kann sehr gut nach dem Modell einer *doppelten Korrelation* erfolgen. Um dieses eher ungewöhnliche Verfahren konkret zu erläutern, bedarf es einer kurzen Selbstvergewisserung im Blick auf diesen breit diskutierten Begriff. Der »Grundlagenplan für den katholischen Religionsunterricht im 5. bis 10. Schuljahr« (Alle folgenden Zitate: *Zentralstelle Bildung der Deutschen Bischofskonferenz* 1984, 241f.) aus dem Jahre 1984 enthält die wohl griffigsten Formulierungen dessen, was mit Korrelation gemeint ist.

Woraus konstituiert sich ›Glaube‹? Aus der »Verknüpfung von Glaubensüberlieferung und jeweiliger Lebenserfahrung«. Dieses Prinzip ist noch nichts Religionspädagogisches, sondern »im Selbstverständnis des christlichen Glaubens selbst begründet« und somit ein »theologisches Prinzip«. Es lässt sich jedoch pädagogisch wenden, wenn man es auf Deutungs- und Erschließungsprozesse hin verlängert. Genau das soll im Religionsunterricht geschehen: »Leben aus dem Glauben deuten und Glauben angesichts des Lebens erschließen« – diese »Wechselbeziehung«, dieses gegenseitige Auslegen, Hinterfragen, Anregen, »nennen wir Korrelation«.

Konkretisiert als didaktisches Prinzip geht es Korrelation darum, »eine kritische, produktive *Wechselbeziehung* herzustellen zwischen dem Geschehen, dem sich der überlieferte Glaube verdankt, und dem Geschehen, in dem Menschen heute – z. B. diese Schüler und ihre Lehrer – ihre Erfahrungen machen«. »Kritisch«, weil eine gegenseitige Prüfung und Infragestellung ermöglicht werden soll; »produktiv«, weil sich auf beiden Seiten konstruktive Anstöße zu Veränderung und Fortentwicklung ergeben. Es geht somit um einen doppelpoligen »Interpretationsvorgang«, um einen »Prozess wechselseitiger Durchdringung zwischen Glaubensüberzeugungen und Lebenserfahrungen«, um Prozesse, die man im Unterricht »entdecken, erproben, herstellen« kann.

All das ist hinlänglich bekannt, bedurfte jedoch der wiederholenden Darstellung, um nun aufzuzeigen, was eine ›doppelte Korrelation‹ auszeichnet. Zum einen muss die zitierte Vorstellung einer »Verknüpfung von Glaubensüberlieferung und jeweiliger Lebenserfahrung« nicht in jedem Fall die unmittelbare Lebenserfahrung der Lernenden meinen. Reinhard Mey ist ja selbst in solche Korrelationen eingebunden. Seine Texte selbst sind schon Ergebnisse von Auseinandersetzungen mit politischen, sozialen, kulturellen und religiösen Traditionen seiner Zeit. In seiner Lebenserfahrung wurden religiöse Texte und ethische Fragestellungen so bedeutsam, dass sie diese in eigene, neue Sprachsetzungen gerinnen ließen. Umgekehrt betrachtet befragen seine Songtexte die traditionellen Formulierungen und Vorgaben im Blick auf ihre Validität und Stimmigkeit. Lernende können sich hier – sozusagen ›von außen‹ – in diese vorgegebenen Korrelationen einklinken und dem Wechselspiel zwischen in Sprache gegossenen Erfahrungen und heutigen Erfahrungen hinter und in meyschen Liedern nachspüren. Sie können sich auf Probe, in Identifikation oder Absetzung »eine andere Haut überziehen« (Mendl 2015, 198), ohne dabei den Menschen hinter den Liedern, Reinhard Mey, idealisieren zu müssen. Hier handelt es sich also im Idealfall um eine *beobachtete, analysierte, bezeugte Korrelation*.

Sie kann auf einer zweiten Ebene jedoch auch zu einer *persönlich ausgestalteten Korrelation* werden. Sowohl die aufgerufenen intertextuellen *Hintergründe* als auch die ja bereits aus einer ersten Korrelation hervorgegangenen Songs können dabei als jener erster Pol fungieren, der oben als »Geschehen, dem sich der überlieferte Glaube verdankt«, aufgerufen wurde. Zum zweiten Pol wird nun jedoch ganz unmittelbar jenes »Geschehen, in dem Menschen heute ihre Erfahrungen machen« – nämlich die konkreten Menschen vor Ort mit den Liedern und dem Liedermacher hinter Text und Musik. Korrelationen können sich nicht nur – wie im Idealmodell von ›Wechselseitigkeit‹ naheliegend – bipolar ergeben, sondern in pluriformer Variabilität.

Im Blick auf Reinhard Mey können Schüler*innen so nachvollziehen, wie sich eine lebenszugewandte Haltung im Lauf einer Biografie ändert und aktualisiert. Sie erschließen sich Zustimmung und Protest im Blick auf gesellschaftliche Veränderungen. Sie fühlen sich in eine nicht religiöse Weltdeutung ein, die sich in härtesten Lebenssituationen bewähren muss. Sie erspüren, wie sich biblische Texte und spirituelle Traditionen der Vergangenheit auch heute noch korrelativ als fruchtbar und anregend erweisen können – in Anschluss und Abweisung, in Frage und Suche, in Affirmation und Zweifel, in Verkündigung und Provokation. Die Schüler*innen selbst können sich angesichts dieser Texte und der dahinter aufscheinenden Erfahrungen auf Korrelationen einlassen, in denen sie nun ihre ganz persönlichen Lebenserfahrungen und Wirklichkeitsdeutungen einbringen – einerseits herausfordernd und in Frage stellend, andererseits herausgefordert und in Frage gestellt. »Alles hat seine Zeit.«

Literaturverzeichnis

BAUMANN-LERCH, EVA, »Doch, wir dürfen weinen«, in: Publik-Forum Nr. 22 (2014), 44.
KEPPELER, CORNELIUS, Ist Reinhard Mey ein Frommer von heute? Ein Liedermacher aus der Perspektive von Karl Rahners Theorie vom anonymen Christen betrachtet, in: Geist und Leben 78 (2005), 137–151.
KLUTE, HILMAR, Reinhard Mey, in: Süddeutsche Zeitung 3./4. August 2013, 3.
KOBOLD, OLIVER, Reinhard Mey. 100 Seiten, Ditzingen 2022.
KÖNIG, KLAUS, Musik für religiöse Bildung, in: *Ulrich Kropač / Ulrich Riegel* (Hg.), Handbuch Religionsdidaktik, Stuttgart 2021, 399–405.
LANGENHORST, GEORG, »Gebenedeit sei die Nichtigkeit«. Kohelet im Spiegel moderner Literatur, in: Stimmen der Zeit 239 (2021), 527–539.
LANGENHORST, GEORG, »Selig, die das Heimweh der Laute lernte«. Poetische Übertragungen der Seligpreisungen in die Gegenwart, in: Erbe und Auftrag 100 (2024), 210–221
MENDL, HANS, Lernen an (außer-)gewöhnlichen Biografien. Religionspädagogische Anregungen für die Unterrichtspraxis, Donauwörth 2005.
MENDL, HANS, Modelle – Vorbilder – Leitfiguren. Lernen an außergewöhnlichen Biografien, Stuttgart 2015.
MENDL, HANS, Helden wohnen nebenan. Lernen an fremden Biografien, Ostfildern 2020.
MEY, REINHARD, Was ich noch zu sagen hätte. Mit Bernd Schroeder, Köln 2005.
DERS., Alle Lieder, Berlin 2016.
DERS., Das Haus an der Ampel. 2020, Booklet.
SCHNEIDER, MICHAEL, Meylen Steine. Reinhard Mey und seine Lieder, Zürich 2022.
VONACH, ANDREAS, Reinhard Meys Selig sind die Verrückten als Paradigma einer zeitgenössischen Aktualisierung eines biblischen Motivs, in: *Peter Tschuggnall* (Hg.): Religion – Literatur – Künste III. Perspektiven einer Begegnung am Beginn eines neuen Milleniums, Anif/Salzburg 2001, 516–523.
ZENTRALSTELLE BILDUNG DER DEUTSCHEN BISCHOFSKONFERENZ (Hg.), Grundlagenplan für den katholischen Religionsunterricht im 5.–10. Schuljahr, München 1984, 241f.

Cristiano Ronaldo
Ein (Anti-)Held unserer Zeit?

Ulrich Riegel

Cristiano Ronaldo ist sicher kein sog. »Held auf Augenhöhe« oder »Local hero«, womit Hans Mendl nachahmenswerte Menschen aus dem alltäglichen Umfeld der Schüler*innen bezeichnet (vgl. *Mendl* 2017). Als Star von Weltrang schwebt er nicht nur in den Augen junger Menschen weit über den Dingen des Alltags, sondern lebt auch physisch in seiner eigenen, von Personenschützern konsequent abgeschirmten Welt. Cristiano Ronaldo pflegt zweifelsfrei eine »außergewöhnliche Biografie« (*Mendl* 2015).

Darüber hinaus ist diese Biografie derart dezidiert auf »instagramability« ausgerichtet, dass man sich fragen kann, ob er überhaupt als Vorbild im Religionsunterricht taugt (*Mendl* 2021, 296–303). Der folgende Beitrag diskutiert diese Frage anhand des Konzepts der negativen Moralität, gemäß der auch schlechte Vorbilder als wichtig für ethisches bzw. moralisches Lernen erachtet werden. Dazu skizziert er zuerst die biographischen Eckdaten des Lebens Cristiano Ronaldos und geht auf seine öffentliche Wirkung ein. Dann wird das Konzept der negativen Moralität beschrieben, um daraus didaktische Optionen für den Einsatz Cristiano Ronaldos im Vorbild-Lernen des Religionsunterrichts abzuleiten.

Biographische Eckdaten

Cristiano Ronaldo dos Santos Aveiro wurde am 5. Februar 1985 als jüngstes von vier Kindern in Santo António, Madeira, geboren. Er wuchs in einfachen, aber wohl behüteten Verhältnissen auf. Sein Vater war Gärtner, seine Mutter Köchin. Wie stark die Alkoholkrankheit seines Vaters das Familienklima belastete, kann nicht seriös abgeschätzt werden.

Ronaldos Talent als Fußballer fiel schnell auf. Mit 12 Jahren wechselte er in die Jugendakademie von Sporting Lissabon, wo er mit 17 Jahren in der ersten Mannschaft debütierte. Ab diesem Zeitpunkt ging es sportlich steil nach oben. Bereits ein Jahr später wechselte Cristiano Ronaldo zu Manchester United auf die britische Insel, wo er drei nationale Meisterschaften und 2009 zum ersten Mal die UEFA Champions League gewann. Als äußerst torgefährlicher Stürmer, der anfangs über die rechte, später dann über die linke Seite kam, trug Ronaldo wesentlich zu diesen Erfolgen bei. 2009 wechselte er für die damalige Rekordablösesumme von ca. 90 Mio. Euro zu Real Madrid. In den folgenden neun Jahren avancierte Cristiano Ronaldo zum Rekordtorschützen des Vereins, gewann zwei nationale Meisterschaften und viermal die UEFA-Champions League. Mit seinem Wechsel 2018 zu Juventus

Turin für ca. 100 Mio. Euro begann Ronaldos sportlicher Stern zu sinken. Zwar wurde er mit »Juve« noch zweimal italienischer Meister, konnte den Stil des Teams aber nicht mehr prägen. Auch der Wechsel 2021 zurück zu Manchester United brachte nicht den erhofften Umschwung. Seit Januar 2023 lässt Ronaldo seine Karriere beim saudischen Club al-Nassr FC ausklingen. Neben seiner Karriere im Vereinsfußball spielte Cristiano Ronaldo lange Zeit für die portugiesische Nationalmannschaft, mit der er an sechs Europa- und fünf Weltmeisterschaften teilnahm. Der größte Erfolg dürfte 2016 der Gewinn der Europameisterschaft gewesen sein, zu dem er drei Tore beisteuerte.

Der sportliche Erfolg Cristiano Ronaldos schlug sich in vielfachen Ehrungen nieder. Er wurde dreimal zum Weltfußballer gewählt, viermal zu Europas Fußballer des Jahres und gewann fünfmal den Ballon d'Or. Neben sportlichen Ehrungen eröffnete ihm sein Erfolg auch zahlreiche Werbeverträge mit internationalen Marken wie Castrol, Coca-Cola oder EA Sports. Besonders umstritten ist sein aktueller Vertrag mit Al-Nassr, der über sieben Jahre läuft und nach seiner Zeit als aktiver Fußballer einen Wechsel in die Rolle eines Boschafters für die Bewerbung Saudi-Arabiens um die Ausrichtung einer Fußball Weltmeisterschaft vorsieht. Ferner brachte er seine Prominenz u. a. in ein Modelabel, eine Hotelkette und eine Klinik für Haartransplantationen ein. Seriöse Angaben über den wirtschaftlichen Erfolg Cristiano Ronaldos sind kaum möglich, weil sein Einkommen in ein steuerlich optimiertes Geflecht an Firmen fließt. Dass es sich um nennenswerte Summen handeln muss, zeigt eine Anklage gegen Ronaldo wegen Steuerhinterziehung durch die spanische Staatsanwaltschaft 2017, die in eine Steuernachzahlung von 18,6 Mio. Euro und zwei Jahre Haft auf Bewährung mündete.

Über das Privatleben Ronaldos gibt es nur wenige seriöse Informationen (vgl. *Alexander* 2009; *Caioli* 2013). Er war fünf Jahre mit dem Model Irina Shayk liiert und lebt seit 2016 mit Georgina Rodríguez zusammen, deren Beruf ebenfalls mit »Model« angegeben wird. Ronaldo ist Vater von fünf Kindern. Das erste zeugte er mit einer Frau, deren Identität geheim gehalten wird und die jegliches Sorgerecht für das Kind an Ronaldo abtrat. 2017 wurde Cristiano Ronaldo dreimal Vater, nämlich von Zwillingen, die von einer Leihmutter ausgetragen wurden, und von einem Mädchen, das ihm Georgina Rodríguez gebar. Zuletzt wurde das Paar 2022 nochmals mit Zwillingen schwanger, von denen der Bruder jedoch kurz nach der Geburt verstarb.

Die Wirkung Ronaldos

Cristiano Ronaldo ist es gelungen, über seine Fußballtätigkeit hinaus, ikonographischen Status zu erreichen. Auf der Social-Media-Plattform ›Instagram‹ folgen ihm im März 2023 560 Mio. sog. ›Follower*innen‹, auf Twitter 108 Mio. Das Numeronym ›CR7‹, das sich aus seinen Initialen und seiner Rückennummer zusammensetzt, wird weltweit erkannt. Praktisch alle Vereine, für die er auflief, konnten die zum Teil irrwitzigen Ablösesummen, die für Ronaldo aufgerufen wurden, bereits im ersten Jahr durch Trikotverkäufe mit der Rückennummer 7 refinanzieren. Nach dem Gewinn der Europameisterschaft mit Portugal wurde der Flughafen auf Madeira sogar in »Aeroporto da Madeira Cristiano Ronaldo« umbenannt.

Zu dieser Bekanntheit trug wesentlich sein Spielstil bei. Auf der einen Seite erwies sich Ronaldo als sehr schneller Torjäger, der zusätzlich mit einer enormen Sprungkraft ausgezeichnet ist. In der Folge war er in der Lage, aus sehr vielen Positionen auf dem Platz heraus ein Tor zu erzielen, wobei die Abwehrspieler in der Regel nicht gut aussahen. Auf der anderen Seite hatte Cristiano Ronaldo sehr früh bereits ein Bewusstsein für die Inszenierung des Spiels. So hat sich seine breitbeinige, frontale Ausgangsstellung vor der Ausführung eines Freistoßes ebenso ins kulturelle Gedächtnis des Fußballs eingeschrieben wie seine Siuuu-Jubelchoreographie nach jedem Tor, bei der er abspringt und beim Landen neben einem »Siuuu«-Ruf die Hände nach unten ausbreitet.

Neben dem sportlichen Erfolg begeistert Cristiano Ronaldo aber auch durch seinen definierten Körper. Offensichtlich investiert er viel Zeit in Übungen, in denen er seinen Körper herausbildet. Vielfache Bilder auf seinem Instagram-Account zeigen ihn an Trainingsgeräten und inszenieren vor allem seine Bauchmuskulatur. Eine entsprechende Ernährung und ein auf das Training abgestimmter Lifestyle ergänzen dieses Investment in die eigene Erscheinung. Auch hier lässt Cristiano Ronaldo seine Follower*innen via Instagram regelmäßig teilhaben. In der Summe verwischt sich bei diesen Bemühungen die Grenze zwischen dem, was sportlich notwendig, und dem, was stilistisch gewünscht ist. Bezeichnenderweise stellt keines der auf Instagram geposteten Bilder einen Schnappschuss aus der Gelegenheit heraus dar, sondern es handelt sich hierbei um sorgfältig choreographierte und mit Bildbearbeitungsprogrammen nachbearbeitete Darstellungen. Die Erreichung sportlicher Ziele und das Marketing der eigenen Figur, bei der Realität und Inszenierung stark durchmischt sind, gehen bei Cristiano Ronaldo Hand in Hand.

Bei aller Beliebtheit polarisiert Ronaldo mit seinem Spiel- und Lebensstil. Den einen gilt er als größter Spieler aller Zeiten und stilistische Ikone mit einem großen Herzen für die Familie und einem ausgeprägten Hang zu sozialem Engagement. Andere sehen in ihm einen arroganten Egoisten, der vor allem an sich denkt, für Geld sehr vieles tut und nur für den kleinen Kreis seiner eigenen Familie sorgt. Anschaulich wird die Ambivalenz in der Wahrnehmung Cristiano Ronaldos in seiner Konkurrenz zu *Lionel Messi*. Beide beanspruchten über lange Zeit der beste aktuelle Fußballer zu sein. Sie lieferten sich einen regelrechten Wettkampf, wer den Ballon d'Or häufiger gewinnt (vgl. *Clegg* 2022). Nüchtern betrachtet weisen beide Fußballer sehr viele Gemeinsamkeiten auf: Sie spielen ähnlich erfolgreich und sind beide weitgehend von Aufgaben in der Abwehr befreit, nehmen also einen Sonderstatus in ihren Mannschaften ein. Sie verdienen etwa gleich viel, erzielen vergleichbare Ablösesummen und sind beide über den Fußball hinaus sowohl Idole vieler Jugendlicher wie auch weltweit wahrgenommene Stars in den Social Media. Dennoch gilt Ronaldo bei vielen als arrogant und egoistisch, während Messi vor allem als sympathisch und teamorientiert wahrgenommen wird.

Das liegt vielleicht am sportlichen Umfeld beider Fußballer, denn der FC Barcelona, dem Messi über viele Jahre angehörte, ist für einen offensiven und attraktiven Spielstil bekannt, während Real Madrid als wichtigster Verein Ronaldos eher für einen zynischen, wenn auch sehr erfolgreichen Fußball steht. Wichtiger für das Image dürfte aber die Art und Weise sein, wie sich beide Fußballer öffentlich präsentieren bzw. präsentiert werden. Lionel Messi dürfte ein introvertierter Mensch sein, der medial vor allem als Sportler erscheint. Von ihm gibt es vor allem Bilder im Sportdress – und dann oft im Rahmen von Mitspielern – oder von der Verleihung sportlicher Ehrungen. Einen Lionel Messi, der mit teuren Autos oder Blingbling-Accessoires prahlt, sucht man dagegen vergeblich. Hier unterscheidet sich Messi deutlich von Ronaldo, der seinen Erfolg in wirtschaftlicher Hinsicht immer wieder durch materiale Güter und Statussymbole öffentlich kommuniziert und es auch öffentlich zur Sprache bringt, wenn er sich von seiner Mannschaft nicht hinreichend unterstützt fühlt.

Negative Moralität als Lernchance

Insbesondere im Horizont einer christlichen Moral erscheint das Leben Cristiano Ronaldos in vielfacher Hinsicht als fragwürdig. Lässt es sich christlich rechtfertigen, vor allem den eigenen Erfolg anzustreben und dabei den Erfolg der Mannschaft lediglich als Kollateralnutzen zu akzeptieren? Wie ist sein Streben nach einem perfekt designten Körper zu bewerten, das jeglicher ›body positivity‹ spottet, welche Grundlage einer christlichen Schöpfungsethik ist? Welche Botschaft geht von der Tatsache aus, dass Cristiano Ronaldo Kinder von einer Leihmutter austragen lässt, während er in einer festen Beziehung mit einer Frau lebt, mit der er zeitgleich ein Kind zeugt? Offensichtlich taugt Cristiano Ronaldo kaum zum Vorbild im Rahmen des Religionsunterrichts. Gleichzeitig kann konstatiert werden, dass dieser Fußballer von vielen Schüler*innen bewundert wird, denn er hat es aus einfachen Verhältnissen zum Weltstar gebracht und sowohl sportlich wie ästhetisch Maßstäbe gesetzt. In einem Religionsunterricht, der Lebensweltrelevanz für sich beansprucht, wäre Cristiano Ronaldo somit ein ethisches Modell mit hohem Motivationsfaktor. Eine Lösung dieses Dilemmas könnte in der sog. ›negativen Moralität‹ liegen.

Mit dem Konzept des »negativen moralischen Wissens« bezeichnet *Fritz Oser* die Kenntnis dessen, was innerhalb einer moralischen Ordnung nicht erlaubt ist bzw. als ethisch nicht gerechtfertigt gilt (vgl. *Oser* 2005, 171–181). Ein solches Wissen ist wichtig, weil es erstens zur Orientierung beiträgt, was in einer Gesellschaft gilt und was nicht, und zweitens hilft, den Kontext dieser Orientierung besser zu verstehen. Aus dieser Orientierung und diesem Verständnis erwachsen drittens Sicherheit für die eigene moralische Entscheidung und viertens Schutz davor, sich in zukünftigen Situationen falsch zu entscheiden. Negatives moralisches Wissen trägt für Fritz Oser somit zur Stabilität einer moralischen Ordnung bei, weil der Mensch auch die Seiten kennt, die als moralisch verwerflich erachtet werden und damit zu einem differenzierteren Blick auf das befähigt ist, was gut und was falsch zu sein hat.

Noch grundsätzlicher betont *Theodor W. Adorno* die Bedeutung einer negativen Moral (vgl. *Schweppenhäuser* 2019, 491–504). Für Adorno ist jegliche moralische Autonomie eine Errungenschaft, die sich der Mensch mühsam erarbeiten muss. In der Regel verbleibt er jedoch gesellschaftlichen Zwängen verhaftet, sodass er nur sehr bedingt in der Lage ist, sich eigenständig moralisch gut zu entscheiden. In diesem Sinn ist das Adorno zugeschriebene Zitat »Es gibt kein richtiges Leben im falschen« zu verstehen: Wer in einem moralisch korrupten System lebt, lebt auch dann moralisch unaufrichtig, wenn sie bzw. er sich an das moralisch Gebotene hält und damit im Sinn des Systems ein moralisch gutes Leben führt. Für Adorno ist es das Gefühl um das, was moralisch schlecht ist, das einen Ausweg aus den gesellschaftlichen Verhältnissen eröffnet. Dort, wo sich ein Gespür bzw. eine Einsicht in die Brüchigkeit der moralischen Vorgaben einstellt, eröffnet sich auch ein Freiraum, der durch individuelle, zu den herrschenden Verhältnissen alternative Lebensentscheidungen gefüllt werden kann. In diesen kleinen Fluchten aus den Mehrheitsmeinungen kann für Adorno gutes Leben gelingen.

Bezieht man das Konzept des negativen moralischen Wissens auf ethisches Lernen, liegt in der Auseinandersetzung mit solchen Kenntnissen die Chance, dass Kinder und Jugendliche »a ›not-allowed-to-do‹ schema« (Oser 1996, 68) aufbauen, d. h. ein mentales Dispositiv, in welchem verbotene bzw. moralisch nicht erwünschte Handlungen repräsentiert sind. Im alltäglichen Tun kann auf dieses Dispositiv zurückgegriffen werden. Je fester es im (Unter-)Bewusstsein einer Person verankert ist, umso intuitiver weiß diese Person, welche Verhaltensweisen nicht angemessen sind. In der Kombination mit abgespeicherten, moralisch erlaubten Handlungsweisen entsteht eine Sicherheit zu moralisch legitimem Agieren. Für Oser ist dieses komplementäre Spiel zwischen negativem und positivem moralischem Wissen so elementar, dass er fordert, Schulen müssten durchaus auch »cultures of mistakes« (Oser 1996, 70) entwickeln. Erst in der produktiven Auseinandersetzung mit moralischem Fehlverhalten entstünde eine differenziert moralische Orientierung.

Didaktisches Potential

Bevor nun das didaktische Potential der Figur ›Cristiano Ronaldo‹ gehoben werden soll, bedarf es einer grundsätzlichen ethischen Einordnung dieser Person, denn bei Ronaldo handelt es sich in ethischer Hinsicht offensichtlich um einen ambivalenten Menschen. Es wäre zu holzschnittartig, einfach nur seinen Egoismus, seinen Stolz oder seine öffentliche Poserei mit materialistischen Statussymbolen als Bezugspunkte negativer Moralität herauszuarbeiten. Denn Cristiano Ronaldo ist auch ein Mensch, der sich sehr um seine Familie sorgt, seine Erfolge durch große Disziplin und ein ausgeprägtes Trainingsethos erreicht hat und sich für soziale Projekte gewinnen lässt. In dieser Ambivalenz erweist sich Cristiano Ronaldo dos Santos Aveiro als ein typischer Mensch dieser Zeit, was ihn zu einem hervorragenden Modell ethischen Lernens qualifiziert. Seine Prominenz sorgt zusätzlich dafür, dass die Schüler*innen hinreichend motiviert für eine Auseinandersetzung mit ihm sein dürften.

Um dieses didaktische Potential Ronaldos zu heben, werden im Folgenden drei Konstellationen näher diskutiert: seine Konsequenz und Disziplin, sein Umgang mit Statussymbolen und seine familiäre Situation. Alle drei Konstellationen lassen sich im Sinn einer negativen Moralität ethisch nutzbar machen.

Konsequenz und Disziplin

Cristiano Ronaldo ist für seinen Trainingsfleiß und die Disziplin, mit der er seinen Lebensstil am sportlichen Erfolg orientiert, berühmt. Folgt man den Erzählungen der Trainerteams der Mannschaften, für die Ronaldo spielte, forderte er nach beinahe jedem Training eine Extraschicht für sich selbst ein. Seine besondere Technik bei Freistößen soll etwa in solchen Schichten entstanden sein, in denen er den Ball notfalls einhundert Mal von derselben Position aufs Tor schießt. Neben diesen Extraschichten auf dem Platz trainiert er konsequent und gezielt im Kraftraum, was ihm im Spiel eine große Stabilität verleiht. Seinem Mitspieler *Patrice Evra* wird das Zitat zugeschrieben: »Er ist eine Maschine. Er will nicht aufhören zu trainieren.« Diesem Willen zum Erfolg ordnet Ronaldo auch seinen Lebensstil unter. Neben den Extraschichten auf dem Platz und im Kraftraum gehört für ihn eine bewusste Ernährung selbstverständlich dazu. So kommen bei ihm nur ernährungswissenschaftlich vollwertige Nahrungsmittel wie Fisch, Hühnchen, Kalbfleisch, Eier, Avocado, Kokosöl oder schwarzer Reis auf den Tisch, während Ronaldo Zucker konsequent meidet. Auch isst er bereits früh zu Abend, weil ein spätes Abendessen den Schlafrhythmus störe, was wiederum die Regenerationsfähigkeit mindere. Die Konsequenz dieser Lebensweise veranschaulicht wiederum eine Erzählung Patrice Evras: »Wir haben angefangen zu essen und ich dachte, das große Fleisch kommt noch. Aber es kam nichts. Ich kann nur jedem den Ratschlag geben: Lädt dich Cristiano Ronaldo zum Abendessen in sein Haus ein, sagt einfach nein.«

Die beiden Zitate Evras veranschaulichen die Ambivalenz, die aus Ronaldos Konsequenz und Disziplin erwächst: Auf der einen Seite ist es bewundernswert, wie er sein Talent pflegt und optimiert (»Maschine«), auf der anderen Seite lassen ihn beide Eigenschaften in gewisser Weise eher als asozial wirken, denn sie schließen diejenigen, die nicht mithalten können, letztendlich aus (»sagt einfach nein«). Diese Ambivalenz sollten die Schüler*innen aus ihrem Alltag kennen, etwa beim Phänomen der Zuschreibung von Mitschüler*innen als ›Streber*in‹. Diese Ambivalenz ist aber auch in der Kirchengeschichte gut belegt, etwa bei den frühchristlichen Asketen. In allen diesen Fällen erweisen sich dezidiert gepflegte Konsequenz und Disziplin als ambivalent, weil sie keine Abweichungen, Ausnahmen oder Grautöne zulassen, die das Leben lebenswert und erträglich erscheinen lassen. Menschen wie Cristiano Ronaldo mag man vielleicht bewundern. Ob man sie aber auch lieben kann, ist eine andere Frage.

An dieser Frage kann ein *Lernprozess im Sinn negativer Moralität* ansetzen. Am Beispiel von ›CR7‹ lässt sich nicht nur exemplarisch erarbeiten, dass man durch Konsequenz und Disziplin sehr vieles im Leben erreichen kann, sondern auch, welchen Preis man für ein solches Leben zahlt. Indem man diese Ambivalenz in der Lerngruppe herausarbeitet, lernen die Schüler*innen die beiden Seiten dessen kennen, was für eine moralische Abwägung notwendig ist: Aspekte, die moralisch geboten scheinen oder als moralisch gut eingestuft werden können, aber auch Aspekte, die als moralisch verwerflich oder schlecht gelten. Im Sinn der negativen Moralität ist es genau das Wissen um beide Facetten, die zu Autonomie im moralischen Urteil befähigen.

Umgang mit Statussymbolen

Offensichtlich hat Cristiano Ronaldo keine Scheu, seinen wirtschaftlichen Erfolg durch Statussymbole öffentlich zur Schau zu stellen. Auf seinem Instagram-Kanal finden sich z. B. Fotos mit ihm und einem Bugatti Chiron (Wert: 2,9 Mio. Euro), einem Bugatti Veyron (Wert: 2,3 Mio Euro) oder einem Lamborghini Aventador LP 700-4 (Wert: 313.000 Euro). Auch ein Ferrari F12 TdF ist dort zu finden, von dem es weltweit nur 799 Stück gibt. Teurer Schmuck gehört für Ronaldo zu dieser Performance selbstverständlich dazu. So trug er bei der Verleihung der »Globe Soccer Awards« in Dubia 2019 nicht nur Diamanten im Wert von etwa 300.000 Euro, sondern auch eine »GMT-Master Ice« von Rolex, die auf 446.000 Euro taxiert wird. Vor diesem Hintergrund stellt sich die Frage, welche Rolle die jeweiligen Frauen an Cristiano Ronaldos Seite spielen, die in der Regel der Berufsgruppe ›Model‹ entnommen sind. So wenig diese Berufsbezeichnung etwas über den Charakter dieser Frauen sagt, so sehr definiert sie die Schauwerte ihrer körperlichen Erscheinung. Man kann annehmen, dass Ronaldo bei der Wahl seiner Partnerinnen Letzteres zumindest billigend in Kauf nimmt.

Es liegt auf der Hand, dass ein solches Verhalten gegen die Grundsätze einer christlichen Ethik verstößt. Es war insbesondere die Demut angesichts der Allmacht Gottes, die die ersten Christinnen und Christen von ihrer Umwelt unterschied. Für Augustinus galt die Demut sogar als ›Mutter der Tugenden‹. Sie steht für eine geistige Haltung, bei der man für das dankbar ist, was man im Leben erreicht hat, dieses Erreichte maßvoll nutzt und genießt und stets darum weiß, dass all das letztlich ein Geschenk der Gnade Gottes ist, das jeden Augenblick wieder zerfallen kann. Ein demütiger Mensch weiß um die Brüchigkeit des Lebens und dankt Gott für das Erreichte. Er behält den Blick für das Wesentliche jenseits allen materiellen irdischen Glücks und schweigt in der Folge über seinen Wohlstand bzw. Reichtum.

Cristiano Ronaldo lässt sich problemlos als Gegenbeispiel einer derartigen christlichen Grundhaltung inszenieren. Im Sinn negativer Moralität lotet man aus, wie man es nicht machen sollte. Das muss hier nicht weiter ausgeführt werden. An seinem Beispiel können die Schüler*innen lernen, dass ein ostentativ zur Schau gestellter Reichtum nicht nur auf beruflichen Erfolg verweist, sondern auch Neid produziert und es schwierig macht, echte Freundschaften von solchen Beziehungen zu unterscheiden, die nur am materiellen Reichtum teilhaben wollen. Dass ›CR7‹ diesen Reichtum durch aufwendige Sicherheitsmaßnahmen schützen muss, versteht sich von selbst. Denkt man dieses Szenario konsequent zu Ende, engt der Reichtum Cristiano Ronaldo massiv ein. In dieser Einsicht läge eine Sinnspitze eines Lernprozesses negativer Moralität.

Allerdings kann damit gerechnet werden, dass viele Schüler*innen diesen Gedanken nicht teilen, gelten die oben angeführten Statussymbole in den meisten Social-Media-Blasen doch gerade als Ausweis von Erfolg. Cristiano Ronaldo folgt hier nur dem, was erfolgreiche Rapper und Sängerinnen vormachen. In diesem Ansatz ist es legitim zu zeigen, was man hat. Auf der einen Seite verweist diese Haltung auf einen kulturellen Unterschied zwischen Europa und den USA, denn in den Staaten gilt Reichtum als legitimer Ausweis individuellen Erfolgs, der stolz gezeigt werden darf. Verfolgt man diese Spur im Unterricht, können die Schüler*innen erkennen, dass jegliche Moralität immer auch vom Umfeld abhängt, auf die sie sich bezieht. Auf der anderen Seite könnte man Adornos Aussage »Es gibt kein richtiges Leben im falschen.« heranziehen, um zu erarbeiten, dass etwas noch nicht richtig sein muss, nur weil es vom Umfeld als gut qualifiziert wird. Wer diese Option im Unterricht wählt, muss aber auch begründen können, woraus der Mehrwert (oder auch nur: Eigenwert) eines christlichen Zugangs zur Frage eines angemessenen Umgangs mit Statussymbolen besteht im Vergleich zu dem auf vielen Social-Media-Kanälen gepflegten.

Familiäre Situation

Die vielleicht kurioseste Facette in Ronaldos Leben ist die Tatsache, dass er zeitgleich sowohl ein Kind mit seiner Lebenspartnerin zeugt als auch Zwillinge im Reagenzglas, die von einer Leihmutter ausgetragen werden. Seriöse Quellen zur Motivation dieses Verhaltens liegen nicht vor. Allerdings wird in der sog. ›yellow press‹ heftig über mögliche Gründe spekuliert. So vermutet etwa der Schweizer »Blick« 2017: »In seinem glamourösen Leben wird nichts dem Zufall überlassen. Karriere. Aussehen. Familienplanung. Alles ist kalkuliert. Und womöglich lässt er sich auch von seiner Kindheit leiten. Ronaldo ist nämlich ohne Papa, der unter schweren Alkoholproblemen litt, aufgewachsen. Er will es besser machen als sein alter Herr.«

Für den Religionsunterricht eröffnet diese Konstellation vielfältige Ansatzpunkte. Zum einen wirft sie die Frage nach dem Mutter-Ideal auf. Für Cristiano Ronaldo scheint die Mutterrolle ausschließlich sozial definiert zu sein, denn es spielt für ihn offensichtlich keine Rolle, wer die leibliche Mutter seiner Kinder ist. Seine aktuelle Lebenspartnerin scheint sich auf diese Haltung einzulassen, denn sie kümmert sich um alle fünf Kinder im Haushalt. Es werden aber auch Aussagen Ronaldos kolportiert, gemäß derer seine Kinder keiner Mutter bedürften, weil er sich um sie kümmere. Demnach wäre die Mutter-Rolle allein durch die emotionale und leibliche Versorgung der Kinder definiert, was auch von einem Mann übernommen werden kann. Angesichts der zunehmenden Normalität sog. Patchwork-Familien führt die familiäre Situation im Haushalt Ronaldo mitten in die Diskussion um die Relevanz eines christlichen Familienideals. Der Charme des gegebenen Beispiels liegt darin, dass man keine seriösen Informationen über die Haltungen der beteiligten Personen hat. Im Unterricht ließen sich somit verschiedene Rollen einnehmen und die Situation aus diesen Rollen heraus modellieren. Außerdem wäre in einer solchen Diskussion offen, welcher Fall für die Schüler*innen in diesem Beispiel den Sachverhalt einer negativen Moralität erfüllt: die Lebenssituation im Haus Ronaldo oder das christliche Familienideal.

Neben der Mutterrolle könnte auch die Paarbeziehung zum Thema gemacht werden. In christlichen Idealvorstellungen gilt es eher nicht als tugendhaft, parallel zur sexuellen Beziehung zur Partnerin weitere Kinder in vitro zu zeugen – ganz zu schweigen von der von der römisch-katholischen Kirche vertretenen Einheit von seelischer und körperlicher Liebe der Eltern im Zeugungsakt. Georgina hat sich anlässlich der Geburt nicht von Ronaldo getrennt und beide scheinen mit der vorliegenden Situation zufrieden zu sein. Wiederum eröffnet das Beispiel Ronaldos vielfältige Perspektiven auf das Thema und wahrscheinlich dürfte auch hier nicht klar sein, was für die Schüler*innen als moralisch geboten gilt.

Zuletzt könnte auch die Frage nach der Moralität einer In-vitro-Zeugung zur Debatte gestellt werden, wobei die römisch-katholische Position durch die Prominenz Cristiano Ronaldos und das offensichtliche Gelingen seines Lebensstils herausgefordert wird. In der Summe kann festgehalten werden, dass dieser Fußballer vielfältige Prozesse ethischen Lernens im Religionsunterricht stimulieren kann, wobei nicht immer offen auf der Hand liegt, ob es sich im konkreten Fall um ein ›schlechtes Vorbild‹ handelt, das im Sinn einer negativen Moralität zu thematisieren ist. Genau diese Ambivalenz macht Cristiano Ronaldo aber zu einer Leitfigur im Sinn Hans Mendls.

Literaturverzeichnis

ALEXANDER, MARKUS, Cristiano Ronaldo – Der neue Fußballgott, Rostock 2009.
CAIOLI, LUCA, Ronaldo. Die Geschichte eines Besessenen, Göttingen 2013.
CLEGG, JONATHAN / ROBINSON, JOSHUA, Messi vs. Ronaldo. Das Duell – Die Geschichte zweier Jahrhundertfußballer, München 2022.
MENDL, HANS, Modelle – Vorbilder – Leitfiguren. Lernen an außergewöhnlichen Biografien, Stuttgart 2015.
MENDL, HANS, Helden auf Augenhöhe. Didaktische Anregungen zur Ausstellung und zur Datenbank »Local heroes«, Winzer ³2017.
MENDL, HANS, Lernen an Vorbildern und Modellen, in: *Konstantin Lindner / Mirjam Zimmermann* (Hg.), Handbuch ethische Bildung. Religionspädagogische Fokussierungen, Tübingen 2021, 296–303.
OSER, FRITZ, Learning from Negative Morality, in: Journal of Moral Education 25 (1996), Heft 1, 67–74.
OSER, FRITZ, Negatives Wissen und Moral, in: *Dietrich Benne* (Hg.), Erziehung – Bildung – Negativität (Zeitschrift für Pädagogik, Beiheft 49), Weinheim 2005, 171–181.
SCHWEPPENHÄUSER, GERHARD, Negative Moralphilosophie, in: *Richard Klein* u. a. (Hg.), Adorno Handbuch. Leben – Werk – Wirkung, Berlin ²2019, 491–504.

Internetquellen

https://www.blick.ch/sport/fussball/international/er-ist-papa-von-zwillings-soehnen-geworden-warum-waehlt-ronaldo-eine-leihmutter-id6915956.html; letzter Zugriff am 16.03.23.
https://www.fr.de/sport/fussball/evra-essen-maschine-ronaldo-11010762.html; letzter Zugriff am 16.03.23.
https://www.instagram.com/cristiano/?hl=de; letzter Zugriff am 15.03.23.
https://www.krone.at/2070076; letzter Zugriff am 16.03.23.
https://www.transfermarkt.de/cristiano-ronaldo/erfolge/spieler/8198; letzter Zugriff am 15.03.23.

Damar Hamlin, Football Player
Zur gesellschaftlichen Bedeutung von Religion im American Football

Matthias Werner

Pray for Damar

Montagabend, 2. Januar 2023: Cincinnati, Ohio, USA. Im *Monday Night Game*, dem landesweit übertragenen Abschluss der 17. Spielwoche der 2022er Saison der *National Football League* (NFL) führt das Heimteam der *Cincinnati Bengals* gegen die *Buffalo Bills*. 65.000 Zuschauer*innen sind im Stadion, 23,8 Millionen vor den Fernsehgeräten, allein innerhalb der Vereinigten Staaten. Für beide Teams geht es – kurz vor dem Ende der *regular season* – noch um sehr viel: den Spitzenplatz in der *American Football Conference*, welcher einen möglicherweise entscheidenden Vorteil für die bevorstehenden Playoffs mit sich bringt.

20:55 Uhr Ortszeit fängt ein Angreifer der *Bengals* den Ball und läuft auf den Verteidiger *Damar Hamlin* zu. Dieser wartet. Der Angreifer senkt die rechte Schulter, rammt *Hamlin* mit voller Geschwindigkeit und trifft ihn am Kopf und im Brustbereich. *Hamlin* steht auf und richtet seinen Helm. Plötzlich fällt er hinten über. Ein Pfiff des Schiedsrichters. Die Betreuer der Bills rennen auf das Spielfeld, um dem regungslosen Spieler zu helfen. Stille. Absolute Ungewissheit. Fassungslosigkeit. Tränen in den Augen der Mitspieler. Ein Krankenwagen auf dem Spielfeld: Herzstillstand.

Während *Hamlin* reanimiert werden muss, bilden die Spieler beider Teams einen Kreis, gehen auf die Knie – und beten. Alles live im TV. 21:25 Uhr wird *Damar Hamlin* ins Krankenhaus gebracht, dort intubiert. Kurz nach zehn Uhr wird das Spiel offiziell abgebrochen. Zwei Tage werden vergehen, bis *Hamlin* aus dem künstlichen Koma erwacht. Eine Zeit des Hoffens und Bangens, nicht nur für seine Angehörigen und die Fans der *Bills*, sondern – so hat man das Gefühl – für eine ganze Nation. Eine Tragödie, die unterschiedlichste Fan- und auch Bevölkerungsgruppen vereint. Alle 32 NFL-Teams ändern ihre Profilbilder auf *Twitter*: Überall ist nun auf blauem Grund *Hamlins* weiße Trikotnummer 3 und der Schriftzug »PRAY FOR DAMAR« zu sehen. Der Quarterback der *Bills*, *Josh Allen*, twittert in der Nacht: »Please pray for our brother.« Selbst die Diözese Pittsburgh, aus der *Hamlin* stammt, meldet sich zu Wort: »We, as a Catholic community offer prayers for his recovery, and for God's comfort to fill the hearts of all of those who are praying for him, and awaiting updates on his condition« (*Catholic Diocese of Pittsburgh* 2023).

Es ist ein Tweet seines Kindheitsfreundes *Kenny Robinson* – zu dieser Zeit ebenfalls in der NFL aktiv – der am Nachmittag des 6. Januars ein Signal der Hoffnung sendet: »Bro up talking ♥ I'm Soo happy man god is good 🙌«. Einen Tag später meldet sich *Damar Hamlin* selbst über *Instagram*: »The Love has been overwhelming, but I'm thankful for every single person that prayed for me«. Über zweieinhalb Millionen Menschen werden diesen Post in den nächsten Tagen mit einem *Like* markieren. *Hamlin* wird dieses einschneidende Erlebnis als göttliche Fügung interpretieren. »God Using Me In A Different Way Today« twittert er sechs Tage nach seinem Herzstillstand. In den folgenden Monaten verweist er auf seinen Social-Media-Kanälen immer wieder auf die Bedeutung von Kursen für Herz-Lungen-Wiederbelebung sowie Defibrillatoren und wird so zu einem der wichtigsten ehrenamtlichen Botschafter der *American Heart Association*. Nach Angaben dieser Organisation erhöhten sich in den Tagen nach dem Vorfall die Zugriffszahlen auf Schulungsmaterialien zur Herz-Lungen-Wiederbelebung um mehr als 600 Prozent (vgl. *Williamson* 2024). Eine außergewöhnliche Biografie. *Hamlin* wird zu einem *Local hero* (vgl. *Mendl* 2015).

Neben dem Schicksal des Spielers und der Frage, ob man selbst gewusst hätte, was in einer solchen Notsituation zu tun wäre, sollte aber vor allem eines in den darauffolgenden Tagen die US-amerikanische (soziale) Medienlandschaft beschäftigen: Dieses Kollektivereignis führte einer ganzen Nation den eigenen religiösen Weltdeutungshorizont vor Augen. Kaum eine Äußerung, kaum eine Botschaft wurde ohne religiöse Bezugnahmen veröffentlicht. Der Modus *Gebet* – zunächst als Bitte, später als Dank – war plötzlich allgegenwärtig. Unzählige Tweets beinhalteten Kombinationen der Worte *speechless* sowie *pray* und führen so religionspädagogisch bekannte Wendungen wie »Sprachfähigkeit bei Sprachlosigkeit« (vgl. auch *Mendl* 2018b, 229) als Mehrwert von Gebeten eindrucksvoll vor Augen. Selbst das *Wall Street Journal* veröffentlichte einen Artikel mit der Schlagzeile »How Damar Hamlin Drove a Nation to Pray« (*Swaim* 2023), in dem es heißt: »When the Buffalo Bills safety fell, there was, for many, only one rational response« (*ebd.*), wobei – zumindest aus mitteleuropäischer Perspektive – vor allem die Bezeichnung als »rational« (*ebd.*) überraschen mag. Dennoch ist der Begriff der »Rationalität« an dieser Stelle durchaus passend: Nach dem Bildungsforscher *Jürgen Baumert* sind jegliche »Fragen des Ultimaten – also Fragen nach dem Woher, Wohin und Wozu des menschlichen Lebens« (*Baumert* 2002, 107) einer der »Modi der Weltbegegnung« (*ebd.*, 106). Diese »unterschiedliche[n] Formen der Rationalität, von denen jede in besonderer Weise im menschlichen Handeln zur Geltung kommt [...] eröffnen jeweils eigene Horizonte des Weltverstehens« (*ebd.*, 107). Baumert betont, dass diese Modi nicht gegeneinander ausgespielt werden dürfen, seien sie doch »jeweils [...] für Bildung grundlegend und nicht wechselseitig austauschbar« (*ebd.*).

Football – ein Blick ins Herz der US-Kultur

Nun ist ein (Stoß-)Gebet oder die Bitte um Beistand in Not und Verzweiflung mit Sicherheit keine US-amerikanische Eigenheit. »Ob Tsunami, Fukushima, IS-Terroranschläge, Amokläufe, Flugzeugabstürze« (*Mendl* 2018b, 229), häufig begleitet ein *pray for [xy]* auch hierzulande – vor allem sozialmedial – umstürzende, tief einschneidende Erlebnisse, »Erfahrungen, die zur Sinndeutung herausfordern« (*Synode* 1976, 133) und Situationen, in denen »der Mensch tiefer und radikaler gefragt ist«

(*ebd.*). Ein solcher Gebetsaufruf *pray* stellt dann einen Rückgriff »auf das [...], was Religionen zu bieten haben« (*Mendl* 2018b, 229), dar. Gerade am Beispiel des American Football kann aber gezeigt werden, dass auch abseits von Extremsituationen ein religiöser Weltdeutungshorizont in den USA nach wie vor deutlich präsenter ist als in Mitteleuropa. Während hierzulande sich selbst als »gläubig« oder »religiös« bezeichnende Sportlerinnen und Sportler eher die Ausnahme darstellen (was dann häufig dazu führt, dass sie in Online-Artikeln zum Thema »Diese Sportlerinnen und Sportler sind Christen« oder »Wusstest du, dass diese Sportler Muslime sind?« auftauchen), ist dies in den USA eher der Regelfall.

Dabei fällt die Wahl des Betrachtungsobjekts aus zwei Gründen auf genau *diese* Sportart. Einerseits wird sie – vor allem in Europa – häufig als rau, bisweilen auch als brutal wahrgenommen. Dass gerade in diesem Kontext Religion nicht selten zur Sprache kommt, kann helfen, einer klischeehaften Reduzierung auf das Gute, Liebe und Schöne, auf einen »Weichspüler-Glauben« (*Mendl* 2018, 106) entgegenzuwirken. Wenn Profi-Footballer religiöse Selbstbekenntnisse äußern, so ist dies – hierzulande – vor allem eines: unerwartet. Die Begegnung mit diesen Leitfiguren erfolgt daher unter gänzlich anderen Voraussetzungen als bspw. bei sog. »Christfluencern« oder »Sinnfluencern« (vgl. *Pirker/Paschke* 2024; *Mendl/Lamberty/Sitzberger* 2023), von denen man derartige Inhalte erwarten würde.

Andererseits ist gar nicht zu unterschätzen, welchen immensen Stellenwert gerade *diese* Sportart in den Vereinigten Staaten hat: Von den 100 meistgesehenen TV-Ausstrahlungen des Jahres 2023 waren 93 Live-Übertragungen eines NFL-Spiels. Platz 92 belegt allein die Nachberichterstattung des *Super Bowls*. Drei weitere Übertragungen zeigten College Football. Keine andere Sportart schaffte es überhaupt in die Top 100. Zur besseren Einordnung: Bei den übrigen drei nicht footballbezogenen Übertragungen handelte es sich um die auf allen Sendern übertragene *State of the Union Address* des Präsidenten, die *Thanksgiving Parade* und die *Academy Awards* (vgl. *Crupi* 2024)! Nur weniges bietet also einen derart intensiven Einblick in das Herz der Kultur der USA wie American Football.

Hält man sich nun aber vor Augen, »dass die Globalisierung trotz des ungeahnten Potentials der Kommunikationstechnologien gerade nicht zu einer Vermischung der Kulturen, sondern fast in allen Bereichen zu Angloamerikanisierung führt« (*Zenklusen* 2018, 118) und somit auch für Mitteleuropa von einer »Angloamerikanisierung in unterschiedlichen Bereichen des soziokulturellen Lebens« (*ebd.*, 110) zu sprechen ist, lohnt sich dieser Blick besonders, ist doch neben den bekannten Domänen von Musik und Film auch dieser Sport mittlerweile zum gefragten US-Export geworden, was sich eindrucksvoll in über 1,5 Millionen Ticketanfragen für das NFL-Spiel in Frankfurt 2023 zeigte (vgl. *Adam* 2023).

Interessanterweise kann anhand dieser Gegenüberstellung aber gezeigt werden, dass längst nicht alle »Bereiche des soziokulturellen Lebens« (*Zenklusen* 2018, 110) *angloamerikanisiert* werden. Ein bedeutender Aspekt wird nämlich in Mitteleuropa kaum zur Kenntnis genommen: der religiöse Weltdeutungshorizont, der – oftmals ganz selbstverständlich – in den Vereinigten Staaten von Amerika auch alltägliche Aussagen oder Verhaltensweisen mitbestimmt und somit auch im Kontext des American Football zu Tage tritt. Dies kann nun als Perturbation einen Lernimpuls darstellen.

I want to give thanks and praise to the most-high

Um dies zu illustrieren, seien zunächst einige Zitate zusammengestellt. Sie alle fielen – anders als *pray for Damar* – in (für den Profisport) eher gewöhnlichen, alltäglichen Kontexten: die Verkündung einer Karriereentscheidung, ein Interview, ein Social-Media-Beitrag, eine Neuanstellung, oder im Vorfeld des sog. *Draft*, dem Auswahlprozess früherer College-Spieler für die Profiliga. Durchaus spannend wäre es zu beobachten, wem (bayerische) Schülerinnen und Schüler diese Statements in den Mund legen würden, würden sie (zunächst) ohne Quellenbeleg präsentiert:

- »I want to give thanks and praise to the most-high; through God, anything is possible.«
- »I think the best thing about being a believer of Jesus Christ […] is that good Lord up above doesn't care whether you win […] or whether you lose […]. And for me, it's been a little tough […] having to understand that, you know, not [being] able to go to church.«
- »I'm a man of faith.«
- »[He is] described as an ›old soul‹ who focuses on family, faith and football.«

Das erste Zitat geht auf *Jerry Jeudy* zurück. Als Star-*Receiver* (Passempfänger) der *Alabama Crimson Tide*, dem Footballteam eines der (sportlich) führenden Colleges der USA, bedankt er sich via *Twitter* zum Abschluss seiner College-Karriere bei allen, die ihn auf diesem Weg unterstützt und begleitet haben, bevor er bekannt gibt, dass er den Schritt in die Profiliga wagen und sich für den Auswahlprozess des Jahres 2020 anmelden wird. Selbstverständlich führt er dabei sein College an, seine Familie, sein Team, die Betreuer und Fans. Aber, wer wird an erster Stelle genannt? »[T]he most-high; […] God«. Auch viele mitteleuropäische Sportlerinnen und Sportler bedanken sich rückblickend bei denen, denen sie ihre Karriere zu verdanken haben, bevor bspw. ein neuer Verein bekannt gegeben wird. Dass in diesem Kontext aber überhaupt »Gott« bedacht, ja sogar zur Sprache gebracht wird, ist kaum zu beobachten.

Das zweite Zitat wurde zunächst ein wenig gekürzt, um seinen Ursprung zu verschleiern. Vollständig verweist es leicht ersichtlich auf den Kontext professionellen Sports, heißt es doch in Gänze: »whether you win a game or whether you lose a game« sowie »it's been a little tough having to play on Sundays« (*Tagovailoa 2023*). Der Quarterback der *Miami Dolphins*, *Tua Tagovailoa*, macht keinen Hehl daraus, dass der Sonntag als regulärer Spieltag der NFL für ihn durchaus eine Herausforderung darstellt, verhindere dies doch den Kirchenbesuch. Neben der Erklärung, dass er stattdessen »having to watch church online after games« (*ebd.*), erwähnt *Tagovailoa* im gleichen Interview zudem recht beiläufig, dass er das Charisma der Zungenrede habe (»I'm always praying, like, I'm on the sideline, it looks like I'm talking to myself, speaking in tongues. Some people think, ›What? This guy knows how to speak in tongues.‹«). Wie wohl deutsche Sportjournalistinnen und -journalisten auf diese Aussagen reagiert hätten?

Die dritte Äußerung ist sodann nicht nur einer einzigen Person zuzuschreiben. Vielmehr scheint die Fremd- oder Selbstcharakterisierung als »a man of faith« eine übliche, kaum hinterfragte Wendung zu sein, wenn es darum geht, eine Person besonders gut darstellen zu wollen. Bei der Anstellung eines neuen Cheftrainers reiht sie sich daher in eine Aufzählung anderer als positiv zu bewertenden Eigenschaften des neuen Hauptübungsleiters ein: »Jerod is a man of faith, has a good heart, and he's often described as a leader of men« (*Kraft* 2024), so *Robert Kraft*, Besitzer der *New England Patriots*, über den neuen Headcoach *Jerod Mayo*. Darüber hinaus zeigt sich diese Wendung auch vor dem bereits genannten *Draft*, wenn es nämlich darum geht, dass sich die sog. *prospects* selbst in ein gutes Licht rücken wollen, um möglichst früh ausgewählt (und damit mit einem deutlich lukrativeren Vertrag ausgestattet) zu werden. Als *Bryce Young*, der Gewinner der *Heisman trophy* – der Auszeichnung der *National Collegiate Athletic Association* (NCAA) für den besten Spieler im College Football – des Jahres 2021 vor dem *Draft* gefragt wurde, was er sich wünsche, dass andere Menschen als das Wichtigste über ihn abseits des Footballfeldes wissen, antwortete er: »I'm a man of faith« (*BamaCentral* 2022).

Daher ist es wenig verwunderlich, dass auch Scouts, die vor dem *Draft* versuchen, die vielversprechenden Talente ausfindig zu machen, auf den Glauben als positive Charaktereigenschaft verweisen.

Das vierte und letzte Zitat entstammt einer solchen Zusammenstellung von Scout-Einschätzungen. In dieser wird ein Spieler als »an ›old soul‹ who focuses on family, faith and football« (*Brugler* 2024, 100) bezeichnet, eine Trias, die als lobenswert herausgehoben wird.

Dabei ist zu betonen, dass religiöse Selbstcharakterisierungen von US-amerikanischen Sportlern in der Regel über reine Lippenbekenntnisse hinausgehen. Die in der NFL weitverbreitete *community work*, der Einsatz für den lokalen und sozialen Nahraum der NFL-Standorte, kann durchaus als diakonischer Ansatz interpretiert werden. Der jährlich verliehene *Walter Payton Man of the Year Award* für den Spieler, der den bedeutendsten positiven Einfluss auf seine *community* hatte, wird dabei nicht selten als »the league's highest honor« (*Sullivan* 2024) bezeichnet – noch vor der Auszeichnung zum *MVP* (*Most Valuable Player*).

Der Stellenwert von Religion im Alltag

Viele dieser Beobachtungen decken sich mit der allgemeinen Studienlage zum Thema. Während mit Blick auf Deutschland und Europa »Vertreter der Säkularisierungsthese einen fortschreitenden sozialen Bedeutungsverlust von Religion in Gegenwartsgesellschaften« (*Pickel* 2019, 112) betonen, vermuten andere Theologen, dass »Christsein […] in Zukunft immer stärker zu dem [wird], was es zu Beginn war: eine Alternative zum Mainstream« (*Loffeld* 2024, 31) und es im schulischen Religionsunterricht daher häufig zunächst gilt, die »irritierende Fremdheit dieser Tradition erfahrbar [zu] mache[n]« (*Englert* 2011, 299f.), zeigen internationale Studien: »[I]n most cultures being a person of value and moral standing is defined, in large part, as being religious« (*Sedikides/Gebauer* 2010, 18).

Neuere Erhebungen verweisen neben dem Ansehen der Personen auch auf die deutlich höhere Alltagsrelevanz von Religion in anderen Ländern. Auf die Frage »Is religion an important part of your daily life?« (*Joshanloo* 2020, 30) antworten »71.4 % of the participants [..] with ›yes,‹.« (*ebd.*) Die repräsentative Datenbasis besteht aus den Äußerungen »from 1,619,300 individuals and spans 166 countries worldwide« (*ebd.*, 37). Dabei sind die Unterschiede mitunter gewaltig: Für 62 dieser 166 Länder liegen die »national averages« (*ebd.*, 30) über 90 Prozent, für 97 über 80 Prozent, für 110 Länder immer noch über 70 Prozent (vgl. *ebd.*, 31). Mit anderen Worten: In zwei Dritteln der Länder dieser Welt beantworten mindestens 70 Prozent der Einwohner*innen die Frage, ob Religion ein wichtiger Bestandteil ihres Alltagslebens sei, mit »ja«. Deutschland hingegen belegt in der Auswertung mit 39,5 Prozent den 141. Platz.

Die Nebenrolle, die Religion im Alltag von Schülerinnen und Schülern in Deutschland spielt, ist also keineswegs ein internationaler Standard. Diese Erhebungen führen vor Augen, dass für viele Menschen – im Gegensatz zur west- und nordeuropäischen gesellschaftlichen Marginalisierung – die Vorstellung, Religion sei *durchaus* einer dieser »Horizonte des Weltverstehens« (*Baumert* 2002, 107), zur Realität gehört und nichts Außer- bzw. Ungewöhnliches darstellt. Abseits von Statistiken und Erhebungen ist dies gerade am Beispiel des American Football gut zu erkennen.

In nicht wenigen Social-Media-Beiträgen wird wie selbstverständlich eine religiöse Dimension zur Sprache gebracht, sei es durch Codes (bspw. das Akronym bzw. den Hashtag »AGTG«, seltener die ausgeschriebene Aufforderung »All Glory To God«), beigefügte Bibelverse oder explizite Gottesbezüge (»Don't ask God to guido your steps if you aren't willing to move your feet« ist bspw. der einleitende Satz des *Twitter*-Profils eines ehemaligen Quarterbacks und heutigen TV-Analysten *Robert Griffen III*. *Hendon Hooker*, ebenfalls ein Quarterback, äußert vor dem *Draft*: »When I step onto the field, I'm not worried about anything because I'm really playing for an audience of One, and that's God.«)

Einbindung in den schulischen Religionsunterricht

Im schulischen Religionsunterricht gilt es, einen religiösen Modus der Weltbegegnung samt entsprechender Lebensentwürfe als valide Option zur Sprache zu bringen, ist doch »[d]er postmoderne Mensch [...] gezwungen, aus einer Vielzahl von Lebensentwürfen auszuwählen und sich seine eigene, brüchige, veränderbare Identität – bestehend aus verschiedenen Teilidentitäten in verschiedenen Lebenszusammenhängen zusammenzubasteln« (*Mendl* 2018, 79). Wie schon im Synodenbeschluss betont, sind es vor allem die »kritischen Lebenssituationen« (*Helbling* 2011, 294), in denen es »hilfreich wäre, [...] auf verschiedene Deutungen zurückgreifen und sie transformieren zu können« (*ebd.*). Schließlich macht »[g]erade die Unmöglichkeit, Zukunft vollständig zu antizipieren, [...] eine umfassende Bildung nötig, die auch das Sinn und Zuversicht stiftende Potenzial von Religion bewusst macht. Wie sonst sollte man zu neuen und kreativen Herangehensweisen kommen?« (*ebd.*, 295) Allerdings ist zu konstatieren, dass Lernende den gegenwärtigen schulischen Religionsunterricht in dieser Hinsicht als *wenig* relevant empfinden. Laut einer Repräsentativstudie, in deren Rahmen in Baden-Württemberg Schülerinnen und Schülern der 11. und 12. Jahrgangsstufe allgemeinbildender und beruflicher Gymnasien sowie Schülerinnen und Schülern des ersten Lehrjahres an beruflichen Schulen befragt wurden, stimmen nur 15 Prozent der 6058 Antwortenden, die den evangelischen oder katholischen Religionsunterricht besuchen, tendenziell der Aussage zu, dass dieser ihnen bei schwierigen Lebensfragen helfe (vgl. *Wissner* 2018, 110). Für den Ethikunterricht liegt der Wert – bei 1097 Antworten – bei 24 Prozent.

Ein Element der Horizonterweiterung könnte daher die Ausdehnung des Blicks über Deutschland und (Mittel-)Europa hinaus darstellen. Nicht viele Schülerinnen und Schüler werden jemals eigene (Nicht-)Auseinandersetzungen mit Glaube und Religion um eine internationale Perspektive erweitert haben. Möglicherweise führt dies in einer globalisierten und vernetzten Welt dann zu produktiven Prozessen, wenn Schülerinnen und Schüler erfahren, dass deutsche bzw. europäische Postulate und Argumentationslinien keine stets gültige Schablone für die Situation in anderen Ländern und Gesellschaften darstellen. Eine Weitung des Blickwinkels, ein solches Lernen an fremden Biografien kann damit auch einen Beitrag zum nie zu vernachlässigenden Kampf gegen Fremdenfeindlichkeit leisten: Eine dubiose Angst vor allem, was abweichend und »anders« ist, *kann* auch darauf zurückzuführen sein, dass es mittlerweile nicht wenigen Menschen in Deutschland »fremd« ist, wenn andere Menschen *tatsächlich* religiöse Überzeugungen haben, die ihren Alltag entscheidend prägen.

Als niedrigschwellige und vergleichsweise »nahe« Möglichkeit könnten in diesem Kontext bspw. religiöse Äußerungen von US-amerikanischen Sportlerinnen und Sportlern ausgewertet werden, ist doch der »religiosity score« dieses Landes mit 65 bedeutend höher als der deutsche, im weltweiten Ranking mit Rang 115 aber immer noch vergleichsweise niedrig (vgl. *Joshanloo/Gebauer* 2020, 31). Zudem sind diese Athletinnen und Athleten (sozial-)medial gut nachverfolgbar und zeigen sich besonders nahbar. Ihre religiösen Äußerungen können so zu neuen Auseinandersetzungsprozessen einladen.

Literaturverzeichnis

ADAM, DIRK, Gigantische Warteliste für NFL-Tickets! Nach einer Minute über 1,5 Millionen Anfragen, 1.6.2023 (https://www.sportsillustrated.de/football/nfl/gigantische-warteliste-fuer-nfl-tickets-nach-einer-minute-ueber-15-millionen-anfragen; letzter Zugriff am 27.5.2024).

BAUMERT, JÜRGEN, Deutschland im internationalen Bildungsvergleich, in: *Nelson Killius / Jürgen Kluge / Linda Reisch* (Hg.), Die Zukunft der Bildung, Frankfurt am Main 2002, 100–150.

BRUGLER, DANE, The Beast. 2024 NFL Draft Guide, 2024.

CATHOLIC DIOCESE OF PITTSBURGH, Statement on Damar Hamlin from Bishop David Zubik, Diocese of Pittsburgh, 3.1.2023 (https://diopitt.org/news/statement-on-damar-hamlin-from-bishop-david-zubik-diocese-of-pittsburgh; letzter Zugriff am 27.5.2024).

CLOSE, DAVID; SANCHEZ, RAY, A timeline of the NFL's response after Damar Hamlin collapsed, 3.1.2023 (https://edition.cnn.com/2023/01/03/us/damar-hamlin-bills-nfl-response-timeline/index.html; letzter Zugriff am 27.5.2024).

CRUPI, ANTHONY, NFL Swallows TV Whole, With 93 of Year's Top 100 Broadcasts, 5.1.2024 (https://www.sportico.com/business/media/2024/nfl-posts-93-of-top-100-tv-broadcasts-2023-1234761753/; letzter Zugriff am 27.5.2024).

ENGLERT, RUDOLF, Bloß Moden oder mehr?, in: Katechetische Blätter 136 (2011), 296–303.

HELBLING, DOMINIK, Wo bleibt das Subjekt in den Kompetenzmodellen?, in: Katechetische Blätter 136 (2011), 290–295.

JOSHANLOO, MOHSEN / GEBAUER, JOCHEN E., Religiosity's Nomological Network and Temporal Change. Introducing an Extensive Country-Level Religiosity Index based on Gallup World Poll Data, in: European Psychologist 25 (2020), Heft 1, 26–40.

KRAFT, ROBERT, Press Conference (Transcript), 17.1.2024 (https://www.patriots.com/news/transcript-robert-kraft-and-jerod-mayo-press-conference-1-17; letzter Zugriff am 27.5.2024).

JAN LOFFELD, Gott ist uninteressant, in: Herder Korrespondenz 78 (2024), Heft 2, 29–31.

MENDL, HANS, Modelle – Vorbilder – Leitfiguren. Lernen an außergewöhnlichen Biografien, Stuttgart 2015.

MENDL, HANS, Religionsdidaktik kompakt. Für Studium, Prüfung und Beruf, München ^{6}2018.

MENDL, HANS, Was bringt der Religionsunterricht denen, die ihn nicht besuchen? Bildungstheoretische Argumente für die Präsenz von Religion an öffentlichen Schulen, in: *A. Katarina Weilert / Philipp W. Hildmann* (Hg.), Religion in der Schule. Zwischen individuellem Freiheitsrecht und staatlicher Neutralitätsverpflichtung (Religion und Aufklärung 28), Tübingen 2018, 215–233.

MENDL, HANS / LAMBERTY, ALEXANDRA / SITZBERGER, RUDOLF, Influencer, Christfluencer, Sinnfluencer: Das didaktische Potenzial von Selbstpräsentationen in digitalen Welten, in: *André Schütte / Jürgen Nielsen-Sikora* (Hg.), Wem folgen? Über Sinn, Wandel und Aktualität von Vorbildern, Berlin 2023, 65–79.

PICKEL, GEORG, Vom Narrativ zur Realität? Religionssoziologische Überlegungen zu Säkularisierung und Relevanzverlust von Religion als Triebkraft für ein Verblassen von Gott in der Gesellschaft, in: *Julia Knop* (Hg.), Die Gottesfrage zwischen Umbruch und Abbruch. Theologie und Pastoral unter säkularen Bedingungen (Quaestiones disputatae 297), Freiburg i.Br. 2019, 111–129.

PIRKER, VIERA / PASCHKE, PAULA (Hg.), Religion auf Instagram. Analysen und Perspektiven, Freiburg i. Br. 2024.

PRÄSIDIUM DER GEMEINSAMEN SYNODE DER BISTÜMER IN DER BUNDESREPUBLIK / DEUTSCHE BISCHOFSKONFERENZ (DBK), Der Religionsunterricht in der Schule. Beschluß, in: *dies.* (Hg.): Gemeinsame Synode der Bistümer in der Bundesrepublik Deutschland. Beschlüsse der Vollversammlung. Offizielle Gesamtausgabe I, Freiburg i.Br. 1976, 123–152.

SEDIKIDES, CONSTANTINE / GEBAUER, JOCHEN E., Religiosity as Self-Enhancement: A Meta-Analysis of the Relation Between Socially Desirable Responding and Religiosity, in: Personality and Social Psychology Review 14 (2010), Heft 1, 17–36.

SULLIVAN, TYLER, NFL Honors 2024: Steelers' Cameron Heyward wins Walter Payton Man of the Year award, 8.2.2024, (https://www.cbssports.com/nfl/news/nfl-honors-2024-steelers-cameron-heyward-wins-walter-payton-man-of-the-year-award/; letzter Zugriff am 27.5.2024).

SWAIM, BARTON, How Damar Hamlin Drove a Nation to Pray, 5.1.2023, (https://www.wsj.com/articles/damar-hamlin-drove-a-nation-to-pray-buffalo-bills-god-bengals-nfl-religion-espn-injury-bengals-cardiac-arrest-11672955224; letzter Zugriff am 27.5.2024).

WERNER, MATTHIAS, Die Rede vom »Religionsstunden-Ich«. Vom Ringen um Authentizität in christlich-religiösen Bildungsprozessen (Religion und Bildung diskursiv 3), Bielefeld 2024.

WILLIAMSON, LAURA, The ripple effects of Damar Hamlin's cardiac arrest still strong a year later, 2.1.2024, (https://www.heart.org/en/news/2024/01/02/the-ripple-effects-of-damar-hamlins-cardiac-arrest-still-strong; letzter Zugriff am 27.5.2024).

WISSNER, GOLDE, Untersuchung des repräsentativen t_1-Samples, in: *Friedrich Schweitzer* u. a. (Hg.), Jugend – Glaube – Religion. Eine Repräsentativstudie zu Jugendlichen im Religions- und Ethikunterricht (Glaube – Wertebildung – Interreligiosität. Berufsorientierte Religionspädagogik 13), Münster/New York 2018, 65–117.

ZENKLUSEN, STEFAN, Rückblick auf ein Vierteljahrhundert Globalisierung. Zur Verifizierung der These der Angloamerikanisierung, in: Sociologia Internationalis. Europäische Zeitschrift für Kulturforschung 56 (2018), Heft 1, 109–124.

Schwester Birgit Weiler
Eine prophetische Theologin in der Weltkirche

Annegret Langenhorst

Frühjahr 2020, die weltweite Pandemie bricht aus. Die schlechten Nachrichten überschlagen sich. Es gibt noch wenige Informationen über Covid und weder Impfstoffe noch ausreichend Masken. Die Ärmsten treffe es am härtesten, berichtet Schwester *Birgit Weiler* per Zoom. Sie harrt mit ihrer kleinen internationalen Kommunität von Missionsärztlichen Schwestern in Callao aus, der peruanischen Hafenstadt am Pazifik, unmittelbar an die Hauptstadt Lima angrenzend. 10 Millionen Menschen leben in der Metropolregion Lima auf engem Raum. Die Pandemie bedroht das Leben der Menschen, die Krankenhäuser sind überfordert. Erkrankte sterben an dem Virus, weil sie die nötigen Sauerstoffgeräte nicht bezahlen können. Die Situation in Peru ist lebensbedrohlich. Dennoch ist für Schwester Birgit die Antwort auf die Frage, ob sie sich nicht zur Sicherheit nach Deutschland begeben wolle, klar: Sie könne doch jetzt nicht ihre Leute im Stich lassen. Nein, sie bleibe bei ihren Leuten.

Wer sind ihre Leute? Die Antwort auf diese Frage erklärt, warum die engagierte Ordensfrau abwinkt, wenn man sie »Local hero« nennt, vielmehr betont sie:

> Ich verstehe mein Engagement zusammen mit dem von so vielen bewundernswerten Menschen hier. Aber vielleicht könnte das ja auch der Fokus in meinem Fall sein, dass nicht ich im Mittelpunkt stehe, was ich nicht möchte, sondern eher meine Verbundenheit mit so vielen engagierten Frauen und Männern, [...] denen ich viel verdanke auf meinem Glaubensweg und von denen ich im Alltag viel lerne (Mail vom 1.5.2023).

Ihre Leute, das sind die Menschen in Peru: die armen Leute in dem Viertel, in dem ihre kleine Kommunität der Missionsärztlichen Schwestern lebt; die jungen Leute, die Professorin Birgit Weiler an der Universität in Theologie unterrichtet; die indigenen Völker und afrikanischstämmigen Gemeinschaften, die sie im Amazonasgebiet und anderswo begleitet und mit denen sie in der Kirchenkonferenz Amazoniens (CEAMA) zusammenarbeitet; die ausgebeuteten Menschen in den Bergbauregionen, mit denen sie sich im Netzwerk »Kirche und Bergwerk« für Gerechtigkeit und das gemeinsame Haus Erde stark macht; ihre Leute sind insbesondere auch die Frauen, welche den Glauben leben und in der katholischen Kirche Anerkennung und Gleichberechtigung fordern. Für ihre Leute setzt Birgit Weiler ihre ganze Energie ein, mit ihren Leuten lebt sie. Doch was führte eine Duisburgerin nach Peru?

Von Duisburg nach Lima – ein radikal solidarischer Lebensentwurf

1958 wird Birgit Weiler in Duisburg geboren, wo sie Kindheit und Jugend verbringt. Nach dem Abitur trifft sie mit 20 Jahren ihre Lebensentscheidung und wird Novizin bei den Missionsärztlichen Schwestern in Essen. Die junge Schwester studiert katholische Theologie an der Ruhr-Universität in Bochum, geht je für ein Semester nach Tübingen und an die Hochschule St. Georgen in Frankfurt. Ein Ordenspraktikum führt sie für ein halbes Jahr zu interreligiösen und interkulturellen Studien nach Indien. Nach diesen spannenden Studienjahren hat sie im Jahr 1986 ihr Diplom in Theologie in der Tasche und legt die Ewigen Gelübde als Ordensfrau ab.

Im Studium bereits hatte sie die *Theologie der Befreiung* entdeckt. Der Option für die Armen folgend führt sie ihr Weg für zwei Jahre in Armenviertel von Maracaibo und Barquisimeta in Venezuela und ab 1988 nach Peru, zunächst in die Andenstadt Arequipa. Peru wird für Schwester Birgit zur zweiten Heimat. Von 1990 an lebt und lehrt sie in der Hauptstadt Lima. Am »Instituto Teológico Juan XXIII« gibt sie Kurse in dogmatischer und praktischer Theologie, später lehrt sie an der Jesuitenuniversität »Antonio Ruiz de Montoya« (UARM) praktische Theologie. Neben der Lehre arbeitet sie mit NGOs zusammen am Thema nachhaltige Entwicklung. Gleichzeitig gehört sie mehrere Jahre lang dem Generalrat ihrer Ordensgemeinschaft an.

Birgit Weiler ist international unterwegs, sie spricht nicht nur fließend Spanisch, sondern erlernt auch die Sprachen der indigenen Völker der Huambisa und Aguaruna, die im peruanischen Amazonas leben. Aus intensiven Begegnungen im schwer zugänglichen Alto Marañón, wo die beiden Völker leben, erkennt sie die Bedeutung von deren Kosmovisionen und Mythen und studiert diese gründlich. Daraus erwächst ein herausforderndes Forschungsprojekt, für das Birgit Weiler einige Jahre zurück nach Deutschland – an die Universität Frankfurt – geht. Ihre umfangreiche Dissertation »Mensch und Natur in der Kosmovision der Aguaruna und Huambisa und in den christlichen Schöpfungsaussagen« (*Weiler* 2011) – publiziert in der Reihe »Theologie interkulturell« – wird mit dem renommierten *Erwin-Kräutler-Preis* ausgezeichnet. Gleich nach der erfolgreichen Promotion eilt Schwester Birgit, nun Doktorin mit Schwerpunkt Theologie interkulturell, zurück zu ihren Leuten nach Peru. Sie lehrt als Professorin an der Jesuitenuniversität UARM in Lima und widmet sich in Lehre und Forschung dem bedrohten Amazonien und seinen Völkern. Seit 2020 unterrichtet sie dogmatische und praktische Theologie an der »Pontificia Universidad Católica del Perú« (PUCP). Immer wieder reist sie unermüdlich zwischen Lateinamerika und Europa hin und her und wird zu einer ganz besonderen theologischen Brückenbauerin in herausfordernden Zeiten.

Ihre beachtliche theologische Karriere ist für Birgit Weiler nicht Selbstzweck, sondern ganz und gar einer glaubwürdigen Praxis und den am Reich Gottes orientierten Inhalten gewidmet, für die sie – inspiriert von der Theologie der Befreiung – kämpft: gegen Ungerechtigkeit und Ausbeutung in Peru, gegen die Zerstörung des Amazonasraumes und für eine katholische Kirche an der Seite der Armen. Wer sie erlebt, hört eine prophetische Stimme. Ernsthaft, bescheiden, kämpferisch und ohne Wenn und Aber dem Evangelium verpflichtet.

»Tajimat pujut«, das gute Leben – lernen von den Indigenen

Die Aguaruna und Huambisa, indigene Völker am Alto Marañón im peruanischen Amazonasgebiet, haben uns im 21. Jahrhundert Entscheidendes zu sagen, ist Birgit Weiler überzeugt. Das Gebiet, wo sie leben, gehört zum Vikariat von Jaen. Illegaler Bergbau, Holzabbau und Umweltzerstörung bedrohen den Lebensraum am Amazonas und bedrohen das Leben der dortigen indigenen Völker, die noch immer marginalisiert werden und dafür kämpfen müssen, in die politischen Entscheidungen einbezogen zu werden. Birgit Weiler ist Teil der katholischen Kirche, die an der Seite der indigenen Völker für deren Rechte eintritt. In ihrer grundlegenden Studie hat sie die Mythen der Aguaruna und Huambisa aufgeschrieben und ins Deutsche übersetzt. Sie findet darin eine tiefe Weisheit für die Zusammenhänge des Lebens, so etwa im Mythos des numinosen Wesens Etsa. Ein kleiner Auszug:

> Aus dem Mythos des Etsa:
> Als Etsa heranwuchs, fertigte er (sein Vater Ajaím) ein Blasrohr für ihn.
> Um sich zu unterhalten, tötete Etsa die Fliegen, die ihn störten. Zielsicher traf er sie alle.
> Eines Tages sagte Ajaím zu ihm: »Geh in den Hochwald, um zu jagen.«
> Etsa kehrte mit vielen Vögeln zurück, die Ajaím aß, ohne sie zu kochen.
> »Fertige mir nun ein größeres Blasrohr, damit ich größere Vögel erjagen kann«, sagte Etsa.
> »Gut«, sagte Ajaím. Er fertigte das Blasrohr an und übergab es ihm.
> »Schnitze mir Pfeile.«
> Als er alles zubereitet hatte, ging er noch einmal jagen.
> Bald hatte er alle Vögel des Waldes getötet.
> Der letzte Vogel, den er erjagte, war ein Kolibri.
> Auf dem Rückweg zu seinem Haus hörte er die *Yápankam* singen.
> ... Etsa näherte sich, um die *Yápankam* zu töten, fand sie aber nicht.
> So tat es Etsa und die Taube flog auf die Erde herab.
> »Warum hast du alle Vögel getötet? Nur ich bin übrig geblieben. Stecke diese Feder in das Blasrohr und blase kräftig.«
> Etsa nahm die Feder, die *Yápankam* ihm gab, steckte sie in das Blasrohr und blies nach oben.
> In dem Moment, als die Feder aus dem Blasrohr herauskam, verwandelte sie sich in Vögel, die hoch fliegen.
> Sie machten: »*Cháchan! Cháchan! Cháchan! Cháchan! Cháchan!*«
> Danach gab ihm *Yápankam* eine andere Feder, die er in das Blasrohr steckte und kräftig nach unten blies.
> In dem Moment, als sie aus dem Blasrohr herauskam, verwandelte sie sich in Vögel, die dicht am Boden fliegen. (*Weiler* 2011, 511f.)

Die Jagd mit dem Blasrohr gehört zu den Traditionen der Huambisa und Aguaruna, doch die maßlose Jagd um des Tötens willen verstößt »gegen eine traditionelle Jagdnorm der Aguaruna und Huambisa, nämlich jeweils nur so viele Tiere zu töten, wie [...] zur Ernährung der Familie benötigt werden.« (*ebd.*, 200) Selbst der Kolibri, in der indigenen Tradition der Vogel, der den Menschen das Feuer gebracht hat, wird von Etsa getötet. Der Mythos mit seiner Lautmalerei und seiner Ätiologie der Vogelwelt des Urwalds mag uns zunächst fremd klingen, doch die Botschaft, welche die Taube als wundersame Wende bringt, übersetzt Birgit Weiler in eine klare Erkenntnis: »Etsa verstößt gegen die normative Ordnung (des Kosmos), denn er agiert, ohne die Folgen seines Handelns für die anderen Teile im Beziehungsgefüge zu beachten.« (*ebd.*, 201)

Birgit Weiler zeigt in ihrem spannenden Durchgang durch die Kosmovisionen der Aguaruna und Huambisa auf, wie dem gefräßigen Ungeheuer Ajaím Grenzen auferlegt werden, so dass er nicht mehr Tiere verschlingen kann, als verträglich ist. Sie schreibt die alten Lieder auf, welche die Aguaruna-Frauen singen, wenn sie ihre ökologisch klug gebauten Hausgärten im Urwald anlegen. Bis heute haben die indigenen Völker diese Haltung bewahrt, stellt Birgit Weiler wissenschaftlich fest, ohne in den Verdacht der Idealisierung zu geraten: Das Leben der Aguaruna und Huambisa wird »nicht primär von dem Bestreben, möglichst viel Reichtum anzuhäufen, sondern von den realen Bedürfnissen der lokalen Gruppen bestimmt«. (*ebd.*, 61) Zwar verwenden die Aguaruna und Huambisa den postmodernen Begriff der Nachhaltigkeit nicht, doch basieren ihre Werte und Normen »auf einer kosmischen Ordnung [...], in der die Erhaltung des Gleichgewichtes innerhalb des gesamten kosmischen Systems von zentraler Bedeutung ist.« (*ebd.*)

Wenn die Aguaruna und Huambisa in den frühen Morgenstunden ihren Kindern die Mythen erzählen, lehren sie damit, was das gute Leben (*Weiler* 2017) für sie bedeutet. Der Begriff kommt in verschiedenen indigenen Kulturen vor und wird nie individualistisch verstanden, sondern im Sinne eines »wir«, das auch auf Zukunft ausgerichtet ist:

> ‚Gut leben' bedeutet u. a., dass die Menschen eine gesicherte materielle Lebensgrundlage haben, die es ihnen ermöglicht, in menschenwürdigen Verhältnissen zu leben [...]. Dazu gehört die Beziehung zu sich selbst, [...] harmonische Beziehungen zwischen den Ehepartnern sowie zwischen allen Mitgliedern der Hausgemeinschaft [...], aber auch gute, d. h. auf gegenseitigem Respekt, Wertschätzung, Reziprozität und Solidarität beruhende Beziehungen innerhalb der Dorfgemeinschaft [...]. Gut zu leben verlangt [...] auch die Fähigkeit, sich den Konflikten, die sich im Leben der Person und der Gemeinschaft ergeben, zu stellen und entschieden nach einer Lösung zu suchen. (*ebd.*, 131f.)

Birgit Weiler entdeckt kostbare Gemeinsamkeiten zwischen den indigenen und den jüdisch-christlichen Kosmovisionen. Beide zeichnen Visionen des Lebens in Fülle. Bei allen Unterschieden im Gottesbild wissen beide Traditionen um die Fragilität des Lebens, kennen den Garten als religiösen Raum und »enthalten beide auch ein prophetisches und befreiendes Potential« (*Weiler* 2017, 381). In diesem wurzelt Birgit Weilers Kraft und Anspruch, Kirche als Bündnispartnerin der indigenen Völker zu sehen und sich solidarisch für die Rechte der Indigenen und für den Erhalt des Regenwaldes einzubringen. Mit ihrer Dissertation hat sie die theoretische Grundlage gelegt, aber die reine Theorie ist ihre Sache nicht. Zusammen mit einer Gruppe von Erziehungswissenschaftlerinnen und Erziehungswissenschaftlern ist es ihr z. B. gelungen, in die schulischen Lehrpläne auch die zweisprachige Schulbildung, also die indigenen Sprachen, Mythen und Traditionen so zu verankern, dass dieses Wissen an die Kinder weitergegeben werden kann.

Eine glaubwürdige Kirche – von Amazonien aus die Kirche verändern

Kirche muss bei den Menschen präsent sein, davon ist Schwester Birgit Weiler überzeugt und so lebt sie. Aus dem Glauben heraus fordert sie eine pastorale, ökologische und synodale Umkehr der katholischen Kirche. Von Papst Franziskus wurde sie als eine von über 30 Frauen zur Teilnehmerin an der Amazoniensynode ernannt, der ersten weltweiten Territorialsynode, die im Oktober 2019 unter starkem öffentlichem Interesse in Rom stattfand. Erstmals nahmen neben den Bischöfen der Amazonasregion auch indigene Vertreterinnen und Vertreter teil. Auch wenn die teilnehmenden Ordensfrauen kein Stimmrecht erhielten, so konnte Schwester Birgit als hoch angesehene Vertreterin von REPAM (Red Eclesial PanAmazonica) doch in den Vorbereitungen und Synodensitzungen wirken.

Der rote Faden der Theologie von Birgit Weiler und ›ihrer Leute‹ lässt sich entdecken, wenn das Schlussdokument der Amazoniensynode die Forderung nach einer ganzheitlichen Umkehr der Kirche sehr konkret auf die indigenen Völker bezieht, deren »Traditionen [...] es wert [sind], gewürdigt und in ihren eigenen Ausdrucksformen und Beziehungen zum Wald wie zur Mutter Erde verstanden zu werden.« (*Schlussdokument* Nr. 25) Die Amazoniensynode will – wie das Schwester Birgit mit vielen anderen bereits lebt – als Kirche einen respektvollen Dialog mit den Anhänger*innen indigener Religionen initiieren und fortsetzen, um gemeinsam das Gute Leben zu befördern, »indem sie sich über ihr Leben, ihren Einsatz, ihre Gotteserfahrungen austauschen, so einander im Glauben bestärken und zusammen das »Gemeinsame Haus« schützen.« (*ebd.*) In ihrer politischen Forderung spricht die Amazoniensynode die kompromisslose Sprache der Prophet*innen:

> Wir müssen uns dringend der schrankenlosen Ausbeutung des ›Gemeinsamen Hauses‹ und aller Menschen, die es bewohnen, in den Weg stellen. Einer der Hauptgründe für die Zerstörung Amazoniens ist der raubgierige Extraktivismus. Er folgt einer Logik der Gier, die typisch ist für das vorherrschende technokratische Paradigma. Angesichts der Notlage des Planeten und des Amazonasgebietes ist die ganzheitliche Ökologie nicht einer von vielen Wegen, den die Kirche in dieser Hinsicht für die Zukunft wählen kann, sondern sie ist der einzig mögliche Weg. Einen anderen Weg zur Rettung der Region gibt es nicht. Die Plünderung des Gebietes geht einher mit dem Blutvergießen Unschuldiger und der Kriminalisierung derer, die Amazonien verteidigen. (*ebd.* Nr. 67)

Der Freimut, mit dem auf der Synode gesprochen wurde, sei ermutigend, äußerte sich Birgit Weiler nach Abschluss des kirchengeschichtlich bedeutsamen Treffens zufrieden. Sie gebrauchte das Bildwort des Papstes »wenn der Fluss über die Ufer tritt« als Metapher der Hoffnung, um über eng abgesteckte Grenzen hinauszugehen und Neues zu wagen. Der vom Papst verwendete Begriff »*desbordante*« (überfließend) wird im Amazonasgebiet oft verwendet, denn

> in der Regenzeit [bleiben] die Flüsse nicht in ihrem vorgegebenen Flussbett, sondern treten aufgrund der großen Mengen an neuem Wasser, das ihnen zugeführt wird, weit über die Ufer. Dadurch befruchten sie das umliegende Land [...]. Es ist ein starkes Bild für das, was [...] in den Wochen der Synode für Amazonien geschehen ist und nun [...] vorangebracht werden will. (*Weiler* 2019)

Der starke Wunsch, dass verheiratete Männer Priester werden können, das dringende Anliegen des Frauendiakonats und das klare Bekenntnis, dass die Kirche Bündnispartnerin der Völker Amazoniens ist – diese Themen waren »nicht nur den Synodenvätern, sondern auch den über 80.000 Menschen, die am Konsultationsprozess beteiligt waren, ein Anliegen« (*Weiler* 2019). Diesen Menschen haben Schwester Birgit Weiler und viele weitere Verbündete ihre Stimme auf der Amazoniensynode verliehen.

Für eine synodale Kirche weltweit

Aktuell ist die missionsärztliche Schwester eine gefragte Gesprächspartnerin in kirchenpolitischen Themen. Im Auftrag des lateinamerikanischen Bischofsrates (CELAM) arbeitet sie in wichtigen Gremien des lateinamerikanischen synodalen Weges mit. Dabei ist das Hören aufeinander der erste entscheidende Schritt auf dem gemeinsamen, also synodalen Weg von weiblichen wie männlichen Laien, von Priestern und Bischöfen. Aus der Überzeugung, dass alle Getauften Gottes Geist empfangen haben, wird das Hören darauf, was ein jeder und eine jede zu sagen hat, zur Inspiration für eine lebendigere und glaubwürdigere Kirche. Nichts dürfe unter den Tisch fallen, auch die Stimmen von Minderheiten seien in die Dokumente aufzunehmen, so beschreibt sie es in einem Gesprächsabend in der Kirchengemeinde St. Nikolaus in Wendelstein, der sie freundschaftlich verbunden ist.

Auf dem letzten Treffen des synodalen Weges in Deutschland war Schwester Birgit Weiler als internationale Vertreterin geladen. Ihr Grußwort in einem sensiblen Moment der Beratungen in Frankfurt am letzten Tag der Synode ermutigte die Synodalversammlung und erhielt starken Beifall. In knappen Worten skizzierte Birgit Weiler die starken Parallelen zwischen den Reformanliegen des synodalen Weges in Deutschland und in Lateinamerika: den Missbrauch aufarbeiten; Klerikalismus abbauen; Frauen in kirchliche Leitungsämter bringen; Frauen, die diese Dienste vor Ort längst tun, als Diakoninnen anerkennen; jungen Menschen als selbstständigen »Protagonisten« in der Kirche Raum geben; Vielfalt zulassen, was die Herkunft und auch die sexuelle Ausrichtung von Menschen betrifft. Die Theologin, 2023 zur theologischen Beraterin des Präsidiums der Kirchenkonferenz Amazoniens (CEAMA) ernannt, beschrieb die konkreten Schritte der Kirche Lateinamerikas:

> Unsere Erfahrung ist auch, dass es ›evangeliumsgemäßen Wagemut‹ (Amazoniensynode Schlussdokument 91) braucht, um neue Wege zu beschreiten und synodale Räume für Teilnahme und Teilhabe sowie Mitverantwortung für alle Getauften, Männer und Frauen, in der Kirche zu schaffen. Da Synodalität eine konstitutive Dimension der Kirche ist, gilt in Konsequenz wie die Amazoniensynode hervorgehoben hat: Wir können nur dann Kirche sein, ›wenn wir darauf achthaben, dass das gesamte Volk Gottes den *sensus fidei* wirksam ausüben kann‹ (Schlussdokument 88). Ein wesentliches Ziel der Erneuerung und Umstrukturierung des CELAM (Lateinamerikanische Bischofskonferenz) ist es daher, eine lebendige synodale Praxis des gesamten Volkes Gottes zu ermöglichen. Die Schaffung einer Kirchenkonferenz Amazoniens (CEAMA) ist ein weiterer signifikanter Schritt auf dem Weg hin zu einer stärkeren synodalen Praxis. Das Präsidium von CEAMA ist […] ein kollegiales Organ‹, das die Kirchenkonferenz in einem synodalen Geist leiten soll. Daher gehören dem Präsidi-

um neben dem Präsidenten, der immer ein Bischof ist, vier Vizepräsident*innen an, und zwar jeweils in Vertretung der Ordensfrauen und Ordensmänner, der Priester, der Laiinnen und Laien sowie der indigenen Völker in Amazonien. Alle sind aktiv an den Entscheidungsfindungen und dem Treffen von Entscheidungen beteiligt. Die Arbeitsweise besteht in der Regel in einem spirituellen Prozess der Unterscheidung der Geister, bei dem man sich darum bemüht, gemeinsam auf einen Konsens hinzuarbeiten. *(Weiler Grußwort 2023)*

Schwester Birgit Weiler nutzte die Gelegenheit aber auch, um mit ihren letzten Sätzen vor der Synode an die anderen Formen des Missbrauchs zu erinnern, die bei aller Dringlichkeit innerkirchlicher Fragen nicht vergessen werden dürften:

Zugleich und ohne in irgendeiner Weise die Missbrauchsthematik in ihrer Schwere und Dramatik mindern zu wollen, wünsche ich mir Folgendes: Dass es bei einer Betrachtung der Realität in weltkirchlicher Perspektive noch stärker als bisher möglich sein möge, auch die anderen Missbräuche von Macht und das damit verbundene gewaltbesetzte Handeln an ganzen Bevölkerungsgruppen, wie zum Beispiel den indigenen Gemeinschaften im Fall von Lateinamerika, sowie das gewaltbesetzte Handeln an der Erde in den Blick zu nehmen. Angesichts von Klimakrise und Klimanotstand gilt es auf den Schrei der Erde und den Schrei der Armen zu hören und darauf gemeinsam in Solidarität zu antworten im Bewusstsein, dass die Ursachen der bedrohlichen Situation in Amazonien u. a. eine Folge von Lebensstilen, Konsumverhalten und Wirtschaftsweisen in Deutschland und anderen Teilen Westeuropas sind. Die hier erforderliche Solidarität ist auch eine wichtige Dimension von Synodalität. *(ebd.)*

Diese Schärfung ist in den lateinamerikanischen Dokumenten zur Vorbereitung der Weltsynode ein Leitmotiv, denn mehrheitlich wird gewünscht, »dass eine synodale Kirche [...] nicht vornehmlich mit sich selbst befasst sein soll, sondern dazu aufgerufen ist, sich auf den Weg zu machen zu den Menschen an den geografischen, gesellschaftlichen, kulturellen und existentiellen Peripherien.« *(Weiler 2023, 29)* Zur Weltsynode im Oktober 2023 war Birgit Weiler nicht als Synodalin geladen, aber als theologische Beraterin von Erzbischof Miguel Cabrejos, dem Vorsitzenden der peruanischen Bischofskonferenz und Präsidenten des CELAM, vor Ort und in die Beratungen involviert.

2024 wurde sie offiziell zur »Beraterin des vatikanischen Generalsekretariats der Weltsynode« ernannt – eine hohe Auszeichnung. Die weiteren Schritte bis zur zweiten Versammlung der Weltsynode im Oktober 2024 wird sie als engagierte Theologin in Peru mit Verve begleiten, ist sie doch überzeugt, dass die Synodalität keine neue Forderung ist, sondern in der Mitverantwortung aller in der Taufe beruht und schon in den ersten Jahrhunderten der Kirche gelebt wurde, so dass sie zum wesentlichen Charakter der Kirche gehört: »Synodalität braucht das Miteinander im Beraten und Entscheiden. Denn Gottes Geist spricht durch das gesamte Volk Gottes. Das erfordert ein wechselseitiges Hören aufeinander.« *(Zentralkomitee der deutschen Katholiken 2023)* Den Weg dahin kommentiert Schwester Birgit mit Realismus und spiritueller Zuversicht:

In Lateinamerika gibt es ein Sprichwort, das besagt: Zwischen dem Reden und Handeln liegt oft ein weiter Weg. Das gilt sicher auch für den Weg zu mehr Synodalität in einer immer noch von Klerikalismus und Machismo geprägten Kirche. Aber es sind erste Schritte getan. An verschiedenen Orten gibt es hoffnungsvolle Zeichen von Veränderung. [So] können wir den gegenwärtigen Moment als eine besondere Zeit der aktiven Präsenz der Geistkraft Gottes verstehen, die unter uns wirkt und Neues schafft. (*Weiler* 2023, 29)

Heilende Präsenz in der verwundeten Welt – das Zeugnis der missionsärztlichen Schwestern

Kehren wir zum Beginn des Porträts zurück: In der Pandemie ist Schwester Birgit bei ihren Leuten geblieben. Man sollte meinen, die Erfahrung der Pandemie habe die Menschheit daran erinnert, dass alle in einem Boot sitzen. Doch Birgit Weiler hat Fakten zur Lage in Peru zusammengetragen und aufgezeigt, dass ein Land wie Peru und in Peru die Armen viel stärker von der Pandemie betroffen waren. Die indigenen Gemeinschaften waren besonders schutzlos und haben schwere Verluste zu beklagen. Neben vielen starb auch vor der Zeit Santiago Manuín durch Covid, Führungspersönlichkeit des Volkes der Aguaruna, Menschenrechtsaktivist in den gewaltsamen Konflikten von Bagua und hoch geschätzter Freund von Birgit Weiler: Auch er war einer von ›ihren Leuten‹ und mit seinem Mut und seiner Weisheit ganz gewiss ein ›Local hero‹. Sein Tod am 1. Juli 2020 schmerzt Schwester Birgit Weiler sehr, denn er wäre bei besserer medizinischer Versorgung wohl vermeidbar gewesen (vgl. *Lassak* 2020). Prophetisch hält Schwester Birgit ihre Erkenntnis fest und richtet sich an uns in Europa:

> Die Pandemie hat uns die Zerbrechlichkeit der Welt, unsere hohe menschliche Verwundbarkeit sowie unser Angewiesensein auf eine gesunde Erde, auf Solidarität und Achtsamkeit füreinander verstärkt zu Bewusstsein gebracht. Dies gilt nicht nur für die Beziehungen innerhalb der lateinamerikanischen Gesellschaften und zwischen ihnen, sondern ebenso für die Beziehungen zwischen dem globalen Süden und dem globalen Norden, insbesondere Europa. Zu unserem christlichen Grundbekenntnis gehört, dass alle Menschen die gleiche Würde haben und wir in Christus Schwestern und Brüder sind, die zu einer Menschheitsfamilie gehören. Achtsamkeit und Verantwortung füreinander und im Umgang mit der Erde sowie lokal und global praktizierte Solidarität sind angesichts der Pandemie ein Imperativ, um ein gemeinsames Leben in Würde und Frieden auf unserem Planeten zu sichern. Dann können immer mehr Menschen die Erfahrung machen, dass wir wirklich alle in einem Boot sitzen. (*Weiler* 2021)

Für dieses Credo und die heilende Präsenz inmitten einer verletzlichen und verwundeten Welt stehen all die Missionsärztlichen Schwestern, die auf unterschiedlichen Kontinenten ein starkes Zeugnis geben. Nicht in ihrer Eigenschaft als Einzelperson möchte Birgit Weiler als ›prophetisch‹ oder gar als ›Local hero‹ bezeichnet werden. In der Gemeinschaft ihres Ordens aber lebt sie die prophetische, weltzugewandte und jesuanische Spiritualität der Missionsärztlichen Schwestern:

> Wo immer wir ›in Mission‹ sind, verwurzeln wir uns in den Realitäten vor Ort. Gemeinsam mit anderen erleben wir so das *Geheimnis des Lebens, des Todes und der Auferstehung*. Die Veränderungen, die wir erleben motivieren uns, neue Wege zu erkunden. Die Erfahrung, in verschiedenen Kulturen und über bestimmte Grenzen hinaus zu leben, hat uns geformt. So wachsen wir in einem tiefen Sinn für ›Weltpräsenz‹, einer *›Präsenz des Herzens‹ in der globalen Welt*. Gleichzeitig bewahren wir eine Sensibilität für die Realität, in der wir leben. Diese gemeinsame Erfahrung hat unseren Ruf vertieft, für andere Religionen, Kulturen und

Traditionen offen zu sein und mit ihnen in Dialog zu treten. Wenn wir immer bewusster als Frauen auf die Nöte unserer Zeit antworten, führt dies uns zu einer *neuen Haltung gegenüber uns selbst, Anderen, der Schöpfung und Gott*. Es fordert uns auch dazu heraus, den uns zustehenden Platz in Kirche und Gesellschaft einzunehmen, prophetisch und durchaus politisch zu sein. (https://missionsaerztliche-schwestern.org/spiritualitaet)

Auf Englisch haben die Schwestern ihre Inspiration in starke, prophetische Worte gefasst (https://www.medicalmissionsisters.org.uk/inspiration), die ermutigen und inspirieren:

> Drawn by God present in the centre of our being and in all created life and in the Spirit of Jesus,
> We are called
> to be a healing presence
> at the heart of a wounded world,
> to witness to the integrity of all creation,
> and to build one world
> where the gifts of all people,
> all cultures,
> all creation,
> are affirmed and celebrated.
>
> We commit ourselves
> to promote healing and wholeness
> in all aspects of life,
> to seek to preserve the integrity of life
> and to act where this integrity is threatened,
> to participate in the movement of empowerment
> of those made poor
> and those who are oppressed,
> weaving care and compassion
> into the web of life.
>
> Together with others similarly called,
> we participate in the birth of a new world reality
> as we link our lives
> with those made poor,
> with those who suffer,
> with those who are victims of systemic injustice,
> labouring to bring about our mutual liberation,
> publicly witnessing to alternate ways
> of being and behaving,
> pushing beyond those boundaries
> which separate and divide.

Literaturverzeichnis

AMAZONIEN. Neue Wege für die Kirche und für eine ganzheitliche Ökologie. Schlussdokument. Übersetzung aus dem Spanischen von Norbert Arntz und Thomas Schmidt. Misereor 2019 (https://www.misereor.de/fileadmin/user_upload/Infothek/schlussdokument-amazonien-synode.pdf; letzter Zugriff am 10.7.2024).

Lassak, Sandra, Das langsame Sterben der Armen, 16. Juli 2020 (https://blog.misereor.de/2020/07/16/das-langsame-sterben-der-armen-im-corona-kapitalismus/; letzter Zugriff am 10.7.2024).

Weiler, Birgit, Mensch und Natur in der Kosmovision der Aguaruna und Huambisa und in den christlichen Schöpfungsaussagen. Eine vergleichende Studie zum interkulturellen und interreligiösen Dialog im Kontext Perus in praktisch-theologischer Perspektive (Forum Religionspädagogik interkulturell 19), Berlin/Münster 2011.

Weiler, Birgit, Gut leben – Tajimat Pujút. Prophetische Kritik aus Amazonien im Zeitalter der Globalisierung (Theologie interkulturell 27), Ostfildern 2017.

Weiler, Birgit, Frauen haben die Fähigkeit, Brücken zu bauen. Interview am 29.10.2019 (https://www.domradio.de/artikel/frauen-haben-die-faehigkeit-bruecken-zu-bauen-schwester-birgit-weiler-aus-lima-zur-amazonas; letzter Zugriff am 10.7.2024).

Weiler, Birgit, Wenn der Fluss über die Ufer tritt. Über die gerade abgeschlossene Amazoniensynode, vom 31.10.2019 (https://www.feinschwarz.net/wenn-der-fluss-ueber-die-ufer-tritt-ueber-die-gerade-abgeschlossene-amazoniensynode/; letzter Zugriff am 10.7.2024).

Weiler, Birgit, In der Pandemie sitzen wir alle in einem Boot – oder doch nicht? Essay vom 21.1.2021 (https://www.feinschwarz.net/in-der-pandemie-sitzen-wir-alle-in-einem-boot-corona-in-peru/; letzter Zugriff am 10.7.2024).

Weiler, Birgit, Grußwort vor der Synodalversammlung am 11. März 2023 (https://www.synodalerweg.de/fileadmin/Synodalerweg/Dokumente_Reden_Beitraege/SV-V/SV-V-TOP-8.2-Grusswort-Sr.-Birgit-Weiler_intern.-Gast.pdf; letzter Zugriff am 10.7.2024).

Weiler, Birgit, Gegen Klerikalismus, Machismo und Klimanot, in: Herder Korrespondenz 7/2023, 27–29.

Zentralkomitee der deutschen Katholiken, »Es ist Zeit zu handeln«. Presseerklärung vom 2. Oktober 2023 (https://www.zdk.de/presse/2023/es-ist-zeit-zu-handeln; letzter Zugriff am 10.7.2024).

Tomáš Halík
Leben und Glauben zwischen Mut und Zweifel, Säkularität und Spiritualität

Ulrich Kropač

Erste Begegnung

Ich erinnere mich: Am 21. Januar 2013 war Tomáš Halík an der Katholischen Universität Eichstätt-Ingolstadt zu Gast, um im Rahmen der Vorlesungsreihe »Zeitzeichen« über das Thema »Der Glaube als Kunst, mit den Paradoxen zu leben« zu sprechen (Halík 2014, 209–318). Vor dem Vortrag hatte ich Halík in meine Lehrstuhlrunde eingeladen: zum Gespräch über – buchstäblich – ›Gott und die Welt‹. Da saß nun ein großer Theologe in unserer Runde, der kein Aufheben machte von seiner beeindruckenden Vita. Inspirierend waren seine soziologischen Analysen und theologischen Gedanken zur Gegenwart. Es wunderte uns nicht, dass die Europäische Gesellschaft für Theologie 2011 sein Buch »Geduld mit Gott. Die Geschichte von Zachäus heute« als bestes theologisches Buch in Europa ausgezeichnet hatte.

Der Eindruck eines bescheidenen Menschen und großen Denkers hallte nach, so dass ich über die Jahre verschiedene Bücher Halíks (2011; 2012; 2013; 2018; 2022) las. Als 2023 die Frage auf mich zukam, einen Beitrag für die »Freundesgabe Hans Mendl« zu verfassen, wusste ich, wen ich für die Thematik »Vorbilder für unsere Zeit« wählen würde...

In zwei Schritten möchte ich mich Tomáš Halík nähern: Zum einen will ich Aspekte aus seiner Vita herausgreifen, in denen Vorbildliches, Modellhaftes (vgl. *Mendl* 2015) erkennbar wird. Zum anderen werde ich den theologischen Spuren Halíks nachgehen, eine erneuerte, reifere Gestalt von Kirche und Christentum anzumahnen. Auch hier ist er Vordenker und Vorbild – für mich und wohl für viele andere. Keine Frage: Die Trennung zwischen Lebenslauf und Theologie hat etwas Künstliches. In seiner Autobiographie »All meine Wege sind DIR vertraut. Von der Untergrundkirche ins Labyrinth der Freiheit« (2014) verknüpft Halík Erfahrungen in seinem Leben mit tiefgreifenden theologischen Fragen: Das eine soll das andere erschließen. Im Horizont einer Orientierung an Vorbildern (vgl. *ebd.*) macht die vorgesehene Einteilung aber doch Sinn: Denn im Blick auf markante Stationen im Leben Halíks können auch Menschen ohne theologisches Interesse Impulse erhalten, worauf es im Leben ankommt, und umgekehrt ist Halíks Theologie auch dann inspirierend und wegweisend, wenn er allein auf seine analytische Kraft und sein theologisches Denken rekurriert, ohne seine Lebenserfahrungen als Autorität in Anspruch zu nehmen.

Mut und Zweifel: ein Leben zwischen Säkularität und aufbrechender Freiheit

Tomáš Halíks Biographie umfasst viele Facetten: Kindheit im Stalinismus, Konversion zum Christentum, Seelsorge in der tschechischen Untergrundkirche, akademische Karriere, Beteiligung an der ›Samtenen Revolution‹, Mitwirkung am Aufbau der Demokratie in der Tschechoslowakei/Tschechien nach dem Fall der Mauer, Tätigkeit als theologischer Schriftsteller, Lehrtätigkeit an renommierten Universitäten im Ausland etc. Die nachfolgende Auflistung bringt einige seiner Lebensstationen in eine chronologische Ordnung:[1]

- 1948: Geburt in Prag
- 1966–1971: Studium der Soziologie und Philosophie an der Philosophischen Fakultät der Karlsuniversität in Prag
- 1972: Promotion (PhDr.)
- Herbst 1968: Studium der Religionssoziologie und -philosophie an der University of Wales in Bangor in Großbritannien
- 1968 (›Prager Frühling‹): Mitglied des Akademischen Studentenrats der Philosophischen Fakultät der Karlsuniversität in der oppositionellen Studentenbewegung
- 1970er-Jahre: Studium der Theologie in Prag (im Untergrund); nach 1989: Postgraduales Studium an der Päpstlichen Lateranuniversität in Rom (mit Schwerpunkt in Religionswissenschaft)
- 1978: Heimliche Priesterweihe in Erfurt
- 1972–1989: unterschiedliche Zivilberufe u. a. als Soziologe, Psychologe und Psychotherapeut
- 1984: Zulassung als klinischer Psychologe
- 1980er-Jahre: enger Mitarbeiter von František Kardinal Tomášek
- Seit 1990: Tätigkeit als Hochschulseelsorger in der Universitätskirche St. Salvator (heute Akademische Gemeinde Prag)
- 1990: Ernennung zum Präsidenten der Tschechischen christlichen Akademie (Engagement für die Versöhnung zwischen Tschechen und [Sudeten-]Deutschen)
- 1990–1992: Konsultor des Päpstlichen Rates für den Dialog mit Nichtglaubenden
- 1990–1993: Generalsekretär der Tschechischen Bischofskonferenz und externer Berater des tschechischen Staatspräsidenten Václav Havel
- 1992: Habilitation in Soziologie an der Fakultät für Sozialwissenschaften in Prag und für Praktische Theologie an der Päpstlichen Theologischen Fakultät in Breslau
- Seit 1993: Dozent an der Philosophischen Fakultät der Karlsuniversität in Prag
- Seit 1997: Professor für Soziologie an der Karlsuniversität in Prag

---

1 Zu biographischen Daten Halíks vgl. http://halik.cz/de/o-halikovi/zivotopis/dlouhy-zivotopis/clanek/155/; letzter Zugriff am 1.3.2024.

- Nach 1989: Verschiedene Gastprofessuren und zahlreiche Vorträge im Ausland (u. a. in Oxford, Cambridge und Harvard)
- Seit 1999: Regelmäßige Teilnahme an internationalen öffentlichen Debatten und Podiumsdiskussionen mit europäischen Politikerinnen und Politikern (EU-Osterweiterung, europäische Integration)
- Auszeichnungen:
  - 2002: Amerikanischer Toleranz-Preis
  - 2003: Kardinal-König-Preis
  - 2010: Romano Guardini-Preis der Katholischen Akademie in Bayern
  - 2014: Templeton-Preis
  - 2017: Medaille ›Per Artem Ad Deum‹ des Päpstlichen Rates für die Kultur
  - 2019: Verdienstorden der Bundesrepublik Deutschland für Verdienste um die deutsch-tschechische Versöhnung, den interreligiösen und internationalen Dialog

Es würde zu weit führen, die facettenreiche Vita Halíks nachzuzeichnen. Das hat er in seiner Autobiographie (2018) ohnehin schon selbst getan. Vielmehr geht es im Horizont eines Lernens an Vorbildern und Modellen darum, Lebensstationen zu beleuchten, die Impulse dafür geben können, mit Herausforderungen im eigenen Leben umzugehen. Zwei solcher Themen möchte ich herausgreifen: Halíks Mut, in einem buchstäblich lebensgefährlichen Umfeld seinen Überzeugungen treu zu bleiben, und seine Offenheit, über den »Weg der Nächte« (Halík 2018, 294ff.) zu sprechen, den wohl jeder Mensch in seinem Leben früher oder später zu gehen hat.

Mut

Tomáš Halík wurde 1948 in Prag geboren. Seine Kindheit fällt in die Periode eines brutalen Stalinismus. Die Kommunisten schickten »Hunderte unschuldiger Menschen auf den Hinrichtungsplatz und Hunderttausende ins Gefängnis und in Konzentrationslager« (ebd., 30). Insbesondere Religion sollte systematisch aus dem öffentlichen Leben, aus den Köpfen und Herzen der Menschen ausgetrieben werden – mit ›Erfolg‹, zählt Tschechien heute zu den am stärksten atheistischen Gebieten Europas, möglicherweise sogar der ganzen Welt (vgl. ebd., 11). Halík wurde getauft, was überrascht, denn sein Vater war schon im Alter von 18 Jahren aus der Kirche ausgetreten. Zum Christentum hingezogen fühlte sich Halík erst als Jugendlicher, vermittelt vor allem durch Bücher und Denken, weit weniger durch das Vorbild bekennender Christinnen und Christen (vgl. ebd., 49).

Eine tiefe Wirkung auf ihn hatte die Selbstverbrennung Jan Palachs 1969 im Gefolge der Niederschlagung des Prager Frühlings ein Jahr zuvor. Palach, ein junger Mann im gleichen Alter wie Halík, wurde für ihn zu einer Symbolfigur dafür, dass Freiheit und Würde des Menschen unbedingte Achtung verdienen, und zum Imperativ, dass es geboten sein kann, dafür das eigene Leben einzusetzen. Palachs Selbstopfer bedeutete für Halík den ersten und entscheidenden Schritt auf dem Weg, sich für das Priestertum zu entscheiden (vgl. ebd., 86).

Halík wurde 1978 zum Priester geweiht. Es war eine geheime Weihe im Ausland, in Berlin. Danach wirkte er elf Jahre in der tschechischen Untergrundkirche. Um seine Mutter im Falle einer Enttarnung zu schützen, verschwieg er ihr sein Priestersein. Wahrscheinlich können wir uns heute nur schwer vorstellen, wie riskant es war, im Untergrund zu arbeiten und jederzeit mit Verrat, Enttarnung und Liquidierung rechnen zu müssen.

Halík entdeckte für sich einen eigenen, einen dritten Weg, seine Berufung zu leben, und zwar in der Kombination von ziviler Profession und priesterlichem Dienst im Untergrund: Leben inmitten einer säkularen Umgebung als eine eigenständige, bedeutsame Form geistlicher Tätigkeit (vgl. *ebd.*, 129).

Eine persönliche Bemerkung sei angefügt: Manches von dem, was Halík in seiner Autobiographie beschreibt, konnte ich bei einem Besuch in der Tschechoslowakei noch vor dem Fall des Eisernen Vorhangs selbst erfahren: Eine in Österreich gekaufte Tageszeitung, im Kofferraum des Autos zur späteren Lektüre abgelegt, verursachte beim Grenzübertritt enorme Probleme, weil die Grenzbeamten darin westliches Propagandamaterial sahen – die Zeitung hätte fast die Einreise vereitelt; in Gaststätten konnten mit Verwandten nur Gespräche über Belangloses geführt werden, weil stets zu befürchten war, dass ein als Gast getarnter Denunziant jede staatskritische Bemerkung anzeigen würde; zwei Kinder entfernter Verwandter durften nicht die höhere Schule besuchen, weil sie sich als Christen bekannten. Ich bekam einen Eindruck davon, was es heißt, in einem repressiven Staat zu leben.

Welchen Mut erfordert es, einen Weg wie Halík zu gehen, in einem religionsfeindlichen System, in dem offen gezeigtes Christentum massive Benachteiligungen im Leben zur Folge hatte und Seelsorge im Geheimen bei Enttarnung zu Haft oder Liquidierung führen konnte? Wie sehr isoliert eine solche Lebensweise, wenn Angehörige und Freunde um Halíks Priestersein nicht wissen sollten, damit es bei Verhören keine Möglichkeit gäbe, aus ihnen etwas herauszupressen, was der Untergrundkirche schaden könnte? Wie einfach war es doch, Christ im Westen, im (vormals) ›katholischen Bayern‹ zu sein, wo es genügte, in einem christlichen Milieu aufzuwachsen, um zum Glauben zu kommen!

Zweifel und Dunkelheit

Jeder Zug zum Heroischen ist Halík fremd. Wenn er seinen Weg in die Untergrundkirche und – nach der Wende – »ins Labyrinth der Freiheit« (so im Untertitel seiner Autobiographie) schildert, ist das keine Heldenerzählung. Im Gegenteil, Halík spricht ganz offen die Zweifel an, die seine Entscheidung Priester zu werden, begleiteten: Zweifel bis hin zu Selbstmordgedanken. Sie überkamen ihn, als er 1978 allein geistliche Übungen zur Vorbereitung auf die Priesterweihe durchführte. »Mein ganzes Leben erschien mir wie ein verriegelter Zug, der in die falsche Richtung rast«, so schreibt er über sich (*ebd.*, 113). Alles, was sich früher in seinem Leben ereignet hatte, wirkte wie »ein Missverständnis und eine pathologische Verkehrung« (*ebd.*, 112). Nur mit großer Mühe arbeitete sich Halík aus dem tiefen Tal der Verzweiflung heraus. Es war aber nicht das einzige, durch das er gehen musste.

1989 wurde Halík an die Theologische Fakultät nach Leitmeritz als Dozent für Praktische Psychologie und Soziologie mit dem Schwerpunkt Christliche Soziallehre berufen. Fast 20 Jahre lang hatte er sich darauf gefreut, an die Universität zurückkehren zu können. Doch zu seinem großen Entsetzen musste er feststellen, dass »das, was unter dem Dach der Theologischen Fakultät vor sich ging, [...] wirklich nicht im Entferntesten an eine Universität [erinnerte]« (ebd., 299). Die Studierenden wünschten keine Diskussionen; dass an sie Fragen gerichtet wurden, wurde dem Dozenten als Wissenslücke ausgelegt und dem Erzbischof hinterbracht. Inspiriert durch die deutschsprachige Theologie und ausgestattet mit den Erfahrungen des Studienbetriebs in Großbritannien aufgrund eines früheren Aufenthaltes dort, passte Halík nicht zu einer theologischen Einrichtung, die im Grunde neuscholastische Theologie mit apologetischem Aplomb betrieb. Halík wurde gewahr, dass viele Christ*innen, die jahrelang ›im Belagerungszustand‹ gelebt hatten, nicht mehr ohne Feindbild leben konnten. Nach dem Zusammenbruch des Kommunismus wurde dies der ›dekadente Westen‹ (bezeichnend, dass dieses Motiv heute Antrieb für die orthodoxe Kirche Russlands ist, den Angriffskrieg auf die Ukraine moralisch zu rechtfertigen). Dessen (theologischen) Verirrungen sollte das Bollwerk einer vorkonziliaren Theologie entgegengesetzt werden.

1992 führte die Fakultät, betrieben in erster Linie durch den Dekan, ein ›Disziplinarverfahren‹ gegen Halík durch, an dessen Ende das Ergebnis stand, dass er in der Fakultät unerwünscht sei. Rückblickend beurteilt Halík dieses ›Verfahren‹ – man muss es eine Farce nennen – als »eines der am meisten traumatisierenden Erlebnisse meines Lebens« (ebd., 305). Er führt dazu aus:

> Bis zu jener Zeit konnte ich mir die abstoßende Seite der Kirche nicht vorstellen. Als ich von Publizisten über die Kirche als eine totalitäre Organisation sprechen hörte, beleidigte es mich und ich hielt es für den Einfluss kommunistischer Propaganda. Ich selbst und meine Freunde, die während des Kommunismus konvertiert waren, kannten die Kirche von einer ganz anderen Seite. Plötzlich erlebte ich am eigenen Leib, dass nicht nur zur Zeit der Allianz von Thron und Altar, sondern auch heutzutage ein Mitglied der Kirche [= Dekan der Theologischen Fakultät] im Namen der Verteidigung der Strukturen kaltblütig die Macht über die Wahrheit stellen kann. (ebd., 307)

Diese Erfahrung löste bei Halík mehrere Reaktionen aus: *beruflich* einen Wechsel von der Theologischen an die Sozialwissenschaftliche Fakultät, später auch an die Philosophische in den Bereich Religionswissenschaft; *intellektuell* die Erkenntnis, »dass jene ›verdammte‹ säkulare plurale Gesellschaft mit ihren aufklärerischen Idealen der Toleranz, der Menschenrechte und bürgerlichen Freiheiten auch die Kirche schützt – vor der Versuchung eines verhängnisvollen Rückfalls in die Vergangenheit« (ebd., 308); *spirituell* eine tiefe Enttäuschung von der Kirche, mehr aber noch: eine Krise seines Gottesbildes: »Ich konnte nicht beten. Gott schwieg, es war Nacht« (ebd., 310).

Halt fand Halík bei den Mystikerinnen und Mystikern, die an der Negativen Theologie anknüpfen: Meister Eckhart, Johannes vom Kreuz und Teresa von Ávila. Sie wurden seit dieser Zeit zu seinen geistlichen Führern und Lehrerinnen im Glauben (vgl. ebd., 322).

Halík lässt seine Leserinnen und Leser teilhaben an dem, was in einer erfolgsorientierten Welt im Schatten steht: Erfahrungen von Unrecht und Willkür, Scheitern oder Enttäuschung – und zwar gerade von dem, was bisher eine tragende Säule im Leben war wie Partner*in, Beruf, politische Heimat, Kirche etc. In solchen Erfahrungen stoßen Menschen auf die Bodenlosigkeit des Lebens oder aber auf den Boden ihrer Existenz. Halík war es möglich, die Verdunklung seines Lebens als Gotteserfahrung zu lesen: »Ich berührte den Grund«, so drückt er es aus (*ebd.*, 310). Aus welchen Quellen schöpfen Menschen, für die Religion keine Option ist? Welche spirituellen Ressourcen haben sie?

Glaube und Geduld: auf dem Weg zu einem erneuerten Christentum

»Wir leben nicht in einer Ära des Wandels, sondern erleben den Wandel einer Ära.« Mit diesem Zitat Papst Franziskus' eröffnet Halík sein 2022 erschienenes Buch »Der Nachmittag des Christentums«, dessen Untertitel das Ziel der Schrift ins Wort bringt, nämlich »eine Zeitansage« zu machen. Halík geht es um eine Beschreibung und Deutung der Situation des Christentums in der Gegenwart und die Skizze einer möglichen tragfähigen Gestalt in der Zukunft (vgl. *Halík* 2022, 11).

Die Situation der Religion bzw. des Christentums bzw. der (katholischen) Kirche – die Begrifflichkeit changiert bisweilen – lässt sich in groben Strichen so charakterisieren: Anders als vielfach prognostiziert, hat die fortschreitende Säkularisierung die Religion nicht beseitigt. Sie hat sich als ein »viel dynamischeres, lebendigeres, stärkeres und vor allem viel umfangreicheres, komplizierteres und vielfältigeres Phänomen« (*ebd.*, 133) erwiesen, als in den beiden letzten Jahrhunderten gedacht. Religion zeigt sich in ganz verschiedenen Formen, und dies nicht nur im privaten, sondern auch im öffentlichen Raum. Verloren aber haben die Kirchen während der Aufklärung die Kontrolle über die weltliche Sphäre, in der Gegenwart über das individuelle religiöse Leben: »Der größte Konkurrent der Kirchen ist heute nicht der säkulare Humanismus und Atheismus, sondern die sich der Kirche entziehende Religiosität« (*ebd.*, 133).

Die Krise der Kirche ist aber beileibe keine, die ihr nur von außen aufgedrängt worden wäre: durch Säkularisierung, Pluralisierung, Globalisierung etc. Sie entspringt den Kirchen selbst. Halík zufolge »gibt es heute die größten Unterschiede nicht zwischen den Kirchen, sondern innerhalb der Kirchen« (*ebd.*, 11). Dies gilt auch und gerade für die katholische Kirche. Mit dem Zweiten Vatikanischen Konzil setzten Auseinandersetzungen zwischen Konservativen und Progressiven ein, die die katholische Kirche heute »an den Rand eines Schismas geführt [haben]« (*ebd.*, 130). Halík sieht Fehler auf beiden Seiten: Die Bemühungen der Traditionalisten, die Kirche in eine vormoderne Welt zurückzuführen, hätten viel Schaden angerichtet. Die Progressiven wiederum hätten mit ihren Reformversuchen das Bonmot bestätigt, dass, wer den Zeitgeist heirate, früh Witwer werde (vgl. *ebd.*, 130). Gleichwohl verhält sich Halík nicht äquidistant zu beiden Gruppen. Den Konservativen wirft er nämlich vor, dass sie nicht in der Lage seien, eine realistische Alternative anzubieten.

Seine Analyse der Situation des Christentums heute ordnet Halík in einen größeren zeitlichen Bogen ein, den er in drei Phasen unterteilt:

- Die *erste* Phase, von Halík als ›Vormittag‹ bezeichnet, umfasst die Geschichte des Christentums von den Anfängen bis zur Schwelle der Moderne (vgl. *ebd.*, 56). In ihr errichtete die Kirche ihre institutionellen und doktrinalen Strukturen.
- Die *zweite* Phase – die ›Mittagszeit‹ – erstreckt sich vom späten Mittelalter über die ganze Neuzeit (Renaissance, Reformation, Religionskriege, Aufklärung, Religionskritik, Aufstieg des Atheismus, religiöse Gleichgültigkeit) (vgl. *ebd.*, 57). Dies war eine Zeit schwerer Erschütterungen für die Kirche, insbesondere in Mittel- und Westeuropa. Für ihre Beschreibung steht ein breites Krisenvokabular zur Verfügung: Säkularisierung, Entzauberung der Welt, Desakralisierung, Entkirchlichung, Entchristlichung, Demythisierung des Christentums, Niedergang der konstantinischen Ära, Tod Gottes usw. (vgl. *ebd.*, 59).
- Halík zufolge steht das Christentum an der Schwelle zu einer *dritten* Phase, die der bisherigen Terminologie folgend als ›Nachmittag‹ bezeichnet wird. In ihr kann und soll sich eine tiefere und reifere Gestalt des Christentums zeigen. Doch ist die Entwicklung dorthin keineswegs zwangsläufig: »Sie kommt als eine Möglichkeit, als *kairos* – als eine Gelegenheit, die sich in einem bestimmten Augenblick eröffnen und bieten wird.« (*ebd.*, 57)

Die Metaphorik seiner Periodisierung der Geschichte des Christentums hat Halík der Analytischen Psychologie C. G. Jungs entlehnt, der diese für die Beschreibung der Dynamik des individuellen Lebens gewählt hatte (vgl. *ebd.*, 53–56). Jung stellte dazu eine Analogie zwischen den Phasen des Lebens und den Abschnitten eines Tages her:

- Der *Vormittag* des Lebens ist die Jugend und das frühe Erwachsenenalter. Hier bildet der Mensch seine Persönlichkeit aus und errichtet die Stützpfeiler seines Lebenshauses, indem er einen Beruf ergreift, heiratet und eine Familie gründet.
- In der *Mittagszeit* kommt es zur Krise: Was bislang erfreut hat, erfüllt nicht mehr. Der Mensch spürt den Verlust von Energie und Lebenslust; Depressionen oder Burn-out können sich seiner bemächtigen.
- Der *Nachmittag* des Lebens ist die Zeit der Reife und des Alters. Nun steht eine neue Aufgabe an: den Reifungsprozess des Lebens zu vollenden, zur Ganzheit zu gelangen. In dieser Lebensetappe kann der Mensch in die Tiefe steigen, sein geistig-geistliches, sein spirituelles Leben entfalten. Wo dies gelingt, können kostbare Früchte wachsen: Weisheit, Ruhe, Toleranz und Überwindung der Egozentrik.

Indem Halík ein tiefenpsychologisches Schema zur Periodisierung der Christentumsgeschichte verwendet, betreibt er gewissermaßen ›Tiefentheologie‹. Wie der Weg der Kirche in den ›Nachmittag‹ auszusehen hat, wird weiter unten noch zu skizzieren sein. Zuvor soll jedoch ein zentraler Begriff in Halíks Theologie beleuchtet werden: der des Glaubens.

Geduldiger Glaube

Was Glaube meint, beschreibt Halík wie folgt:

> Unter dem Glauben verstehe ich eine bestimmte Lebenshaltung, eine Orientierung, eine Art und Weise, wie wir auf der Welt sind und wie wir sie verstehen – viel mehr als bloße ›religiöse Überzeugungen‹ und Ansichten; es interessiert mich eher *faith* als die *beliefs* (*ebd.*, 15).

Damit ist der Ton gesetzt: Ob jemand glaubt oder nicht, hängt nicht in erster Linie davon ab, ob er bestimmten Inhalten zustimmt (›fides quae‹), sondern wie er sein Leben gestaltet. Die *Lebenspraxis* ist der hermeneutische Schlüssel, um den Glauben eines Menschen zu erkennen und zu verstehen.

Dieser Ansatz ermöglicht es Halík, von einem »Glauben der Ungläubigen« (derer, die behaupten, dass sie nicht glauben) und einem »Unglauben der Gläubigen« (derer, die behaupten, dass sie glauben) zu sprechen (*ebd.*, 19). In der Tat, die von früheren Generationen vorgenommene (vermeintlich) trennscharfe Unterscheidung zwischen Glauben und Unglauben trägt in der Gegenwart nicht mehr. Denn weder sind Gläubige und Ungläubige heute durch eine Mauer getrennt, noch ist Unglaube etwas, wovon der Gläubige verschont bleibt. Die Trennlinie zwischen Glauben und Unglauben verläuft nicht zwischen Menschen, sondern innerhalb des Menschen.

Was es mit dem Glauben auf sich hat, entfaltet Halík in großer Eindrücklichkeit an der biblischen Perikope Lk 19,1–10, von ihm als »Das Evangelium von Zachäus« bezeichnet (*Halík*, 2011, 19).

> [1] Dann kam er nach Jericho und ging durch die Stadt. [2] Und siehe, da war ein Mann namens Zachäus; er war der oberste Zollpächter und war reich. [3] Er suchte Jesus, um zu sehen, wer er sei, doch er konnte es nicht wegen der Menschenmenge; denn er war klein von Gestalt. [4] Darum lief er voraus und stieg auf einen Maulbeerfeigenbaum, um Jesus zu sehen, der dort vorbeikommen musste. [5] Als Jesus an die Stelle kam, schaute er hinauf und sagte zu ihm: Zachäus, komm schnell herunter! Denn ich muss heute in deinem Haus bleiben. [6] Da stieg er schnell herunter und nahm Jesus freudig bei sich auf. [7] Und alle, die das sahen, empörten sich und sagten: Er ist bei einem Sünder eingekehrt. [8] Zachäus aber wandte sich an den Herrn und sagte: Siehe, Herr, die Hälfte meines Vermögens gebe ich den Armen, und wenn ich von jemandem zu viel gefordert habe, gebe ich ihm das Vierfache zurück. [9] Da sagte Jesus zu ihm: Heute ist diesem Haus Heil geschenkt worden, weil auch dieser Mann ein Sohn Abrahams ist. [10] Denn der Menschensohn ist gekommen, um zu suchen und zu retten, was verloren ist.

Wenn in der Theologie von Glauben die Rede ist, gesellt sich häufig die Vokabel ›Entscheidung‹ hinzu: Wirklich glauben heißt dann, eine bewusste, durch das ganze Leben durchzutragende *Entscheidung* für Christus zu treffen. Für Halík greift diese Vorstellung zu kurz. Glaube bedeutet für ihn auch *Ausdauer* und *Geduld*: »Geduld, die wir angesichts der Vieldeutigkeiten und Rätsel, die uns das Leben ständig aufgibt, aufbringen müssen, indem wir der Versuchung widerstehen, vor ihnen auf dem Wege allzu einfacher Antworten davonzulaufen« (*ebd.*, 247). Dies ist »*unsere Geduld mit Gott*, der nicht verfügbar ist« (*ebd.*, 247). Sie fehlt dem Atheismus, dem religiösen Fundamentalismus und den leichtgläubigen religiösen Enthusiasten – sie alle haben das Geheimnis Gott immer schon gelöst (*ebd.*, 9).

Wird Glaube so begriffen, als große Geduldsprobe angesichts eines schweigenden Gottes, fällt Licht auf eine Personengruppe, die sonst ganz im Schatten der »im Religiösen Sicheren« (*ebd.*, 79) steht: die Zachäus-Menschen.

> Sie stehen am Rande oder befinden sich hinter den sichtbaren Grenzen der Kirchen, in einer Zone von Fragen und Zweifeln, in jener seltsamen Landschaft zwischen zwei abgeschotteten Lagern derer, die sich ›im Klaren‹ sind (nämlich selbstsichere Gläubige und selbstsichere Atheisten) (*ebd.*, 28).

Nun liegt Halík nichts ferner, als die missionarische Tätigkeit der Kirche auf die Zachäus-Menschen zu lenken, um »aus Unsicheren ›Sichere‹ zu machen« (*ebd.*, 37). Um auf die Zachäus-Perikope zurückzukommen: Nirgends erzählt sie, Zachäus habe sich Jesus angeschlossen! Und doch haben gerade diese Menschen für den (christlichen) Glauben Bedeutung: »Auch außerhalb kirchlicher Räume muss Gott nämlich seine Leute haben, er hat sie auch in den verschlungenen Labyrinthen des Suchens, in die sich die ›Frommen‹ nie verirren oder gar nicht einzutreten wagen« (*ebd.*, 229). »Auch unter diesen Außenstehenden gibt es viele, für die das Wort Jesu gilt: *Du bist nicht weit vom Reich Gottes*« (*ebd.*).

Aber wie ist mit diesen, die dem Christentum einerseits fern und dann doch auch wieder nahe sind, umzugehen? Halík weiß, dass sich hier ein Dilemma auftut: »Wie und wann kann man den ›ferne Stehenden‹ sagen, dass sie eigentlich ›nahe‹ sind, – ohne sie damit zu vertreiben? Möge uns der heilige Zachäus die dazu nötige Weisheit erbitten!« (*ebd.*, 231)

In dreierlei Weise kann Zachäus heute Christinnen und Christen ein Vorbild sein:

- im Blick auf sich selbst: Sind sie nicht Menschen, die sich – um ein biblisches Bild zu gebrauchen – wie Adam ihrer Sünden wegen vor Gott verstecken und zugleich wie Zachäus nach ihm Ausschau halten? Menschen, die wie Zachäus der Vergebung, der Versöhnung und Erlösung bedürfen und einen Neuanfang ersehnen? (vgl. *ebd.*, 206.225)
- im Blick auf ›die anderen‹:

> Wir sollen Gott nicht nur den ›im Religiösen Sicheren‹ überlassen! Gott ist stets ein größerer Gott, semper maior, wie uns die ignatianische Mystik lehrt. Niemand hat das alleinige Anrecht auf ihn. Unser Gott ist zugleich der Gott der Anderen – sowohl der Suchenden wie auch jener, die ihn nicht kennen. Ja, Gott ist vorrangig ein Gott der Suchenden, der Menschen, die unterwegs sind (*ebd.*, 79).

- im Blick auf Gott: Ist Zachäus nicht ein Spiegelbild, mehr noch ein Ebenbild Gottes selbst – »nämlich eines *Gottes, der verborgen ist und trotzdem Ausschau hält*?« (*ebd.*, 74)

Vision eines erneuerten Christentums

Es kann kein Zweifel daran bestehen, dass sich die traditionellen religiösen Gewissheiten in einer schweren Krise befinden. Im Blick auf den Zustand der katholischen Kirche fühlt sich Halík sogar an die Situation kurz vor der Reformation erinnert (vgl. *Halík* 2022, 12). Das aus dem Griechischen kommende Wort ›Krise‹ bedeutet bekanntermaßen so viel wie Unsicherheit, Wendepunkt, Entscheidung. In diesem Sinn sieht Halík die Kirche in der Krise, an einem Scheideweg also, an dem sie zu wählen hat, entweder den Glauben erneut in die einstige ›vormittägliche‹ Form hineinzuzwängen oder ihn in eine neue, eine ›nachmittägliche‹ Gestalt hineinwachsen zu lassen. Wird Letzteres gewählt, muss sich die Kirche einer Auseinandersetzung mit der Postmoderne stellen, deren Buntheit und Dynamik sie verunsichert. Die Postmoderne kündigte sich Ende der 1960er-Jahre an, zu einer Zeit, als die Kirche im Gefolge des Zweiten Vatikanums noch damit beschäftigt war, an einer Aussöhnung mit der Moderne zu arbeiten, im Grunde also trotz ihrer Bemühung um ein Aggiornamento der Entwicklung hinterherhinkte. Halík erkennt in der Begegnung der Kirche mit der Postmoderne eine große Chance: Sie ist »die Inkubationsphase des Christentums der Zukunft« (*ebd.*, 68).

Welche Konturen sind einem erneuerten, einem ›nachmittäglichen‹ Christentum zu eigen? Im theologischen Denken Halíks lassen sich u. a. folgende Charakteristika ausmachen:

- Wenn sich Gott – ignatianischer Spiritualität folgend – in allen Dingen zeigt, dann kann sich der Blick der Kirche nicht nur auf jene richten, die ›drinnen‹ sind, d. h. die Kirchenmitglieder, sondern er muss auch jenen gelten, die am Rande der Kirche oder jenseits ihrer sichtbaren Grenzen stehen (vgl. *ebd.*, 13).
- Gott ist auch dort zu finden, wo man ihn nicht vermutet, nämlich in der säkularen Kultur, sofern sie menschlich authentisch ist (vgl. *ebd.*, 46–49). Die Tiefendimension der Kultur ist Resonanzraum für die Präsenz Gottes. Entsprechend findet eine ›Tiefentheologie‹ hier eine bedeutsame Quelle der Inspiration.
- Um sich zu erneuern, muss sich das Christentum in einen Prozess der *Selbsttranszendenz* hineinwagen (vgl. *ebd.*, 268f.). Das bedeutet Abschied zu nehmen von der Fixierung auf ihre institutionalisierte Form, von ihrer Nostalgie nach einer idealisierten Vergangenheit, von Klerikalismus und Traditionalismus (vgl. *ebd.*, 281).
- In der Ekklesiologie sind verschiedene Konzepte entwickelt worden, die das Wesen von Kirche auf eine Kurzformel bringen. Halík zufolge sind es vor allem vier, die wegweisend sind: Kirche als pilgerndes Volk Gottes, Kirche als Schule der christlichen Weisheit, Kirche als Feldlazarett, Kirche als Ort der Begegnung, des Gesprächs, der Begleitung und der Versöhnung (vgl. *ebd.*, 253). Für die Pastoral leiten sich daraus zwei Aufgaben ab: die Einrichtung von Zentren der Spiritualität, die der Kontemplation und Begegnung gleichermaßen dienen (vgl. *ebd.*, 263), und der Dienst der persönlichen geistlichen Begleitung (vgl. *ebd.*, 270f.).
- Das Zweite Vatikanische Konzil hat die Ökumene entscheidend vorangetrieben, und zwar in einem dreifachen Sinn: Einheit zwischen den christlichen Kirchen, Dialog mit anderen Religionen und – in Ansätzen – Annäherungen an den säkularen Humanismus (vgl. *ebd.*, 83). Diese Bemühungen sind jedoch auf halbem Weg stehengeblieben. Das ›nachmittägliche‹ Christentum ist herausgefordert, diesen Weg zu Ende zu gehen. Mehr noch: Nach Halík wächst eine neue, breitere und tiefere Ökumene, wenn sie sich dem Aufbau einer *civitas oecumenica* widmet. Diese wirkt einem Kampf der Kulturen entgegen, indem sie eine »Kultur der

Kommunikation, des Teilens und des Respekts vor der Andersheit« (*ebd.*, 13) entwickelt.

Ob sich diese Vision erfüllt, ist offen. Der Mensch macht die Geschichte. Für Gläubige freilich ist sie immer auch Drama der Erlösung. Wie werden göttliche und menschliche Freiheit zusammenwirken (vgl. *ebd.*, 58)?

Literaturverzeichnis

Halík, Tomáš, Geduld mit Gott. Die Geschichte von Zachäus heute, Freiburg i.Br. u. a. ³2011.

Halík, Tomáš, Nachtgedanken eines Beichtvaters. Glaube in Zeiten der Ungewissheit, Freiburg i.Br. u. a. 2012.

Halík, Tomáš, Berühre die Wunden. Über Leid, Vertrauen und die Kunst der Verwandlung, Freiburg i.Br. u. a. 2013.

Halík, Tomáš, Der Glaube als die Kunst, mit den Paradoxen zu leben, in: *Ulrich Kropač / Bernhard Sill* (Hg.), Zeitzeichen (Forum K'Universale Eichstätt. Beiträge zur gesellschaftlichen Debatte 2), St. Ottilien 2014, 309-318.

Halík, Tomáš, All meine Wege sind DIR vertraut. Von der Untergrundkirche ins Labyrinth der Freiheit. Neuausgabe, Freiburg i.Br. u. a. 2018.

Halík, Tomáš, Der Nachmittag des Christentums. Eine Zeitansage, Freiburg i.Br. u. a. 2022.

Mendl, Hans, Modelle – Vorbilder – Leitfiguren. Lernen an außergewöhnlichen Biografien, Stuttgart 2015.

Vorbildlernen und soziale Medien
Theoklitos Proestakis – Hero of Takis Shelter (Kreta)

Michaela Neumann

Gibt man in Google die Begriffe *Takis Shelter* ein, so öffnet sich mit einem Klick eine Website mit einem symbolträchtigen – vielleicht auch etwas kitschig wirkenden – Bild: Drei Hunde laufen fröhlich auf einem Weg in einer mediterranen, für die Insel Kreta so typischen Landschaft. Im Hintergrund erheben sich steinige, hin und wieder mit grünen Büschen durchzogene Anhöhen, die stellenweise von Wolken verschleiert sind. In der Ferne schimmert das Meer. Eingerahmt ist die Szene von einem Regenbogen – einem Naturphänomen, das in Anlehnung an die biblische Sintflut-Geschichte (Gen 9,12–16) als Symbol für Rettung, Hoffnung und Leben steht. Die unmittelbar in das Eingangsbild der Website geschriebenen Einfügungen »SAVING LIVES« und »HOW TO ADOPT« spiegeln das zentrale Anliegen des Kreters Theoklitos Proestakis wider: Ehemals streunende, nun aber von ihm gerettete und in seinem Shelter aufgenommene Tiere – Katzen, vor allem aber Hunde – sehen einem artgerechten Leben entgegen. Sie können von Tierliebhabern über das Internet bzw. über soziale Medien entdeckt und anschließend adoptiert werden, um so endlich die einem Haustier angemessene Fürsorge zu erfahren. »Every dog needs a home«, lautet sein im Netz wieder und wieder geäußertes Credo. Theoklitos Proestakis, kurz Takis genannt, lebt durch seine von ihm gegründete Tierauffangstation seinen – wenn auch oftmals sehr mühevollen – Traum eines friedlichen, respektvollen Zusammenlebens von Mensch und Tier.

Tierschutzarbeit – auch ein Beitrag zur Bewahrung der Schöpfung

Erderwärmung, Klimawandel, Gletscherschmelze, Feinstaubbelastung ... diese Schlagworte beherrschen derzeit unsere Medien. Umweltschutz ist ein in der öffentlichen Wahrnehmung inzwischen durchaus als drängend erachtetes Problemfeld, an dem sich unterschiedliche Wissenschaftsbereiche beteiligen. Durch die Komplexität dieser Thematik fühlt sich manch einer verunsichert, gar überfordert. Der eigene Beitrag zur Erhaltung und Bewahrung der Umwelt erscheint oftmals als marginal und daher als fast überflüssig. Doch Verantwortungsbewusstsein für die Schöpfung beginnt im Kleinen, im konkreten (Um-)Denken und Handeln eines jeden Einzelnen. Neben Müllvermeidung, Energiesparmaßnahmen, bewusster Ernährung, alternativen Fortbewegungsmöglichkeiten u. a. zählt auch Tierschutzarbeit dazu.

Mensch und Tier – ein vielfältiges, ambivalentes Verhältnis

Es wäre falsch und vermessen, hinsichtlich der Notwendigkeit von Tierschutzarbeit mit dem Zeigefinger nur auf das Ausland zu deuten. Auch wenn bei uns die Problematik streunender Tiere weitgehend unbekannt ist, so ist die Beziehung zwischen Mensch und Tier durchaus eine oftmals nicht unproblematische. Seit Jahrtausenden werden Tiere – unterteilt in Wild-, Nutz- und Haustiere – zumeist anthropozentrisch wahrgenommen, indem sich der Mensch ihnen gegenüber als deutlich überlegen ansieht. Wurden früher Beutetiere als menschliche Nahrungsquelle gejagt und getötet, so ist heutzutage eine oftmals qualvolle und keineswegs artgerechte Massenhaltung von (Schlacht-)Tieren die Folge eines in weiten Teilen der Welt vorherrschenden immensen Fleischkonsums. Nutztiere dienen als Lieferanten für Sekundärprodukte (z. B. Wolle, Milch, Eier) und unterstützen Menschen in ganz unterschiedlichen Bereichen. So finden Tiere Verwendung als Zug- und Lasttiere, werden in der Therapie eingesetzt, leisten als Spür- und Rettungshunde wichtige Dienste oder beschützen Haus, Hof und Weidetiere. Zugleich werden Tiere schonungslos als Versuchsobjekte für medizinische, aber auch kosmetische Forschungszwecke verwendet.

Haustiere wiederum fungieren als treue Weggefährten des Menschen, werden oftmals als nahezu vollwertige Familienmitglieder wertgeschätzt und dadurch schnell in eine vermenschlichte Rolle gedrängt. Falsch verstandene Tierliebe fördert u. a. Qualzuchten, deren Folgen oftmals Erbkrankheiten und lebenslanges Leiden für die Tiere bedeuten.

Menschen nehmen Tierarten somit auf ungleiche Weise wahr. Allein aufgrund ihrer Artzugehörigkeit werden Tiere entweder geliebt und geschätzt (z. B. Hauskatzen) oder aber zu reinen Gebrauchsgegenständen degradiert (z. B. Schweine) – ein Phänomen der Ungleichbehandlung und Hierarchisierung, das in der Tierrechtsbewegung bzw. in der Tierethik als ›Speziesismus‹ bezeichnet wird (vgl. *Eichler/Tramowsky* 2021, 4).

Tierschutzarbeit möchte – zum Teil auf sehr unterschiedliche, manchmal auch auf konträre Weise – hinsichtlich der Bedürfnisse und Rechte von Tieren sensibilisieren und fordert einen respektvollen, artgerechten Umgang ein.

»Der Gerechte weiß, was sein Vieh braucht, doch das Herz der Frevler ist hart.« (Spr 12,10) – Tiere in der Bibel

Auch in der Bibel ist das Verhältnis zwischen Mensch und Tier facettenreich. Es erstaunt, an wie vielen Stellen verschiedenste Tiere in der Bibel – in ganz unterschiedlichen Zusammenhängen – Eingang finden. Da sind zunächst die Schöpfungserzählungen: Am selben Tag erschafft Gott Tier und Mensch (Gen 1,24–26). Beide teilen sich denselben Lebensraum: die Welt (Gen 1) bzw. den Garten Eden (Gen 2). Beide verbindet eine Schicksalsgemeinschaft (z. B. Gen 6–8; Jer 14,2–6; Hag 1,11), beider Leben ist begrenzt (Koh 3, 19) und beiden wird schließlich Anteil am messianischen Friedensreich verheißen (Jes 11,1–9).

Wie eng die Mensch-Tier-Beziehung im Alten Israel ist, verdeutlichen auch biblische Personennamen, die eigentlich Tiernamen sind (z. B. Lea – Kuh, Jona – Taube, Debora – Honigbiene; vgl. *Schroer* 2013, 15f.).

Der Mensch weiß sich im Alten Testament eingebunden in ein komplexes, durchaus ambivalentes Gefüge der Lebensraumgewinnung und -erhaltung. Zum einen müssen hart erkämpftes Kulturland gegenüber der Natur mit ihren feindlichen Wildtieren verteidigt und domestizierte Tiere, die den Lebensunterhalt sichern, geschützt werden (vgl. *ebd.*, 17f.). Andererseits werden Tiere als Schlachtopfer dargebracht (z. B. Ex 12,3–10; Num 15,3–13) und das Essen von Fleisch ist – biblisch gesehen – spätestens ab Gen 9,3 erlaubt.

Gen 1,28 hingegen allein anthropozentrisch zu lesen und daraus einen uneingeschränkten menschlichen Herrschaftsanspruch abzuleiten, greift zu kurz. In seiner Gottebenbildlichkeit ist die Stellung des Menschen »im Sinne der altorientalischen Königsherrschaft zu verstehen – als verantwortlicher Umgang mit dem, was jemandem anvertraut ist« (*Becka* 2009, 126).

Im Neuen Testament werden Tiere primär metaphorisch erwähnt, indem ihnen gewisse Eigenschaften zugeschrieben werden (vgl. *Riede* 2010). So dienen Vögel in ihrer Sorglosigkeit als Beispiel tiefen (Gott-)Vertrauens (Mt 6,25f.), während der Fuchs in Verbindung mit Herodes als hinterlistig und falsch bezeichnet wird (Lk 13,32). Der ursprüngliche Schöpfungsfriede klingt an, indem Jesus bei wilden Tieren lebt (Mk 1,13) und der gesamten Schöpfung, die auf Erlösung hofft (Röm 8,19–22), das Evangelium verkündet wird (Mk 16,15).

Laudato sí? Tiere in der christlichen Tradition

In der (früh-)christlichen Tradition werden Bibelstellen im Blick auf Tiere rein anthropozentrisch interpretiert. Laut Augustinus offenbart sich Gott zwar in der gesamten Schöpfung und er weitet das Liebesgebot sogar auf Tiere aus, im Sinne eines Nutzdenkens stehen diese jedoch eindeutig unter dem Menschen (vgl. *Lintner* 2017, 68f.).

Thomas von Aquin wiederum begründet ein derart hierarchisches Denken, indem er allein dem Menschen eine Seele zuspricht. Immerhin betont er, dass sich ein tierliebender Mensch wohl auch seinen Mitmenschen gegenüber barmherziger zeigt, doch auch für ihn sind Tiere ausschließlich für den menschlichen Gebrauch bestimmt (vgl. *Lintner* 2017, 69f.). Allein auf ihren Nutzwert reduziert, werden Tiere im Christentum daher jahrhundertelang ethisch nicht angemessen wahrgenommen.

Eine Ausnahme stellt *Franz von Assisi* dar. Legenden, wie beispielsweise die Zähmung des Wolfs von Gubbio oder seine Vogelpredigt, bringen Franziskus' Verbundenheit mit Tieren zum Ausdruck. (vgl. *Rotzetter* 2010, 57–59)

Sechs Jahrhunderte später postuliert Albert Schweitzer den Grundsatz der *Ehrfurcht vor dem Leben*, einen handlungsorientierten Ansatz, der das Wohl von Mensch und Tier gleichermaßen einschließt (vgl. *Ruster* 2018, 140f.).

Erst am Ende des 20. Jahrhunderts ist ein deutlicher Wendepunkt in der Theologie hinsichtlich einer nun als falsch bzw. defizitär erachteten anthropozentrischen Tierethik auszumachen. Zunehmend plädieren Theologinnen und Theologen im Sinne eines bio-, patho- oder physiozentrischen Ansatzes für den Eigenwert von Tieren (vgl. *Becka* 2009, 123f.). Selbst begriffliche Abgrenzungen zwischen Mensch und Tier werden teilweise aufgeweicht und durch Bezeichnungen wie *human animals* für Menschen sowie *non human animals* bzw. *other animals* für Tiere ersetzt (vgl. *Ruster* 2018, 142).

Einen weiteren Impuls setzte im Jahr 2015 die Enzyklika *Laudato sí* von Papst Franziskus. Hierin wird die Verantwortung des Menschen gegenüber der Schöpfung betont (vgl. *Franziskus* 2015, Nr. 68), jegliche Grausamkeit und Gleichgültigkeit hinsichtlich der Mitgeschöpfe verurteilt sowie auf die enge Verflochtenheit von Menschen- und Tierliebe verwiesen (vgl. *ebd.*, Nr. 92).

Tierschutzarbeit als Thema im Religionsunterricht? Ein Blick in die bayerischen Lehrpläne

Auch wenn der Begriff Tierschutzarbeit nicht wörtlich fällt: Die Thematik lässt sich durchaus in die bestehenden bayerischen Lehrpläne der katholischen Religionslehre aller Schularten einbinden. Schon der Artikel 131 der Bayerischen Verfassung betont, dass Schulen ihren Erziehungsauftrag wahrnehmen, indem sie nicht nur »Wissen und Können« vermitteln, sondern auch »Herz und Charakter bilden« (Art. 131, Abs. 1 BayVerf.). Dabei wird »Verantwortungsbewusstsein für Natur und Umwelt« (Art. 2) als oberstes Bildungsziel genannt. In diesem Sinne wird schulart- und fächerübergreifend »Bildung für Nachhaltige Entwicklung (Umweltbildung; Globales Lernen)« eingefordert, was aktive Mitgestaltung einschließt.

Im Kompetenzstrukturmodell des Religionsunterrichts kann Tierschutzarbeit neben einem biblischen Schwerpunkt – gerade auch im Hinblick auf Vorbildlernen – im Gegenstandsbereich *Mensch und Welt* verankert werden.

- Im Lehrplan für Grundschulen wird am Ende der zweiten Jahrgangsstufe als eine grundlegende Kompetenz die Ausdrucksfähigkeit und -bereitschaft über die Freude hinsichtlich der Schöpfung Gottes benannt. Am Ende der vierten Jahrgangsstufe sollen die Schülerinnen und Schüler achtsam mit der Schöpfung umgehen und bereit sein, sich für eine gerechte Welt einzusetzen.
- Der Fachlehrplan Katholische Religionslehre 1/2 benennt im Lernbereich 2 (Die Größe und Vielfalt der Welt – Gottes Schöpfung) als »Inhalte zu den Kompetenzen« u. a. »Lieder und Gebete zum liebevollen Umgang mit Natur und Mitwelt«. In den Jahrgängen 3/4 wird als Kompetenzerwartung gefordert, dass Schülerinnen und Schüler zum einen beschreiben können, wie Menschen aus christlicher Überzeugung heraus für die Bewahrung der Schöpfung eintreten. Zum anderen soll die Bereitschaft gefördert werden, im Rahmen eigener Möglichkeiten Verantwortung zu übernehmen.

- Im Lehrplan für Mittelschulen lassen sich die Jahrgangsmotive »Wertschätzung« (5. Jahrgangsstufe), »Verantwortung« (9.) sowie »Partizipation« (10.) gut mit Vorbildlernen und Tierschutzarbeit verbinden. Wenn in der 7. Jahrgangsstufe als Kompetenz das »Wahrnehmen von beeindruckenden Persönlichkeiten in der unmittelbaren Umgebung« der Heranwachsenden sowie das »Entdecken von deren vorbildhaften Verhaltensweisen« formuliert wird (Lernbereich 1), so kann diese Thematik auch auf soziale Medien ausgeweitet werden.
- Während Lernbereich 8.3 die Schöpfung als Geschenk in Verantwortung umreißt, fordert Lernbereich 9.4 dazu auf, selbst Verantwortung zu übernehmen – ein Anspruch, bei dem Engagement nicht nur auf den caritativen Bereich eingeengt werden sollte.
- Auch in Realschulen kann »verantwortlich handeln« (Lernbereich 9.1) ausgeweitet werden, da sich Gewissensentscheidungen nicht nur auf den zwischenmenschlichen Bereich beziehen. Lernbereich 9.2 setzt sich auf vielfältige Weise mit dem Schöpfungsglauben samt Schöpfungsauftrag auseinander und bietet dadurch gute Möglichkeiten, das Thema Tierschutz in den Blick zu nehmen. Lernbereich 10.1, »Grenzen erkennen«, sieht u. a. in der Gottebenbildlichkeit und Verantwortung für die Schöpfung Maßstäbe einer biblischen Ethik, die ebenso im Hinblick auf Tierethik diskutiert werden sollte.
- Auch im Gymnasium setzt sich die Katholische Religionslehre mit dem Schöpfungsgedanken auseinander. Während in Lernbereich 6.1 das »Staunen und Nachdenken über Gottes Welt« im Fokus stehen, werden in Lernbereich 7.1 im Rahmen der Identitätssuche Vorbilder – wenn auch lediglich aus der kirchlichen Tradition – benannt. Diese könnten und sollten um Vorbilder aus der Gegenwart – durchaus auch aus sozialen Medien – erweitert werden. Während Lernbereich 8.1 den Mensch als in die Pflicht zu nehmenden Schöpfungspartner Gottes benennt, thematisiert Lernbereich 9.2 das Gewissen als Letztinstanz – auch hier lassen sich tierethische Fragen einbringen. Lernbereich 12.2 bezeichnet christliche Ethik als Orientierungsmaßstab der Weltgestaltung. Konkretisiert werden soll dies anhand von christlichen Leitfiguren aus Geschichte und Gegenwart. Dabei könnte die Auseinandersetzung mit Menschenrechten durchaus um Überlegungen bezüglich Tierrechten erweitert werden.

Tierschutzarbeit konkret: Lernen an und mit dem »Sinnfluencer« Takis

Recherchiert man im Internet zum Thema Tierschutzarbeit, möchte man fast sagen: Tierschutz ist weiblich! Dennoch soll in diesem Beitrag ein Mann und dessen Engagement vorgestellt werden, da an seinem Lebenslauf auf eindrückliche Weise deutlich wird, wie sehr soziale Medien Lebensentwürfe beeinflussen und verändern können. Durch seine kontinuierliche Präsenz im Internet, etwa auf Youtube oder auf Instagram (263.000 Follower; Stand 05.01.24), vor allem aber auf Facebook (949.414 Follower; Stand 05.01.24), ermöglicht Takis seiner Community tiefe Einblicke in seinen zum Teil sehr beschwerlichen Alltag mit hilfsbedürftigen Tieren, besonders mit Hunden. Als »Sinnfluencer«, d. h. als Influencer mit einer Vision für eine bessere, (tier-)gerechte Welt, regt er seine Follower*innen nicht nur zum Nach- und Umdenken an, sondern fordert zum Mithelfen auf. Sein couragierter Einsatz zum Wohl der Mitgeschöpfe bietet zahlreiche Möglichkeiten orientierenden (Vorbild-)Lernens im Religionsunterricht.

Vom Nachtclubbesitzer zum Retter streunender Tiere

Ein ausgesetzter Hund mit gebrochenem Bein, der humpelnd auf der Müllhalde seiner Heimatgemeinde Ierapetra (Kreta) verzweifelt nach Fressen sucht – dieser Anblick berührt vor gut zwölf Jahren den inzwischen 52-jährigen Theoklitos Proestakis so sehr, dass er ab diesem Moment sein bisheriges Leben kritisch hinterfragt: Über 20 Jahre war er »a nightlife boy«, wie sich Takis selbst bezeichnet. In jungen Jahren arbeitet er zunächst als Diskjockey, dann besitzt er zehn Jahre lang selbst einen Nachtclub. Partys, Spaß, Alkohol, schnelle Motorräder – all das macht sein bisheriges Leben aus. Takis, der im Zuge der griechischen Finanzkrise 2010 seinen Nachtclub aufgeben muss und sich daher in einer Phase der Neuorientierung und Sinnsuche befindet, verspürt nun beim Anblick dieses verlassenen und verletzten Hundes einen inneren Wandel: Er kann sich dem Elend des Tieres nicht länger entziehen und fühlt sich verantwortlich für dieses herrenlose Wesen.

Kurzerhand bringt Takis den Hund zum Tierarzt, lässt ihn dort auf eigene Kosten behandeln und fährt ihn anschließend wieder zur Müllhalde zurück, denn in seiner Wohnung hat er keine Möglichkeit, ein Tier zu halten. Von diesem Tag an geht Takis regelmäßig zu dem Schuttabladeplatz, um den hilfsbedürftigen Hund zu versorgen. Bald gesellen sich jedoch weitere Hunde dazu, die von seinem Futter angelockt werden.

Als die Streuner zu einem großen Rudel anwachsen, erregt dies den Unmut der Bewohner von Ierapetra und sie drohen, die inzwischen gut genährten, kräftigen Tiere zu vergiften, sollte Takis seine Fütterungen nicht umgehend einstellen. Dieser bittet um eine Frist von 30 Tagen, um eine Lösung zu finden, denn inzwischen fühlt er sich für all die herrenlosen Hunde mitverantwortlich.

»This is not a job – this is a reason to live.«

Von seinem durch den Verkauf des Nachtclubs erhaltenen Geld erwirbt Takis abseits der Stadt ein Grundstück in der Nähe der Müllhalde. Dort bringt er die Hunde jedoch nicht in kleinen Zwingern bzw. Einzelkäfigen unter, wie dies zumeist in anderen Tierheimen der Fall ist. Er will den Hunden in großen Gehegen ein möglichst natürliches Leben im Rudel ermöglichen. Doch brutale Rangordnungskämpfe unter den Tieren veranlassen Takis, endgültig mit seinem bisherigen Leben zu brechen. Um seine Hunde zu beaufsichtigen, zieht er in einen Container auf das Grundstück und lebt fortan mit den ehemaligen Streunern zusammen.

Kaum einer aus Takis' sozialem Umfeld kann seinen radikalen Lebenswandel nachvollziehen. Seine Eltern, Geschwister und Freunde ziehen sich immer mehr zurück und unterstellen ihm psychische Probleme.

Enttäuscht von der realen Welt nutzt Takis zunehmend die mediale. Ab Mai 2015 veröffentlicht er sein neues Leben mit den Hunden auf Facebook unter dem Namen *Takis Shelter non profit organisation* und lässt seine Follower*innen täglich mehrfach an seinem Alltag mit all den schönen, aber auch mit den vielen traurigen Erlebnissen teilhaben. Er filmt unzählige Rettungsaktionen von ausgesetzten oder jahrelang an viel zu kurzen Ketten gehaltenen Hunden, zeigt ungeschönt Bilder von brutal misshandelten, ausgemergelten, alten, kranken oder im Verkehr verunglückten Tieren, lädt alles auf Youtube und Facebook hoch und kommentiert es auf Englisch. Neben seiner Aufklärungsarbeit ist es sein Ziel, möglichst viele seiner Hunde und Katzen über die Medien bekannt zu machen, damit diese von tierlieben Menschen entdeckt und adoptiert werden können. Sätze wie »a home is a home« werden zu seinem Leitspruch, um zu verdeutlichen, dass ein Leben mit Familienanschluss für die Tiere artgerechter ist als ein Leben im Shelter.

»Finish, that's it!«

Doch trotz aller Anstrengungen: Im selben Jahr muss sich Takis eingestehen, dass die Tierarztkosten, das Futter und all das, was zum Lebensunterhalt von so vielen Tieren notwendig ist, sein gesamtes Vermögen aufgebraucht haben. Seine Bitten bei lokalen Behörden, sein Tierschutz-Engagement durch Bezuschussung wenigstens etwas zu unterstützen, bleiben ungehört. Nachdem Takis schließlich selbst sein Auto verkaufen muss, steht er finanziell vor dem Aus und spielt mit dem Gedanken, seinen Shelter aufzugeben.

Doch dann geschieht im Oktober 2015 etwas, was Takis bis heute als »a miracle« bezeichnet: Eine englische Journalistin folgt seinen Storys auf Facebook. Von seinem selbstlosen Einsatz für Tiere angetan, interviewt sie Takis und veröffentlicht dieses Gespräch anschließend in den auflagenstarken englischen Zeitungen *Daily Mail* und *The Telegraph*. Auch wenn hierbei journalistisch nicht ganz sauber gearbeitet wurde und Takis' ehemaliger Beruf als Zahnarzt angegeben wird: Umgehend schlägt ihm über Facebook eine Welle der Sympathie entgegen. Eine weltweite Spendenaktion läuft an und sichert somit das Bestehen von *Takis Shelter*.

»When you love something, never give up!«

Nur drei Jahre später verhelfen erneut soziale Medien *Takis Shelter* zu weiterer Bekanntheit. *The Dodo*, ein amerikanischer digitaler Verlag, der sich der Verbreitung von Tiergeschichten und dem Tierschutz verschrieben hat, veröffentlicht 2018 sowie 2019 einen Kurzfilm über Takis' Zufluchtsort für herrenlose Hunde und Katzen. Seither ist seine Tierschutzarbeit durch Spenden, die laut Takis zu 98% nicht aus Griechenland, sondern aus dem übrigen Europa bzw. aus den USA und Australien kommen, finanziell weitgehend abgesichert. Allerdings fordert dies auch weiterhin seine ständige Präsenz auf Facebook sowie auf Instagram ein, denn nur indem er seine Follower*innen fortwährend über seine Tierschutzarbeit informiert, bleibt die Spendenbereitschaft der Community erhalten.

Die finanziellen Zuwendungen ermöglichen ihm in den kommenden Jahren, weiteres Land zu kaufen, um so die Anzahl der Gehege für seine Tiere zu vergrößern. Auf derzeit 33.000 m² leben an die 500 Hunde, mehrere Katzen, zudem inzwischen auch ein paar Ziegen. Dennoch stößt der Shelter durch die scheinbar nie endende Not streunender Tiere immer wieder an seine Kapazitätsgrenzen. Zusätzlicher Landkauf sowie eine erneute Vergrößerung des Shelters sind bereits geplant.

Ein weiterer medialer Erfolg hinsichtlich seiner Tierschutzarbeit ist für Takis im Frühjahr 2023 der Besuch des griechischen Ministerpräsidenten Kyriakos Mitsotakis in seinem Shelter sowie im September 2023 eine gut zehnminütige Live-Schalte des griechischen Regionalsenders *ONE TV*. Inzwischen bemühen sich auch immer mehr private Sender um Interviews mit Takis.

»Please adopt … don't shop!«

Takis' Tierschutzengagement umfasst nicht nur Rettungsaktionen, sondern auch durch Spenden finanzierte lokale Kastrationsprogramme sowie Tiervermittlungsarbeit. »Please adopt … don't shop!« – kaufe keinen (Rasse-)Hund, adoptiere aus dem Tierschutz – so lautet sein unermüdlicher Appell.

Auch bei den Adoptionsverfahren geht Takis eigene Wege: Er verzichtet – anders als die meisten Tierschutzorganisationen – weitgehend auf Pflegestellen im Ausland. Von den Interessenten erwartet er ein persönliches Erscheinen im Shelter, um eine passende Mensch-Tier-Verbindung zu gewährleisten. Dafür werden von den Adoptierenden oftmals weite Flugstrecken in Kauf genommen. Dass die Adoptionsverfahren in erfolgreichen *love stories* enden, belegen zahlreiche auf Facebook und Instagram hochgeladene Fotos und Videos seiner ehemaligen Schützlinge in ihrem neuen Zuhause.

»Get involved!« – unterrichtspraktische Impulse

»Mach mit!« fordert Takis auf seiner Internetseite auf, denn Tierschutzarbeit bedeutet Handeln.

Will man Heranwachsende für die Dringlichkeit dieser Problematik sensibilisieren und das Thema im (Religions-)Unterricht angehen, muss der Fokus zunächst allgemein auf Tiere gerichtet werden, um dadurch Empathiefähigkeit zu schulen. So können Schülerinnen und Schüler angeregt werden, sich begründet zu überlegen, welches Tier sie gerne wären. In fiktiven Tagebucheinträgen oder Briefen schlüpfen sie in deren Rollen und berichten über ihren Tages- bzw. Jahresablauf.

Sprachlich sensibilisiert werden Heranwachsende, indem sie sich mit Eigenschaften, die mit Tieren in Verbindung gebracht werden, auseinandersetzen oder die Berechtigung von Redewendungen bzw. tierischen Schimpfwörtern überprüfen (z. B. flink wie ein Wiesel, fleißig wie eine Biene, bärenstark, blöder Hund, lahme Ente, räudiger Fuchs).

Dabei wird zudem ein Bewusstsein dafür geschaffen, was Tiere gegenüber Menschen auszeichnet. Zugleich wird jedoch auch deutlich, wann bzw. worin Tiere Menschen unterlegen oder gar ausgeliefert sind.

Um die Bedeutung von Takis' Tierschutzarbeit einordnen zu können, informieren sich Heranwachsende – der Jahrgangsstufe bzw. Schulart entsprechend – in einem nächsten Schritt im Internet über die Situation von Straßenhunden im Ausland und vergleichen anschließend deren Existenzkampf mit dem Leben eines umsorgten Haustieres in unserer Gesellschaft. Dazu verwenden ältere Schülerinnen und Schüler auch Filme von Takis' Tierrettungen – allerdings sollte hier aufgrund des oftmals verstörend-grausamen, wenngleich realistischen Filmmaterials mit gebotener Vorsicht vorgegangen werden.

Um den radikalen Bruch in Takis' (Arbeits-)Leben zu erahnen, kann in einer Gegenüberstellung sein vorheriges Leben als Nachtclubbesitzer mit seinem jetzigen Leben im Shelter verglichen werden. Hierzu liefern seine Facebook-Einträge – vor allem, wenn man sie über einen gewissen Zeitraum verfolgt – wichtige Informationen. So wird deutlich, wie sehr sich Takis' Tagesrhythmus, sein Wohn- und Lebensumfeld, ja selbst die Weise, sich zu kleiden, geändert haben.

Seine Einträge, in denen er bezeugt, in der Tierschutzarbeit die Erfüllung seines Lebens gefunden zu haben, zeigen, dass Einsatz und Engagement – trotz aller Hindernisse – als sinnstiftend empfunden werden und glücklich machen. Derartige Aussagen können Jugendlichen Orientierungshilfen bieten, indem sie sich selbst mit der Frage nach dem Sinn des Lebens auseinandersetzen und sich über ihre diesbezüglichen Vorstellungen austauschen.

Diskutiert werden kann, welche Impulse das radikal dem Tierschutz gewidmete Leben von Takis setzt. Durch Internetrecherchen erfahren Schülerinnen und Schüler, dass Tierschutzarbeit sehr vielseitig ist und es nicht wenige Menschen gibt, die sich neben familiären und beruflichen Verpflichtungen ehrenamtlich dem Tierschutz verschrieben haben. Auch sie finden in ihrem Engagement Erfüllung, auch sie können zu motivierenden Vorbildern werden.

Takis' täglicher Einsatz verdeutlicht, dass alles Leben eine Berechtigung hat. In diesem Zusammenhang können Heranwachsende das vielfach wiederholte Zitat von Albert Schweitzer, »Ich bin Leben, das leben will, inmitten von Leben, das leben will«, reflektieren und sich so der Würde aller Geschöpfe bewusst werden. Sinnvoll ist es, hierzu auch biblische Texte heranzuziehen und die Aktualität des Schöpfungsauftrags – gerade auch im Hinblick auf Arbeits- und Nutztiere – zu diskutieren.

Unerlässlich: kritisches Nach- und Weiterfragen

Da ein zeitgemäßes Lernen an Vorbildern kein Bewunderungs- bzw. Nachahmungslernen ist, sondern im diskursethischen Sinn zu eigenständigem Denken, Urteilen und Handeln anregen will, muss sich auch Tierschutzarbeit kritischen Nachfragen stellen.

Ausländischer Tierschutz ist nicht unumstritten bzw. per se sinnvoll. Es gibt seriöse, aber auch etliche unseriöse Organisationen. Anhand von Internetrecherchen können Schülerinnen und Schüler Kriterien für förderungswürdige Tierschutzvereine erarbeiten (z. B. Transparenz über die Verwendung von Spendengeldern, Kastrations- und Aufklärungsprojekte vor Ort, Vor- und Nachkontrollen bei Tieradoptionen).

Zudem kann die durchaus verbreitete Meinung, dass man – solange deutsche Tierheime überfüllt sind – nicht zusätzlich noch Tiere aus dem Ausland holen sollte, bezüglich ihrer Berechtigung überprüft werden. Dabei ist es hilfreich, die Situation von einem Tierheim vor Ort mit der Situation von Auffangstationen streunender Tiere im Ausland zu vergleichen.

»Helden auf Augenhöhe« zeichnen sich dadurch aus, dass sie nicht perfekt sind, denn was »zählt, ist ihre gute Tat; sie sind ansonsten normale Menschen mit Stärken und Schwächen« (*Mendl* 2015, 118). So muss man auch Takis kritische Anfragen stellen: Zahlreich sind die Kommentare seiner Fangemeinde auf Facebook, in denen seine Vorbildlichkeit gelobt und er als »hero« des Shelters gefeiert wird. An dieser Inszenierung zum Helden scheint Takis bewusst oder unbewusst – durchaus auch selbst mitzuarbeiten. So verwendet er in seinen Kommentaren fast ausschließlich die Ich-Form und erweckt dadurch den Eindruck, dass zumeist er die gesamte Arbeit der Auffangstation schultert. Mitarbeitende werden nur selten erwähnt, ihre Mithilfe nicht oft gefilmt. Ein Blick auf Takis' Internetseite beweist jedoch, dass er durchaus sowohl von zahlreichen Volunteers als inzwischen auch von Festangestellten unterstützt wird.

Die Häufigkeit von Takis' Facebook-Einträgen – im Durchschnitt sind dies mindestens fünf innerhalb von 24 Stunden – legt den Verdacht nahe, dass er in weiten Teilen die Realität oftmals durch die ›Brille‹ der sozialen Medien wahrnimmt, um so die gewünschten Reaktionen seiner Fans zu erzielen. An dieser Stelle können sich Heranwachsende über (Selbst-)Inszenierungen im Netz austauschen, aber auch über sinnvollen Medienkonsum diskutieren.

Häufig betont Takis in seinen Einträgen, dass es für ihn keine Pausen gibt, jeder Tag im Shelter gleich abläuft und Freizeit kaum vorhanden ist. In diesem Zusammenhang können Heranwachsende Überlegungen zur Berechtigung verschiedener Lebenszeiten anstellen und sich bewusst werden, dass Phasen der Erholung unabdingbar für ein erfüllendes (Weiter-)Arbeiten sind. Nur so minimiert man das Risiko eines Burnouts – eine Gefahr, der Takis offensichtlich schon einmal in seinem rastlosen Leben als Nachtclubbesitzer erlegen ist.

Dass zahlreiche Hunde bei Takis im Bett schlafen, er mögliche Krankheitsüberträger wie Mäuse bzw. Ratten filmt und diese als süß bezeichnet, muss – trotz des

Jubels, den er dadurch in seiner Community auslöst – im Hinblick auf recht verstandene Tierliebe angefragt werden.

Reflektiert werden können auch die verbalen Reaktionen auf Facebook, wenn ein Follower Takis' Einschätzungen oder Verhalten – durchaus auf sachliche bzw. höfliche Weise – in Frage stellt. Takis selbst scheint mit Kritik nicht immer produktiv und reflektiert umgehen zu können. Ein Sturm der öffentlichen Entrüstung – auch der verbalen Entgleisungen – seiner Anhänger*innen gegenüber der kritisierenden Person ist die Folge. Dies könnte als Anlass dienen, um Heranwachsende hinsichtlich Cybermobbing zu sensibilisieren und für ein faires Miteinander in sozialen Medien zu werben.

In Zeiten der Ressourcenschonung ist auch Takis' Adoptionsmodell zu überdenken: Kann man es heutzutage noch rechtfertigen, dass weite Flugstrecken für eine einzige Tieradoption in Kauf genommen werden? Sinnvoll wäre ein weiterer Ausbau von Pflegestellen in den Ländern der Interessenten – auch wenn Takis dadurch ab einem bestimmten Zeitpunkt die Verantwortung für seine Schützlinge in die Hände anderer geben müsste.

Aufgrund seiner vielen Follower*innen kann Takis mit einer konstant hohen Spendenbereitschaft rechnen. Dies ermöglicht es ihm, einen auch optisch ansprechenden, sehr sauberen Shelter zu unterhalten, der sich nicht nur durch zahlreiche weitläufige Gehege, sondern inzwischen auch durch ein großes Wohnhaus und mehrere Autos, die für seine Tierschutzarbeit zur Verfügung stehen, auszeichnet. Recherchen im Internet zeigen, dass Tierheime im Ausland normalerweise mit einer ganz anderen finanziellen Situation und einer wesentlich minderwertigeren Ausstattung zu kämpfen haben. Dass Takis' finanzielle Situation daher auch Neid hervorruft, kann man sowohl seinen eigenen Aussagen wie auch User-Kommentaren auf Facebook entnehmen. Vor dem Hintergrund eines derartigen finanziellen Ungleichgewichts im Tierschutzbereich können sich Heranwachsende überlegen, auf welche Weise auch andere Vereine größere (mediale) Aufmerksamkeit auf sich ziehen könnten.

Die wenigen Facebook-Einträge, in denen Takis mit seinem Heldenstatus hadert und seine zeitweilige Überforderung und Erschöpfung eingesteht, werden zumeist kurz danach wieder gelöscht. An diesem Punkt wird deutlich, dass soziale Medien Realität manipulieren – ein Phänomen, dessen sich Heranwachsende gerade hinsichtlich medialer Vorbilder bewusst werden müssen.

»He is an example to all men and women on how God wishes us all to be ...«

Takis als Vorbild gelebter Tierschutzarbeit, der zur Nachahmung inspiriert – so wird der Kreter von seinen Fans auf seiner Internetseite gefeiert. Lernen an fremden Biografien impliziert immer auch einen Handlungsaspekt. Zahlreich sind zum Thema Tierschutz – auch fächerübergreifend – handlungsorientierte Möglichkeiten im schulischen Bereich: Vom Bau eines Insektenhotels, einer öffentlichen Informationskampagne über Tierschutzarbeit im In- und Ausland, Spendenaktionen für Tierprojekte bis hin zum Besuch des örtlichen Tierheims. Dem Ideenreichtum sind keinerlei Grenzen gesetzt. Derartige Aktionen lassen Visionen in kleinen Schritten Wirklichkeit werden und motivieren zur Weiterarbeit.

Fazit

»Unsere Zivilgesellschaft benötigt für ihren inneren Zusammenhalt Personen, die spontan helfen, wo eine Kultur des Wegschauens herrscht« (*Mendl* 2015, 97). Takis, dessen voller Vorname Theoklitos »der von Gott Auserwählte« bedeutet, hat sich in dem für ihn so bewegenden Moment auf der Müllhalde entschlossen, nicht länger wegzuschauen und sich voll und ganz in den Dienst des Tierschutzes gestellt. Auch wenn durch seine Internetauftritte nicht ersichtlich wird, ob sein unermüdliches Engagement auch religiös inspiriert ist, eine Kette mit einem großen Kreuz-Anhänger trägt Takis seit Jahren. »Wir sind alle berufen, heilig zu sein, indem wir in der Liebe leben und im alltäglichen Tun unser persönliches Zeugnis ablegen, jeder an seinem Platz, an dem er sich befindet«, heißt es in der Enzyklika »Gaudete et exsultate« (*Franziskus* 2018, Nr. 14). Takis hat seine Lebensbestimmung gefunden und bezeugt dies tagtäglich eindrucksvoll in seinen medialen Auftritten: Sein Platz, seine Aufgabe und seine Liebe sind der Tierschutz!

Literaturverzeichnis

Becka, Michelle: Schöpfung und Verantwortung. Der Verantwortungsbegriff im Kontext einer ökologischen Ethik, in: *Margit Eckholt / Sabine Pemsel-Maier* (Hg.): Unterwegs nach Eden. Zugänge zur Schöpfungsspiritualität, Ostfildern 2009, 121–136.

Eichler, Janine / Tramowsky, Nadine: Tierethik/Tier, in: WiReLex 2021 (https://bibelwissenschaft.de/stichwort/200870/; letzter Zugriff am 27.8.2023).

Franziskus: Laudato Si. Enzyklika über die Sorge für das gemeinsame Haus (2015) (https://www.dbk.de/fileadmin/redaktion/diverse_downloads/presse_2015/2015-06-18-Enzyklika-Laudato-si-DE.pdf; letzter Zugriff am 27.8.2023).

Franziskus: Gaudete et exsultate. Apostolisches Schreiben des Heiligen Vaters Papst Franziskus über den Ruf zur Heiligkeit in der Welt (2018) (https://www.dbk-shop.de/media/files_public/46d362e5477e1cda4f109e37933073ac/DBK_2213.pdf; letzter Zugriff am 27.8.2023).

Kunzmann, Peter: Der hl. Franziskus, Papst Franziskus und die Würde des Tieres, in: *Martin M. Lintner* (Hg.): Mensch – Tier – Gott. Interdisziplinäre Annäherungen an eine christliche Tierethik, Baden-Baden 2021, 181–201.

Lehrpläne für katholische Religionslehre (Bayern); https://www.lehrplanplus.bayern.de/; letzter Zugriff am 27.8.2023).

Lintner, Martin M.: Der Mensch und das liebe Vieh. Ethische Fragen im Umgang mit Tieren, Innsbruck 2017.

Mendl, Hans: Modelle – Vorbilder – Leitfiguren. Lernen an außergewöhnlichen Biografien, Stuttgart 2015.

Remele, Kurt: Tiere in den Religionen, in: *Johann S. Ach / Dagmar Borchers* (Hg.): Handbuch Tierethik. Grundlagen – Kontexte – Perspektiven, Stuttgart 2018, 134–139.

Riede, Peter: Tiere, in: WiBiLex 2010 (https://bibelwissenschaft.de/stichwort/35794/; letzter Zugriff am 27.8.2023).

Rotzetter, Anton: Tiere – unsere Schwestern und Brüder. Die Tiere und ihre Wertschätzung nach den Schriften des Franz von Assisi, in: *Rainer Hagencord* (Hg.): Wenn sich Tiere in der Theologie tummeln. Ansätze einer theologischen Zoologie, Regensburg 2010, 57–74.

Ruster, Thomas: Tierethik, in: *Simone Horstmann / Thomas Ruster / Gregor Taxacher* (Hg.): Alles, was atmet. Eine Theologie der Tiere, Regensburg 2018, 137–150.

Schroer, Silvia: »Du sollst dem Rind beim Dreschen das Maul nicht zubinden« (Dtn 25,4). Alttestamentliche Tierethik als Grundlage einer theologischen Zoologie, in: *Rainer Hagencord* (Hg.): Wenn sich Tiere in der Theologie tummeln. Ansätze einer theologischen Zoologie, Regensburg 2010, 38–56.

Schroer, Silvia: Tiere in der Bibel. Bibel verstehen, Freiburg/Basel/Wien 2013.

Internetquellen zu Theoklitos Proestakis/Takis (letzter Zugriff am 2.1.2024):

https://www.dailystar.co.uk/news/world-news/stray-cat-broken-jaw-no-23353682
https://www.dailymail.co.uk/news/article-3260847/The-dentist-s-best-friend-200-dogs-Animal-lover-gives-job-rescue-pets-left-starve-scorching-sun-crisis-hit-Greeks-abandon-them.html
https://www.euronews.com/2017/06/27/second-chance-for-dogs-left-to-die-in-greece
https://www.facebook.com/TakisShelterCrete/?locale=de_DE
https://greekreporter.com/2021/10/02/takis-shelter-the-greek-man-who-devotes-his-life-to-animals-video/
https://greekreporter.com/2019/12/17/dog-chained-to-tree-in-cretan-wilderness-gets-second-chance-at-life-video/
https://greekreporter.com/2021/10/02/takis-shelter-the-greek-man-who-devotes-his-life-to-animals-video/
https://www.ibtimes.com/momma-dog-puppies-reunited-papa-dog-shelter-after-rescue-mission-3035749
https://neoskosmos.com/en/2015/10/13/news/greece/takis-shelter-greek-animal-lover-gives-up-job-to-found-a-dog-shelter-cats/
https://takisshelter.org/
https://www.telegraph.co.uk/pets/man-who-rescued-200-dogs-in-greece/
https://www.thedodo.com/videos/daily-dodo/guy-gives-up-everything-to-save-stray-dogs
https://www.thedodo.com/videos/daily-dodo/man-saves-tiny-puppies-from-dumpster
https://www.westernjournal.com/50-starving-pups-dump-no-place-go-gives-job-save/
https://wunderdogmagazine.com/rescue/takisshelter/

›Local heroes‹ in Zeiten von Flucht und Vertreibung
Unterrichtsprojekte und didaktische Reflexion

Walter Leitmeier

Hans Mendls Buch »Lernen an (außer-)gewöhnlichen Biografien« (*Mendl* 2005) motivierte Lehrende der Friedrich-Alexander-Universität Erlangen-Nürnberg zu zwei Seminar-Projekten, die ethisches Lernen in Auseinandersetzung mit Vorbildern, mit »*Local heroes*« (*ebd.*, 95) reflektierten. Da die »Komplexität der Welt und die Bedeutung ethischer und religiöser Grundsätze [...] am besten durch Erzählungen verdeutlicht werden« (*Mendl* 2021, 259) kann, wird in folgendem Beitrag von diesen Seminar-Projekten erzählt. Umrahmt und ergänzt werden die Erzählungen durch den Blick auf zwei literarische Werke, die sich ebenfalls mit der Thematik »Vorbilder« befassen. Abschließend wird an die bleibende Relevanz des Lernens an Vorbildern für die Religionspädagogik erinnert.

Siegfried Lenz: Das Vorbild

In Siegfried Lenz' (1926–2014) Roman »Das Vorbild« (*Lenz* 1984) ringen die Protagonisten – eine Schulbuchautorin und zwei Schulbuchautoren – um die Frage, ob junge Menschen heute noch Vorbilder benötigen und ob man heute überhaupt noch von Vorbildern sprechen darf. In einem zweiten, parallel dazu verlaufenden Schritt geht es darum, wie diese Vorbilder sein sollten bzw. welche Werte und Taten ein Vorbild zu einem solchen machen. In verschiedenen Anläufen reflektieren die Autorin und die beiden Autoren diese Fragestellungen und suchen – am Ende verzweifelt – nach einer Person, die Schülerinnen und Schülern in einem Lesebuch als Vorbild präsentiert werden könnte. Als Kriterium für eine vorbildhafte Person formuliert einer der Schulbuchautoren:

> An solch einem Vorbild [...] lasse sich lernen, dass nicht etwas Beliebiges zu tun sei, sondern systematisch das, was wir uns selbst schuldig sind. [...] Ein Vorbild verweist darauf, dass wir etwas nötig haben. Dass etwas zu tun ist. Dass die Welt keine vollendete Tatsache, sondern veränderbar ist. (*Lenz* 1984, 226)

Im Laufe der Diskussionen scheint klar, dass junge Menschen Vorbilder brauchen und eine moralisch stets korrekte Person – so es sie denn geben sollte – gegenwärtigen Schülerinnen und Schülern nicht als Vorbild dienen kann. Der andere Autor, der Vorbilder radikal neu denken will, fordert: »Horizontaler, alles muss horizontaler werden, und das heißt, irdischer« (*ebd.*, 32).

In dieser Diskussion wird deutlich, was Romano Guardini, mit seinem Begriff »Heilige der Unscheinbarkeit« (*Guardini* 1975, 71) zu fassen versucht: »Von Außergewöhnlichkeiten ist hier keine Rede mehr. Der Mensch, der diesen Weg geht, tut, was jeder tun müsste, der jetzt und hier seine Sache richtig machen will. Nicht mehr und nicht weniger.« (*ebd.*, 72)

Hans Mendl hat diesen Gedankengang und damit die Relevanz der vorbildhaften Wirkung von »Alltagsmenschen« (*Mendl* 2005, 46) in die katholische Religionspädagogik eingebracht und weiterentwickelt (vgl. *ebd.*, 46f.). In seinem Grundlagenwerk »Lernen an (außer-)gewöhnlichen Biografien« (*ebd.*) bezieht auch er sich auf Siegfried Lenz' Roman »Das Vorbild« (*Lenz* 1984). Seit vielen Jahren sucht Hans Mendl in Veröffentlichungen und didaktischen Entwürfen nach neuen Wegen in der Vorbilddidaktik, insbesondere durch sein Modell des Lernens an und durch *Local heroes*. *Local heroes*, die von ihm auch als »Helden des Alltags«, als »Helden vor Ort«, »Helden auf Augenhöhe« und in Anlehnung an Guardini als »Heilige des Alltags« bezeichnet werden, leben im »Nahbereich und der Jetzt-Zeit« und »ermöglichen eine unmittelbare personale Begegnung« (*Mendl* 2015, 94).

Hans Mendls Vorbild hat gewirkt: Religionspädagoginnen und Religionspädagogen der Friedrich-Alexander-Universität Erlangen-Nürnberg (FAU) ließen sich von ihm inspirieren (vgl. *Leitmeier* 2011, 43; *Mendl 2015*, 122–123).

Local heroes von Wendelstein

Im Jahr 2010 initiierte die Lehreinheit Didaktik des katholischen Religionsunterrichts an der FAU ein Kooperationsprojekt mit einer dritten Klasse der Grundschule Wendelstein. In diesem Projekt wurde ethisches Lernen in der Auseinandersetzung mit »*Local heroes* [...], Menschen aus der mittelbaren und unmittelbaren Umgebung« (*Mendl* 2005, 99) konkret erfahrbar:

Zunächst setzten sich die Studierenden mit Modellen des ethischen Lernens und der Theorie des Vorbildlernens auseinander. Sie reflektierten lernpsychologische Konzeptionen und beschäftigten sich mit der Idee des »Lernens an (außer-)gewöhnlichen Biografien« (*ebd.*). Mit diesem Hintergrund besuchten die Studierenden die Schulklasse in Wendelstein. Dort gestalteten sie eine Unterrichtsstunde zu Don Bosco und stellten diesen als einen Mann vor, der aufgrund seines Einsatzes für Kinder und Jugendliche von den Einwohnerinnen und Einwohnern seiner Heimatstadt Turin und auch noch von vielen Menschen heute als Vorbild und Held gesehen wird. Schließlich wurden die Schülerinnen und Schüler angeregt, nach Menschen in ihrem Heimatort zu forschen, die für sie Vorbilder oder sogar Heldinnen und Helden sind – »Heilige des Alltags« (*ebd.*, 97), die sich für andere engagieren. Es wurde nach Personen gesucht, die in ihrem Verhalten einer »ethisch bzw. religiös relevanten Kategorie zugeordnet werden« (*ebd.*, 98) können: Menschen, die sich an den Werken der Barmherzigkeit (Mt 25) orientieren oder ein Verhalten zeigen, das den Tugendlehren folgt; Personen, die ihr Verhalten nach den Evangelischen Räten, der Bergpredigt, dem Dekalog oder dem Gedanken des Weltethos ausrichten (vgl. *ebd.*, 98). Relevant dabei war, dass die Schülerinnen und Schüler nur einen Lebensausschnitt eines *Local hero* untersuchen sollten und die oben genannten Kriterien nicht für das ganze Leben der Menschen gelten mussten.

Gemeinsam mit ihrer Lehrerin machten sich die Lernenden auf die Suche nach Personen aus der näheren Umgebung und fanden: eine Vorlese-Oma, einen Leichtathletik-Trainer, eine Mitarbeiterin der Tafel, den Feuerwehrkommandanten, einen Heimatpfleger und den pensionierten Schulleiter, der Schülerbegegnungen zwischen Wendelstein und Zukowo (Polen) organisierte. Daraufhin besuchten und interviewten die Schulkinder diese »Heldinnen und Helden des Alltags«. Mit den gewonnenen Informationen gestalteten sie Plakate und stellten diese in der Klasse vor. Die eine oder den anderen *Local hero* luden sie auch ins Klassenzimmer ein. Angeregt von deren Ideen und Engagement, wurden die Schülerinnen und Schüler auch selbst zu ›Heldinnen und Helden des Alltags‹: Sie beteiligten sich an einer Umweltsäuberungsaktion im Wald, besuchten ein Altenheim, lasen Kindern im Kindergarten vor und frühstückten mit Erstklässlern. Schließlich stellten sie Holunderlimonade her, gestalteten im Deutschunterricht Plakate, verkauften den Saft in der Pause und spendeten den Erlös der Tafel in Wendelstein.

Auch die Studierenden hatten sich in der Zwischenzeit mit außergewöhnlichen Biografien beschäftigt, sowohl mit *Local heroes* (z. B. ein Pater aus Nürnberg, der sich für Straßenkinder engagierte) als auch mit ›klassischen‹ Heiligen (z. B. Franz von Assisi). Als die Schülerinnen und Schüler einige Wochen später zu einem Abschlusstreffen an die Universität kamen, berichteten sich Kinder und Studierende gegenseitig von ihren Erfahrungen.

Mit dem Song »Search for the hero inside yourself« (M *People* 1996) wurden Schülerinnen, Schüler und Studierende abschließend angeregt, die ›Heldin und den Helden in sich selbst‹ zu suchen. Alle überlegten für sich, wie sie im Alltag eine ›kleine Heldin‹, ein ›kleiner Held‹ sind oder werden können, wie sie sich bereits für andere Menschen einsetzen oder in Zukunft einsetzen können.

Local heroes in Zeiten von Flucht und Migration

Im Jahr 2015 hatte Bundeskanzlerin Angela Merkel mit ihrem Satz »Wir schaffen das!« (*Schlott* 2020) viel bewegt. Eine große Zahl von Menschen, die aus ihrer Heimat in Syrien, Afghanistan oder dem Irak geflohen war, wurde in Deutschland willkommen geheißen. Innerhalb eines Jahres veränderte sich jedoch die gesellschaftliche Stimmung. In Teilen der Bevölkerung wurde offen gegen Menschen auf der Flucht polemisiert und die Willkommenskultur wurde nicht nur durch rechte Proteste und gewalttätige Aktionen gegen Asylsuchende in Frage gestellt. Aufgrund dieser gesellschaftlichen Problematik wurde an der Lehreinheit Didaktik des Katholischen Religionsunterrichts das Seminar »*Local heroes* in Zeiten von Flucht und Migration« entwickelt und im Wintersemester 2016/17 durchgeführt. Lehrerinnen und Lehrer waren und sind noch heute – nicht nur im Religionsunterricht – täglich mit den Folgen von Flucht und Migration konfrontiert. Um Stellung beziehen zu können und ins Handeln zu kommen, erschien grundlegendes Wissen über diese Thematik und ein wohl überlegter bzw. begründeter ethischer Standpunkt wichtig.

Die Studierenden informierten sich zunächst über die Ausgangslage, das heißt über aktuelle Zahlen und Fakten bezüglich Flucht und Migration. Im Jahr 2015 befanden sich 65,3 Millionen Menschen weltweit auf der Flucht. Das waren nach Angaben der UNHCR (vgl. *UNHCR* 2022, 8f.) die höchsten Zahlen, die bis zu diesem Zeitpunkt jemals gemessen wurden. Der Großteil der Menschen auf der Flucht fand Zuflucht in Nachbarländern. Bezüglich der Aufnahme von aus Syrien geflüchteten Menschen stand Deutschland damals an der Spitze der Zielländer in der Europäischen Union (vgl. *BAMF* 2015, 31).

Durch die skizzierten Fakten wurde deutlich, wie wichtig Menschen waren und auch heute noch sind, die sich für Asylsuchende engagierten, Stellung bezogen, sich für Bildung einsetzten, Werte prüften und Begegnungen ermöglichten. Im Seminar wurde daher das Modell des ethischen Lernens durch »*Local heroes*« (*Mendl* 2015, 61) eingeführt. Diese wurden als Menschen aus der unmittelbaren Umgebung vorgestellt, von denen jede einzelne bzw. jeder einzelne die Bereitschaft zeigte, das zu tun, »was von Mal zu Mal die Stunde von ihm verlange« (*Guardini* 1975, 71).

Exemplarisch wurde dazu die Biografie einer Erzieherin skizziert, die aktiv in der Arbeit mit Geflüchteten engagiert war. In einer Erzählung, die es ermöglichte, sich in ihre Biografie »*einzuklinken*« (vgl. *Mendl* 2021, 259), wurden ihre Überlegungen, ihre Überzeugungen und ihre Gründe erkennbar, sich aus selbst erfahrener Hilfsbereitschaft und aufgrund ihres Glaubens für Asylsuchende einzusetzen. Die »*Vorteile der* Local heroes« (*Mendl* 2015, 94) sowie das »*Kriterienraster für die Suche nach Modellen, Vorbildern und Leitfiguren*« (*ebd.*, 91) bildeten schließlich die Grundlage für die Suche der Studierenden nach »Heldinnen und Helden des Alltags«, nach Menschen in ihrer näheren Umgebung, die sich für Geflüchtete engagierten.

Parallel dazu erhielten die abstrakten Zahlen von Asylsuchenden und die theoretischen Überlegungen zu *Local heroes* »ein Gesicht«. Ein Erlebnispädagoge und Fotograf aus Erlangen berichtete über einen einmonatigen Aufenthalt auf der Insel Lesbos. Die Vernissage seiner Fotoausstellung zur Flüchtlingshilfe auf Lesbos in der Universität und seine Erzählungen zu den Bildern beeindruckten alle Teilnehmenden (*Flüchtlingshilfe* 2016). Um weitere Perspektivenübernahme und Identifikation zu ermöglichen, sollten in einer folgenden Sitzung exemplarische Momentaufnahmen und damit konkrete Schicksale aus Filmen, Büchern, Dokumentationen und der Fotoausstellung den Studierenden das Thema Flucht, Migration und Asyl näherbringen (vgl. *Friedli* 2011; *Boie* 2016; *Karimi* 2015; *Holz* 2014).

Nach der Klärung, welche allgemeinen Menschenrechte beim Themenbereich Flucht relevant bzw. gefährdet sind, rückten theologische Fragen in den Fokus. Es wurde die Würde des Menschen und die sich daraus ergebende Handlungsaufforderung an die Gläubigen untersucht. Die Frage im Seminar lautete: Warum haben Christinnen und Christen den Auftrag, die Würde jedes Menschen zu achten und Menschen auf der Flucht Schutz zu gewähren? Eine Antwort darauf gab die »Kommission für Migrationsfragen« der Deutschen Bischofskonferenz:

> Der Mensch ist Geschöpf Gottes, nach seinem Bild geschaffen. In jedem Menschen sieht der Gläubige das Antlitz Gottes. Jeder Mensch ist deshalb, unabhängig von seiner Herkunft

und seinem rechtlichen Status, einmalig und in dieser Einmaligkeit Maßstab jedes zwischenmenschlichen und staatlichen Handelns. (*Sekretariat* 2001, 36)

In Kirche und Theologie wird die Würde des Menschen mit der Ebenbildlichkeit Gottes begründet. Weitere Aspekte, die ein soziales Engagement für Geflüchtete begründen, fand die Seminargruppe in den Prinzipien der christlichen Sozialethik: Personalität, Solidarität und Subsidiarität. Auch die Bibel selbst enthält eine Vielzahl von Texten, die sich mit der Frage nach den Gründen für Solidarität, Nächstenliebe und Engagement für Fremde und Menschen auf der Flucht auseinandersetzen (exemplarisch: Lev 19,33–34; Mt 25,31–40). Es folgte eine Reflexion der Ursachen der Not, die Menschen zur Flucht veranlassen. Dazu wurden sowohl die Enzyklika »LAUDATO SI'« (*Sekretariat* 2018, 67; 159f.) als auch prophetische Ansätze aus dem Alten Testament (z. B. Am 5,11ff.; Jes 1,10–17) untersucht. Abschließend kam ein aktuelles prophetisches Medium zum Einsatz, das Lied »Meermenschen« der Band Moop Mama. Dort heißt es in der letzten Strophe:

> Es kommen immer mehr Menschen her, ein Heer von Meermenschen.
> Doch hier heißt es: ›Wir brauchen keine Menschen mehr, keine Meermenschen.‹
> Und als ich spät nachts von der Arbeit kam, musste ich daran denken: Was wäre, wenn die Meermenschen nicht mehr nur Meermenschen wären, sondern nurmehr – Menschen? (*Moop Mama* 2016)

Die Frage, was es heißen würde, wenn Christinnen und Christen in geflüchteten Menschen aus anderen Ländern *nur* Menschen sehen würden, führte zu einer spannenden Diskussion. In den folgenden Sitzungen wurden von den Studierenden Portraits und Entscheidungsprozesse von *Local heroes* präsentiert, die genau das in ihrem Alltag praktizieren. Eine kleine Auswahl will die Vielfalt prosozialen Verhaltens veranschaulichen:

Mila (40), eine Erzieherin, engagiert sich in der Kleiderkammer für Menschen auf der Flucht. Sie ist davon überzeugt, dass alle Menschen gleich sind und eine unantastbare Würde besitzen. *Sarah* (21), eine Studentin, gründete mit anderen einen Verein, der sich für Asylsuchende und gegen Proteste engagiert, die eine Unterbringung von Geflüchteten in ihrem Heimatort ablehnten. Ihr ist vor allem der Abbau von Vorurteilen gegenüber Fremden wichtig. *Konrad* (77), Rentner, engagiert sich als Sprachpate, in der Nachhilfe und bei der Wohnungssuche für Menschen auf der Flucht. Konrad ist christlich sozialisiert, in seiner Pfarrgemeinde eingebunden und sieht sein Engagement als Ausdruck der Nächstenliebe. *Monika* (59), Kommunalpolitikerin, ist Mitbegründerin eines »AsylCafés«. Sie wurde durch ein eben genau so arbeitendes Café in Passau motiviert und ist davon überzeugt, dass Begegnungen helfen, Menschen kennenzulernen.

Durch die intensive Auseinandersetzung mit dem Thema Flucht und ihren *Local heroes* lernten die Studierenden, zu einem eigenen ethischen Urteil zu gelangen und begründet Stellung zu beziehen. Sie zeigten sich interessiert für die unterschiedlichsten Initiativen, wie Menschen versuchten, Asylsuchende zu unterstützen. Besonders sprachen sie Biografien von *Local heroes* im gleichen Alter und in einer ähnlichen Lebenssituation an.

Paul Brodowsky: Väter

Im Jahr 2023 erschien der Roman »Väter« (*Brodowsky* 2023) von Paul Brodowsky (*1980). Der Autor reflektiert in seinem Roman in der Ich-Perspektive, wie sich die nationalsozialistische Erziehung, die sein Vater zwei Jahre lang in einer »Nationalpolitischen Lehranstalt« erfahren hat, auf sein Leben und seinen Blick auf die Welt ausgewirkt hat. Die vielfältigen Versuche, dies und vor allem die sich daraus ergebenden Konsequenzen für die eigene Vaterrolle herauszuarbeiten, enthalten auch eine Klärung der pädagogischen Ziele derartiger Lehranstalten: »Es geht dabei nicht um Vermittlung, sondern um Zucht. [...] Bildung bedeutet hier Umbildung, totalitäre Formung, mit dem Ziel, absoluten Gehorsam zu erreichen und jedwede Individualität zu unterdrücken.« (*Brodowsky* 2023, 266)

Dem Ich-Erzähler wird immer klarer, dass seine »Familienwerte und -strukturen von dieser Institution geprägt« (*ebd.*, 272) sind. Die unverarbeiteten Erlebnisse des Vaters wirken in seiner Familie weiter und machen ihn unberechenbar und unnahbar. Sein Vater dient dem Erzähler daher als

> Antivorbild [...], als Suchbild ex negativo, als der Mensch, der man gerade nicht werden möchte, der einen damit aber gewissermaßen in ein Nichts verweist, in den leeren Raum, auf das unbeschriebene Blatt, Horror Vacui, weshalb es in meinem Leben eine lange Linie von Ersatz- oder Wahl-Vätern gibt, angefangen mit Lovis, der wie Till eher eine Art Wahl-großer-Bruder darstellt, dann ein befreundeter, zwölf Jahre älterer Autor und Lektor und während meines Studiums eine Zeit lang einer meiner Professoren, diese Wahl-Vorbildfiguren decken jeweils nur Facetten einer Vorbildfunktion ab, trotzdem sind sie wichtige Marker im Feld eines Selbstentwurfs. (*ebd.*, 258)

Das Verhalten und die Eigenschaften seines Vaters machen ihm deutlich, dass er sein Leben so nicht gestalten möchte – kategorisch nicht. Das Fehlen einer positiven männlichen Identifikationsfigur im familiären Kontext lässt ihn in seinem näheren Umfeld nach Alternativen suchen. Allen gemeinsam ist, dass sie »jeweils nur Facetten einer Vorbildfunktion« (*ebd.*, 258) abdecken. Dem Erzähler ist bewusst, dass sie in bestimmten Bereichen attraktiv, interessant und für den eigenen Lebensentwurf impulsgebend sein können – eben als »Marker« im Prozess der Entwicklung seiner Persönlichkeit (*ebd.*, 258). In seinem verstorbenen Schwiegervater Peter fand er »eine Art Ersatz-Vater« (*ebd.*, 258) und es wird ihm klar:

> Die vorerst letzte Figur in dieser Kette [an Vorbildern] bildet also Peter, [...] der jetzt nicht mehr auf der Welt ist. Mit Peter teile ich viel mehr Werte als mit meinem leiblichen Vater, viel mehr Vorstellungen davon, was ein gelungenes Leben sein könnte, aber auch Alltägliches, wie man Räume gestaltet, sich kleidet, was gute Bücher ausmacht, intensive Gespräche [...] (*ebd.*, 258f.).

Grundlegend, um einen Menschen als Vorbild auszuwählen, scheint für Brodowsky die Qualität der Beziehung zu sein. Dies beinhaltet die Möglichkeit eines intensiven Austausches, das Teilen gemeinsamer Werte und Lebensvorstellungen.

Die Frage der Notwendigkeit bzw. die Frage nach der Berechtigung von Vorbildern stellt sich Paul Brodowsky – im Unterschied zu Siegfried Lenz – nicht mehr. Er geht selbstverständlich davon aus, dass Menschen Vorbilder benötigen. Seine

Suchbewegungen lassen erkennen, dass auch heute noch (junge) Erwachsene das Bedürfnis haben, sich an anderen Menschen zu orientieren oder sich ein »role model« (*ebd.*, 258) suchen. Eine Gemeinsamkeit haben die beiden Romane allerdings doch: Sowohl Siegfried Lenz als auch Paul Brodowsky reflektieren die Frage, wie nach dem menschenverachtenden nationalsozialistischen Bildungsideal mit klaren unhinterfragbaren Vorbildern eine moderne und tragfähige Orientierung junger Menschen an Vorbildern möglich sein kann. Ganz unterschiedlich, aber doch in der Sache gleich, kommen sie zu dem Ergebnis, dass es nicht »das überhöhte Vorbild« geben kann, das in allen Lebensbereichen moralisch richtig handelt. Vorbilder heute sind »irdischer« (*Lenz* 1984, 32), sie sind Menschen zum Anfassen, Menschen, die auf Augenhöhe begegnen und ansprechbar sind (vgl. *Mendl* 2015, 94).

Die bleibende Relevanz des Lernens an Vorbildern für die Religionspädagogik

An einem Vorbild lässt sich lernen, »was wir uns selbst schuldig sind« (*Lenz* 1984, 226). Dieser Gedanke der Protagonisten im Roman »Das Vorbild« hat auch Relevanz für die Religionspädagogik. Ein Vorbild bietet die Chance der Auseinandersetzung mit der eigenen Biografie, mit der Frage, was mir selbst im Leben wichtig ist, wie ich mich selbst, meine Fähigkeiten und Begabungen entwickeln kann – als »Geschöpf Gottes (in meiner) Einmaligkeit« (*Sekretariat* 2001, 36). Lernen an Vorbildern ist – so Hans Mendl – ein »Beitrag zur Identitätsfindung«, fördert die »Fähigkeit zur Perspektivenübernahme und empathischen Identifikation«, unterstützt die »Entwicklung der moralischen Urteilsfähigkeit« und die »diskursive Ausbildung moralischer Überzeugungen« (*Mendl* 2015, 84).

Hans Mendl erinnert in seinem Aufsatz »Biografisches Lernen« im Studienbuch Religionsdidaktik an Martin Buber und betont: »Als dialogisches Wesen kann sich der Mensch nicht nur aus sich selbst entwickeln, sondern ist auf ein Werden am Du angewiesen« (*Mendl* 2021, 257). Persönliches Wachstum geschieht in Beziehung. »In der Ich-Du-Beziehung, einem wechselseitigen Miteinander, kann sich die Persönlichkeit eines Menschen entfalten und verwirklicht sich das menschliche Sein« (*Leitmeier/Hoyer* 2022, 51).

Die Schülerinnen und Schüler aus Wendelstein lernten im wechselseitigen Miteinander, in der Begegnung: mit ihrer Lehrerin, mit den Studierenden und mit den sich sozial engagierenden *Local heroes* aus ihrem Heimatort. Sie schärften ihre »soziale Sensibilität im Nahbereich« (*Mendl* 2015, 123) und wurden dadurch selbst zu »kleinen Heldinnen und Helden des Alltags«. Auch die Studierenden im Seminar »*Local heroes* in Zeiten von Flucht und Migration« begegneten ihren »Heldinnen und Helden des Alltags«. Sie traten in Kontakt, ließen sich von deren mutigen Einsatz begeistern, bewunderten deren Engagement und die Kraft, ihr »Cocooning« (*ebd.*, 33) zu überwinden und sozial aktiv zu werden. Paul Brodowsky beschreibt in »Väter« tragende Beziehungen des Ich-Erzählers mit seinen Vorbildern. Sie sind

»Marker im Feld eines Selbstentwurfs« (*Brodowsky* 2023, 258), inspirieren und unterstützen ihn in seiner Persönlichkeitsentwicklung.

»Der Mensch wird am Du zum Ich« (*Buber* 1997, 32). Jeder Mensch ist existenziell auf ein Gegenüber angewiesen, dem er begegnen und mit dem er in Beziehung treten kann. Vorbilder laden zur Begegnung ein!

Literaturverzeichnis

BAMF, Das Bundesamt in Zahlen 2015. Asyl, Migration und Integration (https://www.bamf.de/SharedDocs/Anlagen/DE/Statistik/BundesamtinZahlen/bundesamt-in-zahlen-2015.pdf?__blob=publicationFile&v=16; letzter Zugriff am 20.3.2024).

BRODOWSKY, PAUL, Väter, Berlin 2023.

BOIE, KIRSTEN, Bestimmt wird alles gut, Leipzig 2016.

BUBER, MARTIN, Ich und DU, in: ders., Das dialogische Prinzip, Gerlingen [8]1997, 5–136.

Flüchtlingshilfe auf Lesbos, Mit Sterben Flucht regulieren! (https://fluchtnachlesbos.wordpress.com/; letzter Zugriff am 20.3.2024).

FRIEDLI, FABIO, Bon Voyage, Bern 2011 (Methode Film Barbara Kamp).

GUARDINI, ROMANO, Der Weg zum Mensch-Werden, Mainz 1975.

HOLZ, GUIDO, Mohammed auf der Flucht. Dokumentarfilm MDR, Deutschland 2014.

KARIMI, AHMAD MILAD, Osama bin Laden schläft bei den Fischen. Warum ich gerne Muslim bin und wieso Marlon Brando viel damit zu tun hat, Freiburg im Breisgau [2]2015.

LEITMEIER, WALTER, Search for the hero inside yourself. Oder: Kleine Helden des Alltags. Local Heroes von Wendelstein, in: Christlich-pädagogische Blätter 124 (2011), Heft 1, 43–44.

LEITMEIER, WALTER / HOYER, INGRID, »In jedem Du reden wir das ewige an« – Martin Bubers Beziehungsverständnis und Impulse für die religionspädagogische Praxis, in: *Matthias Werner / Eva Willebrand / Michael Winklmann* (Hg.), Angesehen. Interdisziplinäre Perspektiven auf den Blick Gottes, Freiburg 2022, 48–60.

LENZ, SIEGFRIED, Das Vorbild, Hamburg ([1]1973) [5]1984.

MENDL, HANS, Lernen an (außer-)gewöhnlichen Biografien. Religionspädagogische Anregungen für die Unterrichtspraxis, Donauwörth 2005.

MENDL, HANS, Modell – Vorbilder – Leitfiguren. Lernen an außergewöhnlichen Biografien, Stuttgart 2015.

MENDL, HANS, Biografisches Lernen, in: *Eva Stögbauer-Elsner / Konstantin Lindner / Burkard Porzelt* (Hg.), Studienbuch Religionsdidaktik, Bad Heilbrunn 2021, 256–266.

MOOP MAMA, Meermenschen (https://www.youtube.com/watch?v=5dlAPLV_iT0; letzter Zugriff am 20.3.2024).

M PEOPLE, Search for the hero (https://www.youtube.com/watch?v=uFN2gw74spU; letzter Zugriff am 20.3.2024).

SCHLOTT, RENÉ, »Wir schaffen das!« Vom Entstehen und Nachleben eines Topos (https://www.bpb.de/shop/zeitschriften/apuz/312826/wir-schaffen-das/; letzter Zugriff am 26.3.2024).

SEKRETARIAT DER DEUTSCHEN BISCHOFSKONFERENZ (Hg.), Leben in der Illegalität in Deutschland – eine humanitäre und pastorale Herausforderung (Die deutschen Bischöfe – Kommission für Migrationsfragen 25), Bonn 2001.

SEKRETARIAT DER DEUTSCHEN BISCHOFSKONFERENZ (Hg.), Enzyklika LAUDATO SI' von Papst Franziskus über die Sorge für das gemeinsame Haus, Bonn [4]2018.

UNHCR, Global Trends. Forced Displacement in 2022 (https://www.uno-fluechtlingshilfe.de/fileadmin/user_upload/global-trends-report-2022.pdf; letzter Zugriff am 20.3.2024).

III   Biografisch Lernen fiktional

»Bist so ein Held, Schorsch?« (*Kirsten Boie: Dunkelnacht*)
Zum Vorbild-Charakter einer fiktiven Figur

Norbert Brieden

Der Titel deutet es an: Im Folgenden geht es um ein vorbildliches Handeln, das an einer fiktiven Person geschildert wird. Diese Person steht für mich auf der von Hans Mendl so bezeichneten »mittlere[n] Ebene der exemplarischen Alltagspersonen« (*Mendl* 2015, 44). Gegenüber der alltagsfernen Ebene der großen Heiligen einerseits und der alltagsnahen Ebene von Bezugspersonen aus dem engeren Umfeld andererseits erlaubt es die mittlere Ebene leichter, im Gegensatz zur Dominanz distanzlos-familiärer Vorbilder oder unerreichbar scheinender Idealvorstellungen »die ›semantische Ladung‹ für den Begriff des Vorbilds zu modifizieren« (*ebd.*, 45). Mendl spricht diesbezüglich gerne, ein Zitat von Romano Guardini aufgreifend, von »Heiligen der Unscheinbarkeit«, die sich als »Menschen wie du und ich« in besonderer Weise »für ein orientierendes Lernen« eignen (*ebd.*, 44.56f.). Mendl geht es somit um eine *Erdung* der Vorbilder, denen Kinder und Jugendliche *auf Augenhöhe* so begegnen können, dass sie ihre eigenen Werte, Erfahrungen und Hoffnungen in diesen Menschen *spiegeln,* durchaus auch im Kontrast zu ihnen (vgl. *ebd.*, 51). Somit stehen für Mendl die *lernenden Subjekte* im Zentrum, die in der Auseinandersetzung mit fremden Biografien ihre *Identität finden* können, indem sie ihnen fremde *Perspektiven empathisch übernehmen*, ihre *moralische Urteilsfähigkeit entwickeln* und ihre *ethischen Haltungen diskursiv ausbilden* (vgl. *ebd.*, 83–85).

Zu diesem Zweck können auch fiktive Figuren relevant sein. Mendl schließt sich der geschichtsdidaktischen Einsicht an, dass eine »Hinzufügung solcher fiktiver Personen durchaus legitim« sei, wenn diese »repräsentativ für Überindividuelles dargeboten und realistisch entfaltet werden« (*ebd.*, 142). Das trifft m. E. auf die Figur des fünfzehnjährigen Schorsch Lahner zu, einer von drei Jugendlichen, die die sog. *Penzberger Mordnacht* vom 28. auf den 29. April 1945 hautnah miterleben. Marie, gerade vierzehn Jahre alt geworden, ist die fiktive Tochter des historischen Metzgermeisters Sebastian Reithofer, der seiner drohenden Erschießung entgeht, weil ein Freund ihn unter Lebensgefahr versteckt. Als Schorsch das Mädchen danach fragt, wo sich denn ihr Vater verstecke, verweigert Marie ihm die Antwort, und auf seine Versicherung, nie würde er ihren Vater verraten, antwortet Marie unter Verweis auf mögliche Folter durch die Nazis mit der Gegenfrage: »Bist so ein Held, Schorsch?« (*Boie* 2021, 75) Diese Frage steckt Schorsch wie ein Stachel im Fleisch. Denn als fiktiver Sohn des historischen, regimetreuen Polizeimeisters Lahner konnte er die brutale Gewalt des Nazi-Regimes bisher verdrängen: »Folter, daran hat er nicht gedacht. Waren doch alles nur Gerüchte, hat der Vater gesagt, das über Dachau. Gerüchte, das haben alle gesagt. Hat doch niemand geglaubt, der nicht glauben wollte« (*ebd.*, 75).

Die Datenbank »Local heroes«, gepflegt am Lehrstuhl von Hans Mendl, leistet notwendige Erinnerungsarbeit, indem sie unter dem Stichwort »Drittes Reich« auf Menschen hinweist, die während der Zeit des Nationalsozialismus und danach Zivilcourage bewiesen, ihr Leben aufs Spiel setzten und sogar wegen ihrer freimütigen Kritik, die während des Krieges als Wehrkraftzersetzung galt, getötet wurden – so Hans Wölfel (vgl. *Zeißner* 1994). Von daher sind Maries Sorgen Schorsch gegenüber realistisch: »Besser, du weißt nichts. Wenn du nichts weißt, kannst auch nichts verraten« (*Boie* 2021, 75).

Für ihre Novelle »Dunkelnacht« wurde Kirsten Boie 2022 mit dem Katholischen Kinder- und Jugendbuchpreis ausgezeichnet (vgl. *Sekretariat der deutschen Bischofskonferenz* 2022, 6f). Mit ihrer kammerspielartigen Novelle gelingt es der Preisträgerin, die geschichtlich ferne Kriegssituation heutigen Jugendlichen näherzubringen. Die drei Jugendlichen *Marie*, die wegen ihrer familiären Sozialisation Gegnerin der Nazis ist, *Schorsch*, der zunächst aufgrund der väterlichen Haltung mit dem Nazi-Regime sympathisiert, und *Gustl*, der sich für seinen Vater schämt, obwohl er in Stalingrad »vermisst ist«. »Immer hat Gustl mit der Schande des Vaters gelebt. War in Auch-Da gewesen, im KZ Dachau, sein Vater, war ein Roter gewesen, das sühnt man auch nicht als Soldat«; und nun engagiert sich der fünfzehnjährige Gustl bei den Werwölfen, um als »Verräter-Kind« die »Schande« des Vaters auszulöschen (*Boie* 2021, 15). Im Folgenden wird die narrative Dynamik der zwischen auktorialer und personaler Erzählhaltung geschickt oszillierenden Novelle in Bezug auf die historischen Fakten und ihre Einbettung in die fiktionalen Ergänzungen erörtert, bevor ich über Ergebnisse einer Erarbeitung der Novelle mit Studierenden während eines Blockseminars berichte, die zugleich auch Perspektiven für die Thematisierung der Figur Schorsch als *Local hero* im Religionsunterricht geben. Abgeschlossen wird der Beitrag mit Überlegungen zur besonderen Bedeutung der Novelle im Religionsunterricht: Inwiefern kann er über den Geschichts-, Sozialkunde- oder Deutschunterricht hinausgehen?

Der historische Hintergrund

In 44 Szenen, die zu neun Zeitpunkten geordnet sind, vergegenwärtigt Boie den Terror der Nazi-Diktatur in Form einer dokumentarischen Novelle, die geschickt Fakt und Fiktion zu einem einzigartigen Kammerspiel verdichtet. In den beiden Teilen »Der Mordtag« und »Die Mordnacht« stellt Boie ein historisches Endphasenverbrechen nach, dem sechzehn Menschen zum Opfer fielen: Von einem durchreisenden Wehrmachtsregiment wurden der ehemalige Bürgermeister Hans Rummer und sechs weitere Männer ohne Standgericht erschossen. Sie wollten angesichts der anrückenden Amerikaner verhindern, dass der *Nero-Befehl* Hitlers ausgeführt wird. Der ›Führer‹ hatte am 19.3.1945 befohlen, alles zu zerstören, was dem Feind nutzen könnte. Dieser Befehl hätte die Zerstörung des für den Ort wichtigen Bergwerks zur Folge gehabt. Um das zu verhindern, folgten die Regime-Gegner in Penzberg einem Aufruf der *Freiheitsaktion Bayern*, die am Morgen den Sender in Ismaning gekapert hatte. Über den Rundfunk wurden die alten Bürgermeister aufgefordert, die Macht in den Rathäusern zu übernehmen. Aufgrund seines diplomatischen Geschicks gelang es Rummer, den alten Bürgermeister Vonwerden ohne Gewaltanwendung aus dem Rathaus zu schicken. Auch der Wehrmachtsoffizier Hauptmann Bentrott schien zunächst von einer friedlich vorzubereitenden Machtübergabe an die einrückenden US-Amerikaner überzeugt, als er die Lage im Rathaus erkundete, doch er überließ die Entscheidung seinem Vorgesetzten, Oberstleutnant Ohm. Und als die Nazis den Sender zurückeroberten, setzte der Anführer des Wehrmachtsregiments Ohm den ehemaligen Bürgermeister Rummer und dessen Leute fest. Nachdem Vonwerden durch Ohm wieder installiert worden war, holten sich die beiden Nazis bei Gauleiter Giesler in München den Befehl zur Erschießung ab.

Die Erzählstimme fragt, warum Vonwerden und Ohm kurz vor Ende des Krieges nach München fuhren: »Geht es ihnen darum, nicht schuld zu sein in der Zeit, die sie kommen sehen?« (*Boie* 2021, 65) Boie lässt die Erzählstimme kommentieren: »Und niemand ist schuld daran, später, kein Einziger von ihnen. Sie alle haben nur Befehle befolgt. Am Ende sind sie alle wieder frei. Aber ich greife ja vor. Die Morde müssen doch zuerst noch geschehen« (*ebd.*, 67). Mit solchen Andeutungen auf die den Leser*innen zwar bekannte, den beteiligten Personen damals aber noch nicht wirklich greifbare Zukunft nach dem Krieg, der bereits sechs Jahre dauerte, gelingt es Boie, die besondere Stimmung der Situation einzufangen. Alle wussten, dass das Tausendjährige Reich zu Ende geht; Menschen wie Hans Rummer übernahmen Verantwortung, andere wie der ängstliche Mitläufer Vonwerden und der übereifrige Ohm versuchten schon im Voraus, ihre Schuld abzuwälzen, während die Werwölfe unter ihrem Leit-Wolf Hans Zöberlein die brutalsten Mordaktionen durchführten. In der Nacht, vor Abreise des Regiments, erhielt der Racheaktionen befürchtende Vonwerden die ihm von Gauleiter Giesler, in Hitlers Testament einen Tag später als Nachfolger Himmlers zum Innenminister befördert, versprochene Unterstützung durch eine Werwolf-Truppe. Sie fahndete mit Unterstützung der Ortskräfte wie Polizeimeister Lahner nach »verdächtigen Elementen« (*ebd.*, 86), erschoss dabei einen weiteren Mann und erhängte acht Menschen, darunter zwei Frauen, eine von ihnen hochschwanger. Damit sollte entsprechend der als Flugblatt verteilten »Warnung an alle Verräter und Liebediener des Feindes« (*ebd.*, 85) ein Exempel statuiert und die friedliche Kapitulation vereitelt werden.

Die Novelle endet mit der historischen Notiz vom Sonntag nach der Mordnacht, dem 29. April 1945: Als »am kommenden Tag die Amerikaner einziehen, zwei Tage zu spät [...] nimmt sich Adolf Hitler in Berlin das Leben« (*ebd.*, 111).

Die fiktionalen Ergänzungen

Im Prolog führt Boie die Perspektiven der drei bereits genannten Jugendlichen ein, am Vorabend des Verbrechens: In der ersten Szene flüstert Marie dem Nachbarsjungen Schorsch zu, was ihr Vater rät: Betttücher für weiße Fahnen bereitlegen. Schorsch will widersprechen, weil der Wille zur Kapitulation als »Wehrkraftzersetzung« geahndet wird (*ebd.*, 9). Aber er freut sich zugleich, denn das Mädchen, in das er verliebt ist, vertraut ihm. Und so drückt er ihr einen Kuss auf den Mund. Marie aber wehrt sich gegen diesen Übergriff, indem sie erschrocken zurückzuckt. Schorsch ist beschämt und denkt trotzig: »Ich habe dich in der Hand, Marie!« (*ebd.*, 10) Als Marie ihm jedoch ihre Hand gibt, um sich zu verabschieden, ist er wieder »glücklich« und »die Welt [scheint] ihm für einen langen Augenblick heil« (*ebd.*, 11). Literarästhetisch erzeugen das Spiel von Licht und Schatten durch den Mond, das Einfangen der pubertären Gefühlsschwankungen in der Körpersprache und Schorschs Prägung durch die nationalsozialistische Propaganda Spannung auf das Folgende: Wie mag es weitergehen mit dem Jungen und dem Mädchen?

Die dritte Szene zeigt Gustl, der bei den Werwölfen in Großhadern auf seinen ersten Einsatz wartet, um das Regime noch vor seinem Untergang zu retten: »Gustl glaubt an den Führer. Gustl glaubt an das Deutsche Reich, die arische Rasse« (*ebd.*, 15). Die Losung der Werwölfe, die »Reichsminister Goebbels höchstpersönlich« ausgab und der Gustl »sich würdig erweisen« möchte, lautet: »Hass ist unser Gebet und Rache ist unser Feldgeschrei!« (*ebd.*, 14.36) Dementsprechend denkt Gustl: »Er gehört dazu. Sein Leben für den Führer. Sein Leben für den Sieg« (*ebd.*, 16).

Auch Schorsch »hat keine Angst«, wie Boie mit ihrer Erzählstimme am Ende der zweiten Szene betont, in der sie unter der Überschrift »Hintergrund« – es ist der einzige Titel, der nicht die beteiligten Personen nennt – die Rasse- und Kriegspropaganda der Nazis aus der Perspektive von Schorsch darstellt. »Der Junge will an den Endsieg glauben. Und im Augenblick, natürlich, denkt er ohnehin an ganz etwas anderes« (*ebd.*, 12f.). Die Beziehung zwischen Schorsch und Marie entwickelt sich weiter, obwohl sie unter keinem guten Stern steht, scheint sie doch von Beginn an korrumpiert durch die Macht, die dem Jungen eine mögliche Denunziation Maries verheißt – ein typisches Merkmal für sexualisierte Gewalt. Später wird deutlich: Auch Gustl schwärmt für Marie. Durch seine Aktionen für den Werwolf erhofft sich Gustl, Marie werde ihn empfangen »als ihren Helden. Dann endlich kann er Marie gestehen, was er fühlt« (*ebd.*, 37). Und auch Marie denkt für sich: »So fesch wie der Gustl ist der Schorsch nicht« (*ebd.*, 29). Aber nach der brutalen Aktion der Werwölfe weiß Gustl auch: »Nun wird Penzberg niemals mehr seine Stadt sein. Und Marie nicht seine Marie« (*ebd.*, 108). Das Glücksgefühl über den Auftrag in seiner Heimatstadt Penzberg für Ordnung zu sorgen, hat getrogen (vgl. *ebd.*, 82).

Narrative Dynamik in der Verschränkung von historischen Fakten und Figurenkonstellationen

Im Nachwort fasst Boie die Urteile der späteren Prozesse und Begnadigungen der Täter zusammen, die den Umgang Deutschlands mit den Naziverbrechen widerspiegeln: viel Begnadigung, um sich dem Wiederaufbau zu widmen, statt den Terror der Vergangenheit zu bewältigen (vgl. *ebd.*, 114–119). Aber nicht die Frage nach der Täterschuld steht im Zentrum, sondern die Beobachtungen der drei Jugendlichen und ihr Verstrickt-Sein in das Geschehen. Sie sind zwar gebunden an das, was sie in den Familien erlebten: der nationalsozialistischen Propaganda kritiklos ausgesetzt wie Schorsch, berührt von den Erzählungen der Verwandten aus Dachau wie Marie oder beschämt davon wie Gustl. Durch die Spiegelungen der jugendlichen Denk- und Handlungsweisen von Gustl und Schorsch an dem historischen Geschehen und seinen Protagonisten gelingt es Boie, eine moralisierende Schwarz-Weiß-Malerei zu vermeiden.

Gustl – ein Antiheld?

Gustl ist aus dem Zwang heraus, sich von seinen Eltern abzugrenzen und gesellschaftlich anerkannt zu werden, den Werwölfen beigetreten. Er nimmt an den Lynchmorden teil, obwohl sein 70-jähriger Zimmergenosse Alois ihn warnt: »Geh nicht mit, Bub! Lass das die Männer erledigen! Wirst es ja nicht mehr los dein Leben lang!« (*ebd.*, 91) Alois nimmt eine pädagogische Verantwortung wahr, kann sich aber Gustls Heldenwahn gegenüber nicht durchsetzen: »›Lass mich!‹, ruft Gustl. Ist schon schwer genug, den Alten bei Nacht zu ertragen, sein Schnarchen, was mischt der sich ein? Warum ist der überhaupt zum Werwolf gegangen? ›Ich bin nicht feige!‹« (*ebd.*) Während Alois Gustl davon zu überzeugen versucht, sich analog zu Hauptmann Bentrott zu verhalten, der geschickt den Auftrag Ohms, das Erschießungskommando zu übernehmen, von sich abwendet (vgl. *ebd.*, 69–71), meint Gustl, Verantwortung analog zu Oberstleutnant Ohm zu übernehmen, wenn er die Verräter an seinem nazistischen Glauben zur Rechenschaft zieht. Im Gegensatz zu Bentrott und Ohm, die sich beide auch später vor Gericht durch ihren jeweiligen Befehlsgehorsam rechtfertigen (vgl. *ebd.*, 48f.51f.64–67), kann Gustl in seiner Naivität das Geschehen nicht überschauen und ebenso strategisch handeln wie die beiden Wehrmachtsoffiziere. Die Korrektheit seiner jugendlichen Intuition, dass nicht richtig sein kann, was er zusammen mit Schorsch in der Mordnacht beobachten muss (vgl. *ebd.*, 93–97), drückt sich jedoch in seinen Körperreaktionen aus:

> Der Gustl hat sich übergeben. War ja noch nie dabei, wenn ein Genick bricht, das wilde Zappeln sekundenlang, bevor es zu Ende ist, bis die Zunge aus dem Mund hängt, das Gesicht blau wird. So also ist der Tod. Ist so ganz ohne Würde. Und dann schon der Nächste, der Nächste, den Summerdinger hängen sie am Lindenbaum auf der anderen Seite, der Gustl dreht sich weg, sein Magen will nicht aufhören, kommt nur noch Galle, aber das Würgen bleibt (*ebd.*, 97).

Gustl erkennt und urteilt: »Waren keine Juden, keine Untermenschen im Osten, waren Deutsche. So hat er es sich nicht vorgestellt« (*ebd.*, 97). In der Folge ertränkt Gustl zwar den Schrecken des Mordens im Alkohol und stimmt in die besoffene Lästerei des Werwolf-Mordtrupps ein (vgl. *ebd.*, 98–100). Aber weil er am frühen Morgen, als der Alkoholrausch nachlässt, erkennt, was dieses Ereignis bedeutet – Trennung von seiner Heimatstadt und von Marie –, besteht doch die Hoffnung, dass er seine Haltung nach Ende des Krieges verändern kann, wenn er nur reflektiert, was vorgegangen ist. Sein Traum vom heldenhaften Auswetzen einer Schande hat sich jedenfalls nicht erfüllt (vgl. *ebd.*, 37.82.108).

Schorsch – ein Alltagsheld?

Während Gustl vielleicht als gescheiterter *Antiheld* erscheint, aus dessen Erfahrungen gleichwohl gelernt werden kann – Mendl spricht hier von *gebrochener Biografie* (vgl. *Mendl* 2015, 234–244) – erweist sich Schorsch insofern als interessantester der jugendlichen Protagonisten, als er die größte Entwicklung durchlebt. Beim fünften Opfer des Werwolfs zwingt er sich, nicht wegzuschauen: »Längst haben seine Gefühle eine Hornhaut bekommen, zu viele hängen schon« (*Boie* 2021, 102). Schorsch scheint sich an den Schrecken gewöhnt zu haben, »es graust ihn nicht mehr. Wird nicht anders sein als bei denen davor, vielleicht sollte er für den Tauschinger beten?« (*ebd.*, 103) Der Gedanke ans Beten zeigt seine Hilflosigkeit und kann als Hoffnung auf Ermächtigung in der Ohnmacht gedeutet werden. Doch bevor er ein Gebet formuliert, reißt schon der Strick – und die Mörder schießen auf das am Boden liegende Opfer. Weil Schorsch hinschaut, erkennt er, dass der Tauschinger noch lebt; im Angesicht des Not leidenden Menschen tut er das Richtige, wie der barmherzige Samariter im lukanischen Gleichnis (Lk 10,25–37), und wird so zum unscheinbaren »Alltagshelden«. Gabriele von Glasenapp bringt es in ihrer Laudatio auf Boies »Dunkelnacht« auf den Punkt:

> Auch darin zeigt sich das große Können von Kirsten Boie, dass sie [...] nicht der Versuchung erliegt, jugendliche Held:innen im Sinne von Widerstandskämpfer:innen in den Mittelpunkt ihrer Erzählung zu stellen, wie das immer noch allzu häufig in jugendliterarischen Texten über den Nationalsozialismus oder die Shoah geschieht: Bei Gustl, Marie und Schorsch handelt es sich um ganz normale, typische deutsche Jugendliche ihrer Zeit. Während zwei von ihnen – Gustl und Marie – einander zwar als Antagonisten gegenüberstehen, aber keine Zweifel über ihre Haltung hegen, ringt Schorsch altersgemäß um eine Entscheidung, die er vor sich selbst vertreten kann, die er trotz aller Angst ganz allein fällen muss und schließlich, ganz unheroisch, auch trifft: Er ermöglicht einem der für tot gehaltenen und schwer verletzten Opfer das Entkommen in ein möglicherweise sicheres Versteck. Das heißt, er bezieht Stellung, er steht ein für sein Handeln, er trifft eine Gewissensentscheidung für einen Mitmenschen. Es ist die Tat eines sogenannten stillen, eines ›Alltagshelden‹, nichts für die Geschichtsbücher und damit zugleich eine implizite Absage an all die aktuellen, medial konstruierten Heldenbilder, wie sie uns derzeit ja wieder sehr gerne in unterschiedlichen Kontexten präsentiert werden (*Glasenapp* 2022, 3).

Als historische Spiegelfigur für das Handeln von Schorsch deute ich Clemens Meier, der Maries Vater Sebastian Reithofer versteckt. Dass Meiers Handeln im Roman eher nebenbei erzählt wird, mag seine Unscheinbarkeit unterstreichen. Jedenfalls dürfte es als Beispiel für Boie höchst relevant sein, sonst hätte sie die kleine Passage nicht auf den Buchrücken ihrer Novelle drucken lassen: »Sebastian Reithofer fragt nicht, warum der Clemens das tut, der Clemens fragt sich auch nicht. Weil es richtig ist. Weil auch in diesen Zeiten irgendwer das Richtige tun muss, einfach weil es richtig ist« (*Boie* 2021, Buchrückentext, vgl. 59). Dem entspricht Guardinis Vorstellung von den Heiligen der Unscheinbarkeit, wie Mendl sie zitiert: »Hier entsteht vom Heiligen ein anderes Bild. Von Außergewöhnlichkeit ist hier keine Rede mehr. Der Mensch, der diesen Weg geht, tut, was jeder tun müsste, der jetzt und hier seine Sache richtig machen will« (*Mendl* 2015, 57).

Und Schorsch will am Ende »seine Sache richtig machen«, nachdem der Werwolf abgezogen ist und der verletzte Tauschinger vor einer Tür abgewiesen wurde, weil die Menschen Angst vor der Rache des Werwolfs haben: »Mit einem Satz ist Schorsch über die Straße: ›Tauschinger!‹ flüstert er. [...] ›Tauschinger, ich helfe dir! Komm, stütz dich auf mich!‹« (*Boie* 2021, 109) Zuvor ringt Schorsch mit sich, was er tun soll. Er überlegt, ob Marie ihm durch das verdunkelte Fenster zusieht, aber das spielt plötzlich keine Rolle mehr, weil sein Gefühl für sie ihm hilft, die Angst zu überwinden: »Handeln muss er doch, als wäre sie bei ihm, könnte alles sehen, das begreift er gerade. Was er tut, tut er nicht mehr für sie: Sich selbst muss er beweisen, auf welcher Seite er steht. Egal, wer sein Vater ist« (*ebd.*, 105). Und am Ende kann Schorsch, der Marie »hinter dem Fenster« erblickt, ihr Lächeln erwidern: »Die Angst kann nicht alles, die Angst bleibt nicht immer der Sieger. Er hat sich bewiesen, auf welcher Seite er steht« (*ebd.*, 110f).

Schorsch ist für mich die Hauptfigur der Novelle, auch wenn seine Entwicklung nicht ohne die Spiegelungen einerseits mit den Charakteren der gleichaltrigen Marie und Gustl und andererseits mit den historischen Figuren zu verstehen ist, gerade auch im Kontrast zu Hauptmann Bentrott, dessen Entscheidung in einer Nicht-Entscheidung besteht. Bentrott hätte auch einem ersten Gedanken, »seine Männer zu sammeln und einfach weiterzuziehen«, folgen können (*ebd.*, 48). Stattdessen wälzt er die Verantwortung auf seinen Vorgesetzten Ohm ab, mit der Folge, dass ihn das Gericht drei Jahre später von jeder Schuld freispricht. Die Richter werden »seine Haltung besonnen nennen. Der einzig Vernünftige, werden sie sagen« (*ebd.*, 49). Die auktoriale Erzählstimme lässt Bentrott hingegen reflektieren: »Aber war er nicht einfach nur feige? Wollte sich heraushalten aus allem?« (*ebd.*, 49) Schorsch hingegen ist mutig und greift ein, indem er das Richtige tut.

Die fiktive Figur genügt damit nicht nur den ersten beiden Kriterien, die Mendl für die Suche nach *Modellen, Vorbildern und Leitfiguren* benannt hat: detailliertes Porträt und zentrale Bedeutung. Indem Schorsch Tauschinger hilft, erweist er ihm die biblisch geforderte *Barmherzigkeit* (Mt 25), so dass eine »*ethisch bzw. religiös relevante Kategorie*« im Zentrum steht. Besonders die letzten beiden Kriterien erweisen sich als zutreffend: »4. Die Darstellung enthält *lebens- und zeitgeschichtlich interessante Herausforderungen und Entscheidungssituationen,* denen sich die Person stellen musste. 5. Die Person wird *nicht überhöht* bzw. geglättet dargestellt« (*Mendl* 2015, 91). Schorsch gelingt es schließlich, wobei der Gedanke an Marie wie ein *Katalysator* funktioniert, seine Angst zu überwinden und dem Verletzten zu helfen, obwohl er nicht »sicher sein [kann], dass es wirklich vorbei ist« (*Boie* 2021, 109): »Was wird Marie zu ihm sagen, wenn Frieden ist?« (*ebd.*, 102)

Zum Einsatz der Novelle im Theologiestudium: Ideen für den Religionsunterricht

In Lehramtsstudiengängen motiviert es Studierende, über die konkrete Erarbeitung von Medien im Religionsunterricht nachzudenken. Nachdem ich in den historischen

Hintergrund eingeführt und eine Analyse der ersten Szene zwischen Schorsch und Marie vorgenommen hatte, diskutierten die Studierenden zunächst darüber, ob und ab welchem Alter sie die Novelle im Religionsunterricht bzw. in einem fächerübergreifenden Projekt mit dem Geschichts- und Deutschunterricht einsetzen würden. Nach gemeinsamer Lektüre der ersten drei Szenen befassten sie sich in Kleingruppen mit Textauszügen zu drei Themen: 1. Verantwortung (nicht) übernehmen bei unklarer Lage (Szenen 5, 6, 13, 15); 2. Der Tötungsbefehl und die Morde (Szenen 24, 28, 31, 37, 38); 3. In die Verantwortung gerufen – und das Ende (Szenen 40, 41, 44). Die Aufgabe bestand für alle Gruppen darin, zu den Textauszügen aktivierende Arbeitsaufträge zu formulieren, die unterschiedliche Fähigkeiten in einer heterogenen Lerngruppe herausfordern. Zum ersten Thema formulierte die Gruppe folgende Frageimpulse:

- Wann hast Du Dich schon mal unsicher gefühlt? Warum?
- Wie hast Du Dich entschieden? Was hat Dir bei der Entscheidung geholfen?
- War das die richtige Entscheidung?
- Kann ein Mensch schuldig sein, obwohl er nicht aktiv handelt (Hauptmann Bentrott)?

Zum zweiten Thema entwickelte die Gruppe Arbeitsaufträge, die sich auf die einzelnen Szenen bezogen: Als Rummer erschossen wird, lässt die Erzählstimme ihn rufen: »Es lebe mein Heimatland!« (*Boie* 2021, 78) Schüler*innen könnten zu diesem Ausruf einen inneren Monolog Rummers verfassen oder eine Diskussion zwischen Schorsch und Marie über diese Aussage und die Erschießung, die sie unfreiwillig mithören, nach Kriegsende formulieren bzw. im Rollenspiel erarbeiten. Als Antwort auf das historische Flugblatt des Werwolfs (vgl. *ebd.*, 85) könnten Schüler*innen ein eigenes Flugblatt erstellen oder das Angst erzeugende Flugblatt in eine gegenwärtige Sprache übersetzen bzw. es vertonen. In Bezug auf die traumatischen Erfahrungen von Gustl (Szenen 37, 38) erstellten die Studierenden die Aufgabe, seinen Wandel darzustellen und den Begriff der »Würde« zu recherchieren. Denkbar wäre auch, Gustls weitere Entwicklung zu imaginieren: Wie kann es ihm nach Kriegsende gelingen, sich aus den Verstrickungen des nationalsozialistischen Glaubens zu lösen?

Mit dem dritten Thema befassten sich zwei Kleingruppen. Eine Gruppe entwickelte die folgenden Arbeitsaufträge im Blick auf die Entscheidungssituation von Schorsch: Schreibt einen inneren Monolog oder erstellt ein Standbild zu den Gefühlen von Schorsch (zu Szene 40); schreibt einen Brief an Marie oder stellt ein Gespräch mit Marie nach (zu Szene 41). Da Szene 43, in der Schorsch Tauschinger hilft, ausgelassen wurde, bietet sich folgender Arbeitsauftrag an: Schreibt die Geschichte weiter: Wie könnte Schorsch Verantwortung übernehmen? In der letzten Szene zeigt sich Vonwerden am Sonntagmorgen erschüttert: »›Sie haben ja welche gehängt!‹, ruft der Bürgermeister, auch er auf dem Weg zur Kirche, schlägt die Hände vors Gesicht. ›Herrgott im Himmel, sie haben ja welche gehängt!‹« (*Boie* 2021, 111) Aber statt Schuld einzugestehen, tritt nur wieder die Angst vor Rache hervor: »»Oh mein Gott, ich wusste ja nichts davon! Sie werden mich hängen!« (*ebd.*, 111) In einem Tagebucheintrag Vonwerdens könnte das vermisste Schuldschreiben nachgeholt werden.

Die andere Gruppe formulierte folgende drei Frageimpulse und einen Auftrag:
- Was beobachtet Schorsch?
- Was lösen diese Beobachtungen in ihm aus?
- Inwiefern verändert sich Schorschs Einstellung zum Nazi-Regime im Vergleich zum Beginn des Buches?
- Vergleiche das Verhalten der beiden (Schorsch und Vonwerden).

Nachdem die Gruppen ihre Ergebnisse vorgetragen hatten, diskutierten wir im Plenum die folgenden Fragen:
- Welche *Wirkung* erzeugt die literarische Bearbeitung, die eine fiktive Beobachtung durch Jugendliche beschreibt?
- Welche Bedeutung hat die *Sozialisation*? (z. B. gegensätzliche Bedeutung der Familie bei Marie und Gustl; Einbindung in die Hitlerjugend bei Gustl und Schorsch)
- Wie kann der *religiöse Glaube* dazu beitragen, säkulare Glaubenssysteme kritisch zu sehen? (z. B. die Frage von Schorsch, ob er für den Tauschinger beten solle)
- Wie mit der *Schuld* umgehen (aus Perspektive der Opfer und Täter)? Wie kann den Opfern *Gerechtigkeit* widerfahren?
- Welche *Anforderungssituationen* für Schüler*innen heute lassen sich entwickeln? (z. B. wenn jemand sagt: »Das ist doch schon so lange her, das ist doch gar nicht mehr wahr. An solche schlechten Dinge will ich nicht erinnert werden.« – Wie antworten?)

Als Ergebnis der Diskussion wurde festgehalten, dass das Potenzial der Novelle am ehesten durch einen fächerverbindenden Unterricht zu heben wäre, der zugleich eine »diskursethische Methodenvielfalt« generiert (vgl. *Mendl* 2015, 245–272). Eine solche kommt in den von den Studierenden erstellten Arbeitsaufträgen zum Ausdruck.

Relevanz des Religionsunterrichts

Zwei Lehrerinnen des *Gymnasium Penzberg* haben umfangreiche Unterrichtsmaterialien zum Buch entwickelt, die auf der Homepage des Oetinger-Verlags zum Download bereitstehen (vgl. *Wagner/Herold* 2022). In neun Unterrichtssequenzen wird die Novelle aus unterschiedlichen Perspektiven bearbeitet. Im Unterrichtsmaterial steht nach einer (1) Charakterisierung von Schorsch, Marie oder Gustl (vgl. *ebd.*, 13–15) zunächst (2) das besonnene Handeln und rhetorisch geschickte Verhandeln des ehemaligen Bürgermeisters Rummer im Zentrum (vgl. *ebd.*, 16–19): »Anhand seiner Figur werden friedliche Mittel und Wege aufgezeigt, Widerstand und Zivilcourage zu zeigen, welche als Leitbild auch für uns heute fungieren sollten« (*ebd.*, 6). Rummers Verhalten wird in der abschließenden Sequenz (9) wieder aufgegriffen im Blick auf seine Relevanz für politisches Agieren in der Gegenwart (vgl. *ebd.*, 41–46).

Das Material kann ab der neunten Klasse eingesetzt werden, analog zum Alter der jugendlichen Figuren. Die Autorinnen halten eine Lektüre in jüngeren Jahrgangsstufen deshalb nicht für sinnvoll, weil »die Ereignisse um die Penzberger Mordnacht auf wahren Begebenheiten beruhen« (*ebd.*, 9). Sicher setzt ein Verstehen der Novelle Grundkenntnisse über den Nationalsozialismus voraus, die aber auch nicht bei allen Neuntklässler*innen vorhanden sein dürften. Schwerer wiegen für mich entwicklungspsychologische Argumente, wenn es etwa darum geht, den Gewissenskonflikt von Schorsch beispielsweise in einer Dilemmageschichte aufzubereiten und ihn reflektieren zu können (vgl. *Mendl* 2015, 247–252) sowie die detaillierte Schilderung der grausamen Mordaktionen, die m. E. eher für eine Behandlung in der Oberstufe sprechen. Jedenfalls sehen die beiden Lehrerinnen Chancen für »fächerübergreifendes Arbeiten in Sek. I und Sek. II in den Bereichen Deutsch, Geschichte, [...] Sozialkunde und Ethik« sowie »Schnittstellen für den Kunstunterricht« (*Wagner/Herold* 2022, 9). Der Religionsunterricht bleibt außen vor, obwohl von den neun vorgeschlagenen Unterrichtseinheiten besonders die vierte zur ethischen Beurteilung des Verhaltens von Schorsch und Gustl im Rückgriff auf Kants kategorischen Imperativ (vgl. *ebd.*, 24–27) sowie die siebte zur Schuldfrage (vgl. *ebd.*, 34–38) durch den Religionsunterricht vertieft werden könnten.

Denn es wird in den Einheiten zwar herausgearbeitet, inwiefern Schorsch und Gustl in ihren Entscheidungen frei oder unfrei waren (vgl. die Lösungen *ebd.*, 64–67); es werden anhand von Textauszügen Schuld und Verantwortung bei Bentrott, Ohm, Zöberlein und Vonwerden sowie die Problematik der Freisprechungen vor Gericht diskutiert (vgl. *ebd.*, 72–76). Zudem wird mit einer spannenden Aufgabe die Brücke zu Gustl geschlagen: »Stellt euch folgende Situation vor: Gustl wird anders als im Buch als Mittäter verhaftet und einem Haftrichter vorgeführt. Fertigt in Gruppen entsprechende Rollenkarten und Reden an, um in der Klasse diesen Gerichtsprozess nachzustellen!« (*ebd.*, 38)

Aber es bleiben doch Fragen offen, die zwar in ihrer Offenheit auszuhalten sind, die aber zugleich bearbeitet werden müssen, und für die wohl besonders der Religionsunterricht einsteht: Wie könnten Menschen wie Ohm, Bentrott, Vonwerden und Zöberlein – und in ihrem Spiegel auch Gustl – ihre Schuld verarbeiten, statt sie zu verdrängen und sich im Verweis auf den Befehlsgehorsam zu rechtfertigen? Wodurch ließe sich das Unverzeihbare vergeben? Was tritt an die Stelle des Glaubens an das eigene Volk, wenn sich Hoffnungen als Lüge, staatliche Befehle als teuflisch erweisen, wenn Heimaten verloren gehen und Beziehungen vor ihrer Zeit zerbrechen? Auf welche Weise kann den Opfern wie Rummer und den fünfzehn anderen erschossenen oder erhängten Menschen und ihren Familien Gerechtigkeit widerfahren – jenseits einer Genugtuung durch staatliche Rechtsprechung?

In der Novelle selbst wird auf die Dimension der Transzendenz verwiesen, etwa wenn Schorsch sich anschickt, für Tauschinger zu beten, oder wenn Maries stille Bitte zur Rettung des Vaters erhört wird: »Vielleicht ist er sogar schon beim Clemens Meier im Luftschutzkeller? Heilige Mutter Gottes!, betet Marie stumm. Steh uns bei!« (*Boie* 2021, 63) Oder als Rummer den Bergwerksdirektor Dr. Ludwig zu zivilem Ungehorsam ermuntert – auch wenn das den Direktor wenig kostet – und ihm zum Abschied ein »Vergelt's Gott, Herr Doktor!« zuruft (*ebd.*, 28), wird darin deutlich, dass es sowohl im Guten wie im Bösen Handlungen gibt, die nur durch eine höhere Macht abzugelten sind.

Aber auch die Anrufung Gottes, die im Sinne des ersten Gebots davor schützen sollte, etwas Nichtgöttliches zu vergötzen, ist ambivalent, etwa wenn der schuldige Vonwerden am Ende den »Herrgott im Himmel« anruft, um seine Unschuld zu beteuern, oder Schorschs Vater seinen Sohn mit einem Fluch abwimmelt, als der Polizeimeister ihn belastendes Material auf der Wache entsorgen möchte: »›Ja Herrgott im Himmel!‹, ruft er. ›Siehst nicht, dass du mich störst?‹« (*ebd.*, 54) So kann im Religionsunterricht die Aufmerksamkeit sowohl auf unscheinbare Worte und ihre religiöse Kraft, aber zugleich auf die Instrumentalisierung des Religiösen für andere Zwecke, hier die Durchsetzung von Macht oder die Schuldverdrängung, gerichtet werden.

Fragen zum Schluss: Das Ende ist kein Ende

Inwiefern eröffnet eine Reflexion religiöser und pseudoreligiöser Sprache einen Freiheitsraum auch gegenüber den immer gegebenen Einschränkungen von Freiheit? Konkret: Wodurch verliert Gustl an Freiheit, während Schorsch Freiheit gewinnt? Was charakterisiert Gustls bzw. Schorschs »religiöse Einstellung« (vgl. *Brieden* 2024)? Worin zeigt sich die unveräußerliche Würde eines jeden Menschen, unabhängig davon, ob er wie Schorsch das Richtige tut oder wie Gustl vorläufig scheitert? Wie schmal ist der Grat vom Anti- zum Alltagshelden?

An Gustl und Schorsch zeigt sich die Paradoxie des Heldentums: Im Grunde hat Gustl seinen Auftrag erfüllt, indem er dabei half, Gegner des Regimes zu zerstören. Aber sein Heldentum fühlt sich für ihn nicht heldenhaft an. Es bleibt zu hoffen, dass er nach Kriegsende seinen Intuitionen folgen kann, nicht wie die Spiegelungsfiguren Ohm und Bentrott die eigene Verantwortung zu leugnen, sondern präzise zu realisieren, dass sein Staat, an den er so fest glaubte, ein Unrechtsstaat war, der nicht überleben durfte, weil er alles zerstören musste, was ihn kritisierte. So könnte er vom Antihelden zu einem Helden der Demokratie wachsen. Und Schorsch wird zum Alltagshelden gerade dadurch, dass er alle Ambitionen, zu einem Helden zu werden, ablegt: Es kommt nicht darauf an, was Marie über ihn denkt. Sondern es geht darum, in einem Moment im Angesicht des bedürftigen Anderen das unscheinbare Richtige zu tun, auch wenn es gefährlich ist. Mit den beiden Figuren Gustl und Schorsch gelingt es Boie, das Stereotyp vom männlichen Helden zu dekonstruieren.

Inwiefern hilft die Novelle, gegenwärtige Bedrohungen durch Krieg und Demokratieverlust besser zu verstehen und ihnen wirksam etwas entgegenzusetzen? Worin besteht die Herausforderung der Penzberger Mordnacht für heute? Inwiefern lehrt uns der *Local hero* Schorsch, genauer hinzuschauen, wenn Unrecht geschieht und gegen unsere eigenen Selbstbeschränkungen das Richtige zu tun (vgl. *Mendl* 2015, 133–137)?

Literaturverzeichnis

Boie, Kirsten, Dunkelnacht, Hamburg 2021.

Brieden, Norbert, Was ist Religion, – oder: »Warum heult Sally?« Ulrich Wienbruchs urteilsstrukturelle Modellierung von Einstellungen bewussten Erlebens als hermeneutischer Schlüssel, in: ders. u. a. (Hg.), Religion im Religionsunterricht (Religion lernen. Jahrbuch für konstruktivistische Religionsdidaktik 15), Babenhausen 2024, 11–23.

Glasenapp, Gabriele von, Laudatio auf Kirsten Boie und ihren Roman »Dunkelnacht« anlässlich der 33. Preisverleihung des Katholischen Kinder- und Jugendbuchpreises am 2. Juni 2022 in Würzburg (https://www.dbk.de/presse/aktuelles/meldung/katholischer-kinder-und-jugendbuchpreis-2022-verliehen; letzter Zugriff am 26.3.2024).

Mendl, Hans, Modelle – Vorbilder – Leitfiguren. Lernen an außergewöhnlichen Biografien (Religionspädagogik innovativ 8), Stuttgart 2015.

Sekretariat der Deutschen Bischofskonferenz (Hg.), Preisbuch 2022 und empfohlene Bücher (Arbeitshilfen 330), Bonn 2022 (https://www.dbk-shop.de/de/publikationen/arbeitshilfen/katholischer-kinder-jugendbuchpreis-2022-preisbuch-2022-empfohlene-buecher.html; letzter Zugriff am 26.3.2024).

Wagner, Michaela / Herold, Christiane, Materialien für den Unterricht [zu Kirsten Boie: Dunkelnacht]. Konzipiert für die Jahrgangsstufen 9–12. Nach einem Unterrichtsmodell des Gymnasium Penzberg, Hamburg 2022, als Download verfügbar auf der Homepage des Oetinger-Verlags (https://www.oetinger.de/buch/dunkelnacht-unterrichtsmaterial/9783751203838; letzter Zugriff am 27.3.2024).

Zeißner, Werner, Hans Wölfel. Lebensbild eines Blutzeugen unseres Jahrhunderts, Bamberg 1994 (20 Seiten), teilweise veröffentlicht auf der Homepage »Local heroes« des Passauer Lehrstuhls von Hans Mendl (https://www.uni-passau.de/local-heroes/artikel/woelfel-hans; letzter Zugriff am 26.3.2024).

»Leuchtkäfer der Vergangenheit« (*Katja Petrowskaja: Vielleicht Esther*)
Autofiktionale Annäherungen an Urgroßeltern

Markus Schiefer Ferrari

> Der Fikus scheint mir die Hauptfigur, ja, wenn nicht der Weltgeschichte, dann meiner Familiengeschichte zu sein. [...] Gab es den Fikus, oder ist er eine Fiktion? Wurde die Fiktion aus dem Fikus geboren – oder umgekehrt? (VE 219)[1]

Urgroßeltern kommt in der Reihe der Vorfahren eine besondere Bedeutung zu, insofern sie den Übergang zwischen Erinnern und Vergessen markieren: Meist sind sie längst verstorben, leben aber teilweise noch im Gedächtnis der Familie weiter. Auch wenn ihre Individualität und Persönlichkeit zunehmend verblassen, sind sie wichtige ›Zeugen‹ für eine uneinholbare Vergangenheit, die die Gegenwart und Zukunft ihrer Urenkel*innen mitprägt. Die Erinnerung an die Urgroßeltern bleibt notwendigerweise lückenhaft und fragmentarisch und eine Annäherung ist oftmals nur indirekt möglich. Eine »Prise Dichtung, welche die Erinnerung wahrheitsgetreu macht« (VE 219), lässt aber die Bedeutung der Urgroßeltern – auch für die eigene Biographie – zumindest erahnen, wie die »Geschichten« Katja Petrowskajas über *Ozjel*, *Anna* und *Vielleicht Esther* exemplarisch zeigen.

Vielleicht Esther. Geschichten

Eingeladen von der Schweizer Literaturwissenschaftlerin und Autorin Hildegard Elisabeth Keller gewann Katja Petrowskaja 2013 mit ihrem Text *Vielleicht Esther* bereits im ersten Wahlgang den renommierten Ingeborg-Bachmann-Preis. Katja Petrowskaja erzählt, »[w]underbar, kraftvoll, locker und leicht gewebt« (*Bachmannpreis* 2013), so die Jury, die Geschichte von der Flucht ihrer Familie vor den deutschen Truppen 1941 aus Kiew und vom Schicksal ihrer dort zurückgebliebenen jüdischen Urgroßmutter. In ihrer Laudatio hebt Keller besonders hervor, gute Literaten würden »im Individuellen das Allgemeine und Allgemeingültige, das Exemplarische« zeigen und Petrowskaja würde das schaffen: »Ihre Schicksale sind menschliche Schicksale, nicht bloß rein individuelle. Zum ersten Mal hab ich bei einer Lesung Menschen aus Rührung weinen sehen« (*Keller* 2013).

2014, wenige Wochen vor der völkerrechtswidrigen Annexion der ukrainischen Halbinsel Krim, veröffentlichte die 1970 in Kiew geborene, 1998 in Moskau promovierte und seit 1999 – dem Beginn der Putin-Herrschaft – in Berlin lebende Katja

---

[1] Im Folgenden wird Petrowskaja, Katja, Vielleicht Esther. Geschichten, Berlin ²2014 mit VE abgekürzt.

Petrowskaja den in Klagenfurt vorgestellten Text unter dem gleichen Titel in einer Sammlung von Geschichten, in denen sie sich auf die Suche nach den sowjetisch-russisch-jüdischen Wurzeln ihrer Familie begibt.

Zehn Jahre später muten manche Passagen aus *Vielleicht Esther* angesichts des immer noch andauernd Angriffskriegs Russlands auf die Ukraine am 24. Februar 2022 erschreckend prophetisch an.

Familienbaum

Katja Petrowskaja nimmt die Leser*innen in *Vielleicht Esther* mit auf eine Zeitreise zu Städten und ›Stätten‹, wichtigen Stationen ihrer Familie und zugleich Orten des kollektiven Gedächtnisses, wie Babij Jar und Mauthausen. Zugleich verschränkt sie in und mit ihren Erinnerungsräumen eigene Gegenwart und die der Lesenden mit der Vergangenheit ihrer Ahnen (vgl. *Tzschentke* 2015). Im ersten von sechs Kapiteln mit dem Titel »Eine exemplarische Geschichte«, das nicht zufällig mit »Am Anfang« (VE 17; Gen 1,1) beginnt, stellt sie ihr Projekt vor, ihren Familienbaum beschreiben zu wollen, auch wenn sie bald die Komplexität des Unterfangens entdeckt.

Ihre Kindheit in der Sowjetunion – die Verfasserin feierte ihren »Geburtstag zusammen mit Lenin, nur minus hundert« (VE 39) – ist geprägt von einem Einheitsdenken, in dem die »Vorbilder [...] die Normen« ersetzten und Arbeit »Sinn in der Nation der Proletarier und Übermenschen« (VE 18) schafft. Familiengeschichten, die problematisch werden könnten, werden verdrängt bzw. verschwiegen. »[M]an rief uns dazu auf, niemanden und nichts zu vergessen, damit wir vergäßen, wer und was vergessen war.« (VE 40) Trotz eines solchen »Gedächtnisschwund[es]« (VE 24) sieht sie eines Tages plötzlich »ihre Verwandten »aus der tiefen Vergangenheit« (VE 25) vor sich stehen, mit denen sie zunächst glaubt, »den Familienbaum blühen lassen, den Mangel auffüllen, das Gefühl von Verlust heilen« (*ebd.*) zu können. »[A]ber sie standen in einer dicht gedrängten Menge vor mir, ohne Gesichter und Geschichten, wie Leuchtkäfer der Vergangenheit, die kleine Flächen um sich herum beleuchteten, ein paar Straßen oder Begebenheiten, aber nicht sich selbst.« (*ebd.*)

Um ihrem Buch »eine poetologische Wahrheit zu verleihen«, so Harald Klauhs, entlarvt sie immer wieder »Ich und Erinnerung als brüchig« und verweist »auf den Konstruktionscharakter des Erzählten«. Deshalb lässt sie »ihre Figuren [...] auftreten wie auf einer Bühne, für ein paar Momente angestrahlt vom Scheinwerfer der Erinnerung, um dann wieder im Dunkel des Vergessens zu versinken.« (*Klauhs* 2014)

Erst beim Tod ihrer Tante mütterlicherseits, *Lida*, begreift sie, nachdem ihr »Verlangen zu wissen« reif und sie selbst bereit gewesen wäre, sich »den Windmühlen der Erinnerung zu stellen« (VE 30), die Bedeutung des Wortes Geschichte:

> Geschichte ist, wenn es plötzlich keine Menschen mehr gibt, die man fragen kann, sondern nur noch Quellen. Ich hatte niemanden mehr, den ich hätte fragen können, der sich an diese Zeiten noch erinnern konnte. Was mir blieb: Erinnerungsfetzen, zweifelhafte Notizen und Dokumente in fernen Archiven. Statt rechtzeitig Fragen zu stellen, hatte ich mich am Wort Geschichte verschluckt. (*ebd.*)

Den Scheinwerfer der Erinnerung richtet Katja Petrowskaja zum einen auf die Familie ihrer Mutter *Svitlana Petrovska*, mit der Großmutter *Rosa* und deren Eltern *Ozjel* und *Anna* sowie dem Großvater *Wassilij*, und zum anderen auf die Eltern ihres Vaters *Miron Semjonowitsch Petrowskij*, *Semjon* und *Margarita*, und vor allem die Mutter ihres Großvaters, *Vielleicht Esther*. Dieser Großvater, der während der Revolution in den Untergrund gegangen war und als Decknamen Petrowskij – statt Stern – angenommen hatte (vgl. VE 142), gab wohl auch seiner Mutter »in jedem sowjetischen Fragebogen einen neuen Namen«, je nach »Anforderungen der Zeit, der Arbeit und seinen literarischen Vorlieben, bis er auf Anna Arkadjewna kam, so hieß Anna Karenina, die damit zu meiner Urgroßmutter wurde« (VE 20).

Auch wenn sich Katja Petrowskaja erst im fünften Kapitel »Babij Jar« dieser Urgroßmutter zuwendet, deren Name unsicher bleibt, »fließen die schemenhaften, flüchtigen Gestalten der Vergangenheit zusammen in der Figur ›Vielleicht Esther‹« (*Vestli* 2016, 153).

Ozjel und Anna

Der Urgroßvater von Katja Petrowskaja, *Ozjel Krezwin*, 1870 in Wien geboren, unterrichtete wie bereits seine Ahnen in der ersten Hälfte des 19. Jahrhunderts »taubstumme«[2] Kinder und gründete in Warschau eine entsprechende Schule. Die Mutter der Autorin behauptet sogar, ihre Familie habe »[s]ieben Generationen, [...] zweihundert Jahren lang [...] taubstummen Kindern das Sprechen beigebracht« (VE 49). *Ozjel* galt regelrecht als Heiler, wurde aber 1915 der Spionage für Österreich angeklagt – »[W]urden, wie in Kriegen üblich, Taubstumme für Spione gehalten? Wer nicht spricht, verheimlicht etwas.« (VE 96) – und floh mit seiner zweiten Frau *Anna* und den drei Kindern aus dieser Ehe – wie hunderttausende Polen – nach Kiew, um dort neu anzufangen. Hier lebte er, wie schon vorher, mit den »taubstummen« Kindern in einem Haus zusammen, Kinder, die zum großen Teil Waisen waren und aus Pogrom-Familien stammten (vgl. VE 96–98).

In den dreißiger Jahren war »Schluss mit den Gebeten, mit Hebräisch und Jiddisch«, später »wurde die Gebärdensprache verboten, sie galt als sichtbares Merkmal einer Minderheit [...], doch in der Sowjetunion durfte es keine Minderheiten mehr geben.« (VE 100) *Ozjel* stirbt »rechtzeitig, wie man von diesen Zeiten zu sagen

---

2 Der Begriff »taubstumm« wird im Folgenden aus VE übernommen, aber in Anführungszeichen gesetzt, soweit er nicht in Zitaten vorkommt, um darauf aufmerksam zu machen, dass er »veraltet ist und von vielen gehörlosen Menschen als abwertend und diskriminierend empfunden wird. Gehörlose Menschen sind taub aber keinesfalls stumm, da sie in der Lage sind, sich in Gebärdensprache auszudrücken und auch zu sprechen.« (Deutsche Gehörlosen-Bund e. V., http://www.gehoerlosen-bund.de/faq/gehoerlosigkeit [27.3.2024]). Katja Petrowskaja »verwendet nach eigener Aussage die politisch unkorrekte Bezeichnung ›taubstumm‹ in ihren Geschichten, um eine Verbindung zwischen der Geschichte ihrer Familie als Lehrer ›taubstummer‹ Kinder und ihrer Sprachwahl des Deutschen, der ›Sprache der Stummen‹, herzustellen.« (*Battegay* 2018, 62; *Steiner* 2014)

pflegt, Anfang Oktober 1939 an einem Herzinfarkt im noch friedlichen Kiew« (*ebd.*), und zwar im gleichen Haus, in dem später die Autorin geboren wird (vgl. VE 282).

Seine Frau, *Anna Levi*, die auch in der Schule mitarbeitete und in Kiew blieb, weil sie das Grab ihres Mannes nicht verlassen wollte, wurde zusammen mit ihrer Tochter *Ljolja* Ende September 1941 in Babji Jar umgebracht. Sie folgten dem Aufruf der Wehrmacht, wonach sich »[s]ämtliche Juden der Stadt Kiew und Umgebung [...] am Montag, dem 29. September 1941 um 8 Uhr, Ecke Melnik- und Dokteriwski-Straße (an den Friedhoefen) einzufinden« (VE 185) hatten. »33 771 Menschen tötete man in zwei Tagen. Eine merkwürdig genaue Zahl. Und später noch 17 000 Juden, und noch später zählte man nicht mehr.« (VE 186) Insgesamt »sind in Babij Jar zwischen hundert- und zweihunderttausend Menschen getötet worden« (VE 186–187).

Vielleicht Esther und ein Fikus

»Meine Babuschka liegt auch in Babij Jar, erzählte mir mein Vater, sie hat es nur nicht bis hierher geschafft.« (VE 187) Wie wenig sich der Ort bestimmen lässt, wo ihre Urgroßmutter liegt, selbst wenn sie dort erschossen worden wäre, macht Katja Petrowskaja deutlich, wenn sie unmittelbar darauf beschreibt, dass dreihundert Kriegsgefangene 1943 kurz vor dem Einmarsch der Roten Armee »Tag und Nacht die Toten ausgraben, Stapel von jeweils 2 500 Leichen aufbauen, diese verbrennen und danach die Knochen zermahlen« (VE 188) mussten: »Die Menschen wurden gezwungen, die Spuren zu verwischen, und auch sie sollten danach ermordet werden, so dass diejenigen, die es gesehen hatten, auch verwischt würden und am Ende nichts bliebe, keine Spur, kein Mensch, keine Erzählung.« (*ebd.*)

Außer einem Spruch »sind von meiner Urgroßmutter, der Babuschka meines Vaters, nur noch zwei Dinge geblieben: eine Fotografie und eine Geschichte.« (VE 208) Da die Großmutter auf die Fragen ihres ungewöhnlich belesenen Enkelsohns *Miron*, dem Vater der Autorin, meistens keine Antwort wusste, beharrte sie »auf ihrer Devise, die nach einem antiken Aphorismus klang, lasse der Herrgott dich so viel wissen, wie ich nicht weiß« (*ebd.*). Diesen Wunsch für den Enkelsohn ›zitiert‹ Katja Petrowskaja bereits einleitend zum Kapitel *Vielleicht Esther* als ersten Satz und baut damit von Anfang an eine paradoxe Spannung zwischen Wissen und Nicht-Wissen auf: Einerseits signalisiert sie, selbst einzelne Aussprüche ihrer Urgroßmutter noch zu kennen, andererseits unterstreicht sie damit die Ungewissheit des titelgebenden Adverbs *Vielleicht* und die der folgenden Geschichte. Diese Paradoxie betont sie einmal mehr, wenn sie von ihrer Urgroßmutter sagen kann: »Auch den Ausspruch von Sokrates, ich weiß, dass ich nichts weiß, kannte sie nicht.« (*ebd.*) Selbst der Name der Großmutter bleibt eine Vermutung:

> Ich glaube, sie hieß Esther, sagte mein Vater. Ja, vielleicht Esther. Ich hatte zwei Großmütter, und eine von ihnen hieß Esther, genau.
> Wie vielleicht?, fragte ich empört, du weißt nicht wie deine Großmutter hieß?
> Ich habe sie nie bei ihrem Namen genannt, erwiderte mein Vater, ich sagte Babuschka, und meine Eltern sagten Mutter. (VE 209)

So bleibt Katja Petrowskaja beim Namen *Vielleicht Esther* für ihre Urgroßmutter, wenn sie die Flucht der Familie 1941 vor den heranrückenden deutschen Truppen beschreibt. Auch wenn die Evakuierung »an einen Datscha-Ausflug« (*ebd.*) erinnert habe, habe sie damit gar nichts zu tun gehabt, im Gegenteil: *Vielleicht Esther* »wurde nicht mitgenommen« (VE 208) bzw. »[s]ie mitzunehmen war ausgeschlossen«, da sie sich »kaum noch bewegen« konnte und den »Weg nicht durchgehalten« (VE 209) hätte. Sie wurde »mit dem Gedanken zurückgelassen, dass sich alle wiedersehen würden, wenn der Sommer vorüber wäre.« (*ebd.*) Tatsächlich sei die Familie erst nach sieben Jahren zurückgekehrt.

Die Urgroßmutter sei dem Aufruf vom 29. September sofort gefolgt, obwohl die Nachbarn versucht hätten, es ihr auszureden. Weil sie den Ukrainern misstraut habe, sei sie zu einer deutschen Patrouille gegangen und habe diese auf Jiddisch gefragt, was sie machen solle, möglicherweise habe sie auch gefragt, wie man nach Babij Jar komme. Sie sei auf der Stelle erschossen worden, »ganz nebenbei« (VE 221). Bewusst dehnt Katja Petrowskaja die Geschichte, indem sie das Gehen der Urgroßmutter mit der langsamen Bewegung der Schildkröte aus den Aporien des Zenon vergleicht, die niemand aufzuhalten oder zu überholen vermochte, »[n]icht einmal der schnellfüßige Achilles« (VE 212).

Schließlich fragt sich Katja Petrowskaja – mit den Leser*innen –, woher sie »diese Geschichte in ihren Einzelheiten« (VE 221) kenne, wer uns Geschichten einflüstere, für die es keine Zeugen gebe, und wozu. (vgl. *ebd.*)

> Ich beobachte diese Szene wie Gott aus dem Fenster des gegenüberliegenden Hauses. Vielleicht schreibt man so Romane. Oder auch Märchen. Ich sitze oben, ich sehe alles! Manchmal fasse ich mir ein Herz und komme näher heran und stelle mich hinter den Rücken des Offiziers, um das Gespräch zu belauschen. Warum stehen sie mit dem Rücken zu mir? Ich gehe um sie herum und sehe nur ihre Rücken. So sehr ich mich bemühe, ihre Gesichter zu sehen, in ihre Gesichter zu blicken, von Babuschka und von dem Offizier, sosehr ich mich auch strecke, um sie anzuschauen und alle Muskeln meines Gedächtnisses, meiner Phantasie und meiner Intuition anspanne – es geht nicht. Ich sehe die Gesichter nicht, verstehe nicht, und die Geschichtsbücher schweigen. (*ebd.*)

Ebenso wie die Urgroßmutter in Kiew zurückgelassen wird bzw. werden muss, blieb, so erzählt Katja Petrowskaja, ein »Fikus im Kübel, das Symbol von Heim und Herd« (VE 217), am Straßenrand stehen. Obwohl er sich bereits auf der Ladefläche des Lastwagens befand, mit dem die Familie fliehen wollte, musste Platz für die Familie, insbesondere für den neunjährigen *Miron*, geschaffen werden. »Ich sehe die Blätter dieses Fikus, die nun, im Jahre 1941, im Takt der Weltereignisse nicken. Diesem Fikus verdanke ich mein Leben.« (*ebd.*) Allerdings schreibt ihr Vater in seiner Darstellung der Evakuierung nichts über dieses Detail und kann sich auch in einem Gespräch mit seiner Tochter nicht daran erinnern. Diese war hingegen, wie sie schreibt »auf den Fikus fixiert, [...] fikussiert«, und versteht nicht, »was jemandem passiert sein musste, um so etwas zu vergessen.« (VE 219) So beginnt sie selbst an der Existenz des Fikus zu zweifeln: »Gab es den Fikus, oder ist er eine Fiktion? Wurde die Fiktion aus dem Fikus geboren – oder umgekehrt?« (*ebd.*) Schließlich kann sie sich der Meinung des Vaters anschließen, dass »solche Fehlleistungen manchmal mehr aus[sagen würden] als eine penibel geführte Bestandsaufnahme« (*ebd.*), selbst wenn der Fikus nicht existiert haben sollte.

Spannungen

Die teilweise paradoxen, teilweise schwebenden Spannungen zwischen Geschichte und Geschichten, zwischen Faktizität und Fiktionalität sowie zwischen Erinnern und Vergessen finden sich in Katja Petrowskajas *Vielleicht Esther* nicht nur bei der Darstellung der Urgroßeltern, wenn auch dort besonders verdichtet, sondern ebenso bei der Beschreibung der Großeltern und anderer Verwandter. Solche Ambivalenzen führ(t)en sowohl in Interviews als auch in der Fachliteratur zwangsläufig zu Fragen nach Wahrheitsanspruch und Gattungszuordnung, transnationaler, jüdischer Identität und literarischer Mehrsprachigkeit oder Interkulturalität und transgenerationalen Erinnerungsnarrativen. Kaum dagegen wird im Kontext solcher Spannungen nach der exemplarischen Bedeutung der Urgroßeltern gefragt und – trotz der zahlreichen intermedialen und -textuellen Bezüge in *Vielleicht Esther* – nach biblischen Zitaten, Anspielungen bzw. Verfremdungen.

In puncto Wahrheitsanspruch finden sich in der Literatur Aussagen wie, der »Fikus bleib[e] – wie Vielleicht Esther – möglicherweise nur eine trügerische Erinnerung. Die zwei schemenhaften Bilder gehör[t]en gerade in ihrer Unsicherheit zur Familiengeschichte und zur Geschichte der europäischen Juden.« (*Vestli* 2016, 154) Katja Petrowskaja betont in Interviews dagegen einerseits immer wieder die Authentizität des Erzählten, insbesondere gegenüber Mutmaßungen im Kontext der Verleihung des Bachmann-Preises, sie könnte manches erfunden haben: »Am meisten hat mich gestört, dass ich mir die Geschichte meiner Urgroßmutter ›angeblich‹ ausgedacht hätte. [...] Aber ich habe alles so aufgeschrieben, wie es passiert ist. Es ist leider eine wahre Geschichte.« (*Loch* 2013) Sie habe, so die Autorin, »versucht, in diesem Buch nichts zu erdichten« (*Heimann* 2014; vgl. auch *Petrowskaja* 2018, 73), vielmehr habe sie »sehr viel mit Dokumenten gearbeitet und verschiedenen Aussagen« (*Heimann* 2014). Das sei »vielleicht die einzige Möglichkeit, irgendwie in Richtung Wahrheit zu gehen, dass man Fakten kenn[e], Grundlagen, Nacherzählungen und auch weitergeh[e] mit Vermutungen.« (*ebd.*) Andererseits kann sie im gleichen Interview feststellen: »Es kann sein, dass schon in unserem Leben viel Fiktion steckt und wir stolpern ständig über diese Fiktion. Das ist ein bisschen meine These, dass viel mehr uns Fiktion bestimmt und Fiktion rettet als etwas anderes.« (*ebd.*)

Ganz offensichtlich lässt sich *Vielleicht Esther* nicht eindeutig in ein Schema oder eine Gattung einordnen, was zugleich die besondere Qualität dieser »Geschichten« ausmacht. Katja Petrowskaja erklärt in einem Gespräch auf die Frage möglicher Gattungsbezeichnungen als Roman, Mémoire oder Autobiographie, sie wolle nicht rekonstruieren, sondern versuche, »etwas wahrzunehmen oder zu verstehen. [...] Für mich ging es eher um die Suche nach Form als um Dokumentation. Mein Buch ist eher ein Gesang als eine penible Auflistung.« (*Goldmann* 2017, 77)

Überzeugend wird das Buch von Katja Petrowskaja in der Fachliteratur auch dem Genre der Autofiktion zugeordnet. So kann Lydia Helena Heiss zeigen, dass es »weder ein klassischer Generations- oder Familienroman, noch eine reine ›autobiographical narrative‹« (*Heiss* 2021, 109), sondern autofiktional ist, (1) weil es durch den Untertitel und seinen literarischen Stil »klar als fiktional gekennzeichnet« ist, (2) »eine bewusst konzipierte, d. h. am Text nachweisbare personale Einheit zwischen Autorin und Ich-Erzählerin« besteht und (3) »das Werk selbstreflexive Elemente und bewusste Hinweise auf und Reflexionen der Erzählerin über den Akt des Erzählens, Erinnerns und Schreibens« enthält (*ebd.*, 109). Aus der für eine Autofiktion »erlaubten und geradezu geforderten Kombination von Faktizität und Fiktion« erwachse für die Verfasserin ein »besonders fruchtbarer Spielraum für die literarische Konzeption von Identität« (*ebd.* 110).³

Wichtig mit Blick auf ihre Selbstbeschreibung bzw. Identitätskonstruktion ist die Bedeutung der deutschen Sprache für die Ich-Erzählerin bzw. Katja Petrowskaja, die sie erst mit Ende zwanzig lernte – »ich verliebte mich in einen Deutschen« (VE 78) –, während ihr Bruder sich dem Hebräischen und damit dem orthodoxen Judentum zuwandte, obwohl sie »eine sowjetische Familie [waren], russisch und nicht religiös« (*ebd.*). Durch diese beiden Sprachen hätten sie gemeinsam »ein Gleichgewicht gegenüber [ihrer] Herkunft« (*ebd.*) geschaffen:

> Ich begab mich ins Deutsche, als würde der Kampf gegen die Stummheit weitergehen, denn Deutsch, *nemeckij*, ist im Russischen die Sprache der Stummen, die Deutschen sind für uns die Stummen, *nemoj nemec*, der Deutsche kann doch gar nicht sprechen. Dieses Deutsch war mir eine Wünschelrute auf der Suche nach den Meinigen, die jahrhundertelang taubstummen Kindern das Sprechen beigebracht hatten, als müsste ich das stumme Deutsch lernen, um sprechen zu können, und dieser Wunsch war mir unerklärlich. (VE 79)

Sich selbst bezeichnet sie in *Vielleicht Esther* als »eher zufällig jüdisch« (VE 10). Sie wolle in Deutschland »nicht als jüdisch eingestuft werden und dadurch mehr Erfolg haben« (*Petrowskaja* 2017, 76). Sie sei zufällig »in diese Familie hineingeboren, genauso wie andere zufällig in deutsche Familien mit einer Nazi-Vergangenheit hineingeboren« (*ebd.*, 77) worden seien. Und so könne sie »davon erzählen, dass die Geschichte von Opfer und Täter für [sie] passé« (*Petrowskaja* 2013; vgl. auch *Heiss* 2021, 133.153) sei. Vielmehr, so Eva Hausbacher, eröffne sie »in der wiederholenden, zwischen den historischen und den gegenwärtigen Orten und Zeiten pendelnden Bewegung einen Erinnerungsraum, der Anschlussmöglichkeiten für das Wieder-, Weiter- und Neuerzählen des Gewesenen« (*Hausbacher* 2020, 210), biete. Ganz im Sinne Aleida Assmanns (vgl. *Assmann* 2013, 180–204, bes. 202f.) praktiziere sie ein »dialogisches Erinnern«, »das auf die Überwindung von Opferkonkurrenzen ziel[e] und damit im Resultat nationale Erinnerungsparadigmen« (*Hausbacher* 2020, 210) aufbreche. Die erzählte Familiengeschichte werde dabei zu einer Gegengeschichte bzw. einem Kontrapunkt »zur offiziellen, männlich geprägten Helden-Geschichtsschreibung« (*ebd.*).

---

3 Der »Bedeutung und Begrenztheit des Biographisch-Narrativen« ist sich gerade Hans Mendl als jemand, der selber »mit Biografien und Autobiografien arbeitet«, sehr wohl bewusst, wie er einleitend zu seiner autobiographischen Skizze »Leben als Ermutigung und Wirken« schreibt: »Jede Autobiografie ist immer auch eine Selbst-Rekonstruktion.« (*Mendl* 2020, 196)

Biblische Bezüge

Ein Aspekt des literarischen Stils, der *Vielleicht Esther* als Autofiktion ausweist, sind vielfache intertextuelle Bezüge, vor allem auch zur Bibel, ohne dass diese allerdings von der Fachliteratur hinreichend wahrgenommen werden. Beispielsweise wird hinter »Hier ist kein Jude noch Grieche, hier ist kein Knecht noch Freier, hier ist kein Mann noch Weib, denn ihr seid allzumal Menschen und Proletarier.« (VE 142) nicht die bekannte Tauformel aus Gal 3,28, hier in der Übersetzung der Lutherbibel 1912, erkannt (vgl. z. B. *Heiss* 2021, 145 FN 268). Dies ist insofern erstaunlich, als Katja Petrowskaja einleitend zu diesem Zitat sogar davon erzählt, ihr Großvater *Semjon*, der den Decknamen Petrowskij anstelle des Familiennamens Stern, »ein Stein unter Sternen« (VE 142), angenommen habe, habe »eine revolutionäre Taufe« durchlaufen, »die den kleinen Leuten Gleichberechtigung« (*ebd.*) versprochen habe. Auf dem Hintergrund der häufigen Hinweise Katja Petrowskajas auf Vereinheitlichung und Einheitsdenken in der Sowjetunion ist die Veränderung von »ihr seid allzumal einer in Christo Jesu« zu »ihr seid allzumal Menschen und Proletarier« wohl als eine bewusste Konterkarierung der paulinischen Befreiungsbotschaft (vgl. z. B. Gal 5,1: »Zur Freiheit hat uns Christus befreit. Steht daher fest und lasst euch nicht wieder ein Joch der Knechtschaft auflegen!«) zu verstehen.

Ob ihr über die Bedeutung der griechischen Wurzel ihres Familiennamens (*pétra* Fels, Stein) hinaus auch die Nähe zum Namen Simon Petrus (vgl. Mt 16,16.18) bewusst ist, lässt sich kaum sagen, wäre aber denkbar, weil sie beim Großvater ihres Urgroßvaters *Ozjel*, ebenfalls ein *Simon*, dem Ersten in der Familie, der »taubstummen Kindern das Sprechen« (VE 50) beibrachte, nicht nur das Sch'ma Israel nennt und auf die Bedeutung des Namens *Schimon* – »der Hörende, derjenige, der von Gott gehört hat und von ihm erhört wird« (*ebd.*) – eingeht, sondern auch den ersten Jünger erwähnt, »der auf Jesus hörte und ihm folgte, […], obwohl diese Geschichte für meine jüdischen Verwandten keine Bedeutung hatte.« (VE 50–51) Die »Reihe der Ahnen«, die dieser Familientradition folgten, erinnert sie an »die Passage aus dem Alten Testament, wie ich dachte, aber es steht im Neuen: Abraham zeugte Isaak. Isaak zeugt Jakob. Jakob zeugt Juda und seine Brüder. Juda zeugte Perez und Serah von Thamar – und weitere fremde Namen.« (VE 50)

Nicht nur dieser Verweis auf die ersten Verse des Stammbaums Jesu in Mt 1,2–3b (LU 1912) zeigt, wie gut sich Katja Petrowskaja im Alten bzw. Neuen Testament auskennt. Dies wird auch deutlich, wenn sie im Kontext der Aussage ihrer Mutter, dass die Familie immer unterrichtet habe und alle Lehrer gewesen seien, feststellt: »Sie sagte es so überzeugt, als wäre es einer der in unserem Land so oft erprobten Sprüche wie *Die Stimme eines Rufers in der Wüste, Der Prophet gilt nicht im eigenen Land.*« (VE 49; vgl. Jes 40,3; Mk 1,3 parr.; Mk 6,4 parr.) Liest man die »Segenswünsche« der Großmutter *Vielleicht Esther* an ihren Enkel *Miron*, dass Gott ihn so viel wissen lasse, wie sie nicht wisse, nicht als »antiken Aphorismus« (VE 208), sondern im Kontext der biblischen Prophetie, stößt man – gleichsam als Erfüllung der Segenswünsche – auf die Worte des Propheten Jeremia in Jer 11,18: »Der HERR ließ es mich wissen und so wusste ich es; damals ließest du mich ihr Treiben durchschauen.« Gott bleibt für Katja Petrowskaja in den Geschichten ihrer Familie allerdings vage distanziert, wenn sie ihm bei der Erschießung ihrer Urgroßmutter eine Art Beobachterrolle zuweist – »Ich beobachte diese Szene wie Gott aus dem Fenster des gegenüberliegenden Hauses« (VE 221) – oder im einleitenden Kapitel »Google sei Dank« davon spricht, Google würde wie Gott über uns wachen (vgl. VE 12).

Umgekehrt mündet das Zitat aus der Internationalen, das sie ihrer Großmutter in den Mund legt: »Es rettet uns kein höh'res Wesen, kein Gott, kein Kaiser, noch Tribun. Uns aus dem Elend zu erlösen, können wir nur selber tun« (VE 65) in der resignativen Aussage: »auf Russisch waren wir noch mehr im Elend vereint, sie glaubte daran, und ich glaube ihr bis heute.« (ebd.)

Ähnlich wie die »Leuchtkäfer der Vergangenheit« (VE 25) ohne »Gesichter und Geschichten« erscheinen und es ihr nicht gelingt, das Gesicht ihrer Urgroßmutter zu sehen, weil sie mit dem Rücken zu ihr steht und zudem »die Geschichtsbücher schweigen« (VE 221), malt sie schon als Kind eine Galerie der »Götter und Helden mit dem Rücken zum Betrachter, als ob sie sich von uns abwenden würden, als hätte ich gewusst, dass die Götter uns verlassen werden« (VE 112). Ob sich auch der jüdisch-christliche Gott von den Menschen abgewandt hat oder umgekehrt in der Abwendung gerade die Nähe Gottes zum Ausdruck kommt, dessen Angesicht niemand schauen kann – selbst Mose sieht nur seinen Rücken (Ex 33,20) –, bleibt in *Vielleicht Esther* offen.

Bedeutung der Urgroßeltern

In dieser Spannung aus Wissen und Nicht-Wissen, Sehen und Nicht-Sehen bzw. Erinnern und Vergessen sind auch die Urgroßeltern Katja Petrowskajas zu verorten. Weiß sie über *Ozjel* und *Anna* und ihr Engagement noch relativ viel zu berichten, wird auch *Vielleicht Esther* trotz aller Gesichts- und Geschichtslosigkeit – analog zu einem Fikus – zur Hauptfigur, »wenn nicht der Weltgeschichte, dann [der] Familiengeschichte« (VE 219). Letztlich hat nicht der Fikus ihrem Vater das Leben gerettet, sondern indirekt ihre Urgroßmutter, indem sie in Kiew geblieben ist, nicht weil es ansonsten zu wenig Platz auf dem Lastwagen gegeben hätte, sondern weil sie vermutlich die notwendige schnelle Flucht erheblich erschwert hätte.

Auch ihr Urgroßvater gleicht einem »antiken« Helden – »Die ›Antike‹ der 1970 in Kiew geborenen Katja Petrowskaja ist nicht Troja, sondern das 20. Jahrhundert« (*Moser* 2014; vgl. auch *Küveler* 2014) –, da er, wie schon sein Großvater, Kindern das Sprechen beibrachte, »damit sie gehört wurden, sonst galten sie seinen Glaubensbrüdern als geisteskrank, denn Verstand und Vernunft, so dachten sie damals, sitzen in der gesprochenen Sprache. Wer gehört wird, gehört dazu.« (VE 51) In der jüdischen Kultur sei es, so Katja Petrowskaja in einem Gespräch mit dem Literaturwissenschaftler Gerhard Lauer, besonders wichtig, gehört zu werden, es sei sogar wichtiger, als zu hören: »Wenn man von Gott gehört wird, gehört man dazu.« (*Petrowskaja* 2018, 83) Es sei »tatsächlich erstaunlich, wie progressiv diese Vorfahren« (*ebd.*, 82) gewesen seien und »[v]ielleicht sei das Staunen über diese Menschen der Auslöser für [ihr] Buch« (*ebd.*, 82f.) gewesen. Damit weitet Katja Petrowskaja auch den Blick von einer häufig in der deutschen Nachkriegsgesellschaft zu findenden Reduzierung der Juden auf eine »*außenstehende* Opfergemeinschaft« und der jüdischen Identität »auf die Geschichte der Schoah« hin auf eine »gesellschaftliche und historische Vielfalt, aus der sich eine gemeinsame Geschichte und Gesellschaft konstituiert.« (*Battegay* 2018, 65)

Die Urgroßeltern Katja Petrowskajas bleiben aber keineswegs »Leuchtkäfer der Vergangenheit«, vielmehr kann – und soll – sie jede*r Leser*in als Vorbilder aufnehmen: »Es ist nicht meine Urgroßmutter. Jeder darf sie adoptieren. Es ging mir darum, dass dieses Unglück adoptiert werden soll.« (*ebd.*; vgl. auch *Ruthka* 2016, 96)

Allerdings äußert Katja Petrowskaja bereits Anfang März 2014 in einem Gespräch die Sorge, dass »die Gegenwart mit Vehemenz jegliche Erinnerung« überlagere und dass der »Aufmarsch der von Moskau dirigierten Truppen auf der Krim und die Bedrohung der Ukraine den Blick zurück, die Beschäftigung mit der Vergangenheit mit einem Mal als anachronistisch und beinah unangebracht erscheinen« (*Heimann* 2014) lassen. Mit Beginn des Angriffskrieges Russlands auf die Ukraine 2022 schwindet die Hoffnung offenbar weiter, etwas aus Geschichten und Schicksalen der »Leuchtkäfer der Vergangenheit« für die Gegenwart und eine friedliche Zukunft gelernt zu haben bzw. lernen zu können. Katja Petrowskaja schreibt nun in ihrer seit 2015 alle drei Wochen in der Frankfurter Allgemeinen Sonntagszeitung (FAS) erscheinenden, viel beachteten Kolumne »Bild der Woche« (vgl. *Petrowskaja* 2022) nur noch über Kriegsfotos. Anfang Februar 2024 beendet sie einen Artikel über ein Bild der kriegsverletzten 19-jährigen Ruslana Danilkina aus Odessa mit den desillusionierenden Worten: »Man kann nicht im Krieg über den Krieg nachdenken, er überholt einen immer.« (*Petrowskaja* 2024)

Literaturverzeichnis

Assmann, Aleida, Das neue Unbehagen an der Erinnerungskultur. Eine Intervention (Beck'sche Reihe 6098), München 2013.

Bachmannpreis für Katja Petrowskaja, 2013, online unter http://archiv.bachmannpreis.orf.at/bachmannpreis.eu/de/news/4548/index.html; letzter Zugriff am 27.3.2024.

Battegay, Sylvia, Sprache der Stummen. Katja Petrowskajas *Vielleicht Esther* als literarische Praxis der Desintegration, in: Yearbook for European Jewish Literature Studies 5 (2018), 51–66.

Hausbacher, Eva, »Untermieter der Geschichte«. Formen und Funktionen transgenerationaler Erinnerungsnarrative, in: *Yvonne Drosihn / Ingeborg Jandl / Eva Kowollik* (Hg.), Trauma – Generationen – Erzählen. Transgenerationale Narrative in der Gegenwartsliteratur zum ost-, ostmittel- und südosteuropäischen Raum (Ost-West-Express 41), Berlin 2020, 203–221.

Heimann, Holger, Katja Petrowskaja. Familiensaga im Kontext des Zweiten Weltkriegs, in: Deutschlandfunk (12.5.2014), online unter http://www.deutschlandfunk.de/katja-petrowskaja-familiensaga-im-kontext-des-zweiten.700.de.html?dram:article_id=285117; letzter Zugriff am 27.3.2024.

Heiss, Lydia Helene, Jung, weiblich, jüdisch – deutsch? Autofiktionale Identitätskonstruktionen in der zeitgenössischen deutschsprachig-jüdischen Literatur (Poetik, Exegese und Narrative. Studien zur jüdischen Literatur und Kunst 15), Göttingen 2021.

KLAUHS, HARALD, Wer nicht lügt, kann nicht fliegen, in: Die Presse (7.3.2014), online unter https://www.diepresse.com/1572113/wer-nicht-luegt-kann-nicht-fliegen; letzter Zugriff am 27.3.2024.

KELLER, HILDEGARD ELISABETH, Laudatio für Katja Petrowskaja, 2013, online unter http://archiv.bachmannpreis.orf.at/bachmannpreis.eu/de/news/4564/index.html; letzter Zugriff am 27.3.2024.

KÜVELER, JAN, »Der Holocaust ist unsere Antike«, in: WELT (11.3.2014), online unter https://www.welt.de/kultur/literarischewelt/article125670065/Der-Holocaust-ist-unsere-Antike.html; letzter Zugriff am 27.3.2024.

LOCH, HARALD, Babuschkas Tod. Ingeborg-Bachmann-Preis. In: Jüdische Allgemeine 9.7.2013, online unter https://www.juedische-allgemeine.de/kultur/babuschkas-tod/; letzter Zugriff am 27.3.2024.

MENDL, HANS, Leben als Ermutigung und Wirken, in: *Horst F. Rupp / Susanne Schwarz* (Hg.), Lebensweg, religiöse Erziehung und Bildung. Religionspädagogik als Autobiografie, Bd. 7 (Forum zur Pädagogik und Didaktik der Religion 9), Würzburg 2020, 195–210.

MOSER, SAMUEL, Auf der Schwelle von Mauthausen, in: NZZ (5.4.2014), online unter https://www.nzz.ch/feuilleton/buecher/auf-der-schwelle-von-mauthausen-ld.650838; letzter Zugriff am 27.3.2024.

PETROWSKAJA, KATJA, »Die deutsche Sprache kam einer Befreiung gleich«. Holger Heimann im Gespräch mit Katja Petrowskaja, in: WELT (8.7.2013), online unter https://www.welt.de/kultur/literarischewelt/article117810166/Die-deutsche-Sprache-kam-einer-Befreiung-gleich.html; letzter Zugriff am 27.3.2024.

PETROWSKAJA, KATJA, Vielleicht Esther. Geschichten, Berlin ²2014.

PETROWSKAJA, KATJA, »Wenn keine Arbeiter in der Literatur vorkommen, ist das kein Weltuntergang.« Marie-Luise Goldmann im Interview mit Katja Petrowskaja, in: Metamorphosen 18 (2017), 74–78.

PETROWSKAJA, KATJA, »Ich habe auf Deutsch geschrieben, weil ich rauswollte aus diesen Zuschreibungen.« Katja Petrowskaja im Gespräch mit Gerhard Lauer und Matthias Bormuth, in: *Monika Eden* (Hg.), Konstellationen. Gespräche zur Gegenwartsliteratur, Göttingen 2018, 63–87.

PETROWSKAJA, KATJA, Das Foto schaute mich an. Kolumnen (Bibliothek Suhrkamp 1535), Berlin 2022.

PETROWSKAJA, KATJA, Superhumans: Fotografin porträtiert Menschen aus Ukraine mit Kriegsverletzungen, in: FAZ (13.2.2024), online unter https://www.faz.net/aktuell/feuilleton/katja-petrowskaja-ueber-ruslana-danilkina-19506881.html; letzter Zugriff am 14.2.2024.

RUTKA, ANNA, »Wünschelrute« Deutsch. Über Sprachkritik und Sprachreflexion als Modi der Erinnerungshandlungen in Katja Petrowskajas *Vielleicht Esther* (2014). In: Colloquia Germanica Stetinensia 25 (2016), 85–99.

STEINER, NICOLA, »Vielleicht Esther« von Katja Petrowskaja. Radiointerview. Gesendet am 20. April 2014, online unter https://www.srf.ch/sendungen/52-beste-buecher/vielleicht-esther-von-katja-petrowskaja; letzter Zugriff am 27.3.2024.

TZSCHENTKE, HANNAH, Motive der Verschränkung von Gegenwart und Vergangenheit in Katja Petrowskajas *Vielleicht Esther*, in: *Sanna Schulte* (Hg.), Erschriebene Erinnerung. Die Mehrdimensionalität literarischer Inszenierung, Köln/Weimar/Wien 2015, 270–286.

VESTLI, ELIN NESJE, »Mein fremdes Deutsch«. Grenzüberschreitungen in der deutschsprachigen Gegenwartsliteratur: Katja Petrowskajas *Vielleicht Esther*, in: *Guri Ellen Barstad* u. a. (Hg.): Language and Nation. Crossroads and Connections, Münster u. a. 2016, 143–160.

Mit den Augen der Anderen
Autofictions als Medien eines Lernens an fremden Biografien

Eva Stögbauer-Elsner

> Wie befriedigend es ist, auf einer weißen Fläche Spuren zu hinterlassen. Eine Karte meiner Bewegung anzufertigen und sei sie auch noch so vergänglich. (*Thompson* 2015, 581f.)

Biografischem Lernen ist eine Pendelbewegung als didaktische Grundstruktur eingeschrieben: Ausgehend von und zurückkehrend zur eigenen Lebensgeschichte werden fremde Biografien erkundet und bedacht. Eine solcherart Auseinandersetzung soll – so die Zielbestimmung – die eigene Identitätsentwicklung und Werteorientierung ebenso fördern wie die Fähigkeit zu Perspektivübernahme, Empathie und moralischem Urteilen (vgl. *Mendl* 2015, 83–85). Das Tableau ›fremder‹ Biografien ist vielfältig, wie ein Blick in das Inhaltsverzeichnis der Monografie »Modelle – Vorbilder – Leitfiguren« vor Augen führt: Local heroes, Heilige, biblische Personen, Jesus Christus, Medienhelden, Lehrerinnen und Lehrer, Eltern (*ebd.*, 7–10).

Dieser Beitrag widmet sich einer ›Personengruppe‹, die die Aufzählung nicht explizit nennt, nämlich dem Tableau der literarischen Figuren, denn »eine ausgestaltete plastische Figur aus einem Kinder- oder Jugendmedium [...] kann ebenso zum orientierenden Lernen anregen« (*ebd.*, 90) wie eine reale Person vor Ort. »Als ein weiträumiges Laboratorium von Gedankenexperimenten« (*Ricœur* 2005, 181) ermöglicht Literatur ihren Leser*innen ein Probeleben und -handeln im Modus des Als-ob. Durch die Augen literarischer Figuren kann andersartig gefühlt, neu gedacht, ungewohnt gehandelt und alternativ gewertet werden – im beständigen Wechselspiel zwischen Identifikation und Abgrenzung (vgl. *Siebauer/Stögbauer-Elsner* 2022, 126). Im Folgenden wird exemplarisch an zwei autofiktionalen Graphic Novels ausgelotet, welchen Beitrag diese (relativ junge) Kunstform zum biografischen Lernen leistet.

Autofiktionales Erzählen in der Kunstform Graphic Novel

Literarische Figuren bieten Potenzial für biografisches Lernen: Sie sind nicht zwingend vorbild- oder heldenhaft, sondern oftmals alltäglich und fragmentarisch, mitunter sogar zwiespältig und nicht immer sympathisch. Durch ihre Augen können Leser*innen ein mögliches Leben in dessen ge- wie misslingenden Momenten antizipieren sowie Werthaltungen, Handlungsmotive, Entscheidungen und Kommunikation erproben. Einen Sonderfall stellen literarisch gestaltete Biografien dar, v.a. solche, die der Gattung *Autofiktion* zuzurechnen sind, insofern sie unauflösbar mit dem ›realen‹ Leben einer Person verwoben sind.

Die Gattungsbezeichnung geht auf den französischen Schriftsteller Serge Doubrovsky zurück und wird Texten zugewiesen, in denen »eine Figur [...] eindeutig als Autor erkennbar ist [...] in einer offensichtlich als fiktional gekennzeichneten Erzählung« bzw. in denen »der Autor unter dem eigenen Namen in das fiktionale Universum seiner Erzählung eintritt« (*Zipfel* 2009, 31.33). Es besteht eine Namensgleichheit von Autor*in, Erzähler*in und Protagonist*in, Lebensdaten und -kontexte stimmen überein, ggf. finden sich Bezüge zu anderen Werken des Autors / der Autorin. Autofiktionen oszillieren zwischen den Gattungen Autobiografie und Roman, insofern es sich um die Fiktion realer Ereignisse handelt, die sprachlich bearbeitet und erzählerisch arrangiert werden, was zuweilen in Untertitel oder Vorwort explizit markiert sein kann. Im Modus der (authentischen) Erinnerung erzählt in einer Autofiktion ein Ich ihr/sein Leben, wobei sich die Autor*innen als literarische Figuren inszenieren. Thematisch konzentrieren sich Autofiktionen zumeist auf die Rolle der Erinnerung, auf die Darstellung des Selbst in seiner Verletzlichkeit und auf die Identitätssuche im Gewebe familiärer Herkunft und kultureller Traditionen. Dieses Arrangement bedingt eine rezeptionsästhetische Entscheidung: Wollen Leser*innen das Werk als Autobiografie oder Roman lesen? (vgl. *Wagner-Egelhaaf* 2013, 9–11)

Die Gattung Autofiktion löst aus literaturwissenschaftlicher Sicht verschiedene Funktionen ein (vgl. *Zipfel* 2009, 36). Sie ermöglicht die Darstellung persönlicher Identitätssuche (auch und gerade marginalisierter Personengruppen), thematisiert zugleich die klassischen Probleme von Autobiografien (Unzuverlässigkeit der Erinnerung, Konstruktion von Vergangenheit, Fragmentarität des Subjekts) und schafft Raum für poetologische Reflexionen, wenn darin bspw. das Motiv der ›Geburt‹ eines Autors / einer Autorin ausgestaltet wird (vgl. *Wagner-Egelhaaf* 2013, 14).

Als *Graphic Novel* wird eine Untergruppe von Comics bezeichnet, die mithilfe der Konventionen und Gestaltungsmittel des Comics eine abgeschlossene, komplexere Geschichte erzählen und dabei »nicht an das Prinzip der Serie oder die Standardformate der Comichefte gebunden sind« (*Afrashteh* 2012, 126). Die Bezeichnung begegnet erstmals 1978 auf dem Buchcover »A contract with God« des US-amerikanischen Comiczeichners Will Eisner, der mitunter sogar als Erfinder dieser Gattung gilt. Die Kunstform der (autofiktionalen) Graphic Novel entstand in Abgrenzung zu kommerziellen Comicreihen Anfang der 1970er Jahre in den USA, Art Spiegelmans »Maus« ist ein markantes Beispiel hierfür (vgl. *Abel/Klein* 2016, 156; *Kupczyńska* 2017, 190f.).

Neutral betrachtet lassen sich Comics und damit Graphic Novels als sequenzielles Erzählen definieren: In mehreren, räumlich angeordneten Bildern und mithilfe anderer Zeichen wird eine Geschichte erzählt. Das *Panel* (dt.: Tafel; Einzelbild einer Comicsequenz) unterteilt Zeit und Raum im Comic und beeinflusst das Leseerlebnis in einzigartiger Weise, indem es bestimmte Emotionen und Stimmungen hervorruft (vgl. *McCloud* 2001, 107.111). Der Leerraum zwischen zwei Panels, *Gutter* (dt.: Rinne, Rinnstein) genannt, ist eine ästhetische Strategie, um Imagination und Sinnbildung anzuregen: Die Leser*innen halten sich zwischen den Panels auf und schaffen Bedeutung (vgl. *ebd.*, 74–77). Charakteristisch für Comics sind die grafische Reduktion und die zeichnerische Stilisierung, die einerseits die Aufmerksamkeit auf eine Idee lenken und andererseits eine universelle Sprache erschaffen, in der sich alle Menschen wiederfinden können (vgl. *ebd.*, 13.28.39.100).

Graphic Novels zeichnen sich meist durch einen unverwechselbaren, ausdrucksstarken Zeichenstil mit einer kreativen Anordnung von Panels, Sequenzen und Seiten aus (vgl. Böger 2021, 203–205.209f.), der sich deutlich vom sog. amerikanischen Stil populärer Superhelden-Comics wie *Superman* unterscheidet. (Autobiografische) Erinnerungen werden im Comic durch sprachlich-literarische Mittel und simultan durch die grafische Gestaltung ausgedrückt. Die Konstruktion (und Dekonstruktion) persönlicher Erinnerungen begegnet in autofiktionalen Comics folglich in einer vielschichtigen Komposition von Bild und Text. Das Alter Ego des Autors / der Autorin wird als grafische Figur inszeniert und bildliche Metaphern zur Deutung der eigenen Biografie entwickelt (z. B. Figur des Gestaltwandlers als Ausdruck transnationaler Identität). Dies wird im Folgenden an zwei autofiktionalen Comics exemplarisch illustriert.

Blankets von Craig Thompson

Die 2003 erschienene und mehrfach prämierte Autofiktion »Blankets« des US-amerikanischen Autors Craig Thompson (*1975, Michigan/USA) – im Originaluntertitel als *Graphic Novel* markiert (in der deutschen Erstausgabe etwas linkisch als »illustrierter Roman« übersetzt) – vermerkt im Impressum, dass der Comic »auf persönlichen Erfahrungen des Autors« beruhe, »gleichwohl [...] Charaktere, Orte und Begebenheiten in Ausnahmen den Erfordernissen der Geschichte angepasst wurden« (Blankets 4). *Blankets* (engl. *blanket*: Decke, Hülle; be-/zudecken, einhüllen; umfassend, generell) erzählt in neun Kapiteln Kindheit und Adoleszenz des Jungen Craig, der unter ärmlichen Verhältnissen in einer evangelikalen Arbeiterfamilie im ländlichen Wisconsin groß wird. Im Fokus der Geschichte steht das Aufwachsen in einem streng religiösen Elternhaus und die enge Beziehung zu seinem jüngeren Bruder Phil. Craig erfährt immer wieder Demütigungen und Übergriffe durch Mitschüler; überdies sind die Brüder der sexualisierten Gewalt eines männlichen Babysitters ausgesetzt. Das Ausgeliefertsein an weltliche wie kirchliche Autoritäten (Eltern, Lehrkräfte, Pastoren) durchzieht die Kinder- und Jugendjahre des Protagonisten. Träumen und Zeichnen sind für ihn die einzige Möglichkeit, dieser schmerzhaften Wirklichkeit zu entkommen.

Auf dem jährlichen Kirchen-Camp lernt Craig seine erste Liebe Raina kennen, die er nach längerem Briefkontakt besucht. Dieser 14-tägige Besuch bestimmt den Großteil der Erzählung (Blankets 170–482): Die beiden Jugendlichen verbringen intensive Momente in Gesprächen und körperlicher Nähe, wobei das Begehren und die ersten sexuellen Erfahrungen bei Craig aufgrund seiner körperfeindlichen Erziehung mit Gewissenskonflikten verbunden sind. Nach dem Besuch sprechen beide Teenager nur noch sporadisch am Telefon miteinander, bis Craig die Beziehung beendet und alle Erinnerungsstücke außer einen von Raina genähten Quilt verbrennt. Die letzten Seiten erzählen von Craigs Auszug und seiner Ablösung vom Elternhaus, ohne mit seiner Familie zu brechen.

Blankets ist eine Autofiktion: Protagonist, Ich-Erzähler und Autor/Zeichner sind namensgleich, ihre Lebensdaten und -kontexte stimmen überein. Zugleich gehört die Erzählung zu den Coming-of-Age-Stories: Der Protagonist lässt nach vielschichtigen Auseinandersetzungen sowohl die innerfamiliären Konflikte als auch die Repressionen durch die christliche Religion hinter sich und reift zu einer gewandelten Persönlichkeit, die sich ihrer Verstrickungen und Narben bewusst ist (vgl. *Böger* 2021, 208–210). Craigs Konflikte entstehen v. a. durch die Konfrontation seiner christlich-fundamentalistisch geprägten Glaubenssätze mit seinen eigenen Erfahrungen, Begabungen und Sehnsüchten. Der strikte Dualismus von Diesseits/Jenseits, Hölle/Himmel, Sünde/Erlösung, Müßiggang/Arbeit, Körperlichkeit/Liebe zu Jesus, mit dem Craig groß geworden ist, lässt alles nichtig und sündig erscheinen, was er persönlich als ›heilig‹ erlebt: das Zeichnen, die Schönheit der Natur und des Körpers, die (begehrende) Liebe zu Raina. Insofern ist Blankets auch eine religiöse Coming-of-Age-Story: Craig befreit sich aus einem repressiven christlichen System und entwickelt auf Basis eigener Erfahrungen eine individuelle Spiritualität (vgl. *Koltun-Fromm* 2020, 136–142). Religiöse Ablösung und Befreiung führen aber zu keiner Karikatur oder gar Dämonisierung seines Umfeldes. Seinem Bruder Phil gegenüber bekennt Craig sich zum Glauben an Gott und an die Lehren Jesu, lehnt jedoch Bibel, Kirchen oder Dogmen ab (Blankets 533) – genau wie der Autor im Interview: »I'm still down with Jesus. I like to think of him mostly as a social revolutionary who mixed with bad crowds and hated the rich. [...] *Blankets* was the vehicle with which I came out to my parents about not being a Christian, so we never really had that conversation« (*Mechanic* 2011).

Das visuelle Erzählen ist durch Thompsons einzigartigen Stil geprägt. Blankets bietet kreative Bilder mit zahlreichen Kunstzitaten, ganzseitige Panels mit originellen Bildmotiven, Bilder im Bild *und* Bildsequenzen, die auf Texte und Balloons (dt.: Denk-/Sprechblasen) verzichten. Der Comic ist durchgängig in Schwarz-Weiß mit verschiedenen Arten der Schraffierung gezeichnet. Viele Bilder durchzieht eine Stimmung der Melancholie und Einsamkeit, worin sich das Grundgefühl von Vergänglichkeit und Verlorenheit spiegelt, das der Protagonist – gezeichnet als schmaler, magerer Junge – von Kindheit an erlebt. Ebenso finden sich Panels von Geborgenheit, Stille und Erhabenheit, insb. bei Motiven der winterlichen Natur und der körperlichen Nähe der Liebenden. Thompson als Illustrator spielt mit seinen Panels, löst ihre klassische eckige Form auf, gestaltet sogar rahmenlose Seiten (vgl. *Fălăuș* 2023, 17f.). Bei intimen Momentaufnahmen mit Raina, aber ebenso bei Szenen religiös motivierter Unterdrückung, wird auf klare Rahmungen verzichtet (Blankets 61–63.138). Einschneidende Erlebnisse wie das Mobbing oder der sexuelle Missbrauch umgibt hingegen eine dicke schwarze Rahmenlinie (*ebd.*, 298–293). Die Befreiung und Umwandlung, die Craig in seinen Träumen und in der Nähe zu Raina erlebt, wird auf Bildebene durch florale Muster und Ornamente zum Ausdruck gebracht (*ebd.*, 432–437).

Markant sind zudem die künstlerischen Mittel der Rückblende, wenn Erlebnisse des jungen Erwachsenen in Rekurs auf seine Kindheitserfahrungen gelesen werden, sowie das der Zwischenblende: Als etwa die Lehrerin in der Sonntagsschule die Qualen der Hölle schildert, sind Bilder seines kleinen Bruders zwischengeblendet, der vom Vater als Strafe in einen dunklen Verschlag gesperrt wird. Eine eigene Art der Bildsprache besitzen schließlich die Imaginationen biblischer Erzählungen und Texte (Lk 8,40–53; Buch Kohelet; Psalmen) durch den zeichnenden Protagonisten.

Blankets lotet poetologisch die Konventionen des Mediums Comic aus, thematisiert die Möglichkeiten des Erzählens in Bild und Text und fokussiert den Produktionsprozess bzw. die Gemachtheit von Comics, weshalb diese Graphic Novel auch als *Meta-Comic* zu lesen ist (vgl. *Kupczyńska* 2017, 202f.). So wird u. a. gezeigt, wie Bilder von einem Subjekt imaginiert und auf leeren weißen Flächen markiert werden oder mit welchen Mitteln eine Comicsequenz Raum, Zeit, Bewegung erzeugt (Blankets 539–543.582f.). Zudem durchzieht die Erzählung das Zeichnen als biografisches Element: Beide Brüder zeichnen von Kindesbeinen an Comics, um sich auszudrücken und einander nahe zu sein (Blankets 44), stoßen dabei aber auf Unverständnis und Missbilligung ihres streng religiösen Umfeldes, das den künstlerischen Schaffensprozess als Hybris brandmarkt. Die Frage, die Craig in der Sonntagsschule stellt (»Könnte ich Gott nicht mit meinen Zeichnungen preisen?«, *ebd.*, 137) und die die Lehrerin zunächst süffisant, dann vehement verneint, beantwortet er sich mit seinem Werk schließlich selber. Religiöse Hingabe in der bzw. als Kunst ist möglich. Oder wie der Autor selber formuliert: »I think there is some overlap in terms of artistic desires and Christian desires« (*Mechanic* 2011). Das Zeichnen eröffnet dem Protagonisten (und dem Autor?) einen Raum des Widerstands und der Selbsttherapie. Schmerzliche wie glückliche Erinnerungen finden Ausdruck im Akt des Zeichnens und Schreibens mit der Hand bzw. können durch das kreative Gestalten transformiert werden (vgl. *Böger* 2021, 208–210). Eindrücklich geronnen findet sich dies in zwei Panels, auf denen Craig seine Erinnerungen wie dämonenartige Wesen ausspeit (Blankets 59f.).

Persepolis. Eine Kindheit im Iran von Marjane Satrapi

»Persepolis« von Marjane Satrapi (*1969 in Rasht/Iran) war »eine der ersten Comic-Veröffentlichungen einer Migrantin aus einem nicht-europäischen Herkunftsland« (*Eder* 2011, 285) und wird zu den *Coming-of-Age-Stories* gerechnet. Satrapi selbst charakterisiert ihre Erzählung als *band dessinée* (franz. für Comic) sowie als biografische *Autofiction*, die die eigene Kindheit vor der kulturellen, sozialen, politischen und religiösen Hintergrundmelodie des Irans der 1970/80er Jahre schildert (vgl. *Abel/Klein* 2016, 263). Des Weiteren ist *Persepolis* als Bildungsroman zu lesen, insofern die innere Entwicklung eines Individuums in Auseinandersetzung mit seiner Umwelt im Mittelpunkt steht (vgl. *Reyns-Chikuma/Lazreg* 2022, 408f.). Als *herstory* konstruiert der Comic Erinnerungen aus Frauenperspektive und verleiht einer weiblichen Stimme Gestalt. Im ersten Band »Eine Kindheit im Iran« (2005) schildert *Persepolis* episodisch die Geschichte des Mädchens Marji, das als Kind die iranische Revolution und das fundamentalistische System unter Ayatollah Khomeini miterlebt, bis es mit 14 Jahren auf sich alleine gestellt ins Exil nach Österreich geht.

In 19 Episoden im Umfang von 7 bis 12 Seiten, betitelt jeweils mit einem Substantiv (z. B. Das Fest, Die Schafe, Der Schlüssel), erzählt *Persepolis* im ersten Teil bedeutsame, oftmals traumatische Ereignisse aus der Kindheit der Protagonistin. Die aus einem links-intellektuellen Elternhaus stammende Marji erlebt als 10-Jährige aus unmittelbarer Nähe die Demonstrationen gegen das Schah-Regime, den revolutionären Umsturz, die Repressionen und Gewaltexzesse der neuen Regierung sowie den Iran-Irak-Krieg mit seiner ideologischen Verklärung. Die einzelnen Episoden zeigen in expressiven Bildern, wie Marji und ihre Familie durch beide Regime und den langjährigen Krieg Verwandte, Freunde und Nachbarn verlieren. Zugleich wird der Alltag in einem autoritären System auf tragisch-komische Weise inszeniert, wenn die Protagonistin oder ihre Familie verschiedenste Auseinandersetzungen mit den Wächter*innen der islamischen Revolution bestehen müssen. Darin verwoben zeigt der Comic Schlüsselmomente aus Marjis Biografie wie die Hinrichtung ihres Lieblingsonkels Anusch, die sie den Glauben an Gott verlieren lässt. Eindringlich bringen wenige Panels diese Erfahrung im Medium des Comics zum Ausdruck: Mit drastischen Worten in gezackten Sprechblasen (»*Halt die Schnauze!*« »*Raus!*«) schmeißt Marji einen grafisch imaginierten Vatergott aus ihrem Kinderzimmer. Die Verlorenheit zeigt das abschließende *Splash-Panel*, das Assoziationen zu Nietzsches Aphorismus vom tollen Menschen wachruft: Marji schwebt einsam und haltlos im Universum, bis eine Schreiblase diesen (Daseins-)Zustand jäh durchbricht: Der erste Golfkrieg hat begonnen (Persepolis 74f.).

Wie in *Blankets* sind Autorin, Ich-Erzählerin und Protagonistin namensgleich. Visuell wird durch die Augen eines Kindes erzählt, nämlich durch den 10-jährigen Avatar der Autorin. Panels und Balloons spiegeln retrospektiv die Welt bzw. Stimme des Kindes Marji, während die Textboxen eher die Stimme der erwachsenen Erzählerin repräsentieren, die kommentierend und meta-narrativ auf ihre Kindheit zurückblickt (vgl. Marks 2017, 163.170). *Persepolis* zeichnet sich durch ausdrucksstarke Panels im Schwarz-Weiß-Kontrast ohne Schraffierungen aus. Die Einzelbilder sind auf wenige, wesentliche Elemente reduziert. Die Zeichnungen konzentrieren sich auf den (emotionalen) Gesichtsausdruck und somit auf die »seelischen Landschaften der Figuren« als internationaler Bildersprache (Afrashteh 2012, 127). Auf Farbigkeit wird ebenso verzichtet wie auf *Soundwords* (›Boom‹, ›argh‹) und Piktogramme. Dieser Stil schafft einerseits eine klare Abgrenzung zu kommerziellen Comics und eignet sich andererseits als genuines Darstellungsmittel für Kindheitserinnerungen, die mitunter traumatisch besetzt sind (vgl. Reyns-Chikuma / Lazreg 2022, 408–410). Der Zeichenstil wirkt in Reminiszenz an den 10-jährigen Avatar der Erzählerin kindlich-einfach, umhüllt die Texte aber in tiefgründiger Weise (vgl. Marks 2017, 178) und lebt von zahlreichen Bildzitaten: Persische Miniaturen werden ebenso zitiert wie christliche Motive (Michelangelos Gottvater, Pieta), Bildklassiker (u. a. Munchs Schrei) oder populäre Comics (z. B. Hulk). Der Text ist deutlich nuanciert und steht in einem vielschichtigen Assoziationsgeflecht mit den Bildern. Viele Panels kommen gänzlich ohne Denk-/Sprechblasen aus, v. a. wenn Unaussprechliches passiert. Treffend charakterisiert Afrashteh Geschichte und Bildsprache des Comics als minimalistisch, anekdotisch, expressiv, tragisch-komisch (vgl. *dies.* 2012, 123.126).

Charakteristisch für *Persepolis* ist eine dialektische Beziehung zwischen ›Ost‹ und ›West‹. Das Medium Comic und die Muster ›westlicher‹ Autobiografie werden zur

Darstellung einer sehr iranischen Erfahrung verwendet. Dabei wird beständig zwischen ›westlichen‹ Formen und ›östlichen‹ Inhalten, zwischen dem Unbekannten und dem Vertrauten, verhandelt und mit Stereotypen über ›Ost‹ und ›West‹ gebrochen. Mit dieser Graphic Novel, die als Gegenerzählung zu vorherrschenden europäischen und US-amerikanischen Klischees über den Iran gesehen werden kann (vgl. *ebd.*, 125), wendet Satrapi sich bewusst an ein westliches Publikum, wie sie im Vorwort schreibt (Persepolis 3f.).

Persepolis besitzt einen pädagogischen Impetus: »Hence, we see the child Marjane both receiving and giving lessons on everything, including Iranian history, politics, philosophy, and mythology, as a kind of surrogate for the average Western reader who does not know anything about Iran« (*Reyns-Chikuma/Lazreg* 2022, 408). Satrapi schreibt gegen die Homogenisierung sowohl durch das iranische Regime als auch durch westliche Stereotype an. Indem die Graphic Novel die individuelle und kollektive Vergangenheit durch die Augen eines Kindes sehen lässt, schafft sie Empathie: Der Comic appelliert an sein Publikum, iranische Kinder als Kinder zu sehen und nicht als kleinere Version des gefürchteten Anderen (vgl. *Marks* 2017, 168; *Naghibi/O'Malley* 2005, 231–233). Bereits in der ersten Episode können Leser*innen in Marjis Unsicherheit das Kopftuch als Pflicht tragen zu müssen, ihre eigene Verletzlichkeit spüren: »Die Geschichte, um die es hier geht, ist menschlich und ihr Inhalt universal.« Deshalb versteht ein Leser, »der nichts Vergleichbares erlebt hat, [...] die menschliche Komponente, die sich hinter ›Persepolis‹ verbirgt. Die Frage ist doch, was hätten Sie getan, wenn Sie sich in meiner Lage befunden hätten?« – so Satrapi im Interview (*Hempel* 2007).

Biografisches Lernen im Spiegel autofiktionaler Erzählungen: didaktische Erwägungen

Autofiktionale Graphic Novels wie *Blankets* oder *Persepolis* eröffnen verschiedene Ansatzpunkte für biografisches Lernen. Der literarische Avatar einer Autorin / eines Autors, der zudem ikonisch inszeniert ist, bietet Leser*innen ein hohes Identifikationspotenzial und lässt sie beständig aus der Perspektive einer Person auf die Welt blicken. Überdies erschafft das Erzählen in Bildern, dem im Comic der Vorrang vor dem Wort eingeräumt wird, eine ›internationale‹ Sprache, in der sich die unterschiedlichsten Leser*innen wiederfinden können. Die Identitätssuche Jugendlicher kann intensiviert werden, insofern autofiktionale Comics eine (authentische) Lebensgeschichte mit ihren Fragen und Konflikten, Brüchen und Fragmenten (vgl. *Mendl* 2021, 264) aus der Perspektive eines Heranwachsenden erzählen und dabei die Verletzlichkeit ihrer Protagonist*innen ungeschönt, wenn auch ästhetisiert zeigen. Familiengeschichte und Herkunft, prägende (religiöse) Erlebnisse durch das Elternhaus sowie das (Nicht-)Funktionieren von Familien gehören zu den häufig(st)en Themen autofiktionaler Comics (vgl. *Böger* 2021, 207f.), was der Entwicklungsaufgabe des Jugendalters entgegenkommt, die Beziehungen zur Herkunftsfamilie zu lösen und zu transformieren.

Zudem sind autofiktionale Comics ein Medium des Erinnerns. Sie fokussieren eine bestimmte Lebenszeit sowie prägende Erfahrungen aus der subjektiven Retrospektive (vgl. *Fălăuş* 2023, 18) und thematisieren den Umgang mit und die Vergänglichkeit von Erinnerungen. In *Blankets* bspw. verbrennt oder überstreicht Craig einen Teil seiner Erinnerungen, um sich davon zu befreien. Dadurch werden Lernende angeregt, über Bedeutung und Stellenwert von Erinnerungen sowie des Erinnerns nachzudenken.

Im Unterricht bietet es sich an, einzelne Episoden eines autofiktionalen Comics zu lesen, zu analysieren und zu reflektieren. Die Auswahl von Sequenzen kann sich – wie von Mendl favorisiert – an »dilemmatauglichen Entscheidungssituationen« orientieren, um in diskursethischer Absicht mögliche Optionen unter Einbezug von Motiven, Werteorientierungen, Handlungsfolgen zu bedenken (vgl. *Mendl* 2015, 88; *ders.* 2021, 260f.). Ebenso sind die Entwicklung der Hauptfigur, ihre inneren und äußeren Konflikte, ihr Konfliktverhalten und ihre Bewältigungsstrategien mögliche Auswahlkriterien. Für ein Lernen an fremden Biografien ist außerdem relevant, wie der literarische Avatar des Autors / der Autorin als Bild und im Text gestaltet ist und welche Metaphern er für sein Leben wählt. Dafür eignen sich z. B. die ersten und letzten Sequenzen, die i. d. R. zeigen, woher die Hauptfigur kommt und wo sie am Ende ihrer Geschichte steht. Es kann erkundet werden, welche biografischen Themen im Vordergrund stehen, was die Hauptfigur im Laufe ihrer Geschichte von wem und wodurch lernt, welche Dinge ihr Leben bereichern oder wie sie mit glücklichen und schmerzhaften Erinnerungen umgeht.

Falls es Interviews und Statements der Autor*innen gibt, können auch diese in den Deuteprozess einbezogen werden. Neben handlungs- und produktionsorientierten Zugängen eignet sich für eine solche Erschließung methodisch das sog. literarische Gespräch, um in der Form des offenen Austausches persönliche Lektüreeindrücke zu artikulieren und Deutungsfacetten des Textes zu erarbeiten (vgl. *Härle/Steinbrenner* 2004). Mit Blick auf das Medium Comic sollte darüber hinaus untersucht werden, wie autobiografische Erinnerungen in den Konventionen des dieser Gattung (Panels, Balloons, Gutter) Ausdruck finden.

Nicht zuletzt ermöglichen autofiktionale Comics den Übergang zu einer selbstreflexiven Biografiearbeit, auch wenn diese im Unterricht klar begrenzt ist, da »sich Schule nicht als sozialtherapeutische Einrichtung versteht« (*Mendl* 2021, 265). Wenn im Unterricht mit Ich- oder Nachdenkbüchern gearbeitet wird, könnten Lernende darin collageartig skizzieren, wie eine Graphic Novel ihres Lebens gestaltet wäre: Wie sähe mein literarischer Avatar aus? Welchen Zeichenstil würde ich bevorzugen? Würde ich schwarz-weiß oder bunt zeichnen? Welche Figuren kämen vor? Welche meiner Erinnerungen würde ich Leser*innen zeigen, welche nicht? Welchen Titel hätte mein Comic? Was wäre auf dem Cover, was auf dem ersten und was auf dem Schlusspanel zu sehen? Wem würde ich meinen Comic widmen, was stünde im Vorwort? Weniger Selbstkundgabe ist hingegen gefordert, wenn Lernende Panels zu einer ausgewählten Grunderfahrung (z. B. Einsamkeit, Glaube, Liebe, Verwandlung) zeichnen oder wenn sie eine kurze Comic-Sequenz zu biografischen Erinnerungen einer anderen Person (aus ihrem näheren Umfeld) entwerfen, die evtl. deren religiöse Entwicklung fokussiert. Die Gestaltung der Erinnerungen Anderer im Medium des Comics wäre als fächerverbindende Projektarbeit denkbar, bspw. in Kooperation mit Literatur- und Kunstunterricht (vgl. *Mendl u. a.* 2021).

Literaturverzeichnis

ABEL, JULIA / KLEIN, CHRISTIAN (Hg.), Comics und Graphic Novels. Eine Einführung, Stuttgart 2016.

AFRASHTEH, DIANA, Persepolis: Interkulturelle Aspekte in Marjane Satrapis Comic-Roman und Film – ein Fallbeispiel, in: *Ulla Kriebernegg / Roberta Maierhofer / Hermine Penz* (Hg.), Interkulturalität und Bildung, Wien/Berlin 2012, 123–142.

BLANKETS, Auswahl an Panels; https://imagetextjournal.com/the-beautiful-ambiguity-of-blankets-comics-representation-and-religious-art/; letzter Zugriff am 26.2.2024

BÖGER, ASTRID, Life Writing, in: *Sebastian Domsch / Dan Hassler-Forest / Dirk Vanderbeke* (Hg.), Handbook of Comics and Graphic Narratives (Handbooks of English and American Studies 11), Berlin/Boston 2021, 202–218.

EDER, BARBARA, Zeit der Revolution – Revolution der Zeit. Figuren der Zeitlichkeit in Marjane Satrapis Persepolis, in: *dies. / Elisabeth Klar / Ramón Reichert* (Hg.), Theorien des Comics. Ein Reader, Bielefeld 2011, 283–302.

FĂLĂUȘ, ANAMARIA, Outer and Inner Space in Craig Thompson's Blankets: A Visual Representation Perspective, in: Papers in Arts and Humanities 3 (2023), Heft 1, 16–36 (https://artshumanities.partium.ro/index.php/pah/article/view/131; letzter Zugriff am 29.2.2024).

HÄRLE, GERHARD / STEINBRENNER, MARCUS (Hg.), Kein endgültiges Wort. Die Wiederentdeckung des Gesprächs im Literaturunterricht, Baltmannsweiler 2004.

HEMPEL, LASSE OLE, Interview mit Marjane Satrapi (24.11.2007), in: TEXTEM. Texte und Rezensionen (www.textem.de/index.php?id=1377; letzter Zugriff am 15.1.2024).

MARKS, CLIFFORD, Wise beyond Her Years: How *Persepolis* Introjects the Adult into the Child, in: *Mark Heimermann / Brittany Tullis* (Hg.), Picturing Childhood. Youth in Transnational Comics, Austin 2017, 163–180.

KOLTUN-FROMM, KEN, Drawing on Religion: Reading and the Moral Imagination in Comics and Graphic Novels, Pennsylvania 2020.

KUPCZYŃSKA, KALINA, Poiesis des autobiografischen Comics, in: *Hermann Korte / Andreas C. Knigge* (Hg.), Graphic Novels (Text+Kritik, Sonderband), München 2017, 190–205.

MCCLOUD, SCOTT, Comics richtig lesen, Hamburg 2001.

MECHANIC, MICHAEL, Interview mit Craig Thompson (Sept./Okt. 2011), in: Mother Jones (https://www.motherjones.com/media/2011/09/craig-thompson-blankets-habibi-interview/; letzter Zugriff am 26.2.2024).

MENDL, HANS, Modelle – Vorbilder – Leitfiguren. Lernen an außergewöhnlichen Biografien (Religionspädagogik innovativ 8), Stuttgart 2015.

MENDL, HANS, Biografisches Lernen, in: *Eva Stögbauer-Elsner / Burkard Porzelt / Konstantin Lindner* (Hg.), Studienbuch Religionsdidaktik, Bad Heilbrunn 2021, 256–265.

MENDL, HANS u. a., Lernen an Biografien. Eine interdisziplinäre Spiegelung, in: Österreichisches Religionspädagogisches Forum 29 (2021), Heft 1, 61–88.

NAGHIBI, NIMA / O'MALLEY, ANDREW, Estranging the Familiar: »East« and »West« in Satrapi's Persepolis, in: English studies in Canada 31 (2005), Heft 2–3, 223–249.

PERSEPOLIS, Panels der ersten Episode; https://knopfdoubleday.com/2009/06/30/the-veil-from-marjane-satrapis-persepolis/; letzter Zugriff am 26.2.2024.

REYNS-CHIKUMA, CHRIS / LAZREG, HOUSSEM BEN, The Discovery of Marjane Satrapi and the Translation of Works from and about the Middle East, in: *Jan Baetens / Hugo Frey / Stephen E. Tabachnick* (Hg.), The Cambridge History of the Graphic Novel, Cambridge 2022, 405–425.

RICŒUR, PAUL, Das Selbst als ein Anderer, München 2005.

Satrapi, Marjane, Persepolis. Eine Kindheit im Iran, Wien 2005 [FRA: L'Association 2000].
Siebauer, Ulrike / Stögbauer-Elsner, Eva, Freundschaft im Kinder- und Jugendbuch, in: Katechetische Blätter 147 (2022), Heft 2, 126–129.
Thompson, Craig, Blankets, Hamburg 2015 [USA: Top Shelf Production 2003].
Wagner-Egelhaaf, Martina, Einleitung: Was ist Auto(r)fiktion?, in: *dies.* (Hg.), Auto(r)fiktion. Literarische Verfahren der Selbstkonstruktion, Bielefeld 2013, 7–21.
Zipfel, Frank, Autofiktion, in: *Dieter Lamping* (Hg.), Handbuch der literarischen Gattungen, Stuttgart 2009, 31–36.

»Ich sprech' mit Gott, aber Gott nicht mit mir« (*Fard*: »Gott«)
Der Rap als Gestaltungsmodell für den Religionsunterricht

Klaus König

Religion besitzt mehrere Dimensionen, die sich z. B. als Inhalt, Praxis oder Form und Gestalt bezeichnen lassen. Religiöse Bildung hat einen Akzent auf der inhaltlichen Seite, aber auch Praxis und Form gewinnen zunehmend eine bildende Bedeutung. Dabei steht nicht mehr deren bloße Übernahme im Vordergrund, sondern eine kompetente Auseinandersetzung mit ihnen. Schülerinnen und Schüler werden in religiösen Lernprozessen aufgefordert, in einen Dialog mit unterschiedlichen Aspekten religiöser Überlieferung zu treten, um Denkangebote, praktische Konsequenzen oder gestalterische Formen kritisch zu studieren und hin und wieder selbst auszuprobieren.

Die lebenspraktische Seite der Religion kommt z. B. durch den Dialog mit Biografien anderer Menschen, ihren Taten und deren Motivation zur Geltung. Solche Modelle sind aber nicht nur auf die tatbezogene Ebene beschränkt, es gibt sie auch für die Dimension der Form und Gestalt. Parallel zu den tatbezogenen Modellen lassen sich zudem für die Form- und Ausdrucksebene biografische Hinweise finden, die einerseits aus der kirchlichen Welt und den religiösen Traditionen, andererseits aus dem breiten Bereich unterschiedlicher kultureller Gestaltungen stammen. Für religiöses Lernen reicht es aus, diese Modelle so zu wählen, dass sie für den Lernprozess relevant sind – ohne selbst unbedingt auf einer religiösen Ebene angesiedelt zu sein. Selbstverständlich werden sie auch bislang schon eingesetzt: Viele Texte, Filme, Karikaturen u. Ä. nutzt der Religionsunterricht eher als materiale Quelle, bei denen Informationen und Positionen, vielleicht auch Gattung und Gestalt erarbeitet und analysiert werden. Ergänzend präsentieren Modelle signifikant eine tatsächliche, gelebte ethische oder ästhetische Praxis, die zur Stellungnahme, zur gestaltenden Orientierung, sogar zur Entscheidung über ihre Plausibilität und Relevanz herausfordert (vgl. *Mendl* 2021, 257) und damit eine Funktion besitzt, die über das Verstehen hinausgeht.

Für ethisches Lernen sind die Modelle vorhanden und bereits vielfach Element des Unterrichts, wohingegen das Modelllernen auf ästhetischer Ebene noch intensiviert werden könnte. Ähnlich wie gegenwärtige, für den Alltag relevante ethische Modelle benötigen auch gestalterische Materialien zugängliche, inhaltlich wie formal anregende und bearbeitbare Merkmale. Dies bieten am ehesten (jugend-)kulturelle Zeugnisse, die der Gefahr einer kirchlichen Einseitigkeit und entsprechenden Prägeabsichten entgehen. Dabei gilt es, solche Zeugnisse, die häufig weniger religionstraditionell durchdrungen sind, nicht vorschnell religiös zu vereinnahmen oder sie lediglich als methodischen Aufhänger zu betrachten.

Bei aller Vorsicht gibt es dennoch Jugendkulturen und Akteure, die auf verschiedene Weise für religiöse Bildung relevant sind: Rapperinnen und Rapper z. B. gestalten Songs auf ihre eigene Weise und integrieren dabei Positionen zu aktuellen und grundsätzlichen Fragen. Dies reicht zunächst aus, um den Rap als ein mögliches Ausdrucksmodell zu betrachten, an dem sich religiöse Bildung initiieren lässt. Dieses Votum ist nicht neu, der Rap ist durchaus in religiösen Lernprozessen präsent und religionspädagogisch auch schon eingeführt (vgl. *Depta* 2016, 817–893). Hier soll es um eine am Modelllernen orientierte Weiterführung und Aktualisierung bisheriger Bearbeitungen gehen. Dafür sind einige Eigenheiten des Rap zu skizzieren, seine Beziehungen zu Religion zu befragen und dann Wahrnehmungsformen zu benennen, die praktische Folgen besitzen. Ich streue nur hin und wieder Beispiele ein. Mehr scheint mir nicht nötig, weil sich im digitalen Netz ein großes Reservoir an alten und neuen, professionell produzierten und improvisierten, einfachen und komplexen Songs leicht finden lässt.

Kurzbeschreibung: Rap

Musikalische Grundzüge

Ein Rap ist die musikalische Ausdrucksform der HipHop-Bewegung, die neben der Musik bestimmte Arten von Kleidung, von Tanz, von Sprayen und andere Äußerungsformen kennt. Musikalisch handelt es sich um einen Sprechgesang, der rhythmisch in unterschiedlicher Form und Komplexität gestaltet ist. Grundlage bilden Rhythmusfiguren (Grooves), deren Panorama von recht dilettantischen Drumbeats bis hin zu differenzierten Mustern reicht. Wer gekonnt musikalisch und erfolgreich rappen will, muss Textrhythmus und den Beat in einen stimmigen, ausdrucksbetonten Zusammenhang bringen. Als ein wichtiges rhythmisches Merkmal wird Beatboxing praktiziert – Mund, Nase oder Rachen imitieren Perkussion, Schlagzeug oder auch andere Geräusche und sind in ihrer Funktion mit den Rhythmusinstrumenten vergleichbar.

Melodisch ist der typische Rap eher bescheiden. Als Sprechgesang besitzt er in der Regel einen kleinen Tonumfang, die Akzente werden rhythmisch gesetzt. Gesungen im Sinne der Popkultur wird hin und wieder im Hook (Hiphop-Ausdruck für Refrain), der auch durch weitere Melodieinstrumente oder elektronische Klänge unterlegt sein kann. Ein Hook muss aber kein Bestandteil eines Rap sein, was auch für ein abgesetztes, ggf. langsames Intro gilt. Rapperinnen und Rapper nehmen auch ohne große Vorbehalte Elemente aus Rock, Pop, Klassik oder schlichten Kinderliedern auf, wenn es ihren Intentionen entgegenkommt. So hat der Rapper *Megaloh* in seinen Song »Fragen« von Beginn an den thematisch naheliegenden Titelsong der Sesamstraße »Wer? Wie? Was? Wieso? Weshalb? Warum? Wer nicht fragt, bleibt dumm« integriert. Andere Rapper – wie z. B. Curse – üben sich im Crossover mit klassisch anmutender Musik u. Ä. Trotz der vielen Kombinationen, Variationen und Modifikationen bleibt Rap im Grundsatz ein meist zügig bis sehr schnell vorgetragener Sprechgesang auf der Basis von Grooves.

Sprachbehandlung

Im Vergleich zu Texten aus dem Rock- und Popbereich sind die Raptexte ausführlicher, sie erzählen länger und reihen durchaus differenzierte Argumente, Erfahrungen und Positionen aneinander. Ein deutliches sprachliches Merkmal bilden die Reime, die in traditionellen Mustern – z. B. als Paar- oder Kreuzreim, Binnen- und Endreim – intensiv gebraucht werden. Hier nur ein kurzes Beispiel:

> Ist Enttäuschung das Ende der Täuschung?
> Bedeutet das endlich Erleuchtung?
> Oder ist die Zeit, die wir aufbringen, uns zu ändern, Vergeudung?
> Der Mensch schon geformt, seit dem Moment seiner Zeugung?
> Überdenk die Bedeutung, vollzieh eine mentale Häutung,
>   ein Stern wird uns leuchten, lenk alles neu und spreng die Umzäunung (*Megaloh*, Programmier dich neu).

Besonders lange Endreimreihen drücken eine Kunstfertigkeit aus, auf die viele Rapperinnen und Rapper Wert legen. Da es den Texten an anderen gattungsbezogenen Formelementen im Makrobereich mangelt, bildet der Reim ein formales Erkennungsmerkmal. Dabei gehen die Texte mit den sprachlichen Parallelen und der Reimgenauigkeit der Silben recht großzügig um. Dies fängt in der Regel die große bis enorme Schnelligkeit der Textakklamation auf, sodass auch ungefähre, nur annähernde Reime als solche wahrgenommen werden.

Daneben integrieren die Texte jugendsprachliche Begriffe, im amerikanischen Rap etwa Elemente aus dem jeweils aktuellen Slang. Wörter aus verschiedenen Sprachen, z. B. Deutsch und Englisch, können miteinander vermischt sein, stark vertreten sind Sprachbilder, Wortwitz, Metaphern und neue Kontextualisierungen bekannter Begriffe – zum Beispiel »mir doch Schwanz« = es ist mir egal.

Es wäre jedoch ganz abwegig, aufgrund der Vielfalt der Sprachbehandlung die Raptexte als abgehoben, manieristisch oder hochkulturell ambitioniert zu werten. Sie verstehen sich selbst vielmehr als authentischen Ausdruck der Situation der Erzählerinnen und Erzähler. Diese verwenden unmittelbar für sich und ihre Adressat*innen eine szenetypische Sprache, die häufig deutlich, eindringlich und in einem expressiven Sinn kunstvoll sein will.

Intentionen

Viele Rapperinnen und Rapper schreiben ihre eigenen Texte. Der Rap entstammt ursprünglich einer Straßen- oder Asphaltkultur, die von strukturellen Benachteiligungen erzählt. Für die damit verknüpften Gefühle und den Abstand zu einer ›bürgerlichen‹ Lebenswelt will er eine stimmige Form finden. Der Versuch, authentisch von der Situation zu erzählen, dabei nichts zu beschönigen, aber auch nichts zu dramatisieren, kennzeichnet viele Raptexte. Es geht nicht um soziologische Analysen der Problemlage und politisch ambitionierte Verbesserungsvorschläge, sondern um eine persönliche Beschreibung, die die Eigenart der Lebenssituation gegen jeden Anflug von Harmonisierung oder gar Scheinheiligkeit ausdrücken will. Dies hat einige Folgen:

- Für das Gefühl des bildungsbürgerlich geprägten Autors dieses Beitrags ist die Sprache oft direkt, manchmal aggressiv bis brutal, in vielen Fällen aber hart und hin und wieder verstörend. Kein Bild ohne Gegenbild: Es gibt den z. B. von *Kae Tempest* – sie/er veröffentlicht Lyrik und Theaterstücke – gemachten Versuch, Rap mit Sanftheit zu verbinden und dabei der eigenen Gattung gegenüber kritisch zu sein. Aber vorherrschend ist der Eindruck einer harten Sprache, die neben der Betonung der Rhythmik dem Rap eine Genretypik verleiht, die sich von Pop und Teilen der Rockmusik unterscheidet.
- Die Texte sind persönlich, weil sie die ganz eigene Sicht auf die Welt zur Maxime erheben. In der Konsequenz führt der häufige und manchmal heftige Selbstbezug zu Gegentexten, zu Auseinandersetzungen und Battle-Raps. Insofern gehören – analog z. B. zu den Local heroes – Person und Tat zusammen. Die strukturelle Differenz zu ethischen Modellen ist im ästhetischen Bereich bzgl. der personalen Grundlagen nicht groß.
- Rapperinnen und Rapper demonstrieren geradezu ihre Positionen, sie verknüpfen dies häufig mit sehr deutlichen Werthaltungen zu vielen kulturell diskutierten Fragen. Wenn der Rapper *Kollegah* in seinem Song: »Du bist Boss« beschreibt, was ein Boss ist und wie er sich zu verhalten hat, kommen hier vielfältige, gerade nicht erwartete und einlinige Werte von differenzierter Virilität zu Wort. Aber auch dies bildet keine einheitliche Wertmarkierung für Raptexte. Es können vielmehr

  > Misogynie, Homo- und Queerfeindlichkeit, Gewaltfantasien und heteronormative Beziehungsbilder bis heute so selbstverständlich vorgetragen werden wie der Wunsch nach antirassistischen, antikommerziellen, antisexistischen und ökologischen Reformen (*Breitenwischer* 2022, 63).

- Ein Ziel dieser deutlichen, subjektiven und wertbezogenen Textstruktur liegt in der Absicht, die Hörerinnen und Hörer zu stärken, ihnen zu einer Kraft zu verhelfen, die persönliche oder gruppenbezogene Marginalisierung überwindet. Die im Rap ausgedrückte Hiphop-Kultur intendiert selbstbestimmtes Handeln von Einzelnen und Gruppen. Mit Empowerment ist die grundsätzliche Absicht auf den Begriff gebracht: Raptexte erzählen, wie solche Selbstbestimmung ge- oder misslungen ist, an welchen Strukturen und Machtgefügen Personen sich abarbeiten sollen und welche Werthaltungen dabei einsetzbar oder anzuzielen sind.

Für den unterrichtlichen Einsatz von Rap als Gestaltungsmodell sprechen neben der zugänglichen musikalischen Struktur und den alltags- sowie erfahrungsgesättigten Texten vor allem der werthaltige Wunsch nach Empowerment, der für die Religionspädagogik an Relevanz gewinnt. Ein eher lokal bestimmter Beleg: Der evangelische Religionspädagoge der Universität Halle – Michael Domsgen – schlägt Empowerment als Bildungsziel für den Religionsunterricht in einer konfessionslosen Kultur vor (vgl. *Bucher/Domsgen* 2023), gleichzeitig wird in derselben Stadt seit 2010 ein Projekt durchgeführt, dass Empowerment für politische Sensibilisierung über Rapkonzerte und -veranstaltungen fördert (vgl. *Rademacher* 2022).

Rap und Religion

Nicht überall, wo »Gott« draufsteht, ist Religion drin. Um das Verhältnis von Rap und Religion zu umschreiben, könnte es zunächst ausreichen, nach der Häufigkeit einschlägig religiöser Vokabeln in den Texten zu fahnden. Wie bei anderen kulturellen Gehalten und Formen garantiert die Suche nach Stichwörtern aus dem genuin religiösen Bereich keine religiöse Semantik. Schon die Kennzeichnung etwa einer romantischen Messvertonung als geistliche Musik ist von weiteren Parametern als nur von der Verwendung des Messordinariums abhängig – etwa vom Aufführungsort, der Integration in ein Konzert oder in eine kirchliche Liturgie u. Ä. Insofern sind für die Kennzeichnung von Musik als religiös, geistlich oder spirituell die subjektiven Rezeptionsweisen mindestens in gleicher Weise verantwortlich wie die Einbeziehung religiös besetzter Begriffe.

Andererseits weisen Sätze und Begriffe aus religiöser Überlieferung vorsichtig darauf hin, dass dieser Bereich überhaupt explizit, in Anlehnung an vorhandenes Sprechen und Denken thematisiert ist. Das lässt sich z. B. ebenso für den musikalischen Bereich festhalten: Schon die Kennzeichnung von klassischer Musik als geistlich oder von Rock und Pop als spirituell bedarf zumindest der Analyse der Rezeption – sie kann religiös, geistlich oder spirituell sein und damit der Ton- und Rhythmusfolge einen bestimmbaren Charakter verleihen. Geistlich, spirituell oder religiös sind primär nicht materialbezogene Einschätzungen, sondern rezipienteneigene Kategorien. Darüber hinaus kann es hin und wieder auch hilfreich sein, den Entstehungszusammenhang zu erläutern. Für den religiösen Bildungszusammenhang reicht aber der Blick auf einschlägige Begriffe, weil im Lernprozess von ihnen aus andere Parameter – wie kontextuelle Bedeutung, Rezeption u. Ä. – erschlossen werden.

Die religiösen Vokabeln, deren Zahl in Raptexten gar nicht klein ist, was ggf. an der amerikanischen Herkunft der Hiphop-Kultur liegen könnte, weisen in den Songs unterschiedliche Bezüge und Funktionen auf, worauf ich hier nur anhand weniger Kategorien und Beispiele aufmerksam machen möchte:

- In ihrem Song »Pro homo« wirbt die Rapperin *Sookee* eindringlich für die Anerkennung von Homosexualität – auch innerhalb der Hiphop-Kultur und bei den männlichen Rappern. Am Ende der zweiten Strophe heißt es:

    Stellt euch vor, Schwule sind genauso nett und doof
    wie alle ander'n auch, das ist einfach so.
    Alle wollen Respekt und Toleranz für sich,
    aber dies gilt irgendwie für and're nicht.
    Wenn es Gott wirklich gibt, dann liebt er alle Menschen.
    Wenn es Gott wirklich gibt, dann sieht sie keine Grenzen.

- Die religiöse Semantik – hier im Konditional – soll die im Song vorgetragene anthropologische Position beglaubigen und verstärken. Dass Homosexuelle sich von Heterosexuellen nur in ihrer geschlechtlichen Orientierung unterscheiden, liefert keinen Grund, an ihrer Normalität und Würde zu zweifeln. Das bestätigt sogar ein möglicherweise existierender Gott. Religiöse Semantik wird hier also positionell eingesetzt, um ggf. die Authentizität der Rapperin sowie die Bedeutsamkeit und Autorität der beworbenen Position zu stärken (vgl. die ausführliche Darstellung auf dem Hintergrund amerikanischer Analysen bei *Tretter*, 2022).

- Begriffe, Sätze, Erfahrungen und Eindrücke aus der Religion erscheinen im Kontext existentieller Fragen. Als Beispiel kann der Song »Gott« des deutschsprachig rappenden Muslims *Fard* – vgl. die Überschrift dieses Beitrags – gelten. Der Akzent liegt ganz auf dem Text, musikalisch ist er dagegen sehr zurückhaltend gestaltet. *Fard* stellt eine lange Reihe von Fragen an und über Gott: »Ich hatte tausend Fragen in tausend Nächten« ... »Sag mir, seh' ich im Himmel meine Oma wieder oder ist da kein Platz für Drogendealer?« ... »Wieso seh' ich dich [Gott, K. K.] nicht, wenn ich in die Sterne blicke?« Erlösung, Tod, Paradies, Sünde, Teufel, Jesus ... sind nur einige Stichworte, die im Rap klagend und fragend mit Leben und Erfahrung verknüpft werden.

- Raptexte transformieren Aspekte religiöser Tradition. Sie greifen überlieferte Elemente, Gedanken oder Begriffe auf und verbinden sie mit dem Lebensgefühl der Hiphop-Kultur. Sie geben ihnen eine neue Sprache oder sie vermischen synkretistisch unterschiedliche Bezüge. Als prominente, gleichwohl umstrittene Beispiele können Songs von *Kanye West* – z. B. die des Albums »Jesus is King« (2019) – gelten. Zusammen mit anderen Beispielen werden deren transformative Gehalte in einem weiteren amerikanischen Traditions- und Reflexionszusammenhang so beschrieben: »All of them represent the maintaining of old religious, theological, philosophical, aesthetic language and symbols – i. e. Jesus, God, authority, Socrates, Plato, Picasso – but with a twist.« (*Miller/Pinn* 2015, 423)

- Über die Fragen und Transformationen hinaus tritt das religiöse Bekenntnis, das christlich durch evangelikal beeinflusste Hintergründe oder im muslimischen Kontext vorgetragen wird. Rapper wie *O'Bros* – zwei Brüder aus München – sind mit ihren Bekenntnissongs erfolgreich und erreichen Spitzenplätze in den Charts.

- Die werthaltige, zum Teil radikale Positionierung im Rap macht auch vor Religion und Kirche nicht halt, sondern geht mit ihnen kritisch um. Religion und Gewalt, vor allem aber Kirche in der Diskussion um die sexuelle Orientierung der Menschen sind Themen, die vereinzelt auf- und angegriffen werden – vgl. z. B. den schon zitierten Song »Pro homo« der Sängerin *Sookee*.

Die erweiterbare Aufzählung macht deutlich, dass die Sprache der Rapsongs vielfältige Beziehungen zu tradierter Religion besitzt. Außerhalb der expliziten Bekenntnissongs will der Rap aber weder Religion zum Zentrum seiner Texte machen, noch will er eine andere Religion, eine modifizierte Theologie oder eine neue Spiritualität begründen. Religion – sofern sie in den Texten traditionsbezogen identifizierbar ist – erscheint als ein Bereich, der neben Gesellschaftskritik, Selbstaussagen und Empowerment steht und sich mit ihnen vernetzt. Sie bildet ein Segment, das als Teil der Kultur und hin und wieder als Bruchstück subjektiver Selbstvergewisserung beschrieben oder beansprucht wird. Gerade diese Vielfalt der Bezugnahme lässt den Rap zum geeigneten Modell religiöser Lernprozesse werden, weil der kultur- und identitätsbezogene Kontext selbst als Prozess der Auseinandersetzung mit Religion in einem zugänglichen Medium erkannt wird. Wo aber Jugendliche und noch ziemlich junge Erwachsene sich in kulturell angesagter Weise mit tradierter Religion produktiv beschäftigen, kann dies dazu beitragen, religiöse Bildung zu plausibilisieren und zu intensivieren. Die Lernenden setzen sich gestaltend mit einem Modell auseinander, das Religion gerade nicht im Rahmen des inhaltlich und formal Erwartbaren thematisiert. Das könnte die Anregung verstärken, die konstitutiven Fragen des Menschseins im Dialog mit Religion zu bearbeiten.

Allerdings bilden die Bezüge zu Religion nur die eine Seite für den Modellcharakter des Rap. Einen ähnlichen Stellenwert hat der viel häufiger vorfindbare Textbefund, der sich auf die großen Fragen, die Existenzfragen bezieht. Von seiner Geschichte und seiner kulturellen Position her liegt hier ein Akzent des Rap, der als Modell für die Ausdrucksversuche der Lernenden gelten kann. Die Texte fokussieren weniger die großen Themen, die die Religionen und ggf. die klassische Philosophie vorgeben, sie bearbeiten vielmehr zeitgenössische Fragen, die z. B. Anerkennung der eigenen Person, Identität, Selbstoptimierung oder Nachhaltigkeit thematisieren. Dadurch wird religiöses Lernen aufgefordert, sich den neuen Fragen zu stellen. Im für den Religionsunterricht besten Fall kommen beide inhaltlichen Dimensionen zusammen: Dann setzt sich der Rap positioniert mit einer Frage auseinander und führt dabei einen wie immer gearteten Dialog mit Religion.

Rap religionspädagogisch wahrnehmen und einsetzen

Der Modellcharakter des Rap hängt von der Art der Wahrnehmung dieser Kunstform ab. Wird in ihm primär ein geformter Text gesehen, wird er als solcher zur Neugestaltung eingesetzt, stehen die Bezüge zur Hiphop-Kultur im Vordergrund, so deckt seine Bearbeitung einen größeren Rahmen ab. Eine weitere Ausrichtung für seine Wahrnehmung bildet der religiöse Lernprozess, in dem er meist mit bestimmten Absichten eingesetzt wird. Die unterrichtsbezogene Wahrnehmung ist einerseits durch die funktionale Ausrichtung begrenzt, andererseits kann gerade sie Akzente setzen, die in anderen Kontexten so nicht hervorgehoben werden. Selbst wenn der Rap nicht für religiöse Lernprozesse intendiert wurde, wird seine Wahrnehmung als Modell für religiös gebildete Auseinandersetzung bestimmte formale und inhaltliche Aspekte verstärken, die zu einer kontextbezogenen Weiterarbeit einladen. Da in der Wahrnehmung auch völlig andere Perspektiven möglich und notwendig sind, ist der religionspädagogisch ambitionierte Blick selektiv. Das bedeutet u. U. auch, nicht jedes Detail, nicht jede Auffälligkeit und nicht jeden Hintergrund zu beachten. Denn der Rap als Modell zielt darauf ab, offene, wiederum persönliche Formen der Weiterarbeit zu initiieren und ihn gerade nicht zu imitieren. Damit ist ein hermeneutischer Horizont für unterschiedliche Wahrnehmungs- und Einsatzformen wenigstens grob angedeutet, von denen im Folgenden einige skizziert werden.

Diskursive Wahrnehmung

Vor allem bei deutlich wertbezogenen, streitbaren Raps lassen sich Diskurse rekonstruieren, aus denen diese mit Wucht vorgetragenen Plädoyers stammen. In der Regel sind die ausführlichen Texte je nach Leseperspektive unterschiedlichen Debatten und Hintergründen zuzuordnen. Das können weitreichende Diskurse um personale Identität sein, um die Gestaltung von Frieden oder Nachhaltigkeit, es gibt aber auch sehr spezifische Einlassungen zu Diskriminierung, Genderfragen oder Schuld und Vergebung. Diese Wahrnehmungsform fragt nach den sozialen Erfahrungen, den kulturellen, aktuellen Hintergründen für die propagierte Geltung oder Kritik des vorgetragenen Wertes. Ein Beispiel: Für »Du bist Boss« von *Kollegah* stehen z. B. Diskurse um dominante Männlichkeit, Bilder von Frausein sowie um Eigenheiten von Migrationsmilieus im Hintergrund. Der von Kollegah vorgestellte ›Boss‹ erhält seine Spezifik und Andersartigkeit nur auf einer Folie, die bislang in bestimmten Lebenszusammenhängen Virilität definiert. Dies wird aufgenommen, variiert und z. T. um 180° gedreht. Die Provokation des Songs wird also nur als Reaktion auf vorgängige Muster eines Bosses bewusst.

Auf diese Weise den Rap wahrzunehmen meint für den Modelleinsatz in religiösen Lernprozessen, sich zu einem Thema die kulturelle Basis eigener Gedanken, Haltungen und Erfahrungen bewusst zu machen, sie ab und zu selbst in eine, z. B. dem Rap ähnliche sprachliche Form zu bringen oder ggf. religiös ambitionierte Gegentexte zu einem als aktuell wahrgenommenen Diskurs zu schreiben. Bei dem Beispiel von Kollegah könnten sich Schülerinnen und Schüler gegenwärtige, z. B. szenebezogene Bilder eines Bosses klar machen. Dagegen setzen sie ein anderes Bild, formulieren Wünsche oder klinken sich in einen religiösen Diskurs ein: Christlich verstandene Männlichkeit? Jesus, der Boss! Franziskus, der Chef!

Rezeptionsbestimmte Wahrnehmung

Diese Wahrnehmung stellt den eigenen Geschmack, die Vorerfahrungen mit dem Rap und die unmittelbare Begegnung der Hörerin und des Hörers mit dem Song in das Zentrum. Die Bedeutung des Songs entsteht nun nicht mehr aus der Rekonstruktion einer Diskurslage, sondern sie aktualisiert sich in der Rezeption. Es kommen unterschiedliche, persönliche Perspektiven zur Geltung, die wiederum abhängig von Vorerfahrungen mit dem Rap oder einzelnen Elementen sind. Ob die persönlichen Dispositionen dabei so im Vordergrund stehen, dass sie den Rap überwölben oder so zurücktreten, dass dem Song ein Raum zum Wirken gegeben wird, ist von vielerlei Faktoren abhängig und hier zunächst zweitrangig. Die Eigenart der Rezeption kann den Text, die Sprache, die Position ebenso betreffen wie den Groove, die formale Struktur oder die Künstlerin.

Nach dem Hören und Lesen ist gefragt, was jeder und jedem Einzelnen gefällt, was stört, welche Assoziationen sich einstellen, was aufregend, langweilig oder vielleicht auch nur cool ist. In einem 9. Schuljahr der bayerischen Mittelschule vermittelten die Schülerinnen und Schüler in einer Sequenz, die den Einfluss von Religion und Werten auf die personale Identität thematisierte, sehr unterschiedliche Eindrücke zu »Du bist Boss« von *Kollegah*: Einigen Schülern erschien der Sänger unglaubwürdig, weil sie ihm tatsächlich ganz andere Werte unterstellten, die Mädchen bemerkten schnell die Herabsetzung der Frauen im Song, andere Schüler verlegten die Aussagen des Raps in das Reich der Wünsche usw.

Auf dieser Wahrnehmung weiterzuarbeiten kann bedeuten, einen Text zu verfassen, der die eigene Position zum Titel des Songs herausstellt, einzelne Szenen zu kommentieren oder auf dem Hintergrund persönlicher Erfahrungen die im Text angesprochenen Werte auf den eigenen Alltag hin sprachlich/spielerisch umzusetzen. Der Rap fungiert hier als Modell, das eine personal-assoziative Bearbeitung favorisiert.

Materialästhetische Wahrnehmung

Ein Rap ist häufig ein Kunstwerk, das Rhythmus und gereimten Text, Melodie und Wortspiele, Klangfarben und Metaphern miteinander verknüpft. Es lassen sich einzelne Gestaltungselemente beschreiben und analysieren, ansprechender ist es aber, die Bezüge verschiedener Elemente zu sichten. Dann werden textliche und rhythmisch-musikalische Grundmuster erhoben, Abweichungen von diesen festgestellt oder die Passung von Text- und Rhythmusakzenten bestimmt. Dabei liegt die konkrete Arbeit durchaus an der Beschaffenheit des Materials. Ein Rap, der wie »Gott« von *Fard* ganz textlich-inhaltlich akzentuiert ist, bedarf einer anderen ästhetischen Wahrnehmung als eher musikalisch orientierte Titel. Bei »Du bist Boss« könnte der außerhalb der Zählzeiten stehende Beat einen Zusammenhang mit den unerwarteten Boss-Charakterisierungen haben, der Hook eigene inhaltliche und ästhetische Akzente setzen, die Wortwahl als stimmig und deutlich aufgefasst werden u. Ä.

Diese Wahrnehmung fördert besonders eine kreative Weiterarbeit. Die Lernenden können musikalische und textliche Elemente aufnehmen und mit ihnen in einem Unterrichtskontext kreativ-spielerisch umgehen. Als Hilfe beginnt sich eine Rap-Pädagogik zu etablieren, die vielfältige Anregungen für die Arbeit mit eigenen Raps bietet (vgl. *Hartung* 2019; *Lenzen* 2020). Im Netz finden sich für diese Zwecke Grooves, die häufig kostenfrei herunterzuladen und dann – mit etwas Kompetenz – noch weiter bearbeitbar sind. Der Rap als Modell setzt der Kreativität formal einen großzügigen Rahmen, lässt inhaltlich fast alles zu, ist aber für die geforderte Haltung streng: Jedes Religionsstunden-Ich hat für die Wahrnehmung der Songs und erst recht für die kreative Arbeit mit ihnen keinen Platz.

Positionelle Wahrnehmung

»Du bist Boss, wenn du deine Ziele fokussierst und dich jeden Morgen selber vor dem Spiegel motivierst.« *Kollegahs* Rap verbindet seine Position mit eindeutigen Anforderungen an die Hörerinnen – deutlicher an die Hörer –, den Zielen, die als absolut erstrebenswert genannt werden, mit einem unbedingten Einsatz an Kraft und Engagement zu folgen. Die Selbstbezüglichkeit von Raptexten bezieht sich nicht nur auf das Selbst der Autorinnen und Autoren, es meint auch die Rezipienten. Sie sollen Position beziehen, eine Haltung einnehmen oder eine Praxis unbedingt einüben, sodass die Übergänge zwischen angestrebtem Empowerment und personaler Grenzenlosigkeit manchmal verschwimmen. Da die Heftigkeit der Positionierung manche öffentlich geforderte oder unterrichtlich praktizierte ›correctness‹ durchbricht, ist sie ein plausibler Anhaltspunkt, um die Wahrnehmung eines Songs zu bestimmen. Die Provokation, die auch von einem in seiner Grundposition ›korrekten‹ Rap ausgehen kann, steht hier im Vordergrund. Dabei ist ein Rap insofern Modell, als er überhaupt Position zeigt – es ist nicht alles egal – und eine Form angibt, die in ihrer Argumentation, aber ggf. auch in ihrer Arroganz, Polemik und Maßlosigkeit zu analysieren und zu bewerten ist.

Am Rap lässt sich also inhaltliche und formale Vielfalt von Positionierung, Meinungsäußerung und werbender Argumentation wahrnehmen, befragen, kritisieren und im eigenen Versuch einüben oder vertiefen. In welcher Reihenfolge dies geschieht, ist prinzipiell offen. Die Schülerinnen und Schüler gestalten einen Rap ohne konkretes Modell z. B. am Beginn einer Unterrichtseinheit, um ihre/eine Position auszusagen. Erst in einem zweiten oder dritten Schritt wird ein inhaltlich vergleichbarer Song einbezogen, um weitere Aspekte zu integrieren, auf Einseitigkeiten aufmerksam zu machen oder neue Fragen zu stellen.

Angesichts dieser Wahrnehmungsform wird besonders deutlich, warum Rapsongs ein Modell für die Arbeit im Religionsunterricht sein könnten: Sie fördern dessen positionelle Ausrichtung, bringen inhaltlich und formal eine dringend benötigte Zeitgenossenschaft ein und ermöglichen ein niederschwelliges, (religions-)kulturell ausgerichtetes Angebot.

Literaturverzeichnis

BREITENWISCHER, DUSTIN, Hip-Hop, oder: Die Kunst des radikalen Selbstbezugs, in: Neue Gesellschaft / Frankfurter Hefte 5/2022, 63–67.

BUCHER, GEORG / DOMSGEN, MICHAEL, Empowerment-bezogene Religionspädagogik, in: *Bernhard Grümme / Manfred L. Pirner* (Hg.), Religionsunterricht weiterdenken. Innovative Ansätze für eine zukunftsfähige Religionsdidaktik, Stuttgart 2023, 171–183.

DEPTA, KLAUS, Rock- und Popmusik als Chance. Impulse für die praktische Theologie, Wiesbaden 2016.

HARTUNG, NICO, Rap-Pädagogik. Praxisbuch zur Anleitung von Rap-Workshops, Seelze 2019.

MENDL, HANS, Biografisches Lernen, in: *Eva Stögbauer-Elsner / Konstantin Lindner / Burkard Porzelt* (Hg.), Studienbuch Religionsdidaktik, Bad Heilbrunn 2021, 256–265.

LENZEN, DAVID, Deutscher Hip-Hop in der Schule. Praxisorientierte Materialien zur Songproduktion (5. bis 10. Klasse), Hamburg 2020.

MILLER, MONICA / PINN, ANTHONY (Hg), The Hip Hop and Religion Reader, New York 2015.

RADEMACHER, MAX, Hip Hop und Empowerment. Erkenntnisse aus dem halleschen Versuchslabor »Breathe in break out!«, in: *Thomas Wilke / Michael Rappe* (Hg.), Hiphop im 21. Jahrhundert. Medialität, Tradierung, Gesellschaftskritik und Bildungsaspekte einer (Jugend-)Kultur, Wiesbaden 2022, 235–264.

TRETTER, MAX, »Neben der Pistole steht 'ne Jesus-Ikone«. Über (nicht)religiöse Rhetorik im Deutschrap, in: *Thomas Wilke / Michael Rappe* (Hg.), Hiphop im 21. Jahrhundert. Medialität, Tradierung, Gesellschaftskritik und Bildungsaspekte einer (Jugend-)Kultur, Wiesbaden 2022, 473–487.

Raptexte

Fard: https://genius.com/Fard-gott-lyrics (letzter Zugriff am 05.04.24).
Kollegah: https://genius.com/Kollegah-du-bist-boss-lyrics (letzter Zugriff am 05.04.24).
Megaloh: https://genius.com/Megaloh-programmier-dich-neu-lyrics (letzter Zugriff am 13.03.24).
Sookee: https://genius.com/Sookee-pro-homo-lyrics (letzter Zugriff am 13.03.24).

Lovena
Kurzspielfilme als Medium biografischen Lernens

Burkard Porzelt

Untermalt durch getragene Klaviermusik, in die sich Alltagsgeräusche mischen, wird eine Siedlung aus Blechhütten sichtbar, in der sich Menschen bewegen, die nur als Schatten zu sehen sind. Auf schwarzem Grund erscheint der Filmtitel »Lovena«.

Vor Augen tritt ein evangelikaler Kirchenraum. Ein Prediger mit trommelnder Stimme preist das Talent eines Mädchens namens Lovena und fordert die Gemeinde zum Gebet für sie auf. Lovena selbst verfolgt dessen Sprechkaskaden mit bekümmerter Mimik. Dass sie ins Zentrum gerückt wird, scheint ihr nicht recht zu sein.

Die Szene wechselt und zu sehen ist ein Saal voller junger Schachspieler*innen, welche die guyanische Meisterschaft austragen. Beständig klacken Schachfiguren und -uhren. Abwechselnd richtet sich die Kamera auf Lovena und einen Spielgegner wie auf Zuschauende, die beider Match verfolgen. Als Lovenas Kombattant kapituliert, weicht ihre Konzentration einem entspannten Lachen.

Plötzlich erscheint Lovena vor einer Fernsehkamera, wo eine Interviewerin sie als dreizehnjährige Haitianerin vorstellt, die das Juniorenturnier gewonnen hat. Darum dürfe sie nun im weltweit bekannten Weltraumzentrum Kourou für Guyana als ihre »Wahlheimat« gegen die brasilianische Meisterin antreten. Auf die Frage: »Das ist ein großes Sprungbrett, nicht?« reagiert Lovena knapp und stockend.

Kurzfilme im Fokus

Wann überhaupt von einem Kurzfilm gesprochen werden kann, definiert sich einzig aus der begrenzten Dauer seiner Spielzeit (vgl. *Behrendt* 2007, 390). Dieses Maximum ist nicht einheitlich definiert. Als Limit bestimmt beispielsweise der Deutsche Kurzfilmpreis 30 Minuten, während die *Academy of Motion Picture Arts and Sciences* bis zu 40 Minuten zulässt.

Waren zu Beginn der Filmgeschichte ohnehin nur knappe Filme realisierbar (man denke etwa an die *Brüder Lumière*), lassen sich Kurzfilme erst sinnvoll als besonderes Format kategorisieren, seit sie in Abgrenzung von Langfilmen entstanden (vgl. *Walde* 2020, 68). Sobald abendfüllende Filme die Kinos dominierten, rückten deren kurze Verwandten ins Vorprogramm, bis sie in den 1960er Jahren dann aus den Lichtspielhäusern verschwanden und auch das aufkommende Fernsehen sie weitgehend ignorierte (vgl. *ebd.*, 69). Dass Kurzfilme somit aus der breiten Öffentlichkeit entschwanden, führte aber keineswegs zu deren Exitus. Jenseits der Popularkultur fanden sie ihre neue Heimat in einer internationalen Szene von meist jungen Cineast*innen, wobei sie bevorzugt an Filmhochschulen produziert (insb. als Abschlussarbeiten) und über prominente Festivals (z. B. Clermont-Ferrand, Tampere, Oberhausen oder Regensburg) sowie die Mediatheken weniger Fernsehsender (insb. ARTE und MDR) multipliziert werden (vgl. *Damm/Schröder* 2011, 25f.).

Fast unbeteiligt wirkend, läuft Lovena hinein in ein Armenviertel. Gestützt auf ein Fahrrad und vorbei an Polizisten trifft sie auf Menschen, die all ihr Hab und Gut heraustragen und auf einen Pritschenwagen laden. Lovena legt ihr Gefährt zu Boden und steuert auf eine Frau – ihre Mutter – zu. Diese begrüßt sie mit den Worten »Es ist soweit, Love« und trägt ihr auf, einem Herrn Ronald zu helfen. Nur kurz ist Lovena dann inmitten eines Trecks von Menschen zu sehen, die in eine neue Wohnsiedlung einziehen.

Von einer Lampe beleuchtet hockt Lovenas Mutter im offenen Eingangsbereich der neuen Behausung. Sie zündet sich eine Zigarette an, raucht und betet zu Gott, den sie um ein Zeichen bittet angesichts ihres Leids. Draußen ist es dunkel, als Lovena beim alten Ronald zu Gast ist, der ihren Siegerpokal bewundert und ihr in seiner Hütte ein Nachtquartier bereitet hat.

Bei Tageslicht sitzen beide draußen vor einem leeren Schachbrett und nennen ihre Spielzüge. Erst will Lovena nicht glauben, dass Ronald sie matt gesetzt hat, dann räumt sie dies ein. Abermals in der Hütte präsentiert Ronald ihr ein Video, das die selbstbewusste Konkurrentin zeigt, gegen die Lovena antreten soll.

Auf einer Terrasse streitet Lovena mit einer jungen Frau. Diese schärft Lovena ein, unbedingt zum Turnier zu fahren. Würde sie dort gewinnen, könne sie vielleicht nach vier Jahren illegalen Aufenthalts in Französisch-Guyana endlich offizielle Papiere erhalten. Lovena aber bezweifelt, dass diese Chance realistisch sei.

Kurzspielfilme als anthropologische Abbreviaturen

In einer knappen Zeitspanne, die zu inhaltlicher Konzentration und ästhetischer Prägnanz zwingt (vgl. *Marklein* 2012, 10f.), umreißen Kurzspielfilme fiktionale Erzählungen (vgl. *Heinrich* 1998, 27). Damit unterscheiden sie sich von anderen Gattungen des Kurzfilms wie faktualen Dokumentations-, das Erzählschema sprengenden Experimental- oder auf Information zielenden Lehrkurzfilmen. Zumeist konzentrieren sich Kurzspielfilme auf »eine einzige Hauptfigur, der wir im Laufe der Geschichte sehr nahe kommen« (*Hassenfratz* 2014, 7; vgl. *Heinrich* 1998, 94.96). Im Spiegel dieses Protagonisten verdichten sie menschliche Erfahrungen wie Freude und Hoffnung, Trauer und Angst (vgl. *Damm/Schröder* 2011, 11f.). Dabei können sich Kurzspielfilme realer wie animierter Bildfolgen bedienen. Indem sie die Zuschauenden in eine fiktive Lebensgeschichte entführen, beleuchten sie »Themen unserer Existenz« (*Hassenfratz* 2014, 5f.) in fremdem Lichte.

Eine Schulklingel rasselt, Lovena steht allein im Schulflur und schlendert ins Klassenzimmer. »Scheiß Haitianer. Wir wollen euch nicht« steht dort an der Tafel. Der Lehrer fordert den offenkundigen Urheber auf, den Schmähspruch zu beseitigen. Der aber weigert sich, woraufhin sich ausgerechnet die Haitianerin Lovena dazu bereit erklärt, die Tafel zu wischen. Statt zu ihrem Platz zurückzugehen, baut sie sich vor dem Jungen auf, wartet – und stürzt sich mit Wucht auf ihn.

Mit ihrer Mutter sitzt Lovena der Schuldirektorin gegenüber, die Lovena wegen ihres Verhaltens kritisiert, was die Mutter bekräftigt: »Mach es nicht noch schlimmer!«
Mutter und Tochter sind in einem asiatischen Restaurant. Lovena überschüttet die Mutter mit Vorwürfen. Wie mehrfach zuvor kündigt sie an, nicht zum Wettkampf fahren zu wollen: »Hör auf, über mich zu bestimmen! Du weißt ja nicht mal, wie man das spielt!« Eruptiv reagiert die Mutter mit der glasklaren Anweisung, dass Lovena »das Risiko eingehen« muss: »Die Liebe Gottes hat dir einen Weg geebnet!«

Kurzspielfilme – warum im Religionsunterricht?

Schulen wurden erfunden und werden unterhalten, um Kenntnisse und Fertigkeiten zugänglich zu machen, die der selbstverständliche Alltag nicht hergibt (vgl. *Porzelt* 2014, 125). Bildungstheoretisch gewendet bedeutet dies, dass Lernende sich hier mit Neuem und Fremdem auseinandersetzen können und sollen, um eigene Vorstellungen, Einstellungen und Fähigkeiten auf die Probe zu stellen und auf Zukunft hin zu weiten. Als Fach, das zum Umgang mit den ›großen Fragen‹ der menschlichen Existenz befähigen will, lässt der Religionsunterricht basale Erfahrungen des Menschseins im Lichte pluraler Deutungen präsent werden. Um Lernenden zu existenzieller Deutkompetenz zu verhelfen, sollen sie unterschiedliche Lesarten von Leben und Welt kennen, verstehen und prüfen lernen. Konstitutiv für den Religionsunterricht ist es, die religiöse Option verständlich werden zu lassen und menschliche Erfahrungen im Vertrauen auf ein letztes Geheimnis zu deuten, das Leben und Welt radikal überschreitet. Ebenso ernsthaft müssen aber auch säkulare, ohne eine göttliche Transzendenz operierende Möglichkeiten der Daseinsdeutung präsentiert und thematisiert werden, damit sich Lernende in existenziellen Fragen umsichtig und autonom verorten können (vgl. *Porzelt* 2023, insb. 132–142).

Um seiner bildenden Aufgabe nachzukommen, für existenzielle Erfahrungen und deren kontroverse Deutbarkeit zu sensibilisieren, ist der Religionsunterricht auf Medien angewiesen, die authentisch präsent werden lassen, wie Menschen unterschiedlicher Couleur den Fährnissen ihres Daseins erlebend, deutend und handelnd begegne(te)n (vgl. *Stögbauer-Elsner/Lindner* 2021, 250–252). Treffen Schüler*innen auf solcherart Zeugnisse aus Glaubenstradition und Gegenwart, so können sie sich diesen fragend, erkundend und bedenkend annähern, um im Lichte der in diesen Medien zutage tretenden Erfahrungen eigene Sichtweisen auf Leben und Welt zu erhellen, zu prüfen und zu weiten.

Als audiovisuelle Narrationen, die Erfahrungen auf knappstem Raum zuspitzen, sind Kurzspielfilme ein exzellentes Medium, um sich in fremde Lebenssituationen und -deutungen zu versetzen, die für das eigene Dasein zu denken geben (vgl. *Kirsner* 2013, 12). Nüchtern ist einzuräumen, dass der korrelative Pol der Glaubenstradition in dieser Kunstform kaum mehr eine Rolle spielt[1] – wie die Wirksamkeit des Christentums auf die aktuelle Kultur ja überhaupt verblasst (vgl. *Kunstmann*

---

1 Eine seltene Ausnahme von dieser Regel ist der Kurzspielfilm »Rúbaí« (Irland 2013; 11:22 Min.; Regie: *Louise Ni Fhiannachta*), in dem sich ein achtjähriges Mädchen im Horizont des irischen Kirchentraumas scharfsinnig an elementaren Glaubensfragen abarbeitet.

2022, 58f.). Hoch brisant sind Kurzspielfilme aber mit Blick auf den korrelativen Pol gegenwärtiger Erfahrungen. Gerade weil sie vornehmlich durch junge Autor*innen kreiert werden (vgl. *Hassenfratz* 2014, 5), die zudem aus vielfältigsten Regionen der Welt stammen, vermögen Kurzspielfilme auf den Punkt zu bringen, was heutige Menschen umtreibt und wie sie die ›großen Fragen‹ menschlicher Existenz angehen und deuten. Vom »Lebenshunger in einer Welt voller Widersprüche« (*ebd.*, 7) erzählend, sind sie ein prädestiniertes Medium für einen Religionsunterricht, der sich nicht in religiösen Traditionen verbarrikadiert, sondern Gegenwart atmet und authentisch zur Geltung kommen lässt.

Zurück im Hüttendorf schlendert Lovena mit Ronald an eingesperrten Hähnen vorbei, wobei er ihr vom siegreichen Boxer Tyson erzählt. Von lebhafter Pianomusik begleitet, entfaltet sich nun eine rasante Bilderfolge. Diese verquickt einen archaischen Hahnenkampf mit der Schach übenden und spielenden Lovena, die sich im Spiegel betrachtet, frisieren lässt und zögerlich einem unbefangenen Tanz des alten Ronald anschließt, bevor die Nacht einbricht und sie schließlich ganz allein im Morgenlicht sitzt.

»Lovena« – Konturen eines Meisterwerks

Als marginalisiertes Kulturgut sind Kurz(spiel)filme schwer zugänglich. Punktuell begegnen sie auf Festivals, bevor ihr Großteil aus der Öffentlichkeit entschwindet (vgl. *Walde* 2020, 68). Für befristete Zeit präsentieren Mediatheken mancher Fernsehsender ausgewählte Fundstücke. Nur ganz wenige Kurz(spiel)filme finden dauerhaften Eingang in schulrelevante Mediatheken und können somit für den Unterricht genutzt werden.

Weltweit präsentiert und mehrfach prämiert, war der 2020 erschienene und auf Deutsch mit »Schachmatt« betitelte Kurzspielfilm »Lovena« zeitweise über die ARTE-Mediathek verfügbar, wo er inzwischen depubliziert wurde. Ihm stellte ARTE ein instruktives Interview mit seinem Regisseur *Olivier Sagne* zur Seite, der – 1984 geboren – in Französisch-Guyana aufgewachsen ist, wo der Film auch spielt. »Lovena« ist eine französische Produktion, deren Länge von 28:50 Minuten sich am oberen Rand der Kurzfilmdefinitionen bewegt und deren eindrücklichen Soundtrack der Jazzmusiker *Grégory Privat* kreierte.

Verkörpert durch *Esther Joseph*, steht die dreizehnjährige Lovena im Zentrum der Handlung. Als haitianische Immigrantin lebt sie illegal in Französisch-Guyana. Zwischen dieser südamerikanischen Dependance des reichen Frankreichs und ihrer mittelamerikanischen Heimat, die seit Jahrzehnten durch Despotismus, Kriminalität, Armut und Naturkatastrophen verheert wird, liegen Welten. Lovena tritt als einmalige Jugendliche mit besonderen Charakterzügen hervor. Zugleich steht sie exemplarisch für die Situation der haitianischen Community in Französisch-Guyana, die beständige Diskriminierungen erfährt und permanent von Ausweisung bedroht ist. Der Regisseur Olivier Sagne erklärt:

> Eine Ausweisung pro Monat, so lautete damals das Ziel der Präfektur. Man hat die Leute stichprobenweise kontrolliert. Und wenn sie keine Papiere vorweisen konnten, ging alles

sehr sehr schnell. Man landet im Abschiebezentrum und besteigt wenig später einen Flieger ins Heimatland. Jeder Guyaner kennt eine Person, der das passiert ist oder hat schon einmal so einer Situation beigewohnt. (*Sagne* 2021)

Der Schlüssel der Dramaturgie ist ihre Meisterschaft im Schachspiel. Der Regisseur erläutert seine Verfahren:

> Ich bin so vorgegangen, dass ich jeder Figur im Film eine Figur aus dem Schachspiel zugeordnet habe. Der Mentor erinnert an den Läufer. Die Mutter ist die Dame. Das erkennt man schon an der Frisur. Die Protagonistin ist Bauer und Springer zugleich. Man muss nur einmal sehen, wie sie sich fortbewegt. Während des Streits mit dem Klassenkameraden vollführt sie einen Sprung in L-Form, genau wie der Springer auf dem Schachfeld. (*ebd.*)

Dieses Talent eröffnet Lavena die etwaige Chance, das Fatum der Illegalität zu überwinden und als anerkanntes Mitglied der Mehrheitsgesellschaft ein selbstbestimmtes Leben zu führen. Was es bedeuten kann, als Einwanderin mit ungewisser Zukunft zu leben, spitzt dieser Film auf eine Protagonistin zu, die vor der altersspezifischen Aufgabe steht, eine zukunftsfähige Identität zu entwickeln.

Von oben tritt ein fahrender Kastenwagen vor Augen, in dessen Inneren Ronald, die Mutter und die schlafende Lovena sitzen. Nachdem sie an einer Polizeikontrolle vorbeigerauscht sind, in die dunkelhäutige Männer verwickelt waren, gelangen sie zur Gemarkung von Kourou, wo sich Lovena am Straßenrand übergibt. Nach diesem Malheur stoppen die drei vor einem Laden, in den die Mutter geht, um Saft und Knabbereien zu holen.

Gebannt beobachten Lovena und Ronald aus dem Auto heraus, wie ein Polizeiauto vorfährt, aus dem ein Beamter aussteigt, der in den Laden verschwindet. Im Herausgehen spricht er die Mutter an, bevor beide Polizisten sie ins Fahrzeug verfrachten.

Realisierend, dass ihre Mutter gerade verhaftet wird, fleht Lovena Ronald an, doch etwas zu tun. Der wiederum beschwichtigt sie und beschwört die Gefahr, ebenfalls verhaftet zu werden. Er befiehlt ihr, im Auto zu bleiben. »Mama, Mama« ruft Lovena, während das Polizeiauto samt ihrer Mutter wegfährt – und das Treiben rund um den Laden herum weitergeht, als wäre nichts geschehen.

Unter Klavierakkorden bleiben Lovena und Ronald leer und betroffen zurück. Auf seine Aufforderung hin steigt Lovena auf den Beifahrersitz und ergreift die Initiative: »Fahren wir.«

Auf der Suche nach dem Glück

Mit der Frage nach dem eigenen Lebensweg widmet sich »Lovena« einem Thema, das gerade im Jugendalter brisant ist (vgl. *Erikson* 1993, 106–114) und hiesige Schüler*innen mit der Hauptfigur des Kurzfilms verbindet. Doch sind die Vorzeichen unter denen die haitianische Immigrantin ihr Glück sucht, ganz anders als jene, unter denen dies Gleichaltrige in Deutschland tun.

Um für diese Differenz im Gemeinsamen zu sensibilisieren, verwickelte ich die Teilnehmenden eines mit *Peter Scheuchenpflug* gemeinsam realisierten Kurzfilmseminars in eine Imaginationsübung, bevor sie »Lovena« begegneten. Innerlich stellten sie sich eine ihnen bekannte Heranwachsende vor Augen. Von der Kleidung und dem Alltag dieser Jugendlichen ausgehend, imaginierten sie, woran deren Herz hängt, womit sie kämpft, wovon sie träumt und welche Pläne und Hoffnungen sie für ihre Zukunft hat. Nachdem die Studierenden Revue hatten passieren lassen, was ihnen durch den Kopf gegangen ist, rückte »Lovena« ins Zentrum. Parallel zu einer ersten Präsentation notierten die Studierenden wichtige Schauplätze und Ereignisse, um miteinander die Filmhandlung zu rekonstruieren. Auf diese Verwicklung in den Film hin traten sie in reflektierende Distanz, indem sie besprachen, was Lovena in ihrer Suche nach dem Glück mit den zuvor imaginierten Jugendlichen verbindet (z. B. Schulerfahrungen, Elternkonflikte oder die Aufgabe, für sich selbst einzustehen) und unterscheidet (z. B. eine geringere Bedeutung des Outfits, keine ›Blase‹ Gleichaltriger, die prekäre Situation der Armut oder eine größere Fremdbestimmung).

Abgerundet wurde die Auseinandersetzung durch eine Anforderungssituation, in welcher die Studierenden nach nochmaliger Filmschau die Rolle von Gutachtern übernahmen, die begründet dafür oder dagegen votieren sollen, dass »Lovena« ins Portfolio kirchlicher Medienzentralen aufgenommen und somit für den Religionsunterricht zugänglich wird. Gerade mit Blick auf Grundschüler*innen, für die dieser Kurzfilm wahrlich schwer rezipierbar scheint, wertete ein Teil der Studierenden »Lovena« (auch angesichts der Untertitelung) als überfordernd. Dabei klang ein bei Lehramtsstudierenden recht häufig anzutreffendes Verständnis von Lebensweltorientierung an, das alltagsferne Inhalte (»nicht nahe genug an der eigenen Realität«) und somit neue Horizonte scheut, die Bildung jedoch erst ermöglichen. Dass einzelne Studierende »manche Szenen« des Filmes – und besonders die Verhaftung der Mutter – als »unrealistisch« ansahen, lässt es umso dringlicher erscheinen, ferne Biografien, die nicht in hier gängige Schemata passen, bildend zur Geltung zu bringen.

Dezidiert auf Sekundarschüler*innen hin argumentierend, sprach sich die Mehrheit der Studierenden dafür aus, »Lovena« für den Religionsunterricht zur Verfügung zu stellen. Entscheidend wog dabei das Zutrauen, dass dieser Kurzfilm gerade in der »Selbstfindungsphase« des Jugendalters dazu motiviere, die »eigene Lebenssituation« im Lichte »andere[r] Lebenswelten« zu reflektieren. Solche Auseinandersetzung wiederum berge gleichermaßen persönliche (z. B. »Talent und die Suche nach dem Glück«) wie politische (z. B. »Armut, Rassismus/Diskriminierung«) Aspekte. Dass *Sagnes* Kurzfilm ausdrücklich auch Religion ins Spiel bringt, insofern der evangelikale Prediger wie Lovenas Mutter auf »Gottes Willen« pochen, bedachte immerhin eines der Voten.

Ronald steigt die Treppe hinauf in ein riesiges Auditorium, in dem Fotoblitze flackern. Er setzt sich. Während die brasilianische Schachmeisterin unter Beifall begrüßt und dann vorgestellt wird, suchen seine Blicke nach Lovena. Das Piano setzt ein und entwickelt ein getragenes Motiv, das bis zum Ende des Filmes erklingt.

Draußen auf dem Parkplatz verlässt Lovena den Kastenwagen, allein geht sie auf das Zentrum zu, eine entgegenkommende Hostess legt ihr eine Chipkarte um. Allein geht Lovena weiter und verschwindet schließlich im Eingang.

Fast eine halbe Minute ist nur dieser leere Eingang zu sehen, nichts davon, was sich im Saal abspielt.

Endlich verlassen erste Menschen das Gebäude. Umschwärmt von einer Fotografin, folgt Lovena. Mit ernstem, erschöpftem Gesichtsausdruck durchschreitet sie das Grundstück und tritt heraus. Sie wird langsamer, blickt flüchtig zurück, wo der ihr folgende Ronald nach ihr ruft, nimmt sich das Chipband vom Hals, geht weiter – allein, ins Ungewisse.

Ins Dunkel hinein folgt der Abspann.

»Lovena« – ein Katalysator für biografische Lernprozesse

Die audiovisuelle Narration, die »Lovena« entfaltet, geleitet die Betrachtenden in die fiktive Biografie einer Jugendlichen. Keine Heldenstory wird hier erzählt, kein plakatives Vorbild aus der Tasche gezogen. Vor Augen tritt vielmehr die Geschichte eines dreizehnjährigen Mädchens, dessen Selbstentfaltung durch Armut und Exklusion enge Grenzen gesetzt sind – bis sich aufgrund ihres Talents als Schachspielerin eine Türe öffnen könnte hin zu einem anderen, gesicherten und besseren Leben. Über weite Strecken des Filmes scheint dessen Protagonistin ungemein wach, doch ernst und verschlossen. Nur zweimal huscht ein Lächeln über ihr Gesicht, in einigen Szenen aber bricht ihr Temperament hervor. Lange sträubt sie sich, die vermeintliche Chance ihres Lebens zu ergreifen und zum Schachwettkampf mit der brasilianischen Konkurrentin anzutreten. Auf den beharrlichen Druck ihrer erwachsenen Umwelt hin fügt sie sich schließlich und nimmt die Herausforderung an. Als Konsequenz erntet sie nicht nur einen sportlichen Fehlschlag, sondern verliert auch ihre Mutter, die auf dem Weg zum Match verhaftet und dann wohl abgeschoben wird. Tragisch scheitert somit Lovenas Versuch, sich dem ihr vorgezeichneten Geschick entgegenzustemmen. In ihrer Suche nach dem Glück wird sie zurückgeworfen auf ihren sozialen, ökonomischen und rechtlichen Status als Immigrantin, die aus einem der ärmsten Länder dieser Welt geflüchtet ist und wegen dieser Herkunft in ihrer neuen Heimat bedroht und benachteiligt bleibt.

Als (religions)didaktisches »Prinzip« (*Lindner* 2011, 62) fußt biografisches Lernen auf der Prämisse, dass sich der eigene Lebensentwurf in neuzeitlichen Kontexten nicht zwangsläufig ergibt, sondern modelliert werden will und soll (vgl. *Lindner/ Stögbauer* 2005, 135). Um diese »Aufgabe« (*ebd.*) reflektiert zu bewältigen, lohnt es, sich mit anderen, fremden Biografien auseinanderzusetzen, um Inspirationen und Orientierungen für die eigene Lebensgestaltung zu gewinnen, aber auch um herauszufinden, worauf sich der eigene Lebensweg gerade nicht richten soll (vgl. *Reese-Schnitker* 2015, 30f.). Unterrichtlich präsent werden fremde Biografien primär durch Medien (vgl. *Lindner* 2011, 65), unter denen der sich zumeist auf eine Hauptfigur konzentrierende Kurzspielfilm wegen seiner inhaltlichen wie ästhetischen Prägnanz hervorsticht.

Besondere Chancen bergen Kurzspielfilme, wenn sie die Suche nach gelingendem Leben auf eine Figur zuspitzen, die etwa im Alter der Schüler*innen mit jugendspezifischen Konflikten konfrontiert ist, in denen sie sich auf ihren zukünftigen Lebensweg hin als unverwechselbares Individuum definieren und positionieren muss.

Eindrucksvoll geschieht dies nicht nur in »Lovena«, sondern etwa auch in zwei jüngst erschienenen Kurzfilmen, deren einer (»Stephanie«[2]) die bedrückende Situation einer elfjährigen Leistungssportlerin ins Licht rückt, während der andere (»À point«[3]) von einer Achtzehnjährigen erzählt, die gerade dann an ihrem Berufstraum zu (ver)zweifeln beginnt, als sich dieser verwirklichen lässt.

Im Gegensatz zu »Stephanie« und »À point« verortet »Lovena« das Drama jugendlicher Identitätsfindung nicht im westlichen Mainstream, der erhebliche Entscheidungsspielräume kennt, sondern in einem Milieu der südlichen Hemisphäre, das der Selbstentfaltung enge Grenzen setzt. So führt *Sagnes* Kurzfilm eindrucksvoll vor Augen, wie biografische Herausforderungen in fremden Kontexten aufbrechen und bearbeitet werden. Grundsätzlich problematisiert »Lovena« darüber hinaus, ob die Möglichkeit zur Modellierung des eigenen Lebens nicht doch ein Privileg bestimmter Gruppen und Gesellschaften ist. Dies aber rührt letztlich am (religions)pädagogischen Optimismus, dass Menschen prinzipiell in der Lage seien und befähigt werden können, als wirkmächtige Akteure »ihre eigene Biografie in die Hand zu nehmen« (*Ziebertz* 2010, 374).

Literaturverzeichnis

Behrendt, Esther Maxine, Kurzfilm, in: *Thomas Koebner* (Hg.), Reclams Sachlexikon des Films, Stuttgart ²2007, 390–392.

Damm, Thomas / Schröder, Sabine, Kurzfilme im Gottesdienst. Anleitungen und Modelle für Gemeinde, Schule und Gruppen, Gütersloh 2011.

Erikson, Erik H., Identität und Lebenszyklus. Drei Aufsätze, Frankfurt am Main ¹³1993.

Hassenfratz, Felix, Kurz und schön! Oder: Wie ich den kurzen Film lieben lernte, in: Katechetische Blätter 139 (2014), Heft 1, 4–7.

Heinrich, Katrin, Der Kurzfilm. Geschichte – Gattungen – Narrativik (Aufsätze zu Film und Fernsehen 43), Alfeld/Leine ²1998.

Kirsner, Inge, Den Film groß machen! Bemerkungen zu einer religionspädagogischen Filmdidaktik, in: Entwurf. Konzepte, Ideen und Materialien für den Religionsunterricht 44 (2013), Heft 2, 12–15.

Kunstmann, Joachim, Ein Ort für das Leben. Der Weg zur religiösen Erneuerung der Kirche, Gütersloh 2022.

Lindner, Konstantin / Stögbauer-Elsner, Eva, Was hat das mit mir zu tun? – Biographisches Lernen, in: *Matthias Bahr / Ulrich Kropač / Mirjam Schambeck* (Hg.), Subjektwerdung und religiöses Lernen. Für eine Religionspädagogik, die den Menschen ernst nimmt, München 2005, 135–145.

Lindner, Konstantin, »Aufgabe Biografie« – eine religionsdidaktische Herausforderung?!, in: Loccumer Pelikan 2011, Heft 2, 62–67.

---

2 »Stephanie« (Belgien 2020; 14:46 Min.; Regie: *Leonardo van Dijl*), deutscher Titel: »Die Turnerin«.

3 »À point« (Frankreich 2021; 19:40 Min.; Regie: *Aurelie Marpeaux*), deutscher Titel: »Auf den Punkt«.

MARKLEIN, STEFFEN, Der Kurzfilm – zu seiner Geschichte und Charakteristik, in: *ders.* (Hg.), Kurz und gut. Kurzfilme für den Religionsunterricht (Loccumer Impulse 7), Rehburg-Loccum ²2012, 9–11.

MENDL, HANS, Biografisches Lernen, in: *Eva Stögbauer-Elsner / Konstantin Lindner / Burkard Porzelt* (Hg.), Studienbuch Religionsdidaktik, Bad Heilbrunn 2021, 256–266.

PORZELT, BURKARD, Welcher Religionsunterricht passt zur Schule? Erwägungen zu Legitimation und Gestaltung eines schulkompatiblen Religionsunterrichts, in: Jahrbuch für Religionspädagogik 30 (2014), 125–137.

PORZELT, BURKARD, Glauben korrelativ kommunizieren. Annäherungen an das religionspädagogische Korrelationsprinzip, Bad Heilbrunn 2023.

REESE-SCHNITKER, ANNEGRET, Biografie, in: *Burkard Porzelt / Alexander Schimmel* (Hg.), Strukturbegriffe der Religionspädagogik, Bad Heilbrunn 2015, 27–32.

SAGNE, OLIVIER, ARTE-Interview mit *Olivier Sagne*, Regisseur von »Lovena« [erstmals ausgestrahlt am 28.2.2021 und transkribiert von *Viola Rappenegger*].

STÖGBAUER-ELSNER, EVA / LINDNER, KONSTANTIN, Lernen an Zeugnissen aus (religiöser) Tradition und Gegenwart, in: *Eva Stögbauer-Elsner / Konstantin Lindner / Burkard Porzelt* (Hg.), Studienbuch Religionsdidaktik, Bad Heilbrunn 2021, 249–256.

Walde, Laura, Der Kurzfilm als (kleines) Format, in: Zeitschrift für Medienwissenschaft 12 (2020), Heft 1, 67–73 (https://mediarep.org/bitstreams/faa36c89-3d6e-4054-81bb-2b347230cc40/download; letzter Zugriff am 13.2.2024).

ZIEBERTZ, HANS-GEORG, Biografisches Lernen, in: *Georg Hilger / Stephan Leimgruber / Hans-Georg Ziebertz*, Religionsdidaktik. Ein Leitfaden für Studium, Ausbildung und Beruf, München ⁶2010, 374–386.

An Modellen von Menschsein bilden
Menschenrechtliche Impulse im Schulbuchwerk
»Religion verstehen«

Matthias Bahr

Ach, wie erquickend, aufbauend, hilfreich und erfreulich war es, als die Idee der ›Heiligen der Unscheinbarkeit‹ religionspädagogisch in Passau vor vielen Jahren das Licht der Welt erblickte! Endlich, so die stille Reaktion des Verfassers dieser Zeilen, sprach sie ihm doch aus dem Herzen (nicht ohne Grund, doch dazu später). Mal etwas Sinnvolles, das da um das Jahr 2000 begann und innerhalb der Religionsdidaktik Kreise zog. Zuerst als vermeintlich nette Idee in Lehrstuhlrunden der einen oder anderen Universität diskutiert, wurde es im Kontext von Schulbuchentwicklung und religionsdidaktischer Theoriebildung zunehmend wichtiger. Der ›Ansatz nach Mendl‹, die Datenbank zu *Local heroes*, sie brauchte allerdings ein bisschen Zeit, um sich auch dort durchzusetzen. Darauf mag beispielsweise die erste Auflage der Religionsdidaktik von Hilger, Leimgruber und Ziebertz (2001) verweisen, die selbstverständlich das biografische Lernen thematisierte, in der Referenz jedoch erst in der Überarbeitung von 2010 Hans Mendl anführte (*Hilger* u. a. 2010, 386). Auch wenn Hans Mendl dies selbst vermutlich nicht als Gradmesser akzeptiert, war ihm diese Religionsdidaktik doch stets wohl viel zu umfangreich, jedenfalls nicht *kompakt* genug (Mendl 2011), so war doch irgendwann klar: Mit dieser Idee muss man sich beschäftigen.

›Ich‹ oder ›wir‹: biografisches Lernen historisch-kritisch gelesen

Als biografisches Lernen war es nun keine ganz neue Erfindung, gab es doch in der christlichen Tradition irgendwie immer schon die Auseinandersetzung mit dem Leben, Handeln und vor allem dem Glauben von Menschen, die zu einem wichtigen Bereich religionsdidaktischen (bzw. in der traditionellen Sprache: katechetischen) Handelns gehörte. Auch die ersten Schritte einer modernen Religionspädagogik zu Beginn des 20. Jh. zeigen dies, denkt man an die Entwürfe eines Heinrich Stieglitz im Rahmen der ›Münchner Methode‹ auf katholisch-fromme Weise mit *echten* Heiligen (*Stieglitz* 1906, 2f.). Selbstverständlich muss man hier zugestehen, dass man es in der Wahrnehmung der Zeitumstände einer Volkskirche mit einer anderen religiösen Bildung zu tun hatte, Heilige dabei in der Regel extraordinär-entsagungsvoll unterwegs waren.

Gleichwohl: Muss man – bzw. besser – musste man das eigentlich zugestehen? Die Welt des beginnenden 20. Jh. war ja auf dem Hintergrund der auch theologischkirchlichen Bewusstwerdung der Abgründe einer Industrialisierung des 18./19. Jh. mit allen furchtbaren Begleiterscheinungen liberalistischer Ausbeutung nicht mehr in einer Art *gottgewollter Normalität* real existierender Verhältnisse zu sehen, bei denen Armut (und Ausbeutung) als Selbstverständlichkeit hinzunehmen waren. Der Vorwurf, der sich dabei herauskristallisierte, Religion sei Vertröstung auf das Jenseits (härter: *Opium des Volkes*) hätte auf dem Hintergrund der sog. *Neuen Sozialen Frage* auch katechetisch Wirkungen haben können, ja müssen, statt eine traditionelle Perspektive von Lebensplan und Lebenssinn bis in die Mitte des 20. Jh. zu perpetuieren, was man noch im *Grünen Katechismus* von 1955 (!) sehen kann, betrachtet man hier die *erste* Frage: »1. Wozu sind wir auf Erden? Wir sind auf Erden, um Gott zu erkennen, ihn zu lieben, ihm zu dienen und einst ewig bei ihm zu leben.« (*Deutsche Bischofskonferenz* 1955, 6)

Kein Platz offensichtlich also im Zentrum *dieser* Frage für die zwischenmenschliche Perspektive und das Glücken des (irdischen) Lebens. Auch auf diesem Hintergrund mag verständlich sein, dass später ein sog. problemorientierter Religionsunterricht als neues, anderes Konzept religiöser Bildung entstehen konnte, durch den nicht nur der Religionsunterricht gegenwartsbezogener werden sollte und konnte, sondern auch Platz gewonnen wurde für die Frage: Wie können im Zusammenspiel mit Christlichkeit gelingende Gestaltungen unseres Lebens im Hier und Jetzt entwickelt werden, so dass real existierende ungerechte gesellschaftliche Verhältnisse kritisiert oder gar unterbrochen werden, wie dies in der Schulbuchreihe ›Zielfelder ru‹ angedeutet wird (*Deutscher Katecheten-Verein* 1975, 31, z. B. in der Problemskizze der Verweis auf »Black Power«)?

Die Suche nach dem angemessenen Begriff: Vorbilder, Modelle, *Local heroes* ...

Interessant ist die Feststellung, dass die Krise der Vorbilder in der Zeit der Aufarbeitung der deutschen NS-Vergangenheit liegt (*Mendl* 2015, 19), die eben mitnichten vergangen ist. Das, was in den 1960er Jahren geschah, die Kritik an den Altvorderen, die Frage nach den Bedingungen und Zusammenhängen von Krieg und Völkermord, wirkte sich – zurecht – auch pädagogisch aus. Nicht nur Adorno, auch pädagogische Leitlinien für Bildung und Schule, wie sie mit Wolfgang Klafki und anderen verbunden sind, rückten Bildungsprozesse in gesamtgesellschaftliche Verantwortung, die zunehmend demokratische Tugenden einforderten – in allen Schulfächern. Selbstbestimmungs-, Mitbestimmungs- und Solidaritätsfähigkeit werden zu Leitmotiven (vgl. v. a. *Klafki* 1976, 156f.; *Klafki* 1996, 52) jenseits von Inhaltszentrierung und fachlicher Ausrichtung.

Die Debatte um Lern- und Lehrziele im Zuge der »Bildungsreform als Revision des Curriculum« (*Robinsohn* 1967) setzt Akzente, hinter die man nicht mehr zurück kann. Mehr als jemals zuvor sind damit auch Prozesse des biografischen Lernens an diesen allgemeinen, übergreifenden Bildungsperspektiven zu überprüfen. Kritische Auseinandersetzung des Individuums ist in der Folge das Programm, das zu eigenständigen Realisierungen noch zu findender und selbst zu bestimmender Lebensentwürfe wird. Der Modellbegriff lässt damit ausreichend kritisches Potential zu und muss es einfordern. Sehr schön wurde dies am Beispiel des Wucherers in der Erzählung bei Irene und Dietmar Mieth im Rahmen einer narrativen Ethik vor Jahrzehnten auf den Punkt gebracht (*Mieth/Mieth* 1978, 106ff.). Modelle dienen als Anregungspotential, eigene kreative Lösungen auf die je anderen und neuen Herausforderungen zu finden, die das Leben ausmachen.

Vermutlich meinte Hans Mendl dies, als er sich dem Bildungspotential *mittlerer Heiliger* zuwandte und seine dann *Local heroes* genannte Datenbank aufbaute. Darauf hätte man nun auch selber kommen können, zumal die Auseinandersetzung des Verfassers dieses Beitrages sich ebenfalls dem Modelllernen widmete (*Bahr* 1992, 98–106). Mit der Hinwendung zu einem Modelllernen, das sich heute einer diskursiven, an der selbsttätig zu denkenden Projektidee verpflichtet sieht (*Mendl* 2015, 71–81), sind im Grunde zentrale Eckdaten biografischen Lernens gefunden.

Dennoch fallen zwei Perspektiven in den Schriften von Hans Mendl auf. Zum einen rückt in der jüngeren Vergangenheit offensiv(er) die Idee der *Helden* in den Mittelpunkt (v. a. *Mendl* 2020), und das scheint doch mehr zu sein als *Heilige der Unscheinbarkeit*. Zum anderen ist markant, dass die Kategorien zur Identifizierung solcher Modelle bibeltheologische und christentumsgeschichtliche sind (*Mendl* 2015, 91), damit also traditionelle Maximen herangezogen werden (u. a. Kardinaltugenden, *theologische* Tugenden, Dekalog und Seligpreisungen, die Werke der Barmherzigkeit, Weltethos).

Beide Perspektiven verdienen eine genauere Betrachtung.

... Helden? Oder doch: Menschen?

Selbstverständlich ist das Handeln eines Dominik Brunner vorbildlich, modellhaft und entschieden-entschlossen, wenn er pöbelnde Halbstarke in die Schranken weist, also Zivilcourage beweist in einer Situation, in der andere angegangen und unter Druck gesetzt werden (*Mendl* 2020, 230ff.). Brunner war in dieser Situation kein Zuschauer, kein *bystander*, wie die Prosozialitätsforschung dies nennt, der wegsieht und sich raushalten will, sondern jemand, der Verantwortung übernimmt, das Recht der Stärkeren und ihre Übergriffigkeit nicht einfach laufen lässt, sondern dann weitsichtig die Polizei zu Hilfe ruft. Dominik Brunner zeigt das, was Dietmar Mieth schon vor Jahren – in der Reflexion über die Weiterentwicklung der klassischen Tugendlehre – die (neue) Tugend der Courage genannt hat (*Mieth* 1984, 90f.).

Interessanterweise bleiben die Überlegungen Hans Mendls dabei nicht stehen, wird Dominik Brunner wie den vielen anderen Engagierten das Attribut *heroisch*, *heldenhaft* zugewiesen. Das ist nun doch deutlich mehr, als die Rede vom Modell. Diese Zuweisung hebt Menschen sprachlich in einen Bereich *über andere*, wenn man den Analysen der Gebrüder Grimm folgt. Danach ist zumindest *heroisch* mit einem Bedeutungsgehalt versehen, der nicht nur die hervorzuhebende Tat qualifiziert (heldenhaft), sondern in ihrem Bedeutungsspektrum auch das Majestätische, Überlebensgroße mit sich führt – und sei es nur für eine einzelne besondere Tat. Die

Spiegelung mit ihrem Gegensatz des Schlichteren, ja Hirtenmäßigen erhebt und überbietet diese im Heldenhaften, Heroischen schließlich nochmals deutlich.

Wird damit aber nicht nun doch eine gewisse Distanz aufgemacht, die *das Normale* übersteigt? Ist die Idee des *hero*, des Helden, so sehr sie sich auch in der Medienwelt gern konsumierter Actionfilme nicht nur junger Menschen zeigt, zentralen gegenwärtigen pädagogischen Leitlinien (Klafki) tatsächlich zu Diensten? Oder sollte, könnte, ja müsste man nicht in einer demokratischen Welt (religions-)pädagogisch gerade die Normalität herausstellen? Dies ist keine Absage an biografisches Lernen, aber doch das Plädoyer eher *abzurüsten*, herunterzudimmen, zu normalisieren und damit zu demokratisieren, gleichwohl auch zu politisieren. Man könnte ja auch *lediglich Menschen* vorstellen, an und mit denen sich produktive Formen der Beschäftigung im Sinne der Bildungstrias eines Wolfgang Klafki (s. o.) und insofern Normalität erkennen lassen, die durchaus wichtige Impulse geben können.

In unserem Schulbuchwerk »Religion verstehen« (*Bahr/Schmid* ab 2018) sind wir diesen Weg gegangen. Hier interessiert uns nicht das Extraordinäre, sondern Formen von Normalität im privatem wie im beruflichen Handeln, die dennoch durchaus Modellcharakter haben können.

Mehr als Hilfeleistung: Modelle humaner Gesellschafts- und Weltgestaltung

»Ethisch handeln (zu) lernen« (vgl. *Stachel* 1978) ist im Kontext religiöser Bildung von alters her ein gewichtiges Anliegen. Und im ebenso traditionellen Sinne sind die *Hausnummern* scheinbar klar, wenn es um die oben genannten Sachverhalte etwa der Tugenden oder/und der biblischen Perspektiven geht. Tatsächlich befindet man sich im Hinblick auf die sog. *Werke der Barmherzigkeit* (Mt 25,33–46) bei einem Kernanliegen christlicher Ethik, die matthäisch sogar als ›Testament im Testament‹ aufgefasst wurden, wenn man ihre Verortung am Ende der Lehrtätigkeit Jesu und vor Beginn der Passionserzählung ernst nimmt, darin also eine Art ›letzten Willen‹ Jesu sehen will und kann. Die Bezüge in den Reflexionen Hans Mendls greifen das auf, und viele präsentierte Modelle in seinen Publikationen spiegeln dies wider. Er bezieht sich dabei immer wieder auch auf die moderne Begrifflichkeit des Altruismus, den man als durch Selbstlosigkeit gesteigerte Prosozialität verstehen kann. Beide Perspektiven hängen in ihrer sozialpsychologischen Erforschung des helfenden Verhaltens bzw. Handelns (*prosocial behaviour, altruism*) ja an zwei Ereignissen in der Mitte des 20. Jh. Dazu zählte zunächst die Erforschung der Motive von Menschen, die in der NS-Zeit ihr Vermögen und ihre Existenz einsetzten, um Juden und Jüdinnen zu retten. 1964 war dann der Bericht im New York Times Magazine vom 3. Mai über jene 38 Zuschauer, die in Kew Gardens der nächtlichen Ermordung von Catherine Genovese tatenlos zusahen, endgültig der entscheidende Anstoß, die Erforschung von helfendem Handeln in der Sozialpsychologie voranzutreiben (*Bahr* 1992, 61).

Mit den in der Folge erhobenen Erkenntnissen und Mechanismen sowie der christlich-ethischen Bezüge ergibt sich eine solide Handlungsorientierung, die für

Lernzwecke aufbereitet werden kann, wie Hans Mendl dies im Kontext seiner Überlegungen zeigt. Dabei liegt in seinen Arbeiten der Akzent vor allem auf der Individualethik, hat also jene Handlungsoptionen im Blick, die auf die ethischen Überzeugungen von Individuen und auf individuelles Handeln gerichtet sind, ganz so, wie es etwa die lukanische Erzählung vom barmherzigen Samariter einfordert.

Selbstverständlich ist es sinnvoll, christentumsgemäß und human, im Rahmen von religionspädagogischen Kontexten diese Form des Engagements sorgfältig wahrzunehmen, zu pflegen und für Bildungsprozesse in das Bewusstsein zu rücken. Und dennoch: Es handelt sich um ein Konzept, das primär individualethisch orientiert ist. Die Fragen, die ich stellen möchte, lauten: Ist es auch denkbar, dass man Modelllernen *sozialethisch* denken und konstruieren kann? Und: Ist es heute vielleicht sogar geboten? Wie könnte es aussehen, was wäre der Gewinn und eine vielleicht sinnvolle Ergänzung oder Erweiterung?

Ein außerchristlicher Ansatz: »Alle Menschen sind frei ...«

»...und gleich an Rechten und Würde geboren.« (*Allgemeine Erklärung der Menschenrechte* 1948, Artikel 1) Dies mag für katholische Ohren eine Provokation in doppeltem Sinne sein. Sie besteht zunächst in der damit ausgesprochenen Behauptung, dieser Ansatz sei ein »außerchristlicher«. Rasch wird man einwenden, dass mit den klaren Bestimmungen von *Pacem in Terris* (1963) die Menschenrechte innerkirchlich anerkannt und gewürdigt sind. Dennoch: Über lange Zeiten dominierte in kirchlichem Denken eben der Widerstand gegen die Menschenrechtsidee (Hilpert 2019, 98ff.). Die zweite Provokation liegt in der Betonung der Freiheit des Menschen, die menschenrechtlich konkrete Anliegen verwirklicht (Freiheit von Sklaverei, Leibeigenschaft, Zwangsehe), aber auch für ein selbstbestimmtes Leben insgesamt gedacht werden muss, das z.B. das Recht auf sexuelle Selbstbestimmung in sich trägt (Bahr 2020, 12), was kirchlich gegenwärtig erst mühsam und keineswegs universal so akzeptiert wird.

Jenseits dieser ersten Bestimmungen kann man grundsätzlich die Menschenrechte bzw. noch präziser die *Allgemeine Erklärung der Menschenrechte* als Agenda ansehen, die neben individuellen Rechten (und Pflichten) vorrangig (!) klare soziale Perspektiven und Forderungen enthält, wenn es um soziale Sicherung, angemessenen Arbeitslohn oder – fundamental und prominent in der Menschenrechtserklärung – das Eintreten für rechtsstaatliche Prinzipien geht, wie dies etwa die Artikel 6–12 belegen. Dabei adressiert die Menschenrechtserklärung in erster Linie ja Gesellschaften bzw. Staaten, die ihre Gesetzgebung so auszurichten haben, dass die Rechte *des* Menschen gewahrt sind. Gewinnt man Kriterien für die Auseinandersetzung mit ethischen Perspektiven von hier aus, dann legt sich ein Konzept zugrunde, das überaus anschlussfähig an die neuzeitlich-aufklärerische Idee vom Subjektsein des Menschen ist. Gleichzeitig nimmt es die Herausforderung einer Dialektik der Aufklärung auf, die den Hintergrund bildet, die Frage nämlich, wie es denkbar und vollziehbar wurde, im sog. christlichen Abendland Völkermordverbrechen zu begehen, nicht von einer anonymen Macht, sondern von ganz normalen Menschen (vgl. *Browning* 2022), die in der Regel christlich sozialisiert waren.

Die meisten Sicherheiten, Überzeugungen und pädagogischen Konzepte stehen dadurch auf dem Prüfstand. Die Menschenrechtserklärung kann als ein konstruktiver Versuch gelesen werden, auf diese Katastrophe eine Antwort zu geben und in Strukturen einer Zukunft zu verweisen, die vor allem rechtlich, dann aber auch sozialethisch einzulösen sind. Insofern sind die Menschenrechte nicht Additum, sondern Fundament. Die Verfassung der Bundesrepublik Deutschland hat dies offenbar so gesehen und positioniert sie prominent im ersten Artikel der Grundrechte. Gleichwohl geht sie stets weiter als nationalstaatliches Denken, sind die Menschenrechte doch universal orientiert. Wie zeigen sich nun diese Überlegungen in einem Schulbuchprojekt – und im Modell-Lernen?

Modell-Lernen und das Schulbuchprojekt »Religion verstehen«

Seit 2017 erscheinen für den katholischen Religionsunterricht an Realschulen in Bayern fortlaufend die Bände »Religion verstehen« (*Bahr/Schmid*). Ohne auf alle Details einzugehen, sollen hier kurz die in unserem Zusammenhang besonderen Akzente herausgehoben werden, die diese Schulbuchprojekt neben den üblichen Vorgaben (Lehrplan, didaktische Grundlagen) kennzeichnen.

Neben den kapitelweise eingebauten Sonderseiten *Religion verstehen*, die der religiösen Sprachentwicklung geschuldet sind, wurde mit den Sonderseiten *Menschen* das biografische Lernen als eine weitere durchgehende Säule für religiöses Lernen in das Projekt integriert. Nach Fertigstellung des letzten Bandes des Lehrbuchwerkes im Herbst 2025 werden alle sechs Jahrgangsbände vorliegen, in denen insgesamt ca. 29 Beispiele von Menschen auf je einer Doppelseite vorgestellt und erschlossen werden, die heutigen Jugendlichen Einblicke in Religion in einer personalen Brechung ermöglichen. Mehrheitlich sind es Menschen, die eigens für das Lehrbuchwerk kontaktiert und befragt wurden, so dass auf der Grundlage der Gespräche, Berichte und Erzählungen unterschiedliche Zugänge für die Aufbereitung im Schulbuchprojekt gegeben sind.

Damit ist es möglich, alle Realschüler*innen in Bayern, die am katholischen Religionsunterricht teilnehmen, mit diesen Zugängen in Kontakt zu Religion zu bringen. Entscheidend ist in unserem Projekt, dass die präsentierten Menschen-Geschichten inhaltlich auf das jeweilige Schulbuchthema hingeordnet sind. Auf diese Weise kann eine Verschränkung zwischen den gedanklichen Anstrengungen von Schüler*innen mit dem Kapitelthema und der Brechung in der Biografie eines Menschen angeregt werden.

Dabei wird immer wieder eine sozialethische Perspektive adressiert, die letztlich auch eine politische ist. Sie speist sich (auch) aus dem Bewusstsein, die Herausforderung des Zivilisationsbruches aufzunehmen, um religiöse Bildung weiterzuentwickeln. Mit zunehmendem Alter werden Schüler*innen so ermutigt, über individuelles Handeln (Gutsein) hinauszugehen und zu überlegen, welche notwendigen Konturen eine politische Weltgestaltung haben muss, die auf respektvolle Konvivenz angelegt ist. Dies ist anschlussfähig an Überlegungen, wie sich auch Theologie entwickeln muss, die die Anfragen nach dem Zivilisationsbruch aufnimmt. Bereits vor vierzig Jahren hatte Franz Kardinal König angedeutet, dass *nach Auschwitz* andere Akzente zu setzen seien. Interessanterweise bezog er sich dabei auch auf die Gerichtsthematik (Mt 25), zitierte dabei jedoch nicht die Werke der Barmherzigkeit, sondern hob die Reziprozität menschlichen Handelns heraus: »Was du dem geringsten meiner Brüder getan hast, das hast du mir getan« (Mt 25,40). Das ist nun noch nicht so neu. Die Zustimmung zu der Feststellung, dass man theologische Konsequenzen in Kauf zu nehmen habe, damit das Recht des anderen, anders sein zu wollen, auch gewahrt bleiben kann, musste Günter B. Ginzel einstmals noch eigens erfragen, bis es Kardinal König schließlich bejahte (*König* 1980, 232f.).

Genau hier knüpft unser Schulbuchprojekt an, mutet jedoch eine weitere Radikalisierung zu, etwa dort, wo die Frage nach dem wichtigsten Gebot (Mt 22,36–40) mit dem Text von Primo Levi »Ist das ein Mensch?« verbunden wird (*Levi* 2010, 9). Danach gibt es – auf dem Hintergrund des Zivilisationsbruches – nur notwendige Entschiedenheit, wie auch Primo Levi dies vor Augen stellt, mit Dtn 6,4 parallelisiert und schließlich in einem Fluch enden lässt (*Bahr/Schmid* 2019, 40f.). *Nach* dem Zivilisationsbruch, so die These, ist gerade die Unentschiedenheit, die Indifferenz, jene Haltung, die es anzufragen und zu klären gilt. Religionspädagogisch ist das nicht neu, wenn man an den Synodenbeschluss denkt, der sich vor 50 Jahren mit damals allerdings *religiöser* Indifferenz auseinandersetzte.

In *Religion verstehen* wird diese Erkenntnis nun radikalisiert. Folgerichtig und wohl auch neu werden daher im Schulbuchprojekt immer wieder Aspekte der Allgemeinen Erklärung der Menschenrechte eingespielt – in Texten und indirekt in den abgedruckten *Sozialpolitischen Plakate* der Stiftung für die Internationale Jugendbegegnungsstätte in Oświęcim/Auschwitz (Polen), die mit ihrer Bildsprache aktuelle menschenrechtliche Herausforderungen einfangen, die sich auf gesellschaftliche Themenfelder beziehen. Denn, so die Überzeugung: Die Herausforderung des Zivilisationsbruches und die Antwort der Menschenrechtserklärung ist nicht eine individuelle Aufgabe, sondern eine sozial-politische. Dem *Nie Wieder* mag man zwar mit einem eigenen Ethos, persönlich entwickelten Tugenden begegnen. Wenn es aber nicht gelingt, in (religionsunterrichtlichen) Lernprozessen in den politischen, gesellschaftlichen Gestaltungsbereich hineinzuwirken, bleibt man den durch die Historie auferlegten Herausforderungen angemessene Konsequenzen schuldig. Denn zum einen muss man *danach* auch in theologischen Kontexten erst einmal gründlich vom Menschen, seiner Verantwortung und seinen Gestaltungsmöglichkeiten sprechen. Zum anderen geht es darum, die Verbindungen zwischen Religion und öffentlicher Ordnung aufzusuchen, wie dies im Angesicht der *Neuen Sozialen Frage* des 19. Jh. schon der Fall war – und nach dem Zivilisationsbruch noch mehr und anders erforderlich ist. Daher, so die Überzeugung des Verfassers, wäre es gut, wenn dem religionspädagogischen Wirken eine *soziale Anthropo-Theologie* zugrunde liegen würde, die das realisiert (*Bahr* 2020, 320).

Zeichen der Hoffnung in diesem Sinne gibt es: Nach langen Phasen der Teilung zwischen Säkularität und Sakralität könnte man fragen, ob nicht in der im Februar 2024 erschienenen Erklärung der Deutschen Bischofskonferenz mit der Absage an radikale völkische politische Parteien genau solch ein Weg beschritten werden soll. Interessant und im Sinne unseres Schulbuchprojektes bestärkend ist die Beobachtung, dass in diesem Papier in der Achtung der Menschenrechte eine zentrale Leitlinie entschieden vertreten wird (*Deutsche Bischofskonferenz 2024*).

Menschen: Charakteristika des Schulbuchzuganges – konkret

Bewusst nennen wir unsere Schulbuchseiten, auf denen das Leben, Denken und Arbeiten ausgewählter Modelle präsentiert wird, »Menschen«-Seiten. Damit wird signalisiert: Hier werden Personen portraitiert, die unter uns leben und denen man im normalen Alltag begegnen könnte. Keineswegs würden sie sich in ihrer eigenen Bedeutung überhöhen, meist sind sie überrascht, dass sie für ein Religionsbuch portraitiert werden sollen. Immer wieder geht es dabei vorrangig gar nicht um Hilfeleistungen in Notlagen (also prosoziales Handeln). Oft muss man die Frage nach ihren religiösen Verankerungen explizit stellen, die meisten von ihnen sind dabei unsicher. Sie zeigen – mitunter erst beim genauen Hinsehen, sozusagen *zwischen den Zeilen* –, welches auch sozialethische Potential ihrem Standpunkt innewohnt – und welche übergreifenden Orientierungen ihr Denken und Handeln leitet.

Wir haben versucht, sie in einer für Schüler*innen ansprechenden Weise vorzustellen und uns dazu von den Interviewten das Einverständnis geholt. Selbstverständlich sollen die Modelle kompetent, sympathisch und attraktiv wirken, was für die Bildauswahl wichtig ist, ebenso aber auch für die Textgestalt. Einige Beispiele dazu:

Ali Ünal (Islamkapitel, Klasse 7) geht in die Moschee, weil es seiner Frau (!) wichtig ist, und dennoch ist er überzeugt: »Gott ist mein Halt, wenn es eng wird«. In seinem weiteren Bericht bilanziert er: »Eigentlich kann ich in meinem Leben nur zwei Sachen so richtig gut: Fußball und Computer!« Das ist ein heftiges Understatement, aus dem sich ein Arbeitsauftrag im Schulbuch entwickeln lässt, um die Feststellung am Text zu überprüfen. Denn seine Erzählung beweist das Gegenteil, etwa dann, wenn er mit den Fußball-Kindern oder seinen Azubis aus den unterschiedlichsten Herkunftsländern respektvoll und gleichberechtigt zusammenarbeitet. Dominierend ist die Überzeugung, dass alle gleich sind, egal wo sie herkommen, wie sie aussehen oder welcher Religion sie angehören – die Idee der Menschenrechte lässt also grüßen (*Bahr/Schmid* 2019, 100f.).

Der abgegriffene Dosenöffner im Schöpfungskapitel von »Religion verstehen 9« erinnert Petra Sommer an ihre Oma – und den Hunger in der Nachkriegszeit. Am UBiZ, dem Umweltbildungszentrum in Oberschleichach, setzt sie sich dafür ein, dass Jugendliche ein Verständnis für den Wert von Lebensmitteln entwickeln – und sorgsamer damit umgehen. Insgesamt geht es ihr um die Frage: Wie viel ist genug?

Diese Perspektive spielt für die Auseinandersetzung mit der Schöpfungsthematik eine Rolle in der Erinnerung, welche Abgründe *die ältere Generation* erlebte und erzählte im Interesse an einer heute lebenswerten Welt *für alle* (Bahr/Schmid 2023, 44f.).

Wenn Carla (Prophetenkapitel, 8. Klasse) auf dem Hintergrund ihrer Erfahrungen in Afrika sich zuhause für Nachhilfe bei Flüchtlingskindern einsetzt, dann hat sie dazu eine klare Überzeugung: »Die Schulen achten manchmal zu wenig darauf, dass die Kinder mitkommen. Oft fehlen ihnen die Mittel dazu. Das ist nicht in Ordnung.« Dabei beschränkt sie dies nicht darauf, ob Menschen geflohen sind – sehr genau nimmt sie wahr, dass es auch unter hier Aufgewachsenen junge Mädchen gibt, die mit 14 schon ein Kind haben. Ihre Schlussfolgerung lautet: »Jeder Mensch hat ein Recht auf Bildung.« Dazu präsentiert die Schulbuchseite den Artikel 26 der Menschenrechtserklärung. Die Kinder danken den Erfahrungen mit Carla und ihrem Einsatz für sie mit einer kleinen Zeichnung mit Herz und Lachgesicht und dem Zusatz: »Wir mögen dich, Carla« (Bahr/Schmid 2021, 66f.).

Drei Protagonist*innen von vielen. Sie sind nicht heroisch, sondern ganz normale Menschen, die sich für ein menschliches, würdevolles Leben einsetzen. Dabei beziehen sie Stellung, das tiefe Bewusstsein für die gleichen Rechte aller Menschen bestimmt sie. Sie haben einen Standort, einen Kompass. Sie arbeiten gegen Indifferenz, gegen Gleichgültigkeit (*Schami* 2021, 13). Viele ihrer Aussagen, Handlungen und Überzeugungen lassen sich leicht auf die Idee von den Allgemeinen Rechten des Menschen beziehen. Gleichzeitig sind sie auch system- und gesellschaftskritisch, wenn sie offenlegen, was in der demokratischen Gesellschaft gelten muss und für sie persönlich gilt, wenn sie Zustände kritisieren und damit prophetisch für die gleichen Bildungsrechte aller eintreten oder wirtschaftskritisch Verschwendung anfragen.

Modelllernen auf dem Hintergrund einer *sozialen Anthropo-Theologie* ist daher nahe an *Menschenrechtsbildung*, die als eine moderne Weiterentwicklung religiöser Bildung gelesen werden könnte. Letztlich geht es dabei um die Herausbildung *rechtlicher Strukturen*, die die Freiheit und Würde jedes Menschen sicherstellen.

Mit all dem ist nun nicht gesagt, dass es keine Held*innen braucht. Allerdings denke ich *dabei* vor allem an Menschen wie z. B. Alexander Schmorell, der nun wirklich *den Niedrigen* eines verbrecherischen Regimes einst die Stirn bot (vgl. ›Religion verstehen 9‹, *Bahr/Schmid* 2023, 12). In diesem Sinne halten wir es gern mit der Journalistin Franca Magnani, die einst sagte: »Je mehr Bürger mit Zivilcourage ein Land hat, desto weniger Helden wird es einmal brauchen« (zit. n. *Kohl* 2004, 253). Es könnte wichtig sein, gerade heute wieder, als *Mensch* für Demokratie, Rechtsstaatlichkeit und die Geltung der Menschenrechte einzutreten, auch und gerade im Kontext religiöser Bildung. Modelle dazu lassen sich finden. Damit wir nicht wieder Helden brauchen.

Literaturverzeichnis

Allgemeine Erklärung der Menschenrechte. Resolution 217 A (III) der Generalversammlung der Vereinten Nationen vom 10. Dezember 1948.

Bahr, Matthias, Erziehung zur Prosozialität bei Acht- bis Zehnjährigen am Lernort Religionsunterricht, St. Ottilien 1992.

Bahr, Matthias, Das Recht, als Mensch zu seinem Menschsein zu stehen, in: Katechetische Blätter 145 (2020), 8–14.

Bahr, Matthias, Unterwegs zum erwachsenen religiösen Lernen. Erinnerungsgeleitete Religionslehrer*innenbildung, in: *Elżbieta Adamiak / Judith Distelrath /Bettina Reichmann* (Hg.), Glaubenswege. Aufgeklärt – kritisch – zeitgemäß (FS Wolfgang Pauly), Darmstadt 2020, 310–327.

Bahr, Matthias / Schmid, Hans (Hg.), Religion verstehen 7. Unterrichtswerk für katholische Religionslehre an Realschulen, Berlin 2019.

Bahr, Matthias / Schmid, Hans (Hg.), Religion verstehen 8. Unterrichtswerk für katholische Religionslehre an Realschulen, Berlin 2021.

Bahr, Matthias / Schmid, Hans (Hg.), Religion verstehen 9. Unterrichtswerk für katholische Religionslehre an Realschulen, Berlin 2023.

Browning, Christopher, Ganz normale Männer. Das Reserve-Polizeibataillon 101 und die »Endlösung« in Polen, Hamburg ^{4}2022.

Deutsche Bischofskonferenz, Katholischer Katechismus, München 1955.

Deutsche Bischofskonferenz: Völkischer Nationalismus und Christentum sind unvereinbar. Erklärung der deutschen Bischöfe (Pressemitteilung vom 22.2.2024).

Deutscher Katecheten-Verein, Zielfelder ru. Unterrichtswerk für den katholischen Religionsunterricht in der Sekundarstufe I (5./6. Schuljahr), München 1975.

Hilger, Georg / Leimgruber, Stephan / Ziebertz, Hans-Georg, Religionsdidaktik. Ein Leitfaden für Studium, Ausbildung, Beruf, München vollst. überarb. 6. Auflage 2010 (^{1}2001).

Hilpert, Konrad, Ethik der Menschenrechte. Zwischen Rhetorik und Verwirklichung, Paderborn 2019.

Klafki, Wolfgang, Aspekte kritisch-konstruktiver Erziehungswissenschaft. Gesammelte Beiträge zur Theorie-Praxis-Diskussion, Weinheim/Basel 1976.

Klafki, Wolfgang, Neue Studien zur Bildungstheorie und Didaktik. Zeitgemäße Allgemeinbildung und kritisch-konstruktive Didaktik, Weinheim/Basel ^{5}1996.

Kohl, Christiane, Die Mutige. Franca Magnani 1952–1996, in: *Hans-Jürgen Jakobs* u. a. (Hg.): Das Gewissen ihrer Zeit. Fünfzig Vorbilder des Journalismus, Wien 2004, 250–254.

König, Franz Kardinal, Nach Auschwitz andere Akzente setzen, in: *Günther B. Ginzel* (Hg.), Auschwitz als Herausforderung für Juden und Christen, Heidelberg 1980, 228–233.

Levi, Primo, Ist das ein Mensch? Ein autobiographischer Bericht, München 1992.

Mendl, Hans, Religionsdidaktik kompakt. Für Studium, Prüfung und Beruf, München 2011.

Mendl, Hans, Modelle – Vorbilder – Leitfiguren. Lernen an außergewöhnlichen Biografien (Religionspädagogik innovativ 8), Stuttgart 2015.

Mendl, Hans, Helden wohnen nebenan. Lernen an fremden Biographien, Ostfildern 2020.

Mieth, Dietmar, Die neuen Tugenden. Ein ethischer Entwurf, Düsseldorf 1984.

Mieth, Irene / Mieth, Dietmar, Vorbild oder Modell? Geschichten und Überlegungen zur narrativen Ethik, in: *Günter Stachel / Dietmar Mieth* (Hg.), Ethisch handeln lernen. Zu Konzeption und Inhalt ethischer Erziehung, Zürich 1978, 106–116.

Robinsohn, Saul B., Bildungsreform als Revision des Curriculum, Neuwied 1967.

Schami, Rafik, Gegen die Gleichgültigkeit. Essay, Berlin/Tübingen 2021.

Stieglitz, Heinrich, Ausgeführte Katechesen über die katholische Glaubenslehre (Für das 6. Schuljahr), München 1906.

VorBILDliche Schüler*innen
Identifikations- bzw. Begleitfiguren in
Religionsschulbüchern

Tanja Gojny

Einleitung

Religionsschulbücher werden – wie andere Schulbücher auch – zunehmend durch gezeichnete Figuren bevölkert, die durch einzelne Kapitel oder auch durch ganze Bände und Schulbuchreihen führen und offensichtlich die Schülerinnen und Schüler u. a. dazu ermuntern sollen, sich mit ihnen zu identifizieren. Hierfür werden Begriffe verwendet wie »Identifikations-«, »Begleit-«, »Leitfiguren« – und im Einzelfall auch »Helden« und »Glaubensvorbilder« (*Osewska* 2011, 129). Einige der Figuren sind zumindest ansatzweise in sog. »narrative Welten« eingebunden, d. h. man erfährt z. B. etwas über ihre Familien oder über ihre Hobbys (vgl. z. B. die Figur Rudi in der Reihe »Rudi für alle«).

Dieses Phänomen, das nicht nur in evangelischen und katholischen, sondern z. B. auch in islamischen Religionsschulbüchern begegnet (z. B. in der Reihe »Miteinander auf dem Weg«), wurde bislang von der wissenschaftlichen Religionspädagogik noch nicht thematisiert, abgesehen von vereinzelten Hinweisen von Schulbuchautor*innen zur Funktion der jeweiligen Schülerfiguren in ihren eigenen Lehrwerken. Auch im Zusammenhang einer Auseinandersetzung mit einem Lernen an Vorbildern blieben diese Figuren unberücksichtigt, obgleich es sich aufdrängt, diese Figuren, denen die Lernenden im Religionsunterricht als VorBILDer in ihren Bildungsmedien visuell begegnen, einmal genauer in den Blick zu nehmen.

Der vorliegende Beitrag nähert sich diesem Phänomen an, indem er in drei Schritten folgenden Forschungsfragen nachgeht: 1. Wie sind die Figuren gestaltet und wie »agieren« sie im Buch?, 2. Welche didaktischen Funktionen werden ihnen explizit zugeschrieben und welche lassen sich implizit aus ihrer Gestaltung und Einbettung in das Bildungsmedium Schulbuch ableiten?, 3. In welchem Licht erscheinen die Figuren aus der Perspektive aktueller Diskurse der Schulbuchkritik (u. a. zur Frage von Heterogenität und Vorurteilssensibilität bezüglich Gender, Ethnizität, Inklusion, Religion)?

Die Materialbasis für diesen Beitrag wurde gewonnen aus einer Durchsicht von aktuellen Schulbuchreihen für den evangelischen, katholischen und islamischen Religionsunterricht für verschiedene Schularten[1]; ein Anspruch auf Vollständigkeit

---

1 Da Schulbücher einer Reihe teils von verschiedenen Autor*innen verfasst bzw. herausgegeben werden, wird in diesem Aufsatz zur leichteren Nachvollziehbarkeit nicht mit dem Namen der Autor*innen/Herausgeber*innen auf Schulbücher verwiesen, sondern mit dem Titel des jeweiligen Schulbuches bzw. der Reihe.

wird nicht erhoben. Der Schwerpunkt liegt auf deutschsprachigen Schulbüchern. Da zu einer polnischen Buchreihe aber recht umfangreiche Überlegungen zur Funktion der dort eingesetzten Schülerfiguren vorliegen (*Osewska* 2011), wurde auch diese mitberücksichtigt (genauer zu dieser Reihe: *ebd.*; *Stala* 2010, v. a. 410).

Identifikations- und Begleitfiguren in Religionsschulbüchern – ein Überblick

Im Folgenden wird ein erster Überblick über die äußeren Gestaltungsmerkmale und Eigenschaften der in Religionsschulbüchern begegnenden Schülerfiguren gegeben sowie darüber, wie sie als Handelnde in Erscheinung treten.

Anzahl

Einige Buchreihen begnügen sich mit *einer* Begleitfigur; z. B. *Relix* aus der Buchreihe »fragen – suchen – entdecken« und die Figur *Motzofant* aus der älteren Buchreihe »Erleben – Fragen«.

Häufiger erscheinen in den Büchern durchgehend jeweils eine Schülerin und ein Schüler, so etwa in den Materialien »Rudi für alle« für den »dialogischen Religionsunterricht« in Hamburg, in der evangelischen Reihe »Kinder fragen nach dem Leben« sowie im Buch »Miteinander auf dem Weg« für den islamischen Religionsunterricht.

Mit vier Identifikationsfiguren arbeitet »Religion für uns« für den katholischen Religionsunterricht. Auch im Schulbuch »alle zusammen« für den Religionsunterricht in Berlin begleitet ein Vierer-Team von Schüler*innen die Lernenden durch das Buch; in dieser Reihe wird das Team allerdings gelegentlich unterstützt durch einen erweiterten Kreis von Schüler*innen.

Eine noch größere Schar an gezeichneten Begleitfiguren begegnet z. B. in der polnischen zweiteiligen Schulbuchreihe »Das Geschenk Jesu« (Bd. 1–3) bzw. »Das Geschenk der Begegnung mit Gott« (Bd. 4–6): Neben der Schülerin Zuzia und dem Schüler Piotrek und deren Geschwistern, Eltern und Großeltern gehört zum Stammpersonal auch der Hund Pysio und der Engel Gabi (*Osewska* 2011, 129). In den Büchern »Die Reli-Reise« (1/2; 3/4) und »Spuren lesen« (1/2; 3/4) begegnen manche Schüler*innen öfters; andere Figuren wechseln.

Namensgebung

Einige der Figuren haben sprechende Namen. Diese stellen entweder einen Bezug zum Religionsunterricht (z. B. *Relix* in der Reihe »fragen – suchen – entdecken«) bzw. zum jeweiligen Modell des Religionsunterrichts her (z. B. *Rudi* für Religionsunterricht dialogisch) oder sie fokussieren auf ihre didaktische Funktion (z. B. *Motzofant*). Manche tragen – wie in der Reihe »alle zusammen« – »individuelle« Namen, deren Bedeutung im Buch auch erläutert wird: Fatima, Bibi, Theo und Ben (*alle zusammen 1/2/3*, 5). Oft wird auch auf eine Namensgebung verzichtet.

Kontexte

Die Schülerfiguren erscheinen in den Bildungsmedien in der Regel im Kontext *Schule*; dort sind sie meist in unterrichtstypischen Arbeitsformen zu sehen, etwa im Gespräch mit Klassenkameradinnen und -kameraden oder beim Zuhören (z. B. *Religion für uns, Kinder fragen nach dem Leben, Rudi für alle*). Es fällt auf, dass die Unterrichtssituation meist durch Dinge wie z. B. eine Wandtafel oder eine Schulbank angedeutet wird, nur im Ausnahmefall aber durch die Anwesenheit einer Lehrkraft (z. B. *Die Reli-Reise 1/2*, 5); dies steht in Kontrast zu historischen Unterrichtsdarstellungen in Bildungsmedien, etwa im bekannten Schulbuch »Orbis sensualium pictualis« von Johann Amos Comenius aus dem Jahr 1658. Daneben werden sie z. T. in *Alltagssituationen in der Familie oder in der Freizeit* gezeigt; gelegentlich sind sie auch bei politischen Aktivitäten zu sehen (z. B. Cover des dritten Bandes von »Rudi für alle«). In Ausnahmefällen werden sie auch in *gemeindlichen Kontexten* abgebildet, z. B. beim Besuch einer Messe (z. B. *Religion für uns* Bd. 1, 125–129). Eine Sonderform sind Illustrationen im Schulbuch, in die die bekannten Schülerfiguren integriert werden, etwa wenn bei der Thematisierung der Religionsähnlichkeit von Fußball die Begleitfigur als Fußballfan gezeichnet wird oder bei der Thematisierung religiöser Bezüge der Familie und der Frage danach, was den Heranwachsenden heilig ist, die Mitglieder der bekannten Familie der Identifikationsfigur jeweils mit einem Heiligenschein gezeichnet werden (z. B. *Rudi für alle* H. 1, 11; *Rudi für alle* H. 2, 30 u. Cover).

Gestalt und Gestaltung

In den meisten der eingesehenen Religionsschulbücher haben die gezeichneten Begleitfiguren, die eine Schülerrolle einnehmen, eine menschliche Gestalt. Es gibt aber auch Ausnahmen in der Form von Figuren, die zwar menschliche Züge haben, aber keine Menschen darstellen. Exemplarisch genannt seien die androgyn wirkende, gnomenhafte Gestalt *Relix* in den älteren Ausgaben der Buchreihe »fragen – suchen – entdecken« und die Figur *Motzofant* aus der älteren Reihe »Erleben – Fragen«, die von ihrem Äußeren an den »Ottofanten« erinnert. Solche Figuren knüpfen an die Tradition in Kinderbüchern an, Tiere oder Fabelwesen mit menschlichen Zügen auszustatten und sie eben auch in der Rolle von Schülerinnen und Schülern zu zeigen – erinnert sei an den Klassiker »Die Häschenschule«.

Die gezeichneten vorBILDlichen Schüler*innen in den eingesehenen Schulbüchern entsprechen z. T. insofern den Konventionen für Comicfiguren, als ihre Überlegungen und Äußerungen in Gedanken- oder Sprechblasen erscheinen. Nur ausnahmsweise gehen die Zeichnungen über die Darstellung von Einzeläußerungen oder -szenen hinaus (z. B. in der Reihe »Religion für uns« durch vereinzelte kleinere Bilderfolgen). Insgesamt erinnern alle eindeutig menschlichen Schülerfiguren, unabhängig davon wie die Bild-Text-Zuordnung erfolgt, an die jeweils nach neuester Mode gekleideten und frisierten, fröhlich zur Schule eilenden Schulmädchen und -jungen, die die Einbände historischer Schulfibeln schmücken. Denn – wenig überraschend – erscheinen auch die aktuellen Begleitfiguren in Religionsbüchern als sympathisch und entsprechen gängigen Schönheits- und Modevorstellungen. Selbst bei den Büchern, die wie »alle zusammen« auf eine Vielfalt an Schülerfiguren setzen, gibt es z. B. kein dickes Kind, wohl aber ein Kind, das etwas kleiner ist als die anderen. Bezüglich Gestik und Mimik werden die Schüler*innen in allen Reihen bis auf wenige Ausnahmen (in denen es um negative Gefühle geht) als durchweg gut gelaunt, aufmerksam und aktiv gezeichnet und erinnern damit an die Fotos von Heranwachsenden in den Hochglanzbroschüren zu Schulfragen der Kultusministerien.

Wie häufig auch in anderen aktuellen illustrierten Kinderbüchern wird das Heterogenitätsmerkmal »Behinderung«, wenn es ins Bild gesetzt wird, ausnahmslos durch einen Menschen im Rollstuhl berücksichtigt; in »Rudi für alle« sitzt der Opa im Rollstuhl, ansonsten entweder immer dasselbe Kind (z. B. bei »alle zusammen«) oder je nach Kapitel und/oder Doppelseite jeweils andere Kinder (z. B. in »Spuren lesen« 1/2).

Bis auf die Schülerwesen, die nur menschliche Züge tragen, aber nicht als Menschen erscheinen, sind alle Figuren der eingesehenen Reihen (scheinbar eindeutig) einem Geschlecht zuzuordnen, hauptsächlich durch Körperstatur, Frisur (kurze vs. lange Haare) sowie gendertypische Kleidung (Rock, Strumpfhose/Leggins o. Ä.).

Das Heterogenitätsmerkmal ›Ethnizität‹ bzw. ›Herkunft‹ wird in unterschiedlicher Weise durch die Schülerfiguren abgebildet. Wie zu erwarten, wird diesbezügliche Vielfalt in den Büchern berücksichtigt, in denen eine ganze Schülerschar durch das Schulbuch begleitet (z. B. »alle zusammen«, »Spuren lesen«).

Eine Zuordnung der abgebildeten Schüler*innen zu einer Religion findet über das Äußere allein bei einem Mädchen in der Reihe »alle zusammen« statt, das trotz ihres offensichtlich jungen Alters ein Kopftuch trägt und im Buch dann eindeutig als Muslima identifiziert wird.

Einige der Figuren »entwickeln« sich zusammen mit der Zielgruppe über die Bände hinweg von Kindern zu Jugendlichen. Verwiesen sei hier exemplarisch auf die »Rudi«-Figuren sowie die Schülerin und den Schüler aus der Reihe »Kinder fragen nach dem Leben«, wobei beim letztgenannten Schulbuch wenig Wert auf eine erkennbare Kontinuität der gezeichneten Figuren gelegt wurde. Eine Besonderheit stellt die polnische Schulbuchreihe »Das Geschenk Jesu« bzw. »Das Geschenk der Begegnung mit Gott« dar, weil hier die Begleitfiguren dank eines lernortübergreifenden Materialpakets, das bereits den Kindergarten berücksichtigt, anfangs als Vierjährige begegnen und dann über die Bände hinweg mit den Schüler*innen mitwachsen (*Osewska* 2011; *Stala* 2010).

»Handlungen« und Aktionsformen

Nimmt man die Tätigkeiten und Handlungen sowie die Äußerungen der Schülerfiguren in den Blick, dann lassen sich im Wesentlichen vier Arten von Handlungen und Aktionsformen unterscheiden, auch wenn sich bisweilen Überschneidungen ergeben:

a) (mehr oder weniger) direkte Hinwendung an die Lernenden: In manchen Reihen stellen sich die Figuren den Schüler*innen vor, sie begrüßen sie und wünschen z. B. viel Spaß mit dem Buch. Sie sprechen damit aus einer auktorialen Erzählposition, die eine gewisse Nähe zu Schulbuchautor*autoren bzw. -herausgeber*innen nahelegt (z. B. *Kinder fragen nach dem Leben 3/4*, 3). Zum anderen übernehmen sie Aufgaben, die klassischerweise Lehrpersonen zugeschrieben werden: So stellen sie z. T. explizit Fragen an die Lernenden im Unterricht wie z. B. »Hast du das schon mal erlebt?« (*Kinder fragen nach dem Leben* (2016) 1/2, 13), »Inwieweit gibst du Herrn Gräb recht?« (*Rudi für alle* H.1, 12), »Was ist (dir) heilig?« (*Rudi für alle* H.2, Cover) oder auch: »Was ist eigentlich Sprache?« (*alle zusammen* 1/2/3, 13) Dabei fällt auf, dass sie häufig auch die in der Lehrkräftebildung so verpönten engen W-Fragen stellen, wie z. B. »Warum heißt die Bibel ›Buch der Bücher‹«? oder »Und wo finde ich Matthäus 6,9–13?« (*Kinder fragen nach dem Leben* 3/4, 6, 10) Auch rhetorische Fragen werden den Begleitfiguren in den Mund gelegt, wie z. B. »Wissen denn alle Christen, dass Jesus Jude war?« (*Kinder fragen nach dem Leben* 3/4, 71) In Einzelfällen wird auch nach der persönlichen Überzeugung der Schüler*innen gefragt und Raum für Zweifel gegeben, z. B.: »Welche Geschichten glaubst du nicht?« (*alle zusammen* 1/2/3, 107)

Darüber hinaus formulieren sie Impulse und Aufgaben (z. B. *Kinder fragen nach dem Leben* (2016) 1/2, 19) und geben für den Unterricht notwendige Hinweise, Informationen und Tipps. Gelegentlich bringen sie auch pointiert das auf den Punkt, worum es auf den Doppelseiten jeweils inhaltlich geht, etwa wenn eine Begleitfigur äußert: »Gott ist aber ganz schön vielseitig.« (*Kinder fragen nach dem Leben* 3/4, 100)

b) Kommunikation und Interaktion untereinander: Daneben werden die Begleitfiguren immer wieder als Personen dargestellt, die im Unterricht oder auch in anderen Kontexten miteinander kommunizieren und interagieren. Dabei zeigen sie sich stets als aktiv, zugewandt, freundlich, gut gelaunt, wohlerzogen, kooperativ und lösungsorientiert – also als rundum vorbildliche Schüler*innen. Beispielhaft verwiesen sei auf ein Schülerpaar, das in einer engen Umarmung gezeigt wird und mit den folgenden Sprechblasen versehen ist: »Du hast mich schon einmal angelogen und trotzdem bin ich noch dein Freund«, »Auch wenn wir manchmal streiten, bleiben wir doch Freunde.« (*Kinder fragen nach dem Leben* (2016) 1/2, 17) Auch in ihrem Umgang mit starken Gefühlen wie Trauer und Wut wirken sie vorbildlich, so erzählt eine Figur: »Ich zähle erst einmal bis zehn« (*Kinder fragen nach dem Leben* 3/4, 27). Gelegentlich wird auch markiert, dass ein so vernünftiger Umgang nicht immer gelingt, wenn wie in der genannten Szene die andere Figur erwidert: »Also immer schaffe ich das nicht, das ist ganz schön schwer« (*ebd.*).

Daneben drücken sie wiederholt in Gestik und Mimik und/oder in Worten »ihre« Gefühle aus, etwa Dank, Trauer oder Wut (z. B. *Kinder fragen nach dem Leben* [2016] 1/2, 8; *Kinder fragen nach dem Leben* 3/4, 18.27); auch in ihrer Offenheit und »Authentizität« scheinen sie ideale Religions-Schüler*innen zu repräsentieren. Z. T. bringen die Schülerfiguren auch eine dezidiert religiöse Perspektive ein, wenn sie sich z. B. über Themen wie Beerdigung oder Frieden unterhalten – z. B. im ersten

Band der Reihe »alle zusammen« (81.94), wo allerdings die Zuordnung der christlichen und der jüdischen Stimme zu einzelnen Figuren nicht eindeutig vorgenommen wird und eine Verbindung der islamischen Stimme zu einer Schülerin nur indirekt über ihr Kopftuch erfolgt.

c) Nachdenken und Fragen stellen: Einige der Schülerfiguren stellen – scheinbar sich selbst und z. T. auch ihrem Gegenüber – ›große‹ bzw. ›philosophische‹ Fragen wie z. B. »Hilft beten immer?« (*Kinder fragen nach dem Leben* 3/4, 43), »Ist mit dem Tod alles vorbei?« (*alle zusammen* 1/2/3, 96), »Wie ist Gott entstanden?« (*ebd.*, 121) – bzw. sie äußern, dass sie solche Fragen haben (z. B. »Ich habe so viele Fragen über das Leben und den Tod« (*Kinder fragen nach dem Leben* 3/4, 18). Nur ausnahmsweise werden in den Fragen auch Zweifel thematisiert: »Und ob es ihn wirklich gibt? Einmal?, Zweimal?, Dreimal?« (*alle zusammen* 1/2/3, 121) Auch andere Gedanken, die keine Fragen darstellen, werden immer wieder zum Ausdruck gebracht. So sieht man z. B. eine Begleitfigur vor dem Spiegel mit den Sprechblasen »Das mag ich an mir...« und »Manches mache ich nicht so gerne...« (*Kinder fragen nach dem Leben* (2016) 1/2, 6) oder eine nachdenkliche Schülerin, die sagt oder denkt: »Das Leben hat so viele Seiten.« (*Kinder fragen nach dem Leben* 3/4, 11) Gelegentlich zeigen diese Gedanken auch, dass die Schülerfiguren die biblische bzw. christliche Tradition auf sich selbst beziehen und als relevant für sich erleben. So äußert z. B. der Junge in »Kinder fragen nach dem Leben« (*3/4*, 39): »Wow! Ich bin ja Gott echt wichtig. Er traut mir eine Menge zu.«

d) Handeln in unterschiedlichen Kontexten: Wie bereits angedeutet, erscheinen die Begleitfiguren daneben in unterschiedlichen Kontexten und Rollen als aktiv Handelnde. Die Bandbreite reicht dabei vom Agieren in (religionsunterrichts-)typischen Unterrichtssettings und Methoden (z. B. *Die Reli-Reise* 1/2, 4.5.8.15.26.30.34.36. 43.48.52f.84f.108f.113.122 u. ö.), dem Besuch einer Demonstration für Klimagerechtigkeit (z. B. *Rudi für alle* H.3, Cover) bis hin zum gemeinschaftlichen Besuch einer Messe (z. B. *Religion für uns* Bd.1, 126).

Didaktische Funktionen der Schülerfiguren

Im Folgenden wird die Frage nach der didaktischen Funktion der Schülerfiguren in den Fokus gerückt, die in deren Beschreibung bereits angeklungen ist. Dabei wird zunächst auf die Funktionszuschreibung eingegangen, die Schulbuchautor*innen den Begleitfiguren in ihren Lehrwerken zumessen; anschließend wird gefragt, inwiefern diese explizit zugewiesenen Funktionen sich auch bei den übrigen Schülerfiguren in Religionsbüchern zeigen.

Explizite Funktionsbestimmungen

Umfangreichere explizite Äußerungen von Autor*innen liegen m. E. lediglich im Hinblick auf die Figur des *Relix* aus der Reihe »fragen – suchen – entdecken« sowie zu dem Figurenensemble in der polnischen Reihe »Das Geschenk Jesu« bzw. »Das

Geschenk der Begegnung mit Gott« vor. Knappe Hinweise zu den *Rudi*-Figuren finden sich in den *Rudi*-Heften selbst.

Eine Besonderheit der didaktischen Konzeption von *Relix* ist, dass diese Figur den Schülerinnen und Schülern im Unterricht nicht nur als Schulbuchillustration begegnen soll. Vielmehr ist sie so gedacht, dass sie auch »als Stoffpuppe, die einer Person ähnelt (T-Shirt, Hose, Augen usw.), als stilisierte Zeichnung im Buch und als Erzählung [...] ohne direkten visuellen Bezugspunkt« erscheint (*Riegger* 2003, 20). Dabei soll der Wechsel der Erscheinungsweisen, die auch unterschiedliche Grade der Abstraktion repräsentieren, dazu beitragen, dass die Schüler*innen »lernen zwischen der Handpuppe, der Zeichnung und einer rein verbalen Bezugnahme« zu unterscheiden und auf diese Weise darin gefördert werden, dass sie sich »entsprechend ihrer Entwicklung von der mythisch-wörtlichen Entwicklungsphase [...] mit einer anthropomorphen Sicht der Welt distanzieren können, ohne diese zu zerstören.« (*ebd.*)

Besonders ausführlich hat sich Elżbieta Osewska mit der Funktion von Identifikationsfiguren in religionspädagogischen Materialien auseinandergesetzt – und zwar am Beispiel der Reihe »Das Geschenk Jesu« bzw. »Das Geschenk der Begegnung mit Gott« (*Osewska*, 2011). Ähnlich wie bei *Relix* sollen die Begleitfiguren Zuzia und Piotrek und die ihnen beigeordneten Personen die Schüler*innen in »Illustrationen, in Erzählungen, in Dialogen mit ihren Familienmitgliedern oder Altersgenossen oder in der Form von Handpuppen« begleiten, mit ihnen sprechen und interagieren (*ebd.*, 129). Konkret weist sie den Figuren folgende didaktische Funktionen zu:

- *Aktivierung und Motivierung:* Die didaktische und erzieherische Hauptfunktion der Identifikationsfiguren sieht sie darin, die Schüler*innen auf vielfältige und handlungsorientierte Weise – v. a. emotional – zu *aktivieren* (*ebd.*, 128–130).
- *Einladung zur Identifikation und Nachahmung:* Durch die häufige Begegnung mit den Schülergestalten im Schulbuch können sich, so die Hoffnung der Autorin, die Heranwachsenden mit ihnen »identifizieren«, ihre »eigenen Erlebnisse und ihre persönlichen Erfahrungen« in den Erlebnissen der Figuren in Familie und Schule wiederentdecken und im Licht des christlichen Glaubens deuten und das moralisch positive Verhalten dieser Vorbilder »nachahmen« (*ebd.*, 130); dabei können auch die Empathie- und Bindungsfähigkeit der Schüler*innen gefördert werden (*ebd.*, 131).
- *Sprachschule:* Die Identifikationsfiguren sollen explizit auch dazu einen Beitrag leisten, dass die Kinder »auf ganz natürliche Weise« lernen, »sich zu religiösen Fragen in ihrer direkten und alltäglichen Sprache zu äußern.« (*ebd.*)
- *Glaubensvorbild:* Dezidert dienen die Begleitfiguren samt deren gläubige Familienmitglieder auch dazu, dass die Kinder zu »engagierten Katholiken heranwachsen, die eine christliche Persönlichkeit entwickeln« (*ebd.*, 126), ein Bewusstsein dafür zu bekommen, »ein Kind Gottes zu sein« (*ebd.*, 131) und eine verlässliche und vertrauensvolle Gottesbeziehung aufzubauen (*ebd.*, 130). In diesem Zusammenhang sollen sie auch darin unterstützt werden, eine lebendige Gebets- und Gottesdienstpraxis zu entwickeln und die »Schönheiten der Welt dankbar wahr-

nehmen lernen (*ebd.*, 130f.). Dabei seien solche zur Identifikation und Nachahmung einladende »Altersgenossen oder Heldenfiguren aus Filmen, Büchern und Spielen« – neben den Eltern, Großeltern und Lehrkräften – gerade für nicht kirchlich sozialisierte Kinder wichtig. Das zu vermittelnde Ideal ist die wechselseitige Durchdringung von Glauben und Handeln im Alltag (*ebd.*, 130).

In eine andere Richtung gehen die knappen Hinweise zur didaktischen Funktion der *Rudi*-Figuren in den für den Einsatz im Religionsunterricht gedachten Heften »Rudi für alle«. Dort heißt es: »Die sechs Rudis, ein Mädchen- wie auch Jungenname, begleiten uns durch die Hefte und sollen deutlich machen, dass dialogischer Religionsunterricht die Schüler*innen im Blick hat. Gleichzeitig stehen die Rudis symbolisch als Wortspiel für die didaktische Leitlinie der Heftreihe und unser Prinzip: Religionsunterricht dialogisch zu konzipieren.« (*Rudi für alle* H.1, 4) Im Fokus stehen damit die Subjekt- und Dialogorientierung als normative Grundprinzipien.

Insgesamt kann festgehalten werden, dass die Begleitfiguren in unterschiedlicher Weise u. a. als Vorbilder dienen sollen: als Vorbilder religiöser Entwicklung (Relix), als moralische Vorbilder und als Glaubensvorbilder (Zuzia, Piotrek) oder auch als Repräsentantinnen und Repräsentanten eines vorbildlich subjektorientierten und dialogischen Religionsunterrichts (Rudi).

Implizit erkennbare Zuweisung von didaktischen Funktionen

Angesichts der explizit vorgenommenen Funktionszuweisungen legt es sich nahe zu fragen, inwiefern auch die Begleitfiguren in anderen Religionsbüchern ähnlichen Zwecken dienen (sollen). Folgende Beobachtungen hierzu lassen sich festhalten:

Offensichtlich haben die in Religionsbüchern auftauchende Identifikationsfiguren grundsätzlich u. a. die Aufgabe, die Schüler*innen zu motivieren, aktiv am Religionsunterricht teilzunehmen und sich mit den dargebotenen Fragen und Inhalten auseinanderzusetzen – und zwar einerseits bereits schon dadurch, dass sie als visuelle Elemente die Schulbuchseiten auflockern, andererseits dadurch, dass hier »Peers« als mögliche Identifikationsfiguren bezüglich eines erwünschten Schülerverhaltens ein vorbildliches Beispiel für Beteiligung geben. Empirische Befragungen von Schulbuchautor*innen, die Begleitfiguren einsetzen, liegen nicht vor. Es kann aber vermutet werden, dass bei der Gestaltung von Bildungsmedien mit Identifikationsfiguren die Hoffnung mitschwingt, dass sich Heranwachsende eher ansprechen lassen und Impulse produktiv aufgreifen, wenn sie aus der Rolle von Gleichaltrigen heraus – und nicht von Lehrer-Figuren oder ohne Vermittlung direkt – formuliert werden.

Hans Mendl gibt zu bedenken, dass Modelle des Vorbildlernens, die letztlich auf Werteübertragung und die Nachahmung vorbildlicher Personen abzielen, als »ethisch problematisch« sowie durch die fehlende Reflexion unterkomplex und überholt erscheinen (*Mendl* 2017, 3; *Mendl* 2023, 53): Insofern dürften die Überlegungen von Osewska in der Religionspädagogik zu den Funktionen von Begleitfiguren in Religionsbüchern kaum konsensfähig sein. Dennoch kann vermutet werden, dass vielleicht doch die sehr ideale Zeichnung der Schulbuch-Schüler*innen von der Hoffnung getragen ist, dass die dargestellten positiven Haltungen und Kompetenzen auf die real existierenden Kinder und Jugendliche abfärben mögen. »Man kann nicht nicht Vorbild sein« (*Mendl* 2017, 7): Wenn dieser Satz, der im Hinblick auf die Modellfunktion von Lehrkräften formuliert wurde, stimmt, dann gilt dies vermutlich auch für die Schülerfiguren, die z. T. Aspekte der Rolle von Lehrpersonen übernehmen, in denen sich durchaus normative Setzungen zu vorbildlichen Schüler*innen spiegeln.

Zu vermuten ist, dass der Einsatz der unterschiedlichen Schülerfiguren u. a. auch dazu dienen soll, einen Beitrag zur Sprachschulung zu leisten, indem sie Schüler*innen zeigen, die sich – zumindest gelegentlich – offen über Religion und Glauben äußern. Die mögliche Funktionszuweisung, als Glaubensvorbild zu fungieren, lässt sich im Hinblick auf die eingesehenen Reihen mehrheitlich nicht bzw. kaum wahrnehmen, weil religiöse Äußerungen vergleichsweise selten vorkommen: Sie erscheinen insofern weniger als vorbildliche Christ*innen denn als vorbildliche Schüler*innen.

Insgesamt kann eine gewisse Spannung zwischen der Gestaltung der Schülerfiguren als ideale Religionsschüler*innen, der Zuordnung von Aspekten der Lehrkraftrolle und der Eignung zur Identifikation mit diesen medialen Musterschüler*innen, die fleißig, sozial kompetent, diskursfähig und -willig sowie religiös interessiert und auskunftsfähig sind, wahrgenommen werden.

Die Frage der »Vorbildlichkeit« der vorBILDlichen Schüler*innen

In religionspädagogischen Beiträgen zur Schulbuchanalyse wird – nicht selten mit einem gewissen aufklärerischen Gestus und Pathos – dazu ermuntert, diese Medien ideologiekritisch »als Mikrokosmen von gesellschaftlichen, kulturellen und religiösen Makrokosmen zu untersuchen« (*Hennigsen* 2023, 13). Anschaulich wird dabei, welche »Neue Normative« (*Mendl* 2023, 56) die aktuelle Gesellschaft und Religionspädagogik prägen. Weil Begleitfiguren in Religionsschulbüchern einerseits intentional als Vorbilder für die Schüler*innen gedacht sind, andererseits davon auszugehen ist, dass diese auch dann die Lernenden prägen können, wenn dies nicht intendiert ist, legt es sich nahe, diese Figuren kritisch in den Blick zu nehmen. Eine vollumfängliche Analyse unter Einbezug aller denkbaren Diskurse kann im Rahmen dieses Beitrags nicht geleistet werden. Einige Punkte, deren weitere Erforschung sich lohnt, seien aber angedeutet: Es wird im Folgenden beschrieben, inwiefern bzw. wie die Heterogenität von Schüler*innen durch Begleitfiguren in Religionsbüchern repräsentiert wird. Exemplarisch berücksichtigt werden dabei sowohl Aspekte, die man kritisieren, als auch solche, die man wertschätzen könnte – und es wird aufgezeigt, dass nicht selten bei der Gestaltung solcher Figuren gewisse Grunddilemmata vorliegen, die sich nicht einfach auflösen lassen.

Bezüglich des *Geschlechts bzw. der Kategorie Gender* fällt auf, dass sich – abgesehen von der (v. a. in der älteren Fassung) androgyn gestalteten *Relix*-Figur – nahezu alle Schülerfiguren (auch aus dem erweiterten Kreis der Figuren, die nur gelegentlich begegnen) – scheinbar – eindeutig dem weiblichen oder männlichen Geschlecht zuordnen lassen. Diese Zuordnung geschieht durch äußere Kennzeichen wie lange Haare für die Mädchen und kurze für die Jungen oder auch durch typische ›Mädchen-‹ oder ›Jungenfarben‹ der Kleidung. Bezüglich des äußeren Erscheinungsbildes kann also von einem gewissen ›Gender-Mainstreaming‹ gesprochen werden. Es wird offensichtlich Wert darauf gelegt, den weiblichen und männlichen Figuren gleiche Redeanteile zukommen und sie sich auf Augenhöhe begegnen zu lassen; dabei wird z. T. offensichtlich bewusst versucht, Gender-Stereotype aufzubrechen. So äußern sich z. B. auch die Jungen über Gefühlen wie Angst, was klischeehaften Männlichkeitsidealen widerspricht.

Hinsichtlich der *körperlichen Erscheinung* der dargestellten Schülerfiguren ist nicht zu übersehen, dass alle hübsch und schlank sind und gängigen Schönheitsvorstellungen entsprechen. Bis auf eine kleinere Figur im Reigen der Begleitfiguren in der Reihe »alle zusammen« sind die Figuren im Vergleich zu ihren jeweiligen Mitschüler*innen gleich groß. Gibt es lediglich *eine* Begleitfigur oder *zwei* Figuren, weisen diese keine sichtbaren körperlichen Einschränkungen auf. Arbeitet die Buchreihe mit mehreren Schülerfiguren, dann findet sich in der Gruppe fast immer auch (mindestens) ein Kind, das im Rollstuhl sitzt – andere sichtbare körperliche wie geistige Behinderungen werden hingegen kaum berücksichtigt (z. B. *Reli-Reise 1/2; Reli-Reise 3/4; Spuren lesen 1/2; Spuren lesen 3/4*).

Zur Kennzeichnung der *Herkunft* der Begleitfiguren durch die äußere Erscheinung und die Namen fällt auf, dass beim Einsatz von Schülerpaaren in christlichen Religionsbüchern die Figuren in der Regel so aussehen, wie man es typischerweise von Nordeuropäer*innen erwarten würde; anders ist dies z. B. in der islamischen Reihe »Miteinander auf dem Weg«. Wird eine Reihe von Begleitfiguren präsentiert, dann entsprechen einige üblichen Vorstellungen von Menschen, die eine Migrationsgeschichte haben (z. B. *Reli-Reise 1/2; Reli-Reise 3/4; Spuren lesen 1/2; Spuren lesen 3/4*).

Eine Zugehörigkeit zu einer *Religion* wird in christlichen Schulbüchern bei den Schülerfiguren in aller Regel nicht über die Illustration angezeigt. Eine Ausnahme bildet hier das Kopftuch tragende Mädchen aus der Gruppe der Schülerfiguren in dem Buch »alle zusammen«. In Reihen für den islamischen Religionsunterricht (wie z. B. »Mein Islam-Buch«) tragen gezeichnete Schülerinnen fast nie ein Kopftuch (wohl aber Mädchen auf Fotos).

Insgesamt spiegelt sich – so zeigt die überblickshafte Sichtung unterschiedlicher Heterogenitätsmerkmale – in der Gestaltung der Schülerfiguren folgendes Dilemma: Gerade dort, wo die im Schulbuch abgebildeten Schüler*innen deutlich die Heterogenität der Kinder und Jugendlichen im Klassenzimmer repräsentieren sollen, müssen diese Repräsentationen auch für alle erkennbar als solche gestaltet sein. Dadurch wirkt die Gestaltung aber leicht klischeehaft und z. T. auch stereotyp (wie das fröhliche Kind im Rollstuhl), zumindest, wenn man mehrere Schulbuchreihen im Überblick betrachtet.

Bei dem Einsatz von Begleitfiguren, die auch soziale Gruppen repräsentieren (wie z. B. Mädchen und Jungen, Menschen mit und ohne Behinderung, Christ*innen und Muslime …), kann zwangsläufig nicht automatisch auch die Heterogenität *innerhalb* dieser ›Gruppen‹ abgebildet werden. Offensichtich dürfen diese Figuren nicht zu individuell werden. Hinzu kommt, dass bei Schulbuchillustrationen auch nur ›äußere‹ Merkmale von Schüler*innen abgebildet werden können; bestimmte Aspekte von Differenz (z. B. eine fluide Genderidentität, diffuse Selbstverortungen zu Glauben und Religion) lassen sich in diesen kaum oder gar nicht abbilden. Und nicht zuletzt wird z. B. im Hinblick auf die äußere körperliche Erscheinung wohl schon deswegen eine Auswahl getroffen, die sich an gängigen Schönheitsidealen orientiert, weil davon ausgegangen wird, dass die Schüler*innen diese Figuren so tatsächlich auch als attraktiv empfinden und sich auf diese Weise die ihnen zugedachten didaktischen Funktionen leichter erfüllen lassen.

Literaturverzeichnis

BACHOFNER-MAYR, ANNA u. a., Religion für uns. Katholische Religion für die MS/AHS-Unterstufe 1; 2; 3; 4, Bozen 2021; 2022; 2023; 2024.

BLUMHAGEN, DOREEN u. a., Kinder fragen nach dem Leben 1/2; 3/4. Religionsbuch für die Grundschule. Neuausgabe, Berlin 2018; 2019.

DREWS, ANNETTE u. a. Kinder fragen nach dem Leben 1/2. Religionsbuch für die Grundschule, Berlin 2016.

FREUDENBERGER-LÖTZ, PETRA, Spuren lesen. Religionsbuch für das 1./2.; 3./4. Schuljahr, Bayern/Stuttgart 2015; 2017.

GLOY, ANDREAS / GRAHAM, DENNIS, Rudi für alle. Religionsunterricht dialogisch – und für alle. Heft 1. Klasse 9–13; Heft 2. Klasse 5–7; Heft 3. Klasse 7–9, Hamburg 2020; 2021; 2022 (alle Bände abrufbar unter: https://schule.pti.nordkirche.de/arbeitsfelder/sek-ii/links-material; letzter Zugriff am 11.7.2024).

GLOY, ANDREAS / GRAHAM, DENNIS / HANSEN, NICOLE, Rudi für alle. Religionsunterricht dialogisch – und für alle. Heft 4. Klasse 11–13, Hamburg 2024 (https://schule.pti.nordkirche.de/arbeitsfelder/sek-ii/links-material; letzter Zugriff am 11.7.2024).

GRÜNSCHLÄGER-BRENNEKE, SABINE / RÖSE, MICAELA, Die Reli-Reise 1/2; 3/4. Evangelische Religionslehre in der Grundschule. Ausgabe für Bayern, Stuttgart/Leipzig 2014; 2016.

HENNINGSEN, JULIA, Schulbuchanalyse, in: WiReLex 2023 (https://doi.org/10.23768/wirelex.Schulbuchanalyse.201081; letzter Zugriff am 15.4.2024).

KHORCHIDE, MOUHANAD u. a., Miteinander auf dem Weg 1/2; 3/4. Islamischer Religionsunterricht, Stuttgart 2012; 2015.

LUBIG-FOHSEL, EVELIN u. a., Mein Islambuch. Grundschule 3; Grundschule 4, München 2011, 2013.

MENDL, HANS, Modelle – Vorbilder – Leitfiguren. Lernen an außergewöhnlichen Biografien, Stuttgart 2015.

MENDL, HANS, Modelllernen, in: WiReLex 2017 (https://bibelwissenschaft.de/stichwort/100311/; letzter Zugriff am 12.4.2024).

MENDL, HANS, Subjektorientierung unter Druck: neue Normative in der (Religions-)Pädagogik, in: Religionspädagogische Beiträge 46 (2023) I, 53–64.

MÜLLER, WOLFGANG u. a., Erleben – Fragen. Evangelische Religionslehre Gymnasium, 5. Jahrgangsstufe, München 1996.

ORT, BARBARA / RENDLE, LUDWIG, Fragen – suchen – entdecken. Katholische Religion in der Grundschule, Bände 1–4, Ausgabe 2001–2005.

OSEWSKA, ELŻBIETA, Die Aktivierung des Schülers im Religionsunterricht an der Grundschule – dargestellt am Beispiel der Schulbuchreihe *Das Geschenk Jesu*, in: Bogoslovni vestnik 71 (2011), Heft 1, 123–133.

RIEGGER, MANFRED, Relix im RU, in: *Ort, Barbara Rendle, Ludwig* (Hg.), Fragen – suchen – entdecken, 2. Arbeitshilfen, München/Donauwörth 2002, 18–20.

Schroeder, Susanne (Hg.), Lehrkräftehandbuch zur didaktischen Konzeption des Schulbuchs für den Evangelischen Religionsunterricht der EKBO in den Klassenstufen 4-6, o. J., o. O. (https://ru-ekbo.de/wp-content/uploads/2023/01/EKBO-Lehrkraeftehandbuch-alle-zusammen-4_5_6-230105.pdf; letzter Zugriff am 11.7.2024).

Schroeder, Susanne, alle zusammen. Evangelischer Religionsunterricht für die Jahrgangsstufen 1/2/3; 4/5/6, Berlin 2020; 2022.

Serap, Erkan u. a., Mein Islambuch. Grundschule 1/2, München 2009.

Stala, Josef, Lehrpläne und Schulbücher für den Religionsunterricht an den Staatlichen Grundschülen in Polen, in: Bogoslovni vestnik 70 (2010), Heft 3, 405–414.

IV Lernprozesse:
Biografisch Lernen praktisch

Vorbildliches Handeln unter dem Radar des Vorbildlernens?
Unterrichtsrelevante Modell-Situationen christlicher Nächstenliebe

Manfred Riegger

Hinführung

»Vorbilder, Heilige, Helden, Idole, Modelle« (*Mendl* 2015, 34), aber auch »Local heroes« (*ebd.*, 35) werden von vielen Menschen als groß und perfekt wahrgenommen (vgl. auch *Mendl* 2022). Diesbezüglich erläutert Hans Mendl unermüdlich, dass ein bisschen weniger religionsdidaktisch mehr sein kann. Die Bedeutung des subjektiv gefärbten Kontextes für die Wertebildung (vgl. *Lindner* 2017) und das ethische Lernen (vgl. *Winklmann/Kropač* 2021, 292–298) unterstreicht er mit Verweis auf lernpsychologische Einsichten immer wieder:

> Der spezielle ›Erwerb von Wertorientierung‹ wird nicht gefördert durch spezielle Unterrichtsmethoden, sondern durch lebendige Schulkultur, […] durch Erleben einer Wertegemeinschaft (Schulkultur, Klassengeist, Lehrervorbild, Gemeinschaftserfahrung) (*Mendl* 2017, 293).

Zentral sei – auch bei der Beschäftigung mit fremden Biografien – eine »Suchbewegung im eigenen Umfeld […], sowohl in gesellschaftlicher Hinsicht vor Ort als auch als persönliche Vergewisserung« (*Mendl* 2021, 139). Alle drei Aspekte konvergieren in Bezug auf die Bedeutung des Modell- bzw. Vorbild-Lernens im alltäglichen Handeln des gesellschaftlichen und schulischen Kontextes sowie deren Reflexion in Bezug auf Entscheidungen und Urteile. Daran anknüpfend präzisiere ich Modell als subjekt-, zeit- und zweckabhängiges Modell von und für die Repräsentation von Wirklichkeit (vgl. *Riegger* 2018, 28–31) und damit in Bezug auf Situationen bzw. Szenarien (*ders.* 2023). So konzentriere ich mich im Folgenden mittels Ethnografie auf Modell-Situationen der Reflexionspraxis (= Zweck) von (christlich motiviertem) vorbildlichem, eigenem, helfendem Handeln (= Situationen) in einer Unterrichtsdoppelstunde (= Zeit) einer katholischen Religionsgruppe der 10. Jahrgangsstufe in Augsburg-Oberhausen (= Subjekte), einem sog. Brennpunktviertel. Dieser praxeologische Zugang, der sich auf tatsächliche Praktiken und nicht auf erwünschte Ziele oder zu erreichende Kompetenzen stützt (vgl. *ders.* 2022, 211–228) wird als ethnographische Collage dargestellt und anschließend theoretisch gerahmt, bevor ich den Ertrag zusammenfasse.

Vorbildlernen im Ratespiel?

»Essen«, »mampfen«, »in sich hineinstopfen«, rufen einige Schüler*innen. Wir befinden uns in den ersten Minuten einer Stunde des Religionsunterrichts, den *Tania Hanna* (TH), Lehramtsstudentin für Mittelschulen an der Universität Augsburg, in einer katholischen Religionsgruppe der 10. Jahrgangsstufe im Rahmen ihres Praktikums hält. Zusammengekommen sind an diesem Freitagmorgen im November – neben der Praktikumslehrkraft *Barbara Schwarz* und dem Universitätsdozenten *Manfred Riegger* – neun Mädchen und 13 Jungen in einem sog. ›Brennpunktviertel‹. Die zukünftige Lehrerin instruiert vor 8 Uhr drei Schülerpaare, anhand einer Kurzbeschreibung auf Kärtchen eine Pantomime vorzumachen.

»Schaut genauer hin«, ermutigt TH die Lernenden. Tatsächlich äußern die Schüler*innen nun genauere Beobachtungen über die wortlosen Darstellungen der beiden Schüler Timmy und Salwan: »Timmy isst, das ist klar.« »Schaut Salwan mit großen Augen auf das Essen von Timmy?« »Hat der vielleicht Hunger?« »Oh, jetzt teilt er sein Brot und gibt Salwan 'was ab.« »Jetzt essen beide.« »Das Essen wurde geteilt.« »Sehr gut«, lobt Frau Hanna. Beide gehen zurück an ihre Plätze, Timmy mit einer Siegerpose. Eine zweite Szene folgt: »Oh, Julia ist traurig.« »Und Alena tröstet sie.« TH: »Das wurde schnell erraten. Sehr gut. Die dritte Szene ist schwieriger. Ich bin gespannt, ob ihr es herausfindet. »Hä, ist das Mathe?« Sarina schreibt doch eine Rechnung an die Tafel.« (1200 + 45): 5 = ? Dann rechnet Sarina vor, aber Janina hebt nur die Schultern. Eine Schülerin fragt: »Erklärt Sarina Janina Mathoaufgaben?« TH: »Richtig. Um was könnte es in allen drei Szenen gehen?« Schüler*innen wiederholen: »Teilen«, »trösten« und »erklären«. Jemand fragt: »Geht es nicht immer um helfen?« TH: »Was meinen die Anderen?« »Das könnte passen, denn man kann auf unterschiedliche Weise anderen helfen.« »Ja, dem stimme ich auch zu.« Vielfaches Kopfnicken.

Um was geht es heute eigentlich?

TH: »Ja. Gezeigt wurden drei unterschiedliche Arten des Helfens. Ich wählte diese drei Beispiele aus, weil ich heute mit euch genauer anschauen möchte, wie man anderen helfen kann, mit ihnen umgeht, mit ihnen zusammenlebt.«

Hilf deinem Nächsten – aber wie?

TH: »Überlegt jetzt mal, ob euch Situationen einfallen, in denen ihr anderen geholfen habt oder ihr Hilfe erhalten habt.« Spontan melden sich zwei Schüler und erzählen: »Gestern fragte mich ein Syrer auf der Straße nach dem Weg zum Gericht. Ich erklärte ihm den Weg auf Arabisch.« »Neulich fragte mich ein Mann nach Kleingeld. Ich gab ihm welches, weil ich meinte, dass er es nötig hat.« TH: »Super Beispiele. Schön wäre es, wenn alle eigene Beispiele nennen könnten. Um diese nicht zu vergessen, schreibt sie bitte auf diese DIN-A6-Kärtchen, die Thomas gleich austeilt. Schreibt bitte so, damit man es lesen kann, wenn man es unter die Dokumentenkamera legt. Geht in euch und überlegt. Dafür habt ihr jetzt drei Minuten Zeit.« Eifriges Schreiben, vereinzelte Gespräche mit Tischnachbar*innen, erstaunte Ausrufe, lachen, dann stellen mehrere Lernende ihre Beispiele vor.

Geschwistern, Eltern, Großeltern wird ebenso geholfen wie Freund*innen und Bekannten. Plötzlich kommen Fragen auf. Waseem: »Hilft man so wirklich?« TH: »Was meinst du?« »Nehmen wir doch das Beispiel von Tommy. Was, wenn der Mann das Kleingeld in Alkohol umsetzt?« Tommy: »Wenn er süchtig ist, braucht er doch seinen Stoff. Wenn er kein Geld hat, klaut er vielleicht.« Waseem: »Aber so unterstützt du seine Sucht.« Tommy: »Wenn du nur das Suchtmittel wegnimmst, hilft das nicht, dass jemand von der Sucht wegkommt. Eine Sucht loswerden ist viel schwieriger. Das weiß ich.« TH: »Das ist sehr gut beobachtet. Früher in der Grundschule habt ihr gelernt, dass man helfen soll. Dieses Beispiel zeigt super, dass Helfen nicht immer hilft. Manchmal bewirkt es sogar das Gegenteil. Wir müssen also herausfinden, wie man ›richtig‹ hilft. Vielleicht hilft dabei der folgende Satz, den ich unter die Dokumentenkamera lege. Eine Schülerin liest: »Hilf deinem Nächsten, wie du willst, dass andere dir helfen.« Konzentriertes Betrachten des Satzes. TH: »Wie kann man diesen Satz verstehen?« Salwan: »Tommy half, weil er es auch gerne gehabt hätte, dass man ihm Geld gibt, wenn er welches bräuchte.« Sarina: »Man soll so helfen, wie man selbst behandelt werden will.« TH: »Das ist ein erster Hinweis für richtiges Helfen. Ich lege einen zweiten Satz unter die Dokumentenkamera.«

»Liebe deinen Nächsten, wie du willst, dass andere dich lieben.«

Sarina: »Sie tauschten zwei Worte aus: lieben statt helfen.« TH: »Vergleicht mal beide Worte. Gibt es zwischen ›helfen‹ und ›lieben‹ Ähnlichkeiten oder Unterschiede?« Salwan: »Ja, klar. Schauen Sie mal. Nehmen wir eine Person. Ich nenne sie mal Peter. Peter ist sehr unbeliebt. Diesem Peter hilft man nicht gern. Man hilft lieber Menschen, die man mag. Dann kommt die Hilfe zurück.« TH: »Sehr interessanter Gedanke, der mich zu der Frage bringt: Was erwarte ich eigentlich vom Anderen?« Anschließend tauschen sich alle intensiv anhand konkreter Beispiele darüber aus, welche Erwartungen beim Helfen eine Rolle spielen, und die Beeinflussung des Helfens durch die Vorgabe, ob ich den anderen kenne und mag – oder eben nicht. TH: »Jede/r überlegt sich mal ein anderes Wort für helfen oder lieben. Schreibe es bitte auf einen Papierstreifen.« Nacheinander gehen Lernende nach vorne und legen ihre Papierstreifen auf das Wort Liebe. So wird nicht nur ein Wort durch das folgende überdeckt, sondern es erweitert sich auch das Wortfeld: »Unterstütze«, »Respektiere«, »Schätze«, »Höre«, »Versöhne«, »Tröste«, »Vertraue« und »Behandle« werden der Reihe nach weggenommen, erklärt und der Zusammenhang mit Liebe erläutert. Dann fragt TH:

»Sieht man Liebe?«

»Nein, Liebe sieht man nicht, Liebe spürt man,« sagt Sarina. TH: »Habt ihr zu Beginn gesehen, was Timmy am Schluss tat?« Schnell äußern sich verschiedene Schülerinnen und Schüler: »Er reckte seine Arme in die Höhe, als ob er bei einem Wettbewerb gewonnen hätte.« »Er feierte seine Tat der Hilfe.« »Er feierte sich selbst.« »Er gab an.« »Aber man soll doch nicht stolz sein.« »Das gute Gefühl kommt doch automatisch, nicht erst, wenn ich prahle.« TH: »Super beobachtet und beurteilt. Kann es vielleicht sein, dass manche Menschen nur helfen, weil sie Anerkennung bekommen wollen? Timmy nehmen wir da mal raus.« Wieder werden positive und negative Beispiele gesammelt, bewertet und sortiert, ausdifferenziert und auf bekannte Erfahrungen bezogen, bevor Sarina sich wieder zu Wort meldet: »Liebe deinen Nächsten nur zu sagen, aber nichts zu tun, ist zu wenig. Irgendwie muss man Nächstenliebe auch sehen. Aber die Tat allein zeigt Nächstenliebe auch nicht. Man muss es auch spüren, dass man es ernst meint mit der Nächstenliebe und dem Nächsten. Wer hilft, darf dabei nicht nur an sich denken.«

TH: »Bisher untersuchten wir, wie wir in der Klasse ›helfen‹ und ›lieben‹ verstehen. Wir reflektierten Situationen aus unserem Alltag. Wir überlegten uns neue Möglichkeiten des Handelns, um in Zukunft in ähnlichen Situationen noch besser handeln zu können. Als Nächstes schauen wir uns an, was in der Bibel zu diesem Thema steht.«

Holy Bible – Was für ein dickes Buch?

Dicke Bücher, meist mit einfarbigem Umschlag und dem Aufdruck ›Bibel‹, kennen wohl alle Menschen. Sehr dünnes Papier, durch das man fast durchsehen kann. Kleingedruckte Buchstabenwüsten ohne Bilder als Oasen für die Augen. Geschrieben in einem Deutsch, das vielleicht die Urgroßeltern verstanden hätten, aber kaum Menschen, deren Familiensprache nicht Deutsch ist. Erklärungen Fehlanzeige, oder in noch kleinere Fußnoten verbannt. Ist das die richtige Form der Präsentation für eine Botschaft, die frohmachen soll? Oder wird vielleicht der wertvolle Inhalt bewusst versteckt, um möglichen Dieben keine Beihilfe zu gewähren? Schrecken diese Bücher, so schwer wie Ziegelsteine, mit denen man jemand erschlagen könnte, nicht viele Menschen ab? Wechseln wir ins World Wide Web.

Im Internet existieren zwar auch Buchstabenwüsten, aber nur wenige Klicks entfernt findet man einladende Bilder, ansprechende Musik, verständliche Texte, die einem sogar vorgelesen oder übersetzt werden. Man findet auch unterschiedlichste Bibelübersetzungen. Mehr noch: Apps mit verschiedenen Themenschwerpunkten, Andachten oder dem täglichen Bibelvers, beispielsweise die ›Holy Bible App‹ der us-amerikanisch-evangelikalen Life.Church (*Holy Bible App* 2023). Hier finden sich auch verschiedene Lesepläne, die sich über mehrere Tage erstrecken. An jedem Tag gibt es eine Andacht, die sich auf Bibelstellen bezieht. Die Schüler*innen haben diese App bereits auf ihren Smartphones.

TH: »Nehmt euer Handy und setzt euch zu dritt oder viert in Gruppen zusammen, dort bekommt ihr auch ein Blatt mit Arbeitsanweisungen.« Nachdem alle einen Platz in einer der sechs Gruppen gefunden haben, erfolgt die nächste Anweisung: »Immer zwei Gruppen beschäftigen sich mit demselben Text. Öffnet die Holy-Bible-App auf eurem Handy. Sucht den Leseplan ›Liebe deinen Mitmenschen wie dich selbst.‹ Achtet darauf, welchen Tag ihr lesen sollt, also Tag 1, 2 oder 3. Auf dem Arbeitsblatt sind Fragen, die ihr bitte beantwortet. Zum Schluss sucht bitte einen Satz aus, der euch anspricht. Markiert ihn auf der App mit einem Doppelklick. Erstellt daraus einen eigenen Post mit Hintergrund. Es wäre toll, wenn alle ihren individuellen Post nachher vorstellen. Alles klar? Fragen?« Anna: »Geht's jetzt endlich los?« Alle lachen und beginnen. Sogleich steht Salwan auf und holt sich eine der bereitgelegten gedruckten Bibeln mit dem Kommentar: »Ich möchte mit einer richtigen Bibel arbeiten.« Timmy fragt: »Kann ich mir den Text der App auch vorlesen lassen?« TH: »Klar.« Schon steckt er seine Kopfhörer in die Ohren und lauscht aufmerksam, nachdem man sich in der Gruppe einen Überblick über die Aufgaben verschafft hat. Über folgende drei Aufgaben brüten die sechs Gruppen:

Gruppe 3 und 6 bearbeiten Tag 3 des Tracks aus der App mit den drei Arbeitsanweisungen: »1) Lest den ersten Absatz der Andacht und bearbeitet folgende Aufgabe: ›Jesus liebte alle Mitmenschen. Können wir Menschen das auch?‹ Positioniert euch und begründet eure Meinung. 2) Lest nun Johannes 4,7–12 (Jesus und die samaritanische Frau am Jakobsbrunnen) und dann folgende zusätzliche Erklärung: ›Niemand hat Gott jemals gesehen. Doch wenn wir einander lieben, bleibt Gott in uns und seine Liebe ist in uns zum Ziel gekommen.‹ Schreibt in eigenen Worten auf, wie ihr diese Sätze versteht und welche Fragen ihr habt. 3) Erstellt mit der für euch bedeutsamsten Stelle einen Post. Markiert diese Stelle zuerst mit einem Doppelklick und gestaltet euren individuellen Post. Gerne auch mehrere.«

Gruppe 2 und 4 bearbeiten Tag 2 des Tracks aus der App mit den drei Arbeitsanweisungen: »1) Lest den Text der Andacht und bearbeitet folgende Aufgabe: ›Meine Nächsten sind nur meine Freunde und meine Familienmitglieder.‹ Positioniert euch und begründet eure Meinung. 2) Lest nun die Gleichniserzählung vom barmherzigen Samariter in Lukas 10,25–37. Schreibt in eigenen Worten, was passiert ist und findet aus unserem heutigen Alltag Beispiele für Umsetzungen. 3) Erstellt mit der für euch bedeutsamsten Stelle einen Post. Markiert diese Stelle zuerst mit einem Doppelklick und gestaltet dann euren individuellen Post. Gerne auch mehrere.«

Gruppe 1 und 3 bearbeiten Tag 1 des Tracks aus der App mit den drei Arbeitsanweisungen: »1) Lest den ersten und den dritten Textabschnitt der Andacht und bearbeitet folgende Aufgabe: ›Nennt den Zweck der Gebote Gottes und erläutert diesen anhand von Beispielen.‹ 2) Lest nun den dritten Abschnitt und dann folgenden Satz: ›Wenn man Gott und die Mitmenschen liebt, befolgt man automatisch alle anderen Gebote.‹ Positioniert euch und begründet eure Meinung. 3) Erstellt mit der für euch bedeutsamsten Stelle einen Post. Markiert zuerst diese Stelle mit einem Doppelklick und gestaltet dann euren individuellen Post. Gerne auch mehrere.«

Ich, MR, gehe durch den Raum, schaue mich um. In einer Mädchengruppe wird angeregt diskutiert. »Ich möchte euch nicht stören, darf ich mich einfach dazusetzen?« »Klar«, höre ich und bin mitten in einer Diskussion. »Das ist keine Liebe.« »Ich würde das nicht machen.« »Stell dir vor, du bringst deine Oma um, das geht doch nicht.« »Das ist doch Mord.« »Aber wenn deine Oma sagt: ›Sei so lieb, gib mir das Medikament, damit ich endlich sterben kann. Ich werde nicht mehr gesund. Ich halte es nicht mehr aus.‹ Würdest du dann ›Nein‹ sagen?« Sarina: »Ja. Der Glaube verbietet es mir, dass ich jemanden umbringe.« »Liebe ist für mich, jemanden, ohne zu zögern, töten.« Stille. Ich, MR, denke: »Die erste Ja-Nein-Positionierung scheint festzustehen. Ist damit das Ende des Weges erreicht? Sind wir in einer Sackgasse ohne Ausweg?«

»Was meinen eigentlich Sie, wer Recht hat?«, höre ich plötzlich eine Frage, die an mich gerichtet scheint. »Ihr diskutiert gerade eine Situation, über die unsere Politiker*innen auch diskutieren müssen, da das Bundesverfassungsgericht eine neue gesetzliche Regelung einforderte. Weil für Katholik*innen das Leben ein Geschenk Gottes ist, dürfen Gläubige anderen nicht beim Selbstmord helfen. Dieses Beispiel ist so umfassend, dass dieser eine biblische Satz für eine grundsätzliche Bewertung nicht ausreicht. Notwendig wären weitere Argumente aus unterschiedlichen Bereichen, um der Sachlage gerecht zu werden. Vielleicht macht das Frau Schwarz noch mit euch.«

Ganz zufrieden scheinen die Schüler*innen nicht. Aber solche Diskussionen sind ohne für alle zugängliche Argumente nur ›Blabla‹, sicher kein sinnvoller Unterricht. Ich gehe weiter und frage Alena, ob ich ihren Post sehen darf. Wortlos zeigt sie ihn mir. MR: »Darf ich fragen, warum du das Kirchenfenster als Hintergrund gewählt hast?« »Ja. Mir gefallen Kirchenfenster.« Gerne würde ich weiter nachfragen, erinnere mich aber an Diskussionen mit wissenschaftlich tätigen Kolleg*innen, die genau wissen, dass der hierarchische Unterschied zwischen mir und der Schülerin ein offenes Gespräch verunmöglicht. Beim Weggehen lobe ich die Schülerin noch.

Ein paar Schritte weiter ärgere ich mich über mich und kehre um. »Alena, du brauchst mir nicht zu antworten, wenn du nicht willst. Magst du mir sagen, warum dir Kirchenfenster gefallen?« »Klar. Ich war Ministrantin und die Stimmung in der Kirche war so schön.« »In welcher Kirche ministriertest du?« »In St. Georg.« »Ah, da kenne ich Pater Nikolai. Der predigt meist gut verständlich.« »Ich mag auch das Witzeerzählen des Stadtpfarrers.« Und schon sind wir mitten in einer Unterhaltung über Pfarrer und das Besondere von Kirchengebäuden. Nur gut, dass ich meinen Vormeinungen nicht erlegen bin – oder war diese Unterhaltung nur Fake?

Immer wieder schweift mein Blick im Klassenraum umher. Alle scheinen intensiv zu arbeiten, in Gruppen diskutierend, schreibend oder für sich einen Post erstellend. In der Präsentation der schriftlichen Ergebnisse kommt dies nur ansatzweise zum Ausdruck. So zu Tag 1, Aufgabe 1: Der Zweck der Gesetze Gottes ist es, das Verhalten der Menschen zu lenken sowie die Beziehung der Menschen zu Gott und zueinander. Aufgabe 2: »Nein, denn: ›Kein Mensch wird jemals vor Gott bestehen, indem er die Gebote erfüllt. Das Gesetz zeigt uns vielmehr unsere Sünde auf.‹« Aufgabe 3: »In dem Text geht es darum, dass man seine Mitmenschen wie sich selbst lieben sollte.« Bei der Ergebnisvorstellung zu Tag 2 ergibt sich eine Diskussion in Bezug auf das Gleichnis vom barmherzigen Samariter. Timmy: »Das war doch letztes Schuljahr, als wir auf dem Schulhof waren. Salwan und ich durften es nachspielen.« »Genau. Jeder Mensch ist dein Nächster und nicht nur Freunde und Familienmitglieder.« »Deshalb sollte man auch jedem Menschen helfen, auch wenn eure Länder oder Völker nicht miteinander auskommen.« »Und helfen ist tun, was er braucht. Wenn wir wieder das Beispiel Alkoholsucht nehmen, würde ich kein Geld geben, denn ich weiß, dass er gleich danach wieder trinken geht.« Die sich daran anschließende Diskussion erforderte es, dass die erstellten Posts erst zum Einstieg der nächsten Unterrichtsstunde gezeigt werden konnten.

Nachbesprechung des Unterrichts im Seminar

Eine Studentin lobt, dass den Schüler*innen im Unterricht immer wieder Raum und Zeit eingeräumt wurde, ihre eigenen Überlegungen aufzuschreiben und zu präsentieren. Dies sei ihr anfangs im Unterricht nicht leicht gefallen, denn sie verspürte die Tendenz, die so entstandene Stille mit Informationen und Erklärungen zu füllen. Sie würde immer noch lernen, eine produktive Stille auszuhalten, damit SuS die Chance bekommen über Unterrichtsinhalte nachzudenken, Positionen einzunehmen und darzustellen. Apropos. Positionierungen sind Teil einer Bildung, die Menschen als Personen anspricht. Das trifft sicher auch für die Positionen der Praktikumslehrkraft und des Dozenten zu. Dabei darf subjektives Gefallen nicht die ausschlaggebende Rolle spielen, denn es geht um Positionierungen, die an Kriterien orientiert sind, welche offengelegt werden müssen. Enthalten Positionierungen der Schüler*innen Persönliches, müssen Grenzen eingehalten werden. Um das zu lernen, reicht kein Blick in wissenschaftliche Literatur, denn benötigt werden auch gelungene, z. B. mittels Forschendem Lernen erhobene Beispiele. All das zu lernen ist für Anfänger*innen im Lehrberuf sicher nicht einfach, aber kann spannender sein, als ausschließlich langweilige, neutrale Informationsvermittlung, ohne den Verwendungszusammenhang erkennen zu können.

Die meisten Studierenden können gut nachvollziehen, dass heutzutage viele Kinder, Jugendliche und Erwachsene nur schwer einen Zugang zum gedruckten Medium Bibel finden. Deshalb wird die Arbeit mit der Bibel-App zuerst euphorisch gelobt. Aber dann taucht die Frage auf: »Welche?« Deshalb suchen nun alle im Netz. »Ist es diese? Oder diese?« Als alle die verwendete App gefunden hatten, wird weitergefragt: »Wie wird mit der App gelernt?« »Warum eigentlich gerade so?« Anhand des religionsdidaktisch rezipierten SAMR-Modells (vgl. *Riegger* 2019, 257–261) wird dann die aus dem evangelikalen Spektrum von Christlichkeit stammende App diskutiert und der Mehrwert des Digitalen gegenüber dem alten Medium Buch erarbeitet: a) bei gleichen Funktionen, b) für die Erweiterung der Nutzung (z. B. in der App integrierte Erklärungen zum biblischen Text, sodass keine zusätzlichen Erläuterungen nachgeschlagen werden müssen), c) für eine Änderung der Funktion durch das digitale Medium (z. B. mögliche Verheutigung mit dem Post, der anderen Menschen zugesendet werden und auf den man Rückmeldungen erhalten kann) und d) für die Erstellung neuartiger Aufgaben, die bisher mit der analogen Bibel nicht möglich waren (scheint nicht vorzuliegen). Im Folgenden wird der Inhalt der Unterrichtsstunde auf theologische Korrektheit reflektiert.

Ist die Gleichung ›Nächstenliebe = Solidarität‹ theologisch korrekt?

Wenn Nächstenliebe selbstverständliche Solidarität und Empathie für bedürftige Nächste, für Mitmenschen ist, stellt sich die Frage: Meint Nächstenliebe und Solidarität dasselbe? Zuerst zur Solidarität. Solidarität (von lateinisch *solidus*, dt. *gediegen, echt, fest*) »bezeichnet ein Prinzip, das gegen die Vereinzelung und Vermassung gerichtet ist und die Zusammengehörigkeit, d. h. die gegenseitige (Mit-)Verantwortung und (Mit-)Verpflichtung betont.« (*Schubert/Klein* 2020) Sie

> kann auf der Grundlage gemeinsamer politischer Überzeugungen, wirtschaftlicher oder sozialer Lage etc. geleistet werden […] als mechanische S., die auf vorgegebenen gemeinsamen Merkmalen einer Gruppe beruht (z. B. Geschlechtszugehörigkeit), und […] organische S., deren Basis das Angewiesensein aufeinander (z. B. auf Spezialisten in hoch arbeitsteiligen Gesellschaften) ist. (*ebd.*)

Deutlich wurde bereits, dass solidarisches Handeln unabhängig von Religion geleistet werden kann. Auf den ersten Blick könnte man dasselbe für die Nächstenliebe sagen. Deshalb ist ein zweiter Blick nötig (vgl. dazu: *Käßmann* 2020 sowie den animierten Kurzfilm zur Nächstenliebe, *Was ist Nächstenliebe?* 2013). Nächstenliebe ist nämlich ein Erkennungszeichen des Christentums (vgl. *Söding* 2015). Der Antrieb, die Motivation für das Tun und die Haltung der Nächstenliebe ist die Gottesliebe, die Beziehung zu Gott. So wird im Matthäus-Evangelium die Nächstenliebe zusammen mit der Gottesliebe vorgestellt und beide als das höchste aller Gebote dargestellt: »Du sollst den Herrn, deinen Gott, lieben mit ganzem Herzen, mit ganzer Seele und mit deinem ganzen Denken. Das ist das wichtigste und erste Gebot. Ebenso wichtig ist das zweite: Du sollst deinen Nächsten lieben wie dich selbst. An diesen beiden Geboten hängt das ganze Gesetz und die Propheten.« (Mt 22,37–40)

Dabei ist ein Bezug zur Hebräischen Bibel, dem Alten Testament unverkennbar: »Höre, Israel! Der Herr, unser Gott, der Herr ist einzig. Darum sollst du den Herrn, deinen Gott, lieben mit ganzem Herzen, mit ganzer Seele und mit ganzer Kraft.« (Dtn, 6,4–5) »An den Kindern deines Volkes sollst du dich nicht rächen und ihnen nichts nachtragen. Du sollst deinen Nächsten lieben wie dich selbst. Ich bin der Herr.« (Lev 19,18) Auch wenn sich Jesus auf die jüdischen Wurzeln bezieht, macht er in der Erzählung des barmherzigen Samariters deutlich, dass Nächstenliebe nicht auf die eigenen Stammesgenossen bezogen bleibt. Nächstenliebe bzw. barmherziges Handeln ist also grundlegend für das Christentum, aber auch für das Judentum und den Islam (vgl. *Khorchide* 2016). Der Zusammenhang von Gottes- und Nächstenliebe wird im Christentum häufig als *Doppelgebot der Liebe* bezeichnet. Aber genauer heißt es: Liebe deinen Nächsten »wie dich selbst«. Damit motiviert die Gottesliebe die christliche Nächstenliebe und die Nächstenliebe erhält ihre Grenze in der Selbstliebe. Richtig verstanden verhindert also das Dreifachgebot ein Zuviel an Ausbeutung, Aufopferung, Mitgefühl und Empathie (*Breithaupt* 2017). Doch wie lernt man Nächstenliebe?

Angeborene Empathie + erlerntes Verhalten = prosoziales Mitgefühl?

Empathie und Mitgefühl sind für den Zusammenhalt einer Gesellschaft notwendig, das bestreitet kaum jemand. In den sozialen Neurowissenschaften entdeckte man, dass schon Kinder mit ca. zwei Jahren anderen helfen wollen (*Singer/Lamm* 2009). Wird dieses prosoziale (lateinisch, pro = dafür, sozial = gesellschaftlich), für die Gesellschaft nützliche Verhalten sozial nicht unterstützt, kann es sich aber verlieren. Höchst relevant ist damit soziales Lernen, das immer auch kulturell-religiös geprägt ist. Dies zeigten auch unsere Unterrichtsstunden. Präziser spricht viel für eine angeborene Empathie, d. h. eine Person kann nachempfinden, was andere fühlen. Erlernt werden muss hingegen Mitgefühl als Bereitschaft und Absicht, das Leiden der anderen Person zu lindern oder deren positive Gefühle zu verstärken. Grenzenloses Mitgefühl kann niemand zeigen, weshalb man auch die Regulation desselben und emotionale Abgrenzung vom Gegenüber lernen muss. Nicht nur das vorbildliche Helfen anderer im Unterricht vorstellen, sondern bewusst die vielen kleinen, alltäglichen Hilfsmöglichkeiten erleben, wahrnehmen und reflektieren stärkt konkretes vorbildliches, helfendes Handeln der Schüler*innen und hilft auch dem Wohlergehen der Gesellschaft.

Ertrag

Hans Mendl gab wesentliche Anstöße für die konzeptionelle Weiterentwicklung und praktische Umsetzung des Modell- und Vorbildlernens durch Lehrkräfte, immer in Tuchfühlung mit alltäglichem, schulischem Handeln. Unterhalb eines konzeptionellen Radars erlauben die dargestellten praxeologischen Zugänge erste Einblicke in das Lernen in und mit Modell-Situationen in einer Religionsgruppe der 10. Jahrgangsstufe einer Mittelschule in einem Brennpunktviertel. Diese Perspektive könnte Hinweise liefern, um Ge- bzw. Misslingensbedingungen für die Umsetzung des Mendlschen Ansatzes in der Praxis und die Verarbeitung der Unterrichtsinhalte durch Schüler*innen besser identifizieren und verstehen zu können, wie beispielsweise: Wie bewerten Schüler*innen Wirkungen und Nebenwirkungen von Nächstenhilfe bzw. -liebe mittels Geldspenden, wirklicher Bedürftigkeit, Sucht und Beschaffungskriminalität?

Diese von Schüler*innen eingebrachten lebensweltlichen Modell-Situationen prägen auch die vorliegende, stark interkulturelle Schulkultur mit. Herausfordernd ist es deshalb, hier eine von der Schulkultur getragene Wertegemeinschaft zu etablieren und darin christliche Perspektiven wirkungsvoll einzubringen. Sicher könnte man das Christliche der Nächstenliebe nicht nur an biblischen Modell-Situationen festmachen, und doch scheinen diese an das Denken mehrerer Schüler*innen anschlussfähig. Ob es daran liegt, dass vier von ihnen aufgrund ihres christlichen Glaubens aus ihren Heimatländern vertrieben wurden? Insgesamt zeigt sich, dass schulischer Religionsunterricht in einer pluralen Gesellschaft mit sehr heterogenen

Konstellationen umzugehen hat und vor allem dann wirkungsvoll sein kann, wenn diese Teil eines realistischen Diskurses sind (*Riegger* 2017, 330f.). Den angedeuteten Ertrag empirisch zu vertiefen, ist sicher eine lohnende Aufgabe, die der Jubilar getrost anderen überlassen kann.

Literaturverzeichnis

BREITHAUPT, FRITZ, Die dunklen Seiten der Empathie, Berlin ³2017.

KÄSSMANN, MARGOT, Nächstenliebe, in: Mitten im Leben, 12/2020 (https://www.herder.de/religion-spiritualitaet/glaube/naechstenliebe/; letzter Zugriff am 27.9.2023).

KHORCHIDE, MOUHANAD, Islam ist Barmherzigkeit. Grundzüge einer modernen Religion, Freiburg i. B. ²2016.

HOLY BIBLE APP, von: Life.Church, Edmond, USA 2023 (https://www.bible.com/de; letzter Zugriff am 27.9.2023).

LINDNER, KONSTANTIN, Wertebildung im Religionsunterricht. Grundlagen, Herausforderungen und Perspektiven (Religionspädagogik in pluraler Gesellschaft, 21), Paderborn 2017.

MENDL, HANS, Modelle – Vorbilder – Leitfiguren. Lernen an außergewöhnlichen Biografien (Religionspädagogik innovativ 8), Stuttgart 2015.

MENDL, HANS, Religion erleben. Ein Arbeitsbuch für den Religionsunterricht, München ³2017.

MENDL, HANS, Religionsdidaktik kompakt. Für Studium, Prüfung und Beruf, München ⁸2021.

MENDL, HANS, Vorbilder / Modelle / Heilige / Local Heroes, in: *Henrik Simojoki / Martin Rothgangel / Ulrich H. J. Körtner* (Hg.), Ethische Kernthemen. Lebensweltlich – theologisch-ethisch – didaktisch, Göttingen 2022, 446–455.

RIEGGER, MANFRED, Kirchliches Engagement im Bereich ethischer Bildung – das Praxis- und Unterrichtsprojekt Compassion: Anstöße – Kritik – videobasierte Ausblicke, in: Münchener theologische Zeitschrift 68 (4/2017), 324–335; DOI: 10.5282/mthz/5168.

RIEGGER, MANFRED, Professionelle Simulation: Begriff – Ausdeutungen – Dimensionen – Handlungsfelder, in: *Manfred Riegger / Stefan Heil* (Hg.), Habitusbildung durch professionelle Simulation: Konzept – Diskurs – Praxis; für Religionspädagogik und Katechetik, Würzburg 2018, 23–47.

RIEGGER, MANFRED, Handlungsorientierte Religionsdidaktik. Unterrichtsmethoden, Bd. 2, Stuttgart 2019.

RIEGGER, MANFRED, Professionelle Wahrnehmung im studienbegleitenden Praktikum Religion am Beispiel der digitalen Recherche bildungsferner Schüler*innen – Praxeologischer Zugang und religionsdidaktischer Perspektiven, in: *Christian Hild / Abdel-Hafiez Massud* (Hg.), ReligionslehrerInnen als Akteure in der multireligiösen Gesellschaft (Religion und Kommunikation in Bildung und Gesellschaft 2), Landau 2022, 211–228.

RIEGGER, MANFRED, Unterrichtssimulationen simulieren und als ver-rückte Unterrichtswirklichkeit reflektieren. Soziologische und religionspädagogische Präzisierungen von Situation und Habitus, in: *Norbert Brieden* u. a. (Hg.), Rahmen und Rahmungen im Religionsunterricht (Religion lernen. Jahrbuch für konstruktivistische Religionsdidaktik 14), Babenhausen 2023, 75–93.

SCHUBERT, KLAUS / KLEIN, MARTINA: Das Politiklexikon. Begriffe, Fakten, Zusammenhänge, 7., aktual. u. erw. Aufl. Bonn: Dietz 2020. Lizenzausgabe Bonn: Bundeszentrale für politische Bildung (https://www.bpb.de/kurz-knapp/lexika/politiklexikon/18209/solidaritaet/; letzter Zugriff am 27.9.2023).

SINGER, TANJA / LAMM, CLAUS, The social neuroscience of empathy. Annals of the New York Academy of Science, 1156 (1/2009), 81–96.

SÖDING, THOMAS, Nächstenliebe: Gottes Gebot als Verheißung und Anspruch, Freiburg i. B. 2015.

Was ist Nächstenliebe? In: katholisch.de (Hg.): Katholisch für Anfänger (https://www.katholisch.de/video/10367-was-ist-naechstenliebe; letzter Zugriff am 27.9.2023).

Winklmann, Michael / Kropač, Ulrich, Ethisches Lernen, in: *Ulrich Kropač Ulrich Riegel* (Hg.): Handbuch Religionsdidaktik (Kohlhammer Studienbücher Theologie; 25), Stuttgart, 292–298.

Religiöses Lernen an Held*innen und Vorbildern
Ein Einwurf aus kroatischer Perspektive

Jadranka Garmaz

Dieser Beitrag möchte die Bedeutung der Erinnerung und des historischen Kontextes für Vorbilder und Held*innen einer Nation und Gesellschaft verdeutlichen. Das Ziel der Ausführungen liegt in der Entwicklung einer Sensibilität für sozialgeschichtliche Zusammenhänge und deren Rolle bei der Erziehung und Bildung des Glaubens. Welchen Einfluss haben sie bei der Ausbildung von Religiosität und religiösen Einstellungen, welchen bei der Formung des persönlichen und gemeinschaftlichen Lebens, sowohl in der Familie als auch in der Gesellschaft aus der Perspektive der Religion?

Die religiöse Entwicklung gründet sich auf vielen Faktoren. Ein wichtiges Element sind dabei Vorbilder. In diesem Beitrag stelle ich einige Vorbilder oder Held*innen vor, die im schulischen Religionsunterricht oder in der Pfarrkatechese für junge Menschen in *Kroatien* präsent sind. Zunächst soll an die Bedeutung des Kontextes und des sozialen Gedächtnisses erinnert werden. Dann werden grundlegende Merkmale von ausgewählten exemplarischen Charakteren gezeigt. Abschließend fasst das Fazit die wesentlichen Gedanken zur Kontextsensibilität für bestimmte Vorbilder und Held*innen zusammen.

Einführung

Vorbilder waren schon immer für die Identitäts- und Persönlichkeitsentwicklung wichtig. In der religiösen Entwicklung sind sie deshalb von großer Bedeutung, weil ihre Glaubenszeugnisse bei der Entwicklung der Tugenden junger Menschen hilfreich sein können. Bei der Ausformung der religiösen Identität können die Kinder nämlich über das (Un-)Glaubenszeugnis den Weg zum Glauben an Jesus Christus finden. Daher sind Vorbilder von großer Wichtigkeit in der Ausbildung religiöser Kompetenzen (vgl. *Garmaz 2012*, 427) in all ihren Dimensionen: in der Dimension religiöser Sensibilität, religiöser Kommunikation und religiöser Inhalte, religiöser Urteilskraft und religiöser (Um-)Gestaltung des Lebens.

In unterschiedlichen historischen, sozialen und kulturellen Kontexten gibt es unterschiedliche Held*innen und Vorbilder. In der Republik Kroatien sind sie mit der dramatischen historischen Entwicklung von Gesellschaft und Kirche verknüpft, aber auch an das aktuelle globale digitale Umfeld angebunden, in dem Influencer und Tiktoker immer mehr Einfluss auf die Einstellungen und Meinungen junger Menschen haben.

Im Hinblick auf *Märtyrer*, *Helden* und *Vorbilder* skizziert der Beitrag beispielhaft Vorbilder und Helden in der Gesellschaft. Aus der Reihe der Märtyrer der kroatischen Nation ragt Kardinal Alojzije Stepinac als Vorbild für die ältere, aber auch die jüngere Generation als Opfer der kommunistischen Herrschaft heraus. Unter den Helden der mittleren und älteren Generation sind die Helden des Heimatkrieges am berühmtesten, wie z. B. der gefallene General Blago Zadro und der lange Zeit in Den Haag festgehaltene, zu Unrecht angeklagte und schließlich freigesprochene General Ante Gotovina. Da Kroatien ein Land der Sportler*innen ist, sind die Held*innen aller Generationen viele berühmte Fußballer wie Luka Modrić und die gesamte Fußballnationalmannschaft, aber auch der Tennisspieler Goran Ivanišević oder die Skifahrerin Janica Kostelić sowie die Sportlerin Blanka Vlašić. Junge katholische Priester, die im Netz präsent sind, sind Vorbilder für die Jugend von heute, die täglich viele Stunden in digitalen Medien verbringt. Zu den herausragendsten in Kroatien gehören der Universitätsprofessor für Philosophie, Leiter spiritueller Exerzitien und Franziskaner Ante Vučković, der ehemalige Religionslehrer und Politiker Marin Miletić und der Trainer der kroatischen Fußballnationalmannschaft Zlatko Dalić. Zusammen mit vielen anderen jungen Laien sind sie Vorbilder und Helden für die Jugend von heute.

»Wer den Kontext nicht kennt, den frisst der Kontext« (Ruth C. Cohn)

Dieser Satz der jüdischen Psychoanalytikerin und Humanistin Ruth C. Cohn wird oft im Zusammenhang mit religiöser Bildung zitiert (vgl. *Scharer* 2019, 57ff.). Er erinnert daran, dass Kontextbewusstsein beim Erlernen des Glaubens unverzichtbar ist und dass Erinnerungen (vgl. *Garmaz/Volarević/Vučković* 2023, 154f.), Symbole und ein soziales Gedächtnis (vgl. *Tomašić/Čorkalo/Pavin* 2021, 763ff.) das Erlernen des Glaubens ermöglichen. Derartiges Glaubenlernen führt zu politischem Lernen, zur politischen Dimension religiöser Kompetenz (vgl. *Grümme* 2018, 212).

Die Geschichte und die Kultur Kroatiens sind stark vom Christentum geprägt, aber auch von Kriegen, Unterdrückung, jahrhundertelanger Besatzung durch die Venezianische Republik, das Osmanische Reich, die Österreichisch-Ungarische Monarchie und dann durch Königreiche oder sozialistische Republiken mit Sitz in Belgrad. Sie unterdrückten die kroatische Sprache, Kultur und Religion und zwangen ihnen ihre eigene Sprache, Verwaltung und Kultur auf. Aus diesem Grund töteten sie Kirchenbeamte, Priester und Nonnen (als Hüter des Erbes und der Erinnerung), sperrten Laien ein und folterten sie. Diese langfristige Position als besetztes, unterdrücktes und gedemütigtes Land hinterließ tiefe Spuren im Gedächtnis des kroatischen Volkes. Unter diesen Umständen fand es die einzige Zuflucht in der katholischen Kirche, pflegte durch sie seine auf dem Christentum basierende kulturelle und religiöse Identität und erlangte so nach Jahrhunderten der Besatzung in den 1990er Jahren die Freiheit.

Da die Republik Kroatien als Staat erst vor etwas mehr als dreißig Jahren gegründet wurde, lässt sich feststellen, dass die Generation der heutigen Väter von Kriegsereignissen betroffen war, die traumatische Erinnerungen bei ihnen hinterließen. Diese Kriegsgeneration ist eine Generation von Held*innen, Studenten und Studentinnen, Leidenden und denen, die ihre Geschichten der neuen Generation, den Kindern und Enkeln, erzählen. Generationenübergreifende Traumata werden immer noch weitergegeben. Eine lange Zeit der Heilung von den Schrecken und Leiden des Krieges wird wohl noch nötig sein, ist doch erst wenig Zeit vergangen, seit die Erinnerung an die Schrecken des Zweiten Weltkriegs, an den Kommunismus und seine Opfer zu Ende ist. In einem solchen Kontext entstehen Held*innen, Glaubenszeug*innen und Märtyrer*innen für Christus, die Heimat, die Kirche und das Volk. In diesem Kontext wird heute in Kroatien Religion unterrichtet.

Die junge Nachkriegsdemokratie erhielt mit ihrem Beitritt zur Europäischen Union jedoch auch neue Geschichten über Freiheit und Wohlstand. Andererseits wurde sie jedoch auch von einer großen Auswanderungswelle geprägt, die Kroatien buchstäblich verwüstete und es ohne junge Familien zurückließ. Viele emigrierten nach Irland, Deutschland und Österreich sowie in andere EU-Mitgliedsstaaten. Es geht um etwa 400.000 hochausgebildete junge Menschen. So wurde der Geschmack des Sieges bitter, umso mehr, als Kroatien den Patriotismus als Kraft für das Überleben neuer Generationen stark entwickelte. Mehr als dreißig Jahre später, im Jahr 2023, wurden 5% der arbeitenden Bevölkerung bzw. 200.000 neue Arbeitserlaubnisse an Arbeitnehmer aus Nepal, Pakistan und den Philippinen erteilt. Sie ersetzten und ersetzen zunehmend den Mangel an eigenen Arbeitskräften in Kroatien. So ein plötzlicher, unvorbereiteter Prozess wird sehr komplexe gesellschaftliche Änderungen nach sich ziehen.

Eine starke Vermischung der Kulturen erfordert eine neue religiöse Kompetenz, ein religiöses Lernen, das interreligiöse Kompetenz, interkulturelles Lernen und transkulturelle Kompetenz intensiv einbezieht und eine neue Art des Zusammenlebens in Kroatien ermöglichen soll. In einem solchen Kontext,

- in dem die Mehrheit der Bevölkerung von sozial-traumatischen Erinnerungen betroffen ist, die von starkem Patriotismus geprägt sind,
- mit einer starken konfessionellen Identität, die mit der nationalen Zugehörigkeit verbunden ist,
- in einem Land, in dem die Bevölkerung jahrtausendelang von anderen Kulturen und Sprachen unterdrückt wurde,

ist es nicht einfach, Religion zu unterrichten. Wie Ruth C. Cohn sagt, ist es jedoch wichtig, sich eines solchen Kontextes bewusst zu sein, um einen guten Lehrplan für den Religionsunterricht zu entwickeln, der auf neuen Dimensionen religiöser Kompetenz (vgl. *Garmaz/Maruncic* 2022, 81) wie Inklusivität, Toleranz, Zusammenleben, Einheit in Vielfalt, Offenheit und Kreativität basiert. Dies alles erfolgt im Bewusstsein um eine Gestaltung des Lebens aus oder auf der Grundlage des Glaubens.

In einem solchen Kontext entstehen neue Vorbilder, die für die Kinder von heute und die Jugend von morgen wichtig sein können. Erinnert sei an den historischen Aspekt als grundlegende Determinante neuer Vorbilder.

Vom Opfer zum Helden

Die historische Entwicklung, also das Gedächtnis und die Erinnerung des kroatischen Volkes, ist durchdrungen von den leidensgeprägten Jahrhunderten, von der Unterdrückung der kroatischen Identität (vgl. *Kasper* 1995, 1364), der Sprache, Kultur und des Volkes. So war Kroatien mehr als zwei Jahrhunderte lang unterdrückt: von den Osmanen sowie von der Republik Venedig, im Königreich der Serben, Kroaten und Slowenen, unter der Österreichisch-Ungarischen Monarchie, in Jugoslawien, unter dem Kommunismus – und zudem litt das Volk unter zwei Weltkriegen und einem Heimatkrieg.

Aufgrund der historischen Besetzung des kroatischen Landes, das erst seit dem Ende des Heimatkrieges im Jahr 1995, also vor ca. dreißig Jahren, Demokratie und Freiheit genießt, entwickelte sich ein starker Patriotismus. Anđelko Domazet, ein Theologe aus Split, untersuchte den Ursprung des Patriotismus und seinen engen Zusammenhang mit der Konfessionszugehörigkeit. Das kroatische Volk hat in seiner langen Geschichte immer an den gefährlichen Grenzen von Imperien, Glaubensbekenntnissen, Ideologien und Zivilisationen gelebt, es war ständig entzweit und stand unter der Herrschaft mehrerer Staaten. Geographisch lag und liegt Kroatien noch immer im Schnittpunkt der Einflüsse verschiedener religiöser Kulturen: des Katholizismus, der Orthodoxie und des Islam. Es handelt sich dabei um das Gebiet des Westbalkans, durch das einst die Grenze zwischen dem östlichen und westlichen Römischen Reich verlief, auf dem in den letzten Jahrhunderten Einwohner lebten, die der ständigen Bedrohung durch die Türken (Osmanisches Reich) ausgesetzt waren. In der langen Zeit des Nichtbestehens autonomer politischer Strukturen waren Religionsgemeinschaften nötig, die für eine kulturelle Identität sorgten. Als das nationale Bewusstsein nach der Französischen Revolution auch in diesem Raum zu wachsen begann, war die konfessionelle Zugehörigkeit das wichtigste Kriterium der nationalen Identität.

Eine besonders intensive Zeit der Unterdrückung Kroatiens war die Zeit des Kommunismus, direkt nach dem Zweiten Weltkrieg von 1945 bis zum Beginn des Heimatkrieges im Jahr 1990. Während in den westeuropäischen Ländern eine freie und demokratische Gesellschaftsordnung geschaffen wurde, gelangte in Osteuropa das totalitäre kommunistische Regime an die Macht. Kroatien wurde zu einer der Republiken des neuen Jugoslawiens unter kommunistischer Ordnung. Im neuen Staat wurden viele katholische Priester und Laien getötet oder eingesperrt, der katholische Glaube wurde in den Untergrund gedrängt. Der Patriotismus war später ein wesentlicher integrativer Faktor bei der Gründung des kroatischen Staates und bei der Verteidigung gegen die großserbische Aggression im Heimatkrieg.

Der Begriff ›Heimatkrieg‹ bezeichnet den Verteidigungskrieg, der nach dem Zerfall Jugoslawiens für die Unabhängigkeit Kroatiens auf dem Gebiet der Republik Kroatien (1991–1995) geführt wurde. Zu dieser Zeit wurde Kroatien von der damaligen jugoslawischen Volksarmee und serbischen Rebellen in Kroatien angegriffen, die ein Drittel des Territoriums der heutigen Republik Kroatien besetzten und versuchten, den Unabhängigkeitsprozess Kroatiens mit militärischer Gewalt zu verhindern. ›Verteidiger‹ nennt man alle kroatischen Soldaten, die ihre Heimat verteidigten, d. h. alle, die an militärischen Aktionen zur Befreiung des besetzten kroatischen Territoriums und zur Verteidigung des unabhängigen kroatischen Staates teilgenommen haben (vgl. *Domazet 2020, 30*).

In der Geschichte Kroatiens war die Rolle der Kirche bei der Bewahrung kultureller und nationaler Identität, Sprache und Religion über Jahrhunderte hinweg sehr wichtig, fast unermesslich groß. Zur Zeit der Unterdrückung schützte die Kirche das kroatische Volk, seine Kultur, Sprache und Religion, während ihre Mitglieder, insbesondere die Priester, getötet und gefoltert wurden. Aus diesem Grund ist die Verbindung zwischen der Kirche, insbesondere den Priestern, und dem kroatischen Volk sehr intensiv und das Vertrauen in die Kirche trotz aller Ereignisse immer noch sehr hoch. Erst nach der Befreiung im Jahr 1995 wurde ihre Rolle in der Gesellschaft schwächer. Die traumatischen Erinnerungen an Leiden und Opfer bleiben jedoch bestehen.

Im Gedächtnis des Volkes bleiben insbesondere berühmte Held*innen und Märtyrer*innen, die bis heute eine wichtige Rolle bei der Bewahrung der Kultur, Sprache, Religion sowie der kroatischen Identität und des Volkes im Allgemeinen gespielt haben. Es ist jedoch weiterhin notwendig, die andere Seite der Medaille zu betrachten und nicht nur die traumatische Geschichte der Entstehung des kroatischen Staates, der Befreiung des Volkes von der Unterdrückung, des entwickelten Patriotismus und der Schaffung der Demokratie zu idealisieren.

Anđelko Domazet, erklärt es folgendermaßen:

> Wer sich gegenwärtig in Kroatien mit dem Thema Patriotismus beschäftigt, ist mit Problemen und Herausfordernden konfrontiert, die die kroatische Gesellschaft tiefgreifend definieren. Dazu gehören Identität, Nation und Nationalismus, Freiheit und Demokratie, ideologische Spaltungen, Belastungen der Vergangenheit, mangelnde Vergebung und Versöhnung und dergleichen (*Perić Kaselj 2011, 453f.*).

Der katholische Soziologe Željko Mardešić analysiert die Probleme, mit denen die postkommunistische kroatische Transformationsgesellschaft konfrontiert ist, und stellt zu Recht fest, dass Freiheit im Kampf um die Unabhängigkeit des Staates eher als »Freiheit von etwas, in unserem Fall vom Kommunismus, nicht als Freiheit für etwas wahrgenommen wird […] Sie wurde mehr im Sinne des Alten Testaments als Befreiung der Menschen von der Sklaverei verstanden, als im neutestamentlichen Sinne der Bekehrung zu einem neuen Leben.« (*Garmaz/Juen/Hochreiner 2020, 275ff.*)

Unter diesen Kontextbedingungen entstehen historisch bedeutsame Erzählungen über Märtyrer*innen, Held*innen und Vorbilder, die ihren Platz in religiösen Lehrbüchern und Lehrplänen finden. Im katholischen Religionsunterricht in Kroatien unterscheidet man vier Bereiche. In jedem von ihnen ist es möglich, von solchen Personen zu erzählen, die sich durch Tugenden wie Mut, Selbstbeherrschung, Gerechtigkeit, Großzügigkeit, Demut und andere auszeichnen. Dies sind folgende Bereiche: ›Der Mensch und die Welt im Plan Gottes‹, ›Das Wort Gottes und der Glaube der Kirche im Leben eines Christen‹, ›Christliche Liebe und Moral‹ und der Bereich ›Kirche in der Welt‹.

Helden und Vorbilder im Lehrplan des katholischen Religionsunterrichts

Da die Bildungsziele des katholischen Religionsunterrichts aus zehn Elementen bestehen, werden diese hier vorgestellt, um einen Einblick in die Kompetenzen zu erhalten, die dem Lehrplan gemäß erreicht werden sollen. In diesem heißt es, dass der katholische Religionsunterricht jedem Schüler / jeder Schülerin Folgendes ermöglichen sollte: Er oder sie

- entwickelt die Fähigkeit, Fragen zu Gott, dem Menschen, der Welt, dem Sinn und den Werten des Lebens, ethischen und moralischen Normen menschlichen Handelns zu stellen und die aus der Vernunft kommenden Antworten auf diese Fragen sinnvoll darzustellen und zu erklären
- lernt die christliche Religion und den katholischen Glauben und die Grundwahrheiten des Glaubens im Lichte der vollständigen Lehren der katholischen Kirche kennen und verstehen
- kennt den Inhalt und die Grundstruktur der Bibel sowie die Grundzüge der christlichen Offenbarung und der Heilsgeschichte, um die Bedeutung des Wortes Gottes in der Bibel und kirchlicher Verkündigung zu verstehen und kann seinen Einfluss auf die Geschichte der Menschheit argumentativ im Hinblick auf menschliche Kultur und konkretes Leben bewerten
- findet seinen eigenen Weg, sein Leben und verantwortungsvolles moralisches Handeln entsprechend der christlichen Botschaft und dem katholischen Glauben zu gestalten, und ist in der Lage, das Leben aus dieser religiösen und katholischen Perspektive zu artikulieren, aufzubauen und wertzuschätzen
- lernt die Sakramente, liturgischen und kirchlichen Feiern und das Gebet als spirituelle Kraft und spirituell-religiöse Form der Zugehörigkeit und des Lebens, der Gemeinschaft und des Feierns in der katholischen Kirche kennen und schätzen
- kennt die grundlegenden Ereignisse der Geschichte und Tradition der katholischen Kirche und versteht ihre sakramentale Realität, versteht, dass sie eine Gemeinschaft der Gläubigen Christi, Überbringer der Offenbarung Gottes und Verkünder der Frohbotschaft des Heils für alle Menschen ist
- versteht, dass die Zugehörigkeit zur katholischen Kirche im Rahmen einer bestimmten Kirchengemeinschaft ein Aufruf zu bewusstem und verantwortungsvollem christlichem Handeln in der Kirche und in der Gesellschaft ist
- kennt die grundlegenden Merkmale verschiedener Religionen, Konfessionen und Weltanschauungen und entwickelt Verständnis und Respekt für unterschiedliche Denkweisen, Einstellungen, Traditionen und Lebensentscheidungen
- kennt und schätzt die Rolle und den Beitrag des Christentums, insbesondere der katholischen Kirche, zur kulturellen, pädagogischen, wissenschaftlichen und wirtschaftlichen Entwicklung und zum Fortschritt der kroatischen Gesellschaft und der westlichen Zivilisation in Vergangenheit und Gegenwart und baut gleichzeitig eine eigene Verantwortungshaltung auf, Unternehmertum, Beteiligung und Solidarität beim Aufbau einer ‚Zivilisation der Liebe‹

- entwickelt religiöse Bildung und Kommunikationskompetenz, um sich im Umgang mit unterschiedlichen Lebenssituationen zu stärken, so dass man kritisch und kreativ denken und die Bedeutung von eigenverantwortlichem Handeln in Kirche und Gesellschaft vertreten kann.

Im Hinblick auf die erwähnten Ergebnisse, Kontexte und Ziele lässt sich leicht erkennen, dass der katholische Religionsunterricht in Kroatien sehr offen für das Lernen anhand der Biografien anderer Menschen ist. Anhand von Tugenden, die sich in Geschichten über Held*innen, Vorbilder und Märtyrer*innen finden, können die vorgesehenen Kompetenzen und Ziele erreicht werden. Der Lehrplan betont die Bedeutung der Kommunikationskompetenz für religiöse Bildung, die Kompetenz religiöser Sensibilität und die religiöse Gestaltung des Lebens, betont aber auch die Bedeutung der Kenntnis der Rolle und des Beitrags der katholischen Kirche für die kulturelle, pädagogische, wissenschaftliche und wirtschaftliche Entwicklung und den Fortschritt der kroatischen Gesellschaft.

Held*innen und Vorbilder in religiösen Schul- und Lerhrbüchern

In den Religionslehrbüchern Kroatiens sind Heilige die vorherrschenden Vorbilder. Dabei handelt es sich in erster Linie um Heilige der Gesamtkirche wie die Heilige Lucia, den Heiligen Nikolaus, den Heiligen Franziskus von Assisi, Mutter Teresa, Maximilian Kolbe und andere. Darüber hinaus finden sich spezifisch kroatische Heilige und Selige, wie Ivan Merc, Kardinal Franjo Kuharić oder oder der Erzbischof von Zagreb Alojzije Stepinac, der in der achten Klasse vorgestellt und ausgearbeitet wird. Er förderte die Gründung der Caritas, rettete viele Menschen in den Schrecken des Krieges, erhob mutig seine Stimme zur Verteidigung aller Verfolgten, er respektierte jeden Menschen, unabhängig von Kultur, Nationalität, Religion, Geschlecht und Alter, er blieb der katholischen Kirche treu und vergab seinen Verfolgern. Sein berühmtester Ausspruch wird wie folgt zitiert:

> Entweder wir sind Katholiken oder wir sind es nicht. Wenn ja, dann muss sich unser Glaube in allen Bereichen unseres Lebens manifestieren. Wir können nicht nur Katholiken in der Kirche sein und nach dem Instinkt oder nach unserer persönlichen Stimmung auf der Straße leben. (Periš/Šimić/Perčić 2021, 72)

In der achten Klasse der Grundschule, wenn die Kinder etwa 14 Jahre alt sind, werden im Religionsunterricht weitere kroatische Heilige vorgestellt: der heilige Nikola Tavelić, der heilige Leopold Bogdan Mandić, der heilige Marko Križevčanin, der selige Alojzije Stepinac, die selige Marija Petković vom gekreuzigten Jesus und der selige Ivan Merc. Darüber hinaus werden im Text und Bild weitere kroatische Heilige und Selige erwähnt, wie der selige Augustin Kažotić, der selige Julian von Bala, der selige Jakov Zadranin, die selige Gracija von Mul, die selige Ozana von Kotorska, der selige Miroslav Bulešić und die seligen Märtyrerinnen von Drina. Sie werden als Menschen dargestellt, die Christus nachfolgten und mit ihrem Leben bezeugten, dass in ihm die Wahrheit und der Sinn des menschlichen Lebens liegt.

Man ehrt sie auf Altären und ruft sie oft um Hilfe in verschiedenen Nöten an. Man verehrt sie am besten, indem man ihnen auf ihrem Weg zu Christus folgt – indem man sie nachahmt. Deutlich wird, dass die Heiligen in den Lehrbüchern als vorbildliche Zeugen des Glaubens, als Nachfolger Christi und als Lehrer*innen des Glaubens und der Tugenden präsentiert werden.

Es stellt sich jedoch die Frage, ob diese Dimension der Heiligkeit der Mehrheit der jungen Menschen zugänglich ist oder ob es für sie näher liegend wäre, gewöhnliche, vorbildliche, tugendhafte und edle Menschen aus dem Alltag darzustellen, die ein qualitativ hochwertiges Leben führen, das auf christlichen Werten und Tugenden basiert. Menschen also, die sich besonders durch Stärke, Klugheit, Weisheit auszeichnen, die wahrhaftig, mitfühlend und barmherzig sind. Auf diese Weise könnte jungen Menschen und Kindern in diesem Alter noch stärker gezeigt werden, dass Heiligkeit im Alltag möglich und erreichbar ist. Diese Heiligkeit ist etwas, das jeder Mensch leben kann, wenn er ein tugendhaftes und edles Leben führt, das auf Wahrheit, Gerechtigkeit, Liebe, Großzügigkeit und alles, was das christliche Leben ausmacht, ausgerichtet ist, auch wenn er nicht weiß, dass dies alles christliche Tugenden sind. Kroatische Lehrbücher sind vorbildzentriert, aus diesem Grund sind in fast allen Klassenstufen Heilige vorhanden. So wird betont, dass die kroatische Nation auch ihre Heiligen und Seligen hat, deren Tugenden bekannt und nachgeahmt werden sollten.

Der Blick auf Kroatien zeigt deutlich: Vorbilder, Held*innen und Heilige einer Nation sind vom historischen und kulturellen Umfeld dieser Nation, ihrer Religion und ihrem Gedächtnis abhängig. Deshalb ist es notwendig, sie auch kritisch zu sehen, gut zu kennen und klar zu bewerten. Vorbilder sind durchaus Träger der Vision von einer besseren Gesellschaft, Zeug*innen des Glaubens, Träger der Hoffnung und der Liebe und als solche Wegweiser zu Gott, unabhängig von Religiosität, Nationalität oder Kultur. Somit lässt sich behaupten, dass Vorbilder und Held*innen Indikatoren für die Geschichte und Wegweisende für die Zukunft einer Gesellschaft sind. Sie zeigen, wie sehr sich die Gesellschaft weiterentwickelt, wie sie sich politisch und gesellschaftlich wandelt und wie die religiöse Dimension der Bildung mit der Kultur verschmilzt. Stimmige Vorbilder und Zeug*innen können zum Wandel der Religion im Kontext des Christentums beitragen und Schritte auf dem Weg zu einer größeren Glaubensreife bieten.

Zusammenfassung

Wenn es um kontextuell bestimmte Vorbilder und Held*innen geht, die für den Religionsunterricht relevant sind, kann man behaupten, dass sie im Bewusstsein und Gedächtnis der Menschen, in diesem Fall der in der Republik Kroatien lebenden Menschen, erhalten bleiben. Dabei sind sie abhängig von Erinnerung, Geschichten, Ritualen, Feiern, Liturgie und Religion einer sich wandelnden Nation. Gerade in den letzten etwa 20 Jahren sind sie mit der Entwicklung digitaler Medien stark von dieser digitalen Kommunikation und sozialen Netzwerken geprägt, in denen verschiedene Influencer*innen oder Videospiele einen großen Einfluss auf Kinder und Jugendliche haben.

Dadurch kommt es zu einer Verschiebung weg von historisch und soziokulturell präsenten Vorbildern hin zu diffusen, fragmentarischen, postmodernen ›Held*innen‹, die nicht unbedingt vorbildlich sind. Sie führen nicht zur religiösen Entwicklung oder zur Entwicklung eines starken Charakters oder einer religiösen Einstellung, sie führen nicht zur Bildung einer religiösen Identität, sondern sie zerreißen diese eher. Aus diesem Grund scheint es, dass Vorbilder und Held*innen in Kroatien zu allgegenwärtigen, globalen Mainstream-Held*innen werden. Sie werden für die breite Masse geschaffen, damit ihre Produzent*innen ihr Produkt verkaufen können, sie sind oft manipulativ und vermitteln ein Gefühl kurzfristigen Vergnügens. Da sie jedoch schnell von Medienunternehmen vermarktet werden, verändern sie sich und verschwinden so schnell, dass bei Kindern und Jugendlichen nur Verwirrung und Leere zurückbleiben.

Aus diesem Grund besteht eine der Aufgaben des Religionsunterrichts sowohl in Kroatien als auch in anderen Ländern darin, das Bewusstsein für die kontextuellen Herausforderungen der heutigen Zeit zu schärfen, insbesondere im Zusammenhang mit der veränderten Kommunikationskultur und den damit verbundenen gesellschaftlichen Veränderungen. Ihnen soll mit einer angemessenen Glaubenserziehung geantwortet werden, vor allem durch die Vermittlung eines authentischen, persönlichen Zeugnisses eines lebendigen Glaubens an Christus. Auf diese Weise lernen die Schüler*innen, Wahrheit von Lüge, Wichtiges von Unwichtigem, Glaube von Unglauben zu unterscheiden. Vielleicht werden sie dann selbst zu Vorbildern und zu Held*innen einer neuen Zeit, die Licht statt Dunkelheit, Freude statt Leid, Hoffnung statt Unsinn verbreiten.

Vorbilder und Held*innen (vgl. *Garmaz/Mendl* 2021, 1ff.) aus der traumatischen und kriegerischen Geschichte Kroatiens zeichnen sich durch Besonnenheit, Mut, Selbstbeherrschung und Gerechtigkeit aus. Da dies die Merkmale von Führung sind, lässt sich sagen, dass solche Held*innen als neue Führungspersönlichkeiten und mögliche Helden einer neuen, besseren und gerechteren Gesellschaft wünschenswert sind, insbesondere wenn sie auch über Tugenden verfügen, die das Wesen der Führung ausmachen, wie z. B. Großzügigkeit und Demut.

Vorbilder und Held*innen sind Indikatoren für die Heilung einer Gesellschaft, wie der Theologe Ivan Šarčević aus Sarajevo in seinem Buch »Vergebung und Erinnerung« behauptet (vgl. *Šarčević* 2021, 1ff.). ›Gesund‹ sind jene Individuen und Gemeinschaften, die ihre Vergangenheit erzählen, geleitet von Wahrheit und Gerechtigkeit, geleitet von der Verantwortung für die Folgen ihrer Worte und Geschichten. ›Gesund‹ sind aber auch diejenigen, die in der Lage sind, sich ihrer Vergangenheit zu stellen, sowohl der schmerzhaften als auch ihren gefährlichen Erinnerungen, und ihre Identität aufbauen können, ohne die Mythen des ewigen Opfers und der ewigen Sündenlosigkeit. Menschen, die verzeihen, die vergessen, die nicht an fruchtlosen Informationen und Wissen festhalten, sind geistig gesünder und ethischer. Sie zeigen auch mehr Solidarität mit Opfern außerhalb ihrer Gemeinschaft.

Zusammenfassend lässt sich daher feststellen, dass Verantwortung, Solidarität und Vergebung die Markenzeichen jener Vorbilder und Held*innen sind, die in

Kroatien, aber auch in Europa und darüber hinaus die Richtung des dringend benötigten interkulturellen und interreligiösen Dialogs (vgl. Garmaz/Mendl 2021, 253ff.) vorgeben können.

Literaturverzeichnis

Domazet, Anđelko, Einige Beobachtungen über den Patriotismus in Kroatien von seiner Unabhängigkeit bis heute, in: *Jadranka Garmaz / Maria Juen / Annamarie Hochreiner* (Hg), Mnogovrsne domovine – Vielfältige Heimat(en), Kommunikativ-theologische Perspektiven, Ostfildern 2020, 33–43.

Garmaz, Jadranka / Volarevic, Domagoj / Vuckovic, Ante, Places of Remembrance: Liturgy and Conflict, in: *Daniel Minch* u. a. (Hg.), Moving home. Bewegte Heimat. Theologische Diskurse über ein ambivalentes Konzept, Ostfildern 2023,145–155.

Garmaz, Jadranka / Mendl, Hans, Neki elementi međureligijske kompetencije iz perspektive vjeronaučne didaktike, in: Crkva u svijetu 56 (2021), Heft 2, 253–270.

Garmaz, Jadranka / Marunčić, Sabina, Međureligijska kompetencija u vjeronaučnoj nastavi u svjetlu enciklike Fratelli tutti, in: *Jadranka Garmaz / Andrej Šegula* (Hg.), Probuditi kreativnost: izazovi učenja i poučavanja u kontekstu pandemije i migracija. zbornik radova. Inciting creativity: learning and teaching challenges in the context of pandemic and migration. Conference proceedings, Crkva u svijetu, Split – Teološka fakulteta, Univerza v Ljubljani – Lehrstuhl für Religionspädagogik und Didaktik des Religionsunterrichts, Passau 2022, 81–94.

Garmaz, Jadranka, NOK i vjeronauk: religiozna kompetencija u školskom vjeronauku, in: Crkva u svijetu 47 (2012), Heft 4, 427–451.

Garmaz, Jadranka, Zwischen Beheimatung und Heimatlosigkeit im Glauben. Religionspädagogische Überlegungen, In: *Jadranka Garmaz / Maria Juen / Annamarie Hochreiner* (Hg.), Mnogovrsne domovine – Vielfältige Heimat(en). Kommunikativ-Theologische Perspektiven, Ostfildern 2020, 275–285.

Grümme, Bernhard, Aufbruch in die Öffentlichkeit? Reflexionen zum »public turn« in der Religionspädagogik, Bielefeld 2018.

Kimminich, Otto, Heimat, in: LThK ³IV (1995), Sp.1364–1365.

Periš, Josip / Šimić, Marina / Perčić, Ivana, U Korak s Isusom, Udžbenik za katolički vjeronauk, Zagreb 2021.

Perić Kaselj, Marina / Budak, Neven / Katunarić, Vjeran, Hrvatski nacionalni identitet u globalizirajućem svijetu, in: Migracijske i etničke teme 27 (2011), Heft 3, 453–456. (https://hrcak.srce.hr/78026; letzter Zugriff am 20.2.2024.).

Šarčević, Ivan, Opraštanje i sijećanje, Ex libris, Rijeka 2021.

Scharer, Matthias, Theme-Centered Interaction by Ruth C. Cohn. An Introduction, in: *Sylke Meyerhuber / Helmut Reiser / Matthias Scharer* (Hg.), Theme-Centered Interaction (TCI) in Higher Education. A Didactic Approach for Sustainable and Living Learning, Cham 2019, 57–95.

Tomašić, Humer Jasmina / Čorkalo, Biruški Dinka / Pavin, Ivanec Tea, Ethnic Identity and Patriotism in Adolescents: The Role of Age, Group Status and Social Context, in: Društvena istraživanja 30 (2021), Heft 4, 763–783 (https://doi.org/10.5559/di.30.4.06; letzter Zugriff am 24.2.2024.).

Biografische Zugänge zum Leben nach dem Tod?
Nahtoderfahrungen anhand der Lebensgeschichte von Eben Alexander

Johannes Heger

Für die Weggefährt*innen ist es die Stunde Null: Dort am Kreuz stirbt nach langem Leiden nicht nur ein Freund. Mit Jesus gerät auch ihre Hoffnung auf den rettenden Gott ins Wanken, von dem Jesus gesprochen hat. Haben sie sich im vermeintlichen Messias getäuscht? Ist ihr Glaube sinnlos? Doch alsbald verfliegen ihre Ängste: Als Christus zeigt sich Jesus (Mk 16,9; Lk 20,20; Apg 1,3), richtet sein Wort an die Verunsicherten (Mt 28,9), bekräftigt seine göttliche Sendung (Mt 28,19; Joh 20,21) und verspricht, bis zum Ende der Welt für alle Menschen da zu sein (Mt 28,20). Diese Ereignisse revitalisieren nicht nur das Vertrauen in Person und Botschaft Jesu. Dass durch *seine* Auferstehung dem Tod der Stachel genommen wurde (1 Kor 15,55), ist vielmehr der Urgrund des Auferstehungsglaubens sowie *der* Nukleus des gesamten christlichen Glaubens – bis heute.

Wird im Kontext religiöser Bildung thematisiert, was die Existenz Jesu im 21. Jahrhundert bedeutet, steht meist der Mensch Jesus im Mittelpunkt – als Lehrer diakonischer Liebe, Prophet, Mahner des Gotteswichtigen oder als Lehrer der Gottesbeziehung (*Mendl* 2005d, 183–202). Angesichts der Fragilität des Lebens in der Postmoderne wird als notwendige Ergänzung dieser Linien dafür votiert, auch Jesu Leiden (*Mendl* 2015b, 184–185.234–236) und damit seine »gebrochene Biografie« (*Mendl* 2018b, 111) religionsdidaktisch einzuholen. Schwerer tun sich akademische Religionspädagog*innen und in der Praxis religiöser Bildung Wirkende jedoch damit, den Zusammenhang *seiner* Auferstehung mit unserer heutigen Glaubenshoffnung herzustellen.

In aller Kürze ist damit ein anthropologisches und auch eschatologiedidaktisches Schlüsselproblem eingekreist: Denn jede*r muss sich ab dem Kindesalter bis hin aufs Sterbebett mit dem Tod und seiner Deutung auseinandersetzen (*Heger* 2024, Abs. 2.2; 2.3). Und dies in einer Zeit, in welcher der Tod teils aus dem öffentlichen Diskursraum gedrängt wird, technische Errungenschaften die schmerzhafteste Limitation des Menschen überwinden sollen und der empirisch-naturwissenschaftliche Weltzugang dominiert. Umso wichtiger erscheint es, Suchenden heute die abhandengekommene »Hoffnungsgewissheit« (*Schärtl* 2011, 153–161) des Auferstehungsglaubens als Deutungsoption plausibel anzubieten.

Vor diesem Hintergrund gewährt der folgende Beitrag als *eine* Bearbeitungsoption dieses Schlüsselproblems zum einen Einblicke in das Leben des ehemals atheistischen Arztes Eben Alexander, der durch eine Nahtoderfahrung (NTE) einen neuen Zugang zu seinem Leben, zur Welt und auch zur Religion gefunden hat. In den Denkspuren Hans Mendls gilt es an diesem Beispiel ferner auszuloten, inwiefern NTE generell im Kontext religiöser Lern- und Bildungsprozesse zum Themenfeld Eschatologie fruchtbar gemacht werden können.

Brückenbau über den »garstigen Graben« – Mendlsche Denkspuren

Als hermeneutischer Schlüssel für diese experimentelle Erkundungsreise dient eine zielorientierte Vergewisserung über drei zentrale Denkspuren, die sich durch das Werk des Jubilars ziehen. Hans Mendls Schaffen lässt sich im Sinne einer komprimierten Essenz als theoretisch gesättigter, zugleich praktisch ausgerichteter und stets innovativer Beitrag zum Brückenbau verstehen. Um den »garstigen Graben« zwischen religiöser Glaubenstradition und aktuellen Lebenserfahrungen zu überwinden (Mendl 2018a, 427; 2018b, 65; 2008, 85), trägt der Passauer Religionspädagoge als umsichtiger Konstrukteur maßgeblich zur Planung und Ausgestaltung tragender religionspädagogischer Brückenpfeiler bei:

Religiöse Bildung über die Möglichkeitsräume fremder Biografien: In konsequenter Abgrenzung zu einem Nachahmungslernen entwickelte Mendl im Rückgriff auf theologische sowie lernpsychologische Modelle (Mendl 2015b, 50–92) das Konzept des Biografischen Lernens. Durch die Begegnung mit fremden Biografien – so die Leitidee – werden Lernende mit unterschiedlichen Perspektiven zu Sachverhalten und Fragestellungen konfrontiert (v. a. von vorgestellten Biografien; Mitschüler*innen; Lehrkräften), um in diesem Deutungsraum ihre eigene Position prüfen, hinterfragen und (weiter-)entwickeln zu können. Insofern die so initiierten Impulse der Selbstvergewisserung dienen, steuert der Ansatz ferner der Identitätsbildung zu (Mendl 2015b, 83–86). Im Idealfall sollen die Möglichkeitsräume fremder Biografien also bei der Gestaltung der eigenen (Glaubens-)Biografie helfen (Mendl 2021, 265). Dabei sind es für Mendl nicht nur Jesus, biblische Figuren oder große Heilige, die zu denken und lernen geben (Mendl 2011, 190). Immer wieder reflektiert er neu über das »Personentableau« (Mendl 2021, 263–264; 2005d, 21–41) und lenkt den Blick gerade auf vermeintlich Peripheres: Auf die »Helden ... nebenan« (Mendl 2020), die »Local heroes« und Sinnfluencer*innen (Mendl/Lamberty/Sitzberger 2023, 73–77).

Im Mittelpunkt der Mensch: Die skizzierten Konturen des Biografischen Lernens offenbaren, worum es im Kern geht. Im Mittelpunkt von Hans Mendls (Religions-)Pädagogik steht der Mensch (Mendl 2004, v. a. 10–15), der sich ins Verhältnis zu (neuen) normativen Erwartungen setzen (Mendl 2023b, 56–59) und (religiöse) Lebensfragen freiheitlich bearbeiten soll. Auch beim Ausbuchstabieren weiterer Ansätze – wie dem Performativen Lernen – sind ihm dabei der »Respekt vor [dieser] Selbst-Konstruktion« (Mendl 2008, 86) sowie das Freiheitsmoment (Mendl 2016, u. a. 19, 36, 47f.; 2023a) zentral.

Das Prinzip Konstruktivismus: Motiviert durch diese Ausgangs- und Zielpunkte (Mendl 2004, 35–36; 2012, 105) und den Impetus, Glaube nicht behaupten, sondern verstehbar machen zu wollen (Mendl 2005a, 183–184), engagiert sich Mendl nicht zuletzt für eine konstruktivistische Religionspädagogik, die er als eine mögliche, aber notwendige Operationalisierung der Subjektorientierung (Mendl 2012, 106–107; 2005b, 10–11) bzw. eine »lerntheoretische Klammer« (Mendl 2015a, Abs. 1.3) begreift. Kennzeichen eines konstruktivistischen Religionsunterrichts sind für ihn u. a.

die Irritation kognitiven (Vor-)Wissens der Lernenden (Pertubation), die (ko-)konstruktive Suche nach lebenstauglichen Aneignungen von Wissensbeständen (Viabilität) als Lernweg sowie die Offenheit des Lernprozesses (*Mendl* 2005c, 34–36; 2015a, Abs. 2.2). In weitem Sinne eines solchen konstruktivistischen »Prinzips« sieht Mendl eine stimmige Orientierung für den gesamten Religionsunterricht (*Mendl* 2013, 23).

Eschatologiedidaktische Bausteine zu NTE

Aber wie lassen sich diese Denkspuren im eröffneten Horizont eschatologischer Fragen fruchtbar machen? Eine Antwort auf diese Frage fällt zunächst schwer, weil der maßgeblich naturwissenschaftlich-empirische Weltzugang des 21. Jahrhunderts in Spannung zu den Konzepten von Auferstehung und Jenseits steht (*Heger* 2024, Abs. 2.1). Wenig verwunderlich ist es daher, dass Jugendliche kaum mehr von selbst einen unmittelbaren Zugang zur Auferstehung (Jesu) entwickeln (*Heger* 2015, Absatz 1.2.2.). Etwas zugespitzt: Während Jesu Worte und Taten als Zeugnisse rechten Lebens in ihrem Vorbildcharakter weiterhin zugänglich sind, stellt es für Jugendliche und auch Erwachsene eine Hürde dar, *Jesu Auferstehung als personales Zeugnis* zu (re-)konstruieren und für ihr Leben fruchtbar zu machen.

Obwohl auch NTE die Grenzen zwischen Leben und Tod, zwischen Dies- und Jenseits überschreiten und vor allem durch die Narrationen von Betroffenen als personale Zeugnisse zugänglich sind, zeigt sich in ihrem Fall eine diametral abweichende Resonanz: NTE werden medial inszeniert, im öffentlichen Raum diskutiert und gehören damit zu den Phänomenen populärer Religion (*Knoblauch* 2009, 255–259). Der Reigen ihrer Inszenierung reicht von effekthascherischen Kinofilmen wie »Flatliners« (2010; 2017) bis hin zu literarisch anspruchsvollen Umsetzungen in Romanen wie Jon Fosses »Ein Leuchten« (2023). Diese Popularität wirkt sich auch auf kognitive Konstruktionen Jugendlicher aus: Wie empirische Untersuchungen greifbar machen, spielen NTE bei der Genese juveniler Jenseitsvorstellungen eine bedeutsame Rolle (*Erdmann* 2017, 197; *Ziegler* 2006, 163). Dass glaubhafte Zeug*innen – bspw. aus der eigenen Verwandtschaft – von solchen Erfahrungen berichten, verstärkt diese Effekte (*Streib/Klein* 2010, 60–62).

Von daher liegt es nahe, NTE als »Einladung zum Transzendieren« (*Thiede* 1999, 159) zu didaktisieren. Findige praxisorientiere Materialien zum Themenfeld Eschatologie – auch aus dem Wirkungskreis Hans Mendls (*Mendl/Schiefer Ferrari* 2008, 38f.) – verfahren teils in diesem Sinn. Allerdings ist weitgehend eine hermeneutische Unterscheidung in diesen Materialien auszumachen: Während im Kontext von Jesus und der Auferstehung der Toten maßgeblich theologisch gearbeitet wird, werden NTE in vorliegenden religions- und ethikdidaktischen Materialien vornehmlich naturwissenschaftlich reflektiert oder ihnen wird gar jedwede Bedeutsamkeit abgesprochen.

Fachwissenschaftliche Bausteine zu NTE

Im wissenschaftlichen Kontext sind NTE jedoch gerade deshalb interessant, weil sie ein interdisziplinäres Spielfeld, eine »Brücke zwischen Wissenschaft und Spiritualität« (van Lommel 2014, 27–28) sowie ein nicht abschließend geklärtes Phänomen darstellen. Um dieses fantastische Phänomen wissenschaftlich zu rekonstruieren, führte der Mediziner Raymond A. Moody mit ausgewählten Proband*innen Interviews. Anhand seines Datenmaterials konnte er aufzeigen, dass NTE nicht als individuelle Fantasiegeschichten oder pseudoreligiöse Spinnerei abgetan werden können. Denn zwischen den »Berichten aus dem Jenseits« zeigten sich trotz geschlechtlicher, religiöser, kultureller, alters- und bildungsbedingter Differenzen erhebliche Schnittflächen (Moody 2014, 38–116), die auch durch weitere Studien bestätigt wurden (Knüll 2023, 60.73–108): So berichten Betroffene unter anderem von einem Bewusstsein über den eigenen Tod, von Begegnungen mit Lichtphänomenen, von Gefühlen des Wohlseins und einer veränderten Rückkehr ins Leben.

Diese Entdeckungen plausibilisieren zwar bis heute die Existenz des Phänomens, können es allerdings nicht erklären. Zahlreiche biologische, medizinische und psychologische Untersuchungen versuchen unterdessen, diese Lücke zu füllen. Deren vielfältige, etwa in den Beiträgen des *Journal of Near-Death Studies* dokumentierte Ergebnisse lassen sich folgenden für die religionsdidaktische Kontextualisierung fruchtbaren Interpretationsmustern zuordnen:

Vertreter*innen des *halluzinatorisch-materialistischen Musters* sehen NTE als Halluzinationen. Aufgrund physiologischer Zusammenhänge – wie etwa Sauerstoffmangel oder Überschuss an Kohlenstoffdioxid – suggeriere das Gehirn Betroffenen jene Vorstellungen, die als Jenseits gedeutet würden. Dementsprechend gilt in diesem Muster der Körper bzw. das Gehirn als Träger des Bewusstseins. Nicht wenige Nahtodforscher*innen dekonstruieren dagegen die angedeuteten Begründungen, sprechen NTE einen Realitätswert zu und verweisen dabei auf die Grenzen empirischer Messbarkeit. Dabei gehen sie en gros davon aus, dass Bewusstsein auch losgelöst von Materie existieren kann (Schmied-Knittel 2011, 60–62; Engmann 2011, v. a. 35–96). Diesem *real-bewusstseinstheoretischen Muster* steuern auch jüngste Überlegungen zu, die auf Ansätzen der Quantenmechanik beruhen (Knüll 2023, 172–184).

Die Annahme, dass Bewusstsein auch losgelöst vom Körper existieren kann, macht sich auch das *metaphysische Muster* zu Nutze (Schulze 2011, 356–358). So interpretiert der Theologe Hans Kessler NTE bspw. als Hinweis auf einen außerkörperlichen Personkern, als bewahrende Instanz der Identität über den Tod hinaus (Kessler 2017, 646–648). Mit dem gewichtigen Vorwurf der Gefahr eines Leib-Seele-Dualismus widersprechen dem jedoch andere Theolog*innen. Zudem sei das metaphysische Muster auch erkenntnistheoretisch zu kritisieren, weil NTE als diesseitige Erfahrungen nicht für eschatologische Spekulationen taugen (bspw. Reményi 2016, 563; Mühling 2007, 161). Der Philosoph Godehart Brüntrup, der selbst eine NTE erlebt hat, teilt diese Einwände, akzentuiert aber anderweitig: Er billigt NTE im Sinne eines *spirituell-transzendentalen Musters* eine Dignität zu, weil sie »mystische Erfahrung[en]« bzw. »Erfahrung[en] der spirituellen Dimension der menschlichen

Existenz« seien, die das »normale Alltagsbewusstsein« überstiegen (*Brüntrup* 2023, 135–137; hier: 136).

Ohne den einzelnen Deutungen nachzugehen oder weitere aktuell diskutierte Fragen zu NTE auszuloten, fällt in der komplexen Konstellation aus Forschung und deren Deutungen auf: Wie NTE eingeordnet werden, ergibt sich weder als klares Ergebnis einer interdisziplinären wissenschaftlichen Auseinandersetzung noch aus der Wahl der Perspektive einer bestimmten Wissenschaftsdomäne. Religionsdidaktisch relevant ist dabei vor allem ein Detail: Besonders Theolog*innen zeigen sich gegenüber dem metaphysischen Muster zurückhaltend bis kritisch. Dagegen sieht bspw. der Physiker Wilfried Kuhn durch NTE das »materialistische Weltbild der Naturwissenschaften und somit das neurobiologische Dogma, dass Bewusstsein ohne Materie nicht existieren kann,« als durchkreuzt an (*Kuhn* 2014, 70). Und auch der Neurologe Birk Engmann billigt im Kontext entsprechender Erlebnisse »unterschiedliche[n] weltanschauliche[n] Deutungen« ihr Recht zu. Allerdings setzt er eine Grenze: NTE dürften nicht als eine Art Gottesbeweis überinterpretiert werden (*Engmann* 2011, 99–100).

Religionsdidaktische Potenziale im Umgang mit NTE – formale Linien

Im Kern ist es genau diese interdisziplinäre, offene und positionierungsbedürftige Signatur (*Brüntrup* 2023, 128–135), die NTE auch religionsdidaktisch interessant werden lassen. In ihrem Klangraum ergibt sich die Möglichkeit, vermeintlich abstrakte, hochtheologische Fragestellungen in ihrer bleibenden Aktualität angebunden an den interdisziplinären Diskurs zu integrieren – bspw.: Gibt es eine Seele? Ist diese an den Körper bzw. das Gehirn gekoppelt? Gibt es ein außerkörperliches bzw. überweltliches Bewusstsein? Existiert ein Jenseits?

Weil NTE als nachweisbare immanente Phänomene die Grenzen des empirisch-naturwissenschaftlichen Denkens sprengen, lösen sie bei Lernenden zunächst Irritation aus. Ohne weitere didaktische Inszenierung motivieren sie dadurch zu einer differenzierten Auseinandersetzung zu den genannten und vielen weiteren Fragen, die entlang der destillierten Muster geschehen kann. Durch einen solchen interdisziplinären Zugang wird zum einen implizit deutlich, dass der konstitutiv-rationale bzw. religiöse Weltzugang *eine* denkmögliche und plausible Perspektive zur Welterschließung darstellt (*Baumert* 2004, 108.113). Zum anderen kann im Sinne einer *konstruktivistischen Didaktik* exemplarisch illustriert werden, wie hermeneutisch verantwortet um erkenntnistheoretische und eschatologische Fragen gerungen werden kann (*Heger* 2024, Abs. 4.2).

Die Eignung von NTE als Lerngegenstände im Kontext eschatologischer Lern- und Bildungsprozesse ergibt sich neben dieser inhaltlichen Passung zugleich aus dem Interesse der Lernenden: Weil NTE relevant für die eschatologischen Konstruktionen Jugendlicher sind, stehen bei ihrer Reflexion nicht nur eschatologische oder erkenntnistheoretische Fragen im Mittelpunkt, sondern vor allem die Lernenden mit ihren Interessen *(Subjektorientierung)*.

Die letzte Anknüpfung an die skizzierten Mendlschen Denkspuren liegt nun auf der Hand: Um das hochabstrakte Deutungsspiel zwischen den Mustern in Gang zu bringen, stellen *biografische Zeugnisse* einen idealen Zugang dar.

Eben Alexanders Erkenntnisreise – religionsdidaktische Potenziale konkret

Die Lebensgeschichte Eben Alexanders, die er in seinem Bestseller »Blick in die Ewigkeit« (*Alexander*, 2016) anschaulich erzählt, bietet sich als *eine* kritisch-konstruktiv einzuordnende Option an, um diesen insinuierten Lernweg mit Leben zu füllen. Der 1953 geborene Sohn einer Medizinerdynastie beschloss schon in jungen Jahren, in die Fußstapfen seines Adoptivvaters zu treten. Von dessen Begeisterung für die Wissenschaft lässt er sich anstecken, eifert seinem Vorbild nach und avanciert zu einem angesehenen Neurochirurgen. Zugleich ist er liebevoller Ehemann und Vater, der zur Bestärkung des Vater-Sohn-Verhältnisses sogar intensives Konditionstraining absolviert, um mit seinem Sohn den Cotopaxi auf Ecuador zu besteigen. Auch ein Hobby seiner Jugendzeit – das Fallschirmspringen – illustriert die Abenteuerlustigkeit, die Lebenslust und Vitalität des Arztes.

Alexander sagt über sich selbst, er habe sich in dieser Phase seines Lebens »ganz der Wissenschaft verschrieben« (*ebd.*, 18). Als Neurochirurg hatte er es zwar gelegentlich mit Patient*innen zu tun, die von NTE berichtet hatten. Doch reflektiert er diese weitgehend im Sinne des halluzinatorisch-materialistischen Musters. Für ihn war das Gehirn nicht mehr als »eine Maschine, die das Phänomen Bewusstsein erzeugt« (*ebd.*, 57) – oder auch entsprechend Halluzinationen. Wie das Meer den Strand abträgt, so sei sein wissenschaftliches Weltbild lang dafür verantwortlich gewesen, dass er nicht in der Lage war, an Gott oder »an etwas Größeres zu glauben.« (*ebd.*, 56) NTE in anderen Mustern oder sogar metaphysisch auszudeuten, wäre für ihn nicht in Frage gekommen. Vielmehr lebte er das vermeintlich volle Leben – wissenschafts- und weltzugewandt.

Doch im Jahr 2008 widerfährt Alexander das Unfassbare, das letztlich zu einer »vollkommene[n] Metamorphose [s]eines Lebens und [s]einer Weltsicht« (*ebd.*, 16) führt: Nach einer Israelreise erkrankt er an einer schweren Meningitis und fällt in einen komatösen Zustand. Die Ärzte ringen um sein Leben, ohne allerdings diagnostische oder therapeutische Fortschritte zu machen. Schließlich raten sie Alexanders Familie sogar, die lebenserhaltenden Maschinen abzustellen. Doch während sich in seinem Krankenzimmer die Aussichten verengen und die Stimmungslage sich verdunkelt, weitet sich nicht nur sprichwörtlich der Blick des Neurochirurgen. Bei seiner NTE realisiert Alexander sich selbst als postmortales »Ich« – als »Bewusstsein ohne Erinnerung oder Identität« – und zwar an einem Ort, den er als »pulsierende Dunkelheit« sowie als »urumfänglich« beschreibt.

Diesem »Reich der Regenwurmperspektive« zu entkommen (*ebd.*, 48–52) gelingt nur durch den »Anker« seiner Familie. Der teils im Gebet geleistete Beistand an seinem Krankenbett dringt auch während Alexanders komatösem Zustand in sein

Bewusstsein (*ebd.*, 53–58). Mitten in diesem Schwebezustand zwischen Dies- und Jenseits erscheint Alexander im Dunkel ein Lichtwesen, das er zurückhaltend als Engelsgestalt deutet. Die nonverbal vermittelte, aber dennoch klare Botschaft dieser Lichtgestalt an den Skeptiker besteht aus einem eindringlichen Dreiklang, den er als intensive Realität (»Hyperrealität«) wahrnimmt (*ebd.*, 59–64.100–107):

> Du wirst geliebt.
> Du hast nichts zu befürchten.
> Du kannst nichts falsch machen.

Bestärkt durch diese transformierende Botschaft ändert sich für Alexander alles: Er »versteht«, dass er »Teil des Göttlichen« ist und akzeptiert jene anfänglich als angsteinflößend empfundene Dunkelheit der Regenwurmperspektive als seinen Zustand (*ebd.*, 111–115). Diese vollzogene Transformation erlaubt ihm schließlich den Sprung zurück ins Leben.

Wie ein Wunder nach sieben Tagen aus dem Koma erwacht, findet er sich zwar auf derselben Welt wieder, erlebt sich und seine Umgebung jedoch deutlich verändert. Durch die Kenntnis der eigenen Adoption und damit verbundener Probleme war Alexander vor seiner »Reise ins Jenseits« über Jahre hinweg in eine tiefe Depression verfallen und neigte zum übermäßigen Alkoholkonsum. Nichts konnte ihm aus diesem Tief helfen. Die Botschaft der Lichtgestalt, dass er schon immer geliebt sei, »heilte« ihn jedoch mit einem Schlag »umfassend«. Aber nicht nur das: Die empfundene Verbindung mit dem Göttlichen übertrug sich insgesamt auf Alexanders Dasein und ist seitdem als Gefühl von »Ganzheit« präsent (*ebd.*, 99).

Nicht weniger interessant als diese emotionale Transformation ist die fundamentale Verschiebung seiner erkenntnistheoretischen Prämissen. Durch die eigene Erfahrung angestoßen, gelangte Alexander zur Überzeugung, dass Wissenschaft und Spiritualität nicht nur koexistieren, sondern auch harmonisch vereint werden können (*ebd.*, 106). Konkret bedeutet das für ihn, zwischen einem irdisch zugänglichen und wissenschaftlich einholbaren Wissen auf der einen und einem »transirdischen Wissen« auf der anderen Seite zu unterscheiden. »Wahres Denken« sei vorkörperlich, es sei ein »Denken hinter dem Denken«, das jedoch nur im Modus eines »wahren spirituellen Selbst« jenseitig zugänglich sei. Im Jetzt und Hier könne man nur eine Ahnung über dieses Mehr erhalten (*ebd.*, 116–124). Indem der einstige Skeptiker mit diesem integrativen Modell versucht, sein altes, naturwissenschaftliches Ich und sein neues, spirituelles Ich auch erkenntnistheoretisch zu vereinen, wandelt Alexander nunmehr auf den Spuren des spirituell-transzendentalen und zugleich metaphysischen Musters.

Beseelt von der Überzeugung, dass dies die wichtigste Geschichte sei, die er je zu erzählen hätte, will Alexander auch anderen Menschen von seinen Erfahrungen berichten und sieht sich selbst de facto *als personales Zeugnis für eine höhere Wirklichkeit* (*ebd.*, 21). Jedoch hilft ihm seine Profession als Neurochirurg dabei, nicht (gänzlich) in den Straßengraben der Esoterik abzudriften. In seinen populärwissenschaftlichen Publikationen sowie in fachwissenschaftlichen Aufsätzen versucht Alexander, das ihm Widerfahrene auch naturwissenschaftlich einzuholen (bspw. 2012; 2015).

Damit erweist sich seine leicht durch diese unterschiedlichen Quellen rekonstruierbare Lebensgeschichte als hochgradig resonanzfähig für die angestellten Überlegungen: Alexanders eigener Zugang zu NTE eröffnet die Möglichkeit, die skizzierten Deutungsmuster nicht nur abstrakt, sondern an einem spannenden Beispiel zu rekonstruieren, kritisch (!) zu reflektieren und zu diskutieren. Zudem verdeutlicht Alexanders vollzogene Transformation exemplarisch, dass Deutungen der NTE sowie aller Lebensfragen auch biografischen Entwicklungsprozessen unterliegen.

Vom Biografischen Lernen im weiteren Sinn und der Hoffnung auf Hoffnung

Im zurückliegenden Beitrag wurden NTE nun in die Nähe von Jesu Auferstehung sowie von Hans Mendls Ansatz des Biografischen Lernens gerückt. Um die Intention des Beitrags gegenüber Missverständnissen zu bewahren, bedarf es abschließend der Markierung zweier Differenzen:

Zunächst darf das persönliche Zeugnis von Eben Alexander nicht fälschlicherweise auf einer Ebene mit Jesu Auferstehung analogisiert werden. Im Sinne der theologischen Kritik am metaphysischen Deutungsmuster der NTE bleibt zu betonen, dass sie ein deutungsbedürftiges Phänomen *vor* der Todesschwelle darstellen. Allerdings bieten NTE die religionsdidaktische Chance, erkenntnistheoretische und eschatologische Fragen entsprechend der Interessen von Jugendlichen auszuloten. Das Vertrauen, das dabei persönlichen Zeugnissen entgegengebracht wird, lädt nicht zuletzt zur Frage ein, was NTE wie die von Eben Alexander und was Jesu Auferstehung *für mich* heute bedeuten *können* – und was *nicht*. Im Wechselspiel der Deutungsmuster sowie religiöser und naturwissenschaftlicher Zugänge können Jugendliche in den entfalteten Bahnen diese relevanten Glaubens- und Lebensfragen für sich multiperspektivisch und freiheitlich bearbeiten.

So sehr diese Signa Hans Mendls lerntheoretischen Prämissen entsprechen, so bedingt fügt sich die skizzierte Biografie in das Theoriegerüst des Biografischen Lernens ein: Weder aktualisiert der Neurochirurg nämlich die christliche Glaubensbotschaft, noch kann diese Biografie als vorbildhaft für Identitätsbildung gelten. Allerdings eröffnet Alexanders Zeugnis einen Deutungsraum, in dem ausgelotet werden kann, worauf jetzt und in Zukunft (im Glauben) zu hoffen und was Spekulation oder sogar Esoterik ist. So kann der Einsatz von NTE als *ein* tragfähiger Baustein zum religionsdidaktischen Brückenbau im *weiteren Sinn des Biografischen Lernens* verstanden werden.

Dass sich diese Erweiterung lohnt, kann mit einer Sentenz Bertram Stubenrauchs begründet werden. Der Dogmatiker notiert für die Relevanz der Forschung: »Wenn auch nur ein Mensch durch NTE zu mehr Hoffnung und Liebe fand, dann ist es der Mühe wert, dass man sie dokumentiert und weiter erforscht.« (*Stubenrauch* 2007, 274) Im hier entwickelten Sinn ist dem hinzuzufügen: Wenn nur einige Lernende angestoßen durch NTE vertieft über den Grund ihrer Hoffnung nachdenken (1 Petr 3,15), dann lohnt es sich, die Potenziale der NTE auch religionspädagogisch kritisch-konstruktiv weiter zu bedenken – um Gottes und der Lernenden willen.

Literaturverzeichnis

ALEXANDER, EBEN, My Experience in Coma, in: AANS Neurosurgeon 21 (2012), No. 2.

ALEXANDER, EBEN, Near-Death Experiences. The Mind-Body Debate & the Nature of Reality, in: Missouri Medicine 112 (2015), No. 1, 17–21.

ALEXANDER, EBEN, Blick in die Ewigkeit. Die faszinierende Nahtoderfahrung eines Neurochirurgen, München 2016.

BAUMERT, JÜRGEN, Deutschland im internationalen Bildungsvergleich, in: *Nelson Killius* u. a. (Hg.), Die Zukunft der Bildung, Frankfurt a. M. 2004, 100–150.

BÜNTRUP, GODEHARD, Erinnerungen an die Erfahrung des eigenen Todes. Eine philosophische Interpretation der »Nahtoderfahrung«, in: *Sebastian Gäb / Georg Gasser* (Hg.), Philosophie der Unsterblichkeit, Stuttgart 2023, 119–139.

ENGMANN, BIRK, Mythos Nahtoderfahrung, Stuttgart 2011.

ERDMANN, PETER, Jugend und Jenseits, Münster 2017.

HEGER, JOHANNES, Art. Passion und Auferstehung, bibeldidaktisch, Sekundarstufe, in: WiReLex 2015 (https://bibelwissenschaft.de/stichwort/100041/; letzter Zugriff am 20.9.2024).

HEGER, JOHANNES, Eschatologie, in: WiReLex 2024 (https://bibelwissenschaft.de/stichwort/100164/; letzter Zugriff am 6.4.2024).

KESSLER, HANS, Personale Identität und leibliche Auferstehung. Systematisch-theologische Überlegungen. Response auf Georg Gasser, in: *Georg Gasser / Ludwig Jaskolla / Thomas Schärtl* (Hg.), Handbuch für analytische Theologie, Münster 2017, 641–666.

KNOBLAUCH, HUBERT, Populäre Religion. Auf dem Weg in eine spirituelle Gesellschaft, Frankfurt a. M. 2009.

KNÜLL, WOLFGANG, Nahtoderfahrungen: Blick in eine andere Welt. Aktuelle Antworten der Wissenschaft, Ostfildern 2023.

KUHN, WILFRIED, Die Grenzen des materialistischen Weltbildes. Warum die Nahtoderfahrung neurobiologisch nicht vollständig erklärt werden kann, in: *Tobias Kläden* (Hg.), Worauf es letztlich ankommt: Interdisziplinäre Zugänge zur Eschatologie, Freiburg 2014, 49–70.

MENDL, HANS, Im Mittelpunkt der Mensch. Prinzipien, Möglichkeiten und Grenzen eines schülerorientierten Religionsunterrichts, Winzer 2004.

MENDL, HANS, Ein Zwischenruf. Konstruktivismus und Tradition, in: *ders.* (Hg.), Konstruktivistische Religionspädagogik. Ein Arbeitsbuch, Münster 2005, 177–187.

MENDL, HANS, Konstruktivismus, pädagogischer Konstruktivismus, konstruktivistische Religionspädagogik. Eine Einführung, in: *ders.* (Hg.), Konstruktivistische Religionspädagogik. Ein Arbeitsbuch, Münster 2005, 9–28.

MENDL, HANS, Konstruktivistische Religionsdidaktik. Anfragen und Klärungsversuche, in: *ders.* (Hg.), Konstruktivistische Religionspädagogik. Ein Arbeitsbuch, Münster 2005, 29–47.

MENDL, HANS, Lernen an (außer-)gewöhnlichen Biografien. Religionspädagogische Anregungen für die Unterrichtspraxis, Donauwörth 2005.

MENDL, HANS, Religion erleben. Ein Arbeitsbuch für den Religionsunterricht, München ³2008.

MENDL, HANS, »Darf's ein bisschen weniger sein?«. Die Bedeutung von Helden des Alltags für Lernprozesse im Glauben, in: *Martin Rothgangel / Hans Schwarz* (Hg.), Götter, Heroen, Heilige. Von römischen Göttern bis zu Heiligen des Alltags, Frankfurt a. M. 2011, 185–204.

MENDL, HANS, Konstruktivistische Religionspädagogik, in: *Bernhard Grümme / Hartmut Lenhard / Manfred L. Pirner* (Hg.), Religionsunterricht neu denken. Innovative Ansätze und Perspektiven der Religionsdidaktik, Stuttgart 2012, 105–118.

MENDL, HANS, Konstruktivismus. Eine tragfähige Theorie für eine zukunftsfähige Religionspädagogik!, in: Religionspädagogische Beiträge 69 (2013), 17–23.

MENDL, HANS, Konstruktivistischer Religionsunterricht, in: WiReLex 2015 (https://bibelwissenschaft.de/stichwort/100021/; letzter Zugriff am 6.3.2024).

MENDL, HANS, Modelle – Vorbilder – Leitfiguren. Lernen an außergewöhnlichen Biografien, Stuttgart 2015.
MENDL, HANS, Eine kurze Geschichte des Performativen. Ein kritischer Literaturbericht, in: *ders.* (Hg.), Religion zeigen – Religion erleben – Religion verstehen. Ein Studienbuch zum Performativen Religionsunterricht, Stuttgart 2016, 10–49.
MENDL, HANS, Korrelation und Bibeldidaktik, in: *Mirjam Zimmermann / Ruben Zimmermann* (Hg.), Handbuch Bibeldidaktik, Stuttgart ²2018, 427–432.
MENDL, HANS, Religionsdidaktik kompakt. Für Studium, Prüfung und Beruf, München 2018.
MENDL, HANS, Helden wohnen nebenan. Lernen an fremden Biografien, Ostfildern 2020.
MENDL, HANS, Biografisches Lernen, in: *Burkard Porzelt / Konstantin Lindner / Eva Stögbauer-Elsner* (Hg.), Studienbuch Religionsdidaktik, Bad Heilbrunn 2021, 256–266.
MENDL, HANS, Performative Religionsdidaktik 2.0, in: *Bernhard Grümme / Manfred L. Pirner* (Hg.), Religionsunterricht weiterdenken. Innovative Ansätze für eine zukunftsfähige Religionsdidaktik, Stuttgart 2023, 14–28.
MENDL, HANS, Subjektorientierung unter Druck: Neue Normative in der (Religions-)Pädagogik, in: Religionspädagogische Beiträge 46 (2023), Heft 1, 53–64.
MENDL, HANS / SCHIEFER FERRARI, MARKUS (Hg.), Religion vernetzt 10: Unterrichtswerk für katholische Religionslehre an Gymnasien, München 2008.
MENDL, HANS / LAMBERTY, ALEXANDRA / SITZBERGER, RUDOLF, Influencer, Christfluencer, Sinnfluencer. Das didaktische Potenzial von Selbstpräsentationen in digitalen Welten, in: *André Schütte / Jürgen Nielsen-Sikora* (Hg.), Wem folgen?, Berlin/Heidelberg 2023, 65–79.
MOODY, RAYMOND A., Leben nach dem Tod. Die Erforschung einer unerklärlichen Erfahrung, Reinbek bei Hamburg ¹⁶2014.
MÜHLING, MARKUS, Grundinformation Eschatologie. Systematische Theologie aus der Perspektive der Hoffnung, Göttingen 2007.
REMÉNYI, MATTHIAS, Auferstehung denken. Anwege, Grenzen und Modelle personaleschatologischer Theoriebildung, Freiburg 2016.
SCHÄRTL, THOMAS, Eschatologie und christliche Hoffnungsgewissheit, in: *Jürgen Werbick / Sven Kalisch / Klaus von Stosch* (Hg.), Glaubensgewissheit und Gewalt. Eschatologische Erkundungen in Islam und Christentum, Paderborn 2011, 153–175.
SCHMIED-KNITTEL, INA, Physik der Unsterblichkeit. Nahtod-Forschung und Überlebenshypothesen, in: *Dominik Groß* u. a. (Hg.), Who wants to live forever? Postmoderne Formen des Weiterwirkens nach dem Tod, Frankfurt a. M. 2011, 55–76.
SCHULZE, CHRISTIANE, Zur Phänomenologie und Bedeutung von Nahtoderfahrungen, in: *Patrick Becker / Ursula Diewald* (Hg.), Zukunftsperspektiven im theologisch-naturwissenschaftlichen Dialog, Göttingen 2011, 346–366.
STREIB, HEINZ / KLEIN, CONSTANTIN, Todesvorstellungen von Jugendlichen und ihre Entwicklung, in: *Rudolf Englert* u. a. (Hg.), Was letztlich zählt – Eschatologie (Journal für Rechtspolitik 26), Neukirchen-Vluyn 2010, 50–75.
STUBENRAUCH, BERTRAM, Was kommt danach? Himmel, Hölle, Nirwana oder gar nichts, München 2007.
THIEDE, WERNER, Todesnähe-Forschung. – Annäherung an die Innenseite des Todes? Zur Geschichte und Hermeneutik der Thanatologie, in: *Hubert Knoblauch / Hans-Georg Soeffner* (Hg.), Todesnähe: Wissenschaftliche Zugänge zu einem außergewöhnlichen Phänomen, Konstanz 1999, 159–186.
VAN LOMMEL, PIM, Endloses Bewusstsein. Neue medizinische Fakten zur Nahtoderfahrung, Düsseldorf 2009.
ZIEGLER, TOBIAS, Jesus als »unnahbarer Übermensch« oder »bester Freund«? Elementare Zugänge Jugendlicher zur Christologie als Herausforderung für Religionspädagogik und Theologie, Neukirchen-Vluyn 2006.

Wenn die Zeitzeug*innen gehen
Antisemitismuskritische Bildung durch VR-Experiences

Mirjam Schambeck sf

Es beschämt und verwundert zugleich, mit welcher Vehemenz antisemitische Vorfälle global, in Europa und auch in Deutschland auf die Straßen zurückgekehrt sind (*European Union Agency for Fundamental Rights* 2018). Die Bandbreite reicht von Beleidigungen und Hasstiraden im Netz, über Beschimpfungen und Diskriminierungen im Alltag bis hin zu gewalttätigen Überfällen und tätlichen Angriffen (vgl. *ebd.*, 21–29; Schwarz-Friesel 2019). Dass ›Du Jude‹ zu den gebräuchlichsten Schimpfwörtern auf Schulhöfen in Deutschland mutiert und selbst von Lehrpersonen unbehelligt stehen gelassen wird, ist eine Beobachtung, die zudem nachdenklich stimmt (vgl. Bernstein 2020, 14). Antisemitismus, der nie aus dem gesellschaftlichen Repertoire verschwunden ist, kehrt an die Oberfläche zurück und »normalisiert« sich (vgl. *ebd.*, 11). Der aktuelle Krieg in Israel/Palästina, der durch das brutale Massaker der Hamas am 7. Oktober 2023 ausgelöst wurde, befeuert auf seine Weise Stereotypisierungen, Kollektivierungen und Homogenisierungen jüdischer Menschen. Der Konflikt trägt dazu bei, die Politik des Staates Israel mit Jüdinnen und Juden gleichzusetzen und damit die vorherrschende Form des Antisemitismus anzuheizen, nämlich die Partei- und Staatspolitik in Israel mit Einstellungen und Haltungen konkreter Menschen zu verwechseln (sog. israelbezogener Antisemitismus).

Dieser hier in nur wenigen Strichen angedeutete Schmelztiegel des Antisemitismus lässt nicht nur die Frage aufkommen, wie es gesellschaftspolitisch in Deutschland wieder so weit kommen konnte, dass Jüd*innen diskriminiert werden und sich in ihrer Existenz verunsichert fühlen; die Frage stellt sich auch auf dem Hintergrund einer fast 50-jährigen Geschichte von *Holocaust Education* quer durch alle Schularten und Klassenstufen (vgl. Biemer 1980). Wie kommt es, dass die vielen und vielfältigen (schulischen) Auseinandersetzungen mit dem Holocaust und den Schrecknissen der Naziherrschaft Menschen nicht besser davor schützen, in die mörderische Falle des Antisemitismus abzugleiten? Wie können junge Menschen überhaupt mit diesem Thema erreicht werden? Welche Rolle spielt die Auseinandersetzung mit dem Holocaust und den gegenwärtigen Antisemitismen für sie und was bedeutet dies für zukünftige (schulische) Bildungsangebote? Welcher Beitrag kommt hier religiöser Bildung zu und wie muss sie konturiert werden, noch dazu, da immer mehr Zeitzeug*innen sterben und so eine wirkmächtige Auseinandersetzung mit dem Holocaust verloren geht?

Der folgende Beitrag geht diesen Fragen nach, indem er Ergebnisse einer aktuellen Studie zur Haltung der Generation Z (Geburtsjahrgänge um die sog. ›Nuller-Jahre‹) zum Nationalsozialismus als Anstoß nimmt, um von dort aus Bildungsangebote in den Blick zu nehmen, die junge Menschen zu einer adäquaten Auseinandersetzung mit dem Holocaust befähigen sollen. Damit einher geht der Impuls, Bildungsangebote zu entwickeln, die helfen, Antisemitismen erkennen und dagegen vorgehen zu können. Perspektiviert werden diese Überlegungen durch die Tatsache, dass immer weniger Zeitzeug*innen fähig sind, (öffentlich) zu sprechen sowie durch den Problemhorizont, wie deren wertvoller Beitrag auch für zukünftige Generationen z. B. über VR-Experiences erhalten werden kann. Damit wird die Vorbildthematik, die diese Freundesgabe für Hans Mendl ausmacht, unmittelbar aufgegriffen und an einem Thema plausibilisiert, das einerseits von fehlenden Vorbildern des Widerstands gezeichnet ist, andererseits Vorbilder, wie sie der Widerstand gegen den Nationalsozialismus hervorgebracht hat, in ihrer Bedeutung für heute ins Spiel bringt. Drittens schließlich ist der vorliegende Beitrag motiviert, in Auseinandersetzung mit den Zeitzeug*innen je neu die Opfer totalitärer Ideologien ins Bewusstsein zu rücken und damit die konkreten Betroffenen und deren persönliche Schicksale zum Sprechen zu bringen und daraufhin zu befragen, was dies für unser heutiges Agieren bedeutet. Indem die Zeitzeug*innen und ihre Zeugnisse beleuchtet werden, wird zudem eine wichtige Ausfaltung *antisemitismuskritischer Bildung* angesprochen, die zumindest skizziert und für die weitere Diskussion geöffnet werden soll, um abschließend die Brisanz und Ausrichtung von Bildungsangeboten im Sinne antisemitismuskritischer Bildung zu veranschaulichen.

Die Arolsen-Studie zur Haltung der Generation Z gegenüber dem Nationalsozialismus

Wer die Surveys »Youth and history« (vgl. *Angvik/Borries* 1997) kennt und sich z. B. noch an das bestürzende Ergebnis einer repräsentativen Umfrage der Körber-Stiftung 2017 erinnert, in der zu Tage trat, dass vier von zehn Schüler*innen ab 14 Jahren nicht wissen, dass Auschwitz-Birkenau ein Konzentrations- und Vernichtungslager war (vgl. *Körber-Stiftung* 2017), wird erstaunt sein, welch überraschend hohes Interesse der Generation Z an der NS-Zeit konstatiert wird. Faktenwissen oder auch Nicht-Wissen kann also nicht gleichgesetzt werden mit fehlendem Interesse oder dem Anliegen, mehr über Geschichte zu erfahren.

Zu diesem Ergebnis kam eine Studie, die im Auftrag der *Arolsen Archives*, dem *International Center on Nazi Persecution*, durchgeführt und im Januar 2022 veröffentlicht wurde. Konzipiert als repräsentative Studie (in Bezug auf Alter, Geschlecht und Region), teilte sich die Untersuchung in eine qualitativ empirische Phase, in der Tiefeninterviews und Gruppendiskussionen mit 100 Proband*innen erhoben wurden, sowie eine quantitativ empirische Phase mit insgesamt 1058 Befragten. Die Interviewten setzten sich aus Jugendlichen und jungen Erwachsenen zwischen 16 und 35 Jahren zusammen, denen als Vergleichsgruppe deren Elterngeneration, also Erwachsene zwischen 40 und 60 Jahren, gegenübergestellt wurden (vgl. *Arolsen Archives* 2022, 6–8). Ohne diese Studie zu stark zu gewichten, sollen deren Ergebnisse im Folgenden zumindest skizziert werden, weil sie eine der aktuellsten in einem zudem wenig beforschten Gebiet ist. Daraus lassen sich Möglichkeiten und Anforderungen an Bildungsangebote formulieren, um Schüler*innen zu befähigen, aus der Geschichte zu lernen und Antisemitismus heute zu vermeiden.

Hohes Interesse zwischen Faszination und Erschaudern

Ein erster und überraschender Befund zeigt, dass das Interesse der Generation Z an der NS-Zeit mit 75 % erstaunlich hoch ist und zudem noch das der Elterngeneration, die auf 66 % rangiert, übertrifft. Während sich die Älteren in den qualitativen Settings auch in emotionaler Hinsicht distanzierter zeigten, sprachen die Proband*innen der Generation Z von einer »enorme[n] Faszination, aber auch [...] [von der] Unheimlichkeit dieses Themas« (ebd., 1). Damit stellt sich die Frage, was genau diese Einschätzung und dieses Interesse bedingen. Herausgearbeitet werden konnte, dass die Generation Z erstens kein Gefühl persönlicher Schuld (mehr) verspürt und damit einen unverstellteren und unmittelbareren Zugang auf die NS-Zeit hat. Zweitens die NS-Zeit mit ihrer Dominanzkultur, in der die Staatsideologie vorgab, was zu denken und zu glauben sei, als faszinierendes Gegenbild zur multioptionalen Bereitstellungskultur und ihren Überforderungen gesehen wird. Drittens wird deutlich, dass die Auseinandersetzung mit der NS-Zeit und ihren Gräueltaten als eine »Art psychologischer Mutprobe« (ebd., 2) verstanden wird.

Anders als in bisherigen Studien zur Holocaust Education und ihren Herausforderungen (vgl. *Boschki* 2007, 354–362; *Wetzel* 2008) gibt die Arolsen-Studie zu bedenken, dass der Abstand der inzwischen fünften Generation nach Auschwitz nicht nur als Hindernis für die Auseinandersetzung mit der NS-Zeit zu bewerten sei. Wurde bislang die persönliche Betroffenheit über Eltern- oder Großelterngenerationen als wichtiges Movens für die Beschäftigung mit der NS-Zeit und dem Holocaust gesehen, zeigt die Arolsen-Studie, dass das Gefühl, keine persönliche Schuld an den Gräuel der NS-Zeit zu haben, (jungen) Menschen erlaubt, offener und freier auf die Vergangenheit zuzugehen. Man könnte fast sagen, dass die Extremzeit des NS-Regimes und der Holocaust faszinieren und zugleich abschrecken und erschaudern lassen. Damit stellt sich die Frage, welche Akzente sich daraus für die Konzeption von Bildungsangeboten gewinnen lassen.

Weder das (bisherige) Argument der Übersättigung mit dem Thema Holocaust in der Schule aufgrund dessen Omnipräsenz noch die Informiertheit, die die Öffentlichkeit über deren Gedenk- und Erinnerungskultur sowie die Medien erreicht, treffen nach den Ergebnissen der Arolsen-Studie für junge Menschen zu. Das Thema ist neu, interessant und wissenswert, und zwar für heute: »Ich kann nichts für damals, aber ich kann etwas für heute« (*Arolsen Archives* 2022, 2).

Begegnung mit der Geschichte, um die Gegenwart besser zu verstehen

Gerade die von Bodo von Borries geforderte Notwendigkeit des Geschichtsbewusstseins – also dass Historie nicht um der Historie willen gelernt, sondern für die Gegenwart gedeutet wird (vgl. *Borries* 1998) – unterstreicht die Ergebnisse der Arolsen-Studie. Geschichte interessiert, weil sie zum Nachdenken anregt. Junge Menschen wollen verstehen, was *heute* passiert. 48 % der Befragten sehen Bezüge zwischen den aktuellen gesellschaftspolitischen Entwicklungen und der NS-Zeit. Was damals passiert ist, erinnert sie an heute, wie z. B., dass die Aggressionsbereitschaft in so vielen gesellschaftlichen Gruppen steigt, Nationalismus und Antisemitismus zunehmen, nationalistische rechte Parteien an Bedeutung gewinnen, Verschwörungstheorien aufkommen, um nur einige wahrgenommene Parallelen zu nennen (vgl. *Arolsen Archives* 2022, 18).

Besonders deutlich wird von den jungen Menschen der Zusammenhang zwischen heutigen Fake News und der NS-Propaganda wahrgenommen. Die Spaltung, die durch Falschinformation und Hetze befördert wird, und die Mechanismen, bestimmte Gruppen zu diskriminieren und zu marginalisieren – damals wie heute Jüd*innen und ›Fremde‹ –, erschrecken die Befragten und steigern zugleich die Sensibilität, gegenüber Rassismus aufmerksamer zu werden. Das gilt auch für Befragte mit Migrationserfahrungen. Ihre eigenen Diskriminierungserfahrungen werden für sie zum Zugang zur Lebenswirklichkeit in der NS-Zeit (vgl. *ebd.*, 4) und machen erkennbar, wie Ideologien immer wieder Menschen zu Opfern degradieren.

All dies lässt die Befragten die Auseinandersetzung mit der Geschichte als einen Weg erkennen, den herausfordernden Themen, die sich jetzt auftun, besser begegnen zu können, wie es eine junge Frau aus Sachsen beschreibt: »Unsere Welt ist unfassbar komplex. Die Geschichte ist ein Versuch, das Ganze zu verstehen.« (vgl. *Arolsen Archives* 2022 Langfassung, 24)

Zur Bedeutung von Zeitzeug*innen

Genauso motiviert die zweite Beobachtung der Studie, gegenwärtige Bildungsangebote (neu) zu akzentuieren. Die Faszination der Generation Z an der identitären Weltauffassung der Nazis einerseits und die Unheimlichkeit dieser dunklen Kapitel andererseits, beschäftigen die befragten jungen Leute. Die von oben her vorgegebenen Richtlinien, wie man denken und leben soll, stellen ein Extrem zu ihrer erlebten und oft auch als überfordernd empfundenen multioptionalen Bereitstellungskultur dar. Insofern wird erklärbar, warum ein kleiner Anteil in der einfachen und gleichzeitig menschenverachtenden Doktrin der Nazis eine Lösung für ihr Leben findet und Sympathien für rechtes Gedankengut pflegt (vgl. *Arolsen Archives* 2022 Langfassung, 23).

Bildungsangebote, die die NS-Zeit bearbeiten, tun vor diesem Hintergrund gut daran, die faschistische Ideologie in ihren unmenschlichen Auswirkungen auf konkrete Menschen zu zeigen. Wenn klar ist, dass das völkische Denken dazu führt, Freund*innen mit Migrationserfahrungen auszuschließen oder Menschen mit *special needs* auszugrenzen, wird erkennbar, dass die identitären Gedankenspiele nicht einfach Lösungsmuster sind, die in einer komplexen Welt Orientierung und Sicherheit geben. Vielmehr zeigt sich, dass der durch die identitäre Ideologie suggerierte *safe space* zur zerstörerischen Un-Welt mutiert, in der Menschen abgewertet und entwürdigt werden. Das von der Generation Z als besonders relevant wahrgenommene Thema Rassismus (vgl. *ebd.*, 10–18), gewinnt vor diesem Hintergrund noch mehr an Bedeutung.

Bislang konnten gerade die Begegnungen mit Zeitzeug*innen diese notwendige Konkretisierung einbringen. Die Stille im Raum, die sich bei solchen Treffen einstellt, die bekundete Ehrfurcht gegenüber den erlittenen Schicksalen, markieren die Nachdenklichkeit, die entsteht, wenn Zeitzeug*innen von ihrer Deportation, ihrem Überleben im Lager und dem Auslöschen ihrer gesamten Familie erzählen (vgl. *Knothe/Broll* 2019, 133–135). Die Frage stellt sich freilich, wie die Unmittelbarkeit des Holocaust in seiner zerstörerischen Kraft und die Eindringlichkeit des Appells, dass sich diese dunkle Zeit niemals wiederholen dürfe, zukünftig eingeholt werden können, wenn die Zeitzeug*innen selbst nicht mehr öffentlich sprechen werden.

VR-Experiences und ihr Potenzial für immersives und interaktives Lernen

Das auch emotionale Eintauchen in die Schrecken von damals haben bislang vor allem Begegnungen mit Zeitzeug*innen und die sog. *Gedenkstättenpädagogik* geleistet (vgl. *Münch* 2019, 105f.). Wenn Schüler*innen durch Konzentrationslager gehen und Täter wie Opfer sichtbar werden, werden die Abgründe von damals nicht nur kognitiv virulent, sondern können mit der ganzen Person mitempfunden werden. Durch die körperliche Präsenz aller Akteur*innen, wenn sich Schüler*innen z. B. in dem Raum bewegen, in dem der Zeitzeuge sitzt, dieser Bilder aus seinem Leben aufruft und damit seine Eltern und Geschwister präsent werden, waren und sind Lernmöglichkeiten weit über das Kognitive hinaus. Durch sie blieb zudem die Auseinandersetzung mit den identitären Ideologien der NS-Zeit nicht nur abstrakt, sondern wurde konkret ablesbar in ihren menschenverachtenden Folgen für so viele Gruppen wie Juden, Sinti und Roma, Kommunisten – Andersdenkende als die Nazis eben. Prägnanter und plausibler hätte der Appell, dass so etwas wie Auschwitz nie mehr sein darf, nicht ausgedrückt werden können. Damit stellten die Zeitzeug*innen eine wichtige Brücke zwischen der Vergangenheit und der Gegenwart sowie der Zukunft dar. Sich mit ihren Schicksalen zu beschäftigen, hieß nicht nur kennenzulernen, was geschehen ist, sondern zu fragen, was heute sein kann und muss, damit sich die unsägliche NS-Zeit nicht wiederholt.

Unterschiedliche Phasen der (Bildungs-)Aufgaben von Zeitzeug*innen

Diese Problematik wird in der sog. *Holocaust* Education (vgl. *Ballis/Gloe* 2019, 3f.) schon länger diskutiert. Mit Annette Wieviorka lassen sich insgesamt drei Phasen von Zeitzeug*innenschaft beschreiben, die von Anja Ballis, Michele Barricelli und Markus Gloe um eine vierte ergänzt wurden. Wieviorka identifiziert als erstes Stadium das »Witness to a drowning world« in dem v. a. derer gedacht wurde, die nicht überlebt haben. Dem folgte eine zweite Phase des »Advent of Witness«, in der sich rund um den Eichmann-Prozess in Israel und die Frankfurter Auschwitz-Prozesse so etwas wie eine »soziale Gestalt« der Zeug*innen herauskristallisierte. Erst seit den 1970er Jahren – so Wieviorka – etablierte sich die »Era of the Witness«, die wir meinen, wenn wir von Zeitzeug*innen in Bildungskontexten sprechen (vgl. *Wieviorka* 2006).

Seit damals treten Überlebende auf, um ihre Lebensgeschichten zu erzählen und durch die Präsentation des Erlebten die Zuhörer*innen und Zuschauer*innen in eine Auseinandersetzung darüber zu bewegen, wie der Holocaust möglich werden konnte, welch unsägliches Leid er hervorgerufen hat und was dies für die heutige Gesellschaft bedeutet. Seit Anfang der 2010er Jahre absehbar geworden ist, dass die unmittelbare Begegnung mit den Zeitzeug*innen des Holocaust zu Ende gehen wird, starteten auf unterschiedlichen Ebenen Bemühungen, deren unhintergehbare Erfahrungen auch für künftige Generationen zu bewahren. Ballis, Barricelli und Gloe sprechen hier von der »Era of Remix of Witnessing« und meinen damit unterschiedlichste technische und ästhetische Bemühungen, um die Nutzung der Zeugnisse der Zeitzeug*innen zu sichern (vgl. *ebd.*, 405–410).

Digitale Sicherung der Zeugnisse von Zeitzeug*innen

Angefangen hatte diese *Era of Remix of Witnessing* damit, audio-visuelle Zeugnisse von Überlebenden über unterschiedliche Formen der Digitalisierung aufzubereiten, zu systematisieren und – und dies ist eine Erweiterung der bisherigen Datensammlungen – sie so aufzubereiten, dass sie auch interaktiv nutzbar wurden. Jetzt ging es nicht mehr nur darum, z. B. die 50.000 Interviews umfassende *Oral-History-Sammlung* der USC Shoah Foundation in Kalifornien anzuhören. Es wurden Tools entwickelt und bereitgestellt, um daraus Passagen zu kopieren, zu bearbeiten und neu zu rekombinieren. Ohne den Missbrauch dieser Nutzung zu fürchten, installierte die USC Shoah Foundation die Onlineplattform »IWitness«, auf der Schüler*innen die vorfindlichen (gekürzten) Videointerviews nicht nur anhören, sondern schneiden, mit Bildern, Musik und Kommentaren ergänzen konnten (vgl. *Ballis/Barricelli/Gloe* 2019, 405–410).

In einer weiteren Phase wurde es technisch möglich, die Erzählung eines Überlebenden nicht nur linear anzuhören, sondern diese fast vollständig in Frageabschnitte zu segmentieren. Konkret hieß dies, zwischen 1000 und 2000 Fragen vorzubereiten, um dann die dazu passenden Interviewpassagen des Überlebenden technisch einzuspielen; oder auch die Fragen dem Überlebenden vorzulegen, der dann bei der Beantwortung gefilmt wurde, so dass diese Filmaufnahmen bei den entsprechenden Fragen abgerufen werden konnten. Diese Form der Interaktion lebt vom Interesse und Frageverhalten der Zuhörer*innen und wurde deshalb so intensiv betrieben, weil Protagonisten wie der Executive Director der USC Shoah Foundation Stephan D. Smith sich erhofften, die Verbindung von Zeitzeug*innen mit den Zuhörer*innen zu stärken, indem diese verlebendigt und auf eine persönliche Ebene gehoben wurde, insofern zumindest die fragenden Zuhörenden anwesend sind (vgl. *ebd.*, 406–411). Diesen Anspruch hat sich auch das Münchner Projekt LediZ – Lernen mit digitalen Zeugnissen – in seinem Anfangsstadium zu eigen gemacht (vgl. *ebd.*).

Virtual Reality als Auslöser einer eigenen Art von ›Authentizität‹

In einer bis heute andauernden Periode blieb es nicht dabei, die Interaktion auf der 2-D-Ebene zu belassen. Mittels Volumetrischer Videos, der Konstruktion von *augmented reality-Systemen* bzw. insgesamt dem XR-Bereich (*extended reality*) wurde es möglich, Zeitzeug*innen in ›authentische‹ Umgebungen zu versetzen. Diese ›Übersetzungen‹ in den Virtual Reality-Bereich werden begleitet von der pädagogischen Hoffnung, die Lebendigkeit der Zeitzeug*innen erfahrbar zu machen, den Besucher*innen die Möglichkeit zu eröffnen, in deren Lebenswirklichkeit von damals einzutauchen (Immersion) und durch interaktive Elemente wie das Durchblättern von Fotoalben oder das Weiterwandern in andere virtuelle Räume u. a. interaktiv zu bestimmen, womit man sich gerne beschäftigen möchte (vgl. *Ballis/Schwendemann/ Gloe* 2023, 10). XR verspricht in all seinen Varianten, den Besucher*innen eine eigene Art von ›Authentizität‹ zu ermöglichen und sich selbst mit der ganzen Person in Beziehung zu den erlebten Zeugnissen des Holocaust zu setzen.

Insgesamt versprechen digitale Aufbereitungen von Zeugnissen der Zeitzeug*innen zum einen also, diese auch für künftige Generationen zu sichern. Zum anderen steht es nach wie vor an, das Plus, das aus den unmittelbaren Begegnungen mit Holocaust-Überlebenden entsteht, auch für heute und morgen zugänglich zu machen. Der Bildungsanspruch, der sich aus dem Umgang mit solchen technischen Formen formulieren lässt, ist angesichts der Erfahrungen mit bisherigen Konzepten der Holocaust Education in folgender Hinsicht zu entfalten: Holocaust Education darf sich nicht mit der Konzentration auf Faktenwissen zufriedengeben, weil sie sonst weder bei jungen Menschen verfängt noch das Thema für Jugendliche zugänglich macht. Vielmehr müssen Wege gefunden werden, wie durch Immersion und Interaktion nicht nur ein Lernen mit dem Verstand evoziert werden kann, sondern Schüler*innen die Möglichkeit haben, ihre Einstellungen und Haltungen zu überprüfen und so zu formen, dass sie sich dazu ermächtigt fühlen, gegen Antisemitismus und Ungerechtigkeiten vorzugehen.

Gerade dies, nämlich die Frage, wie der Holocaust nicht nur im Bewusstsein und (öffentlichen) Gedächtnis bleibt, sondern auch als Appell gelesen werden kann, dass sich so etwas nicht wiederholt, macht deutlich, dass die Zeitzeug*innen mit ihren geteilten Erlebnissen eine wichtige Spur legen, um Holocaust Education auf antisemitismuskritische Bildung zu weiten. Diese darf sich wiederum nicht darin erschöpfen, eine Gegenfolie zum bestehenden Antisemitismus aufzurichten, weil sie sich sonst nur ex negativo und aus einer Gegenabhängigkeit heraus entwerfen würde. Sie muss vielmehr als positive Ausfaltung konzipiert werden, jüdisches Leben sichtbar zu machen.

Konvergenzmomente von Holocaust Education und antisemitismuskritischer Bildung

Zeichnet man die Spuren der Holocaust Education bis heute nach und liest in diese Linie die sich aktuell entfaltende Konzeptualisierung antisemitismuskritischer Bildung ein, zeigt sich, dass die Zeitzeug*innen so etwas wie ein Konvergenzmoment beider Typiken darstellen. Holocaust Education ist vor allem durch drei Momente gekennzeichnet (vgl. *Schambeck* 2024): Sie versteht sich erstens als historische Beschäftigung mit den Opfern, insbesondere den jüdischen, ohne freilich die anderen Opfergruppen auszuschließen. Insofern konzentriert sich Holocaust Education zweitens v. a. auf enzyklopädisches Wissen. Über weite Strecken versuchte Holocaust Education zu erklären, wie es zur NS-Ideologie kommen konnte, inwiefern z. B. das Scheitern der Weimarer Republik und die Demokratieenttäuschung, das wirtschaftliche Desaster ab Ende der 1920er u. a. zu erstarkenden Nationalismen und zur Verfestigung von Feindbildern und Projektionen aller Schuld auf die Jüd*innen führten. Drittens schließlich charakterisiert Holocaust Education, Betroffene in den Mittelpunkt der Auseinandersetzung zu rücken. Hier spielen die Zeitzeug*innen eine wichtige Rolle. Es geht aber auch darum zu erfassen, wie die jeweiligen Lerngruppen von dieser Thematik betroffen sind, insofern deren Eltern, Großeltern und/oder Bekannte zu den Tätern oder auch Opfern der NS-Zeit zählten.

Gerade daran knüpft auch die momentan beginnende Modellierung *antisemitismuskritischer Bildung* an (vgl. z. B. *Bernstein* 2020). Motiviert durch die Erkenntnis, dass die Beschäftigung mit Faktenwissen zwar wichtig und unersetzbar ist, allerdings augenscheinlich kaum bis gar nicht Einstellungs- und Haltungsänderungen im Sinne des ›Stand up‹ und ›Stand against‹ erreicht, setzt antisemitismuskritische Bildung insbesondere auf immersive Lernwege. Die Zeitzeug*innen, die schon bei den Konzepten der Holocaust Education mehr waren als ein lediglich kognitives Lernangebot, sind insofern auch für Ansätze antisemitismuskritischer Bildung von großer Bedeutung.

Konturen antisemitismuskritischer Bildung

Die religionspädagogisch motivierte Modellierung antisemitismuskritischer Bildung, die hier zugrunde gelegt wird, versteht sich als multiperspektivischer Ansatz (vgl. *Schambeck* 2024). Dies ist sowohl in thematischer Hinsicht als auch bezogen auf Lernwege gemeint.

Thematisch multiperspektivisch

Thematisch fokussiert sich antisemitismuskritische Bildung darauf, die Vielgestaltigkeit jüdischen Lebens in Vergangenheit und Gegenwart zu verdeutlichen, also die Gewordenheit des Judentums als Ethnie, Kultur und Religion zu erschließen. Religionspädagogisch interessiert v. a. die religionsbezogenen Elemente zu untersuchen, wie bspw.: Welche Feste feiern jüdische Menschen und was verbinden sie damit? Was kennzeichnet den jüdischen Glauben und welche Praxisrelevanz kommt ihm zu? Wie verstehen sich jüdisch gelesene Menschen und welche Bedeutung hat Religion in ihrem Leben?

Wenn vom jüdischen Leben in der Vergangenheit die Rede ist, meint dies, die unbestreitbare Verflochtenheit jüdischen Lebens in Europa und insbesondere in Deutschland aufzuzeigen. Die wissenschaftlichen und kulturellen Errungenschaften zu erläutern, gehört hier genauso dazu, wie die Lokalgeschichten zu heben, die über Friedhofskulturen oder ehemalige Synagogen in vielen Regionen Deutschlands aufzufinden sind.

Die schicksalhaften Epochen der Pogrome im Mittelalter bis in die Neuzeit und v. a. die Auseinandersetzung mit dem Holocaust als seitdem unauslöschliche Signatur jüdischen Lebens sind fester Bestandteil antisemitismuskritischer Bildung. Sie stimmt hierin mit der Holocaust Education überein. Zugleich erweitert sie Holocaust Education, indem jüdisches Leben zwar auch als Opfergeschichte erzählt wird, aber nicht ausschließlich. Es geht vielmehr darum, die Vielschichtigkeit und Vielgestaltigkeit jüdischen Lebens durch die Geschichte hindurch bis heute anschaulich zu machen. Dies ist nicht nur als inhaltliches Plus gedacht, um historischen Fehldeutungen und Verzerrungen entgegenzuarbeiten. Antisemitismuskritische Bildung versucht vielmehr auch, die kulturelle und religiöse Vielfalt jüdischen Lebens aufzuzeigen, Jüd*innen als Akteur*innen gesellschaftlichen und religiösen Lebens sichtbar zu machen und sie damit nicht nur auf eine Opferrolle zu reduzieren.

Multiperspektivität der Lernwege

Arbeitet antisemitismuskritische Bildung thematisch multiperspektivisch, spiegelt sich dies auch in der Vielfalt von Lernwegen wider. Mit der Holocaust Education teilt sie Wege, die auf Wissenserwerb zielen. Immersive Lernwege bieten eine hervorragende Möglichkeit eigene Fähigkeiten zu verbessern, um Antisemitismen im alltäglichen Leben zu erkennen und aktiv dagegen vorzugehen. Zudem werden dadurch Sensibilisierungen für jüdische Lebensrealitäten und damit einhergehende Traditionen geweckt. Es geht eben auch darum, Emotionen anzusprechen und z. B. mittels VR-Experiences von Zeitzeug*innen Lernenden die Möglichkeit zu geben, in bestimmte herausfordernde Situationen einzutauchen.

Theologische Theoriebildung angesichts des Judentums weitertreiben

Antisemitismuskritische Bildung, die auf das Sichtbarmachen jüdischen Lebens zielt, charakterisiert sich drittens als theologische Theoriebildung angesichts des Judentums. Dies ist in zwei Richtungen gemeint: Zum einen geht es darum, sich der erschaudernden Geschichte des Antijudaismus, der v. a. von den christlichen Kirchen und Theologien befördert wurde, zu vergewissern. Zum anderen heißt dies, theologische Konzeptbildung heute angesichts der Eigenlogik des Judentums zu betreiben, also jüdische Lehrmeinungen und Ausdrucksformen auf christlich-theologische Entwürfe zu spiegeln und aus diesem Miteinander-In-Beziehung-Setzen neue theologische Spuren und Denkweisen zu entdecken (vgl. *Schröder* 2023).

Gegen Antisemitismus vorgehen

Antisemitismuskritische Bildung zielt letztlich auch darauf, Menschen zu befähigen, Antisemitismus in seinen vielen Lesarten (vgl. *Bundesamt für Verfassungsschutz* 2020/21, 14–19) wahrzunehmen, zu benennen, dagegen vorzugehen und Empowerment zu betreiben, so dass Menschen dazu befähigt werden, notfalls gegen den Strom zu schwimmen. So gilt es für jüdische Menschen aus der Opferperspektive herauszutreten. Das betrifft aber auch alle anderen, insofern es gilt, sich für Menschen einzusetzen, die Diskriminierungen ausgeliefert sind. So multiperspektivisch antisemitismuskritische Bildung also ausgerichtet ist, so stellt sich in (religions-)pädagogischer Hinsicht die Frage, auf welche Weise es gelingt, Menschen mit diesem Thema so vertraut zu machen, dass Jüdinnen und Juden als selbstverständlich und unvertretbar im gesellschaftspolitischen, kulturellen und religiösen Leben in Deutschland und anderswo agieren können.

Von Erinnerungen und ›Gefühlserbschaften‹

Dass jüdisches Leben und der Holocaust zur unauslöschlichen Geschichte unseres Landes gehören und die schreckliche Fratze menschlichen Tuns sichtbar machen, dass dies alles nicht nur Historie von gestern ist, sondern in beängstigender Dynamik wieder an Aktualität und Relevanz gewinnt und nationalistische und antisemitistische Agitatoren die politische Gesellschaft in Deutschland zunehmend beeinflussen, macht auf vielerlei Weise deutlich, dass Holocaust Education und antisemitismuskritische Bildung nötiger sind denn je.

Die Erinnerung ist um der Gestaltung der Gegenwart willen vonnöten. Das erwarten sich auch junge Menschen, wie die Arolsen-Studie zeigt. Die Zeitzeug*innen spielen dabei eine unersetzbare Rolle. Wenn sie nun sterben, gilt es, ihre Zeugnisse und Authentizitäten unterstützt durch aktuell mögliche Techniken hineinzunehmen in unsere Lebensrealitäten und darin wirken zu lassen.

Dass die VR-Experiences ein Weg dazu sind, wird gerade in vielfältigen und aufwendigen Settings erprobt. Zu erforschen bleibt, wie diese VR-Begegnungen mit Zeitzeug*innen eine Authentizität eigener Art auf die Begeher*innen entfalten können. Was spielt sich in ihnen ab und wie können sie über didaktische Lernarrangements unterstützt werden, für sich selbst eine verantwortete Position zu diesem Thema auszubilden? Diese Aufgabe, die sich Holocaust Education und antisemitismuskritische Bildung teilen, bleibt akut. Es drängt mehr denn je, sie anzugehen.

Literaturverzeichnis

ANGVIK, MAGNE / BORRIES, BODO VON, Youth and history. A comparative European survey on historical consciousness and political attitudes among adolescents, Band 3, Hamburg 1997.

AROLSEN ARCHIVES. INTERNATIONAL CENTER ON NAZI PERSECUTION, Die Gen Z und die NS-Geschichte: hohe Sensibilität und unheimliche Faszination, Januar 2022 (https://arolsen-archives.org/lernen-mitwirken/studie-gen-z-ns-zeit/ (=Langfassung) sowie https://arolsen-archives.org/content/uploads/studienergebnisse-gen-z-ns-zeit_arolsen-archives.pdf; letzter Zugriff am 15.3.2024).

BALLIS, ANJA / GLOE, MARKUS, Von der »-Losigkeit«. Überlegungen zur Theorie einer Vermittlung von Holocaust und NS-Verbrechen, in: *dies.* (Hg.), Holocaust Education Revisited. Wahrnehmung und Vermittlung – Fiktion und Fakten – Medialität und Digitalität, Wiesbaden 2019, 3–20.

BALLIS, ANJA / BARRICELLI, MICHELE / GLOE, MARKUS, Interaktive digitale 3-D-Zeugnisse und Holocaust Education – Entwicklung, Präsentation und Erforschung, in: *Anja Ballis / Markus Gloe* (Hg.), Holocaust Education Revisited. Wahrnehmung und Vermittlung – Fiktion und Fakten – Medialität und Digitalität, Wiesbaden 2019, 403–436.

BALLIS, ANJA / SCHWENDEMANN, LISA, Daten zur Interviewstudie zur VRGrube, unveröffentlicht, Untersuchungszeitraum November 2022 bis Januar 2023.

BALLIS, ANJA / SCHWENDEMANN, LISA / GLOE, MARKUS, Lehren und Lernen mit Zeugnissen Holocaust-Überlebender in XR. Eine Handreichung für die schulische und außerschulische Bildungsarbeit, München 2023.

BEAUFTRAGTER DER BUNDESREGIERUNG FÜR JÜDISCHES LEBEN IN DEUTSCHLAND UND DEN KAMPF GEGEN ANTISEMITISMUS (Hg.), Nationale Strategie gegen Antisemitismus und für jüdisches Leben, November 2022 (https://www.bmi.bund.de/SharedDocs/downloads/DE/publikationen/themen/heimat-integration/nasas.html;jsessionid=7202B50074C9697880C1499B1F41EB28.live861; letzter Zugriff am 15.3.2024).

BERNSTEIN, JULIA, Antisemitismus an Schulen in Deutschland. Befunde – Analysen – Handlungsoptionen, Weinheim/Basel 2020.

BIEMER, GÜNTER, Freiburger Leitlinien zum Lernprozeß Christen – Juden, Düsseldorf 1981, Lernprozeß Christen Juden, Band 10, Freiburg i. Br. 1980–1995.

BORRIES, BODO V., Geschichtslernen und Geschichtsbewußtsein. Empirische Erkundungen zu Erwerb und Gebrauch von Historie, Stuttgart 1988.

BOSCHKI, REINHOLD, Vierte Generation nach Auschwitz. Zugänge zur Erinnerung aus religionspädagogischer Sicht in: Religionsunterricht an höheren Schulen 50 (2007) 354–362.

BUNDESAMT FÜR VERFASSUNGSSCHUTZ, Lagebild Antisemitismus 2020/21, Köln 2022.

EUROPEAN UNION AGENCY FOR FUNDAMENTAL RIGHTS, Experiences and perceptions of antisemitism. Second survey on discrimination and hate crime against Jews in the EU, o. O. 2018.

HEYL, MATTHIAS, Erziehung nach Auschwitz. Eine Bestandsaufnahme. Deutschland, Niederlande, Israel, USA, Hamburg 1997.

KNOTHE, HOLGER / BROLL, MIRKO, »... und es war wirklich stecknadelruhig.« Zwischen Faktenwissen und Betroffenheit. Was meinen Lehrkräfte, wenn sie von gelingendem Unterricht zu Nationalsozialismus und Holocaust sprechen?, in: *Anja Ballis / Markus Gloe* (Hg.), Holocaust Education Revisited. Wahrnehmung und Vermittlung – Fiktion und Fakten – Medialität und Digitalität, Wiesbaden 2019, 123–140.

KÖRBER-STIFTUNG, Geschichtsunterricht, 2017 – nur noch als Ergebnisschau auffindbar (https://www.holocaustliteratur.de/deutsch/Aus-der-Geschichte-lernen-2235/; letzter Zugriff am 15.3.2024).

MÜNCH, DANIEL, Gedenkstättenbesuche als emotionales Erlebnis. Welche Rolle weisen Geschichtslehrkräfte den Emotionen ihrer Schülerinnen und Schüler zu?, in: *Anja Ballis / Mar-*

kus Gloe (Hg.), Holocaust Education Revisited. Wahrnehmung und Vermittlung – Fiktion und Fakten – Medialität und Digitalität, Wiesbaden 2019, 87–108.

SCHAMBECK, MIRJAM, Antisemitismuskritische Bildung. Zwischen Brisanzen, religionspädagogischen Modellierungen und Forschungsdesideraten, in: TheoWeb 23 (2024) Heft 1, 207–230.

SCHRÖDER, BERND, Religionspädagogik angesichts des Judentums. Grundlegungen – Rekonstruktionen – Impulse, Tübingen 2023.

SCHWARZ-FRIESEL, MONIKA, Judenhass im Internet. Antisemitismus als kulturelle Konstante und kollektives Gefühl, Leipzig 2019.

WIEVIORKA, ANNETTE, The era of the witness, New York 2006.

WETZEL, JULIANE, Holocaust-Erziehung, 2008 (https://www.bpb.de/themen/erinnerung/geschichte-und-erinnerung/39843/holocaust-erziehung/#node-content-title-4; letzter Zugriff am 15.3.2024).

Authentisch oder Marketing?
Sinnfluencer im Spagat zwischen Sein und Schein in der digitalen Welt

Rudolf Sitzberger

Das echte Leben

Wer Hans Mendl kennt, der weiß, dass es ihm um das Leben geht. Schon früh legte er den Fokus auf den Menschen, der bei ihm im Mittelpunkt steht (*Mendl* 2004).

Die Local heroes feiern 2025 ihr 25-jähriges Bestehen und ein Kernelement aller Beispiele, die auf der Homepage vertreten sind, ist das Eingebundensein ins echte Leben. Erzählt wird von Menschen wie du und ich, die an irgendeiner Stelle ihrer Biografie etwas getan haben, das lohnenswert ist, näher betrachtet zu werden. Es geht aber nicht darum, zu sagen: »Schaut her, was für ein toller Mensch! Nimm dir ein Beispiel und handle genauso!« Die Local heroes sind nicht dazu da, um sie nachzuahmen, ihnen einfach kopflos nachzueifern, ohne Nachzudenken, ohne zu reflektieren und ohne das eigene Leben damit zu verknüpfen.

Die Vorbildthematik wurde nach langer Zeit ihrer Abstinenz von Hans Mendl wieder in die (Religions-)pädagogik eingebracht. Er erkannte, dass Kinder und Jugendliche im Übergang von der Moderne zur Postmoderne Orientierung benötigen und diese verstärkt in Stars, Helden, Idolen und Vorbildern suchen. Im Religionsunterricht gesellten sich seit jeher auch die großen und kleinen Heiligen der Kirche mit dazu. Dabei entspringen nur wenige derjenigen, die aus den eben benannten Feldern kommen, dem echten Leben: Meist sind sie überhöhte Gestalten, die über dem Leben stehen, zu anderen Zeiten oder gar in anderen Welten (z. B. Superman) zu Hause sind und durch ihr Tun und Handeln vorbildhaft werden. Doch kann ich wie Superman die Welt retten? Passt das in mein echtes, reales Leben? Am ehesten sind es wohl die Helden, die tatsächlich dem Alltag entspringen, die man dem echten Leben zuordnen würde: Da sind die Feuerwehrmänner, die mutig in das brennende Haus stürmen und Menschen vor dem Tod retten. Da sind die Polizist*innen, die in einer gezielten Aktion Geiseln befreien und ein Drama zu einem glücklichen Ende bringen. Doch auch bei den Stars finden sich gelegentlich noch Beispiele, in denen die Fans das Gefühl bekommen, das ist einer oder eine wie du und ich, eine, die ihre Wurzeln nicht vergessen hat, die noch im Leben steht und der der Starrummel nicht zu Kopf gestiegen ist. Bei vielen Heiligen scheint es da schon schwieriger zu sein, liegen doch meist viele Jahrzehnte oder Jahrhunderte zwischen uns und dem Leben der Heiligen. Und ist dieses Leben mit unserem vergleichbar? Oder sind sie nicht eben gerade deswegen so heilig, weil sie dem echten Leben entsagt haben?

Wendet man sich der Frage zu, wen denn die Kinder als Vorbilder haben, so zeigt sich, dass die Palette heute bunt gemischt ist, wie eine Auswertung aus der KIM-Studie von 2022 belegt:

> Insgesamt werden in der offenen Frage dann 255 verschiedene Menschen/Figuren als Vorbilder genannt. Am häufigsten stammen diese mit 37 Prozent aus Film und Fernsehen, 30 Prozent kommen aus dem Sportbereich. Mit deutlichem Abstand folgt die Musikbranche mit 16 Prozent. 14 Prozent stammen aus dem persönlichen Umfeld der Kinder, sieben Prozent aus Büchern/Comics, sechs Prozent aus Social Media und jeweils drei Prozent aus Hörspielen oder dem Internet allgemein. Zwei Prozent nennen Personen aus digitalen Spielen. (*KIM-Studie* 2022, 19)

Die Welt der Vorbilder ist ohne Zweifel pluraler geworden, wie unsere Welt generell. Kinder und Jugendliche bedienen sich unterschiedlichster Personen, an und von denen sie etwas reflektiert lernen oder auch nur etwas unreflektiert für ihr Leben übernehmen. Der weitaus größte Teil der Vorbilder entstammt aus dem öffentlichen Bereich, der Medienwelt mit Film und Fernsehen, dem Sport und der Musik, aber auch aus dem Bereich der Social Media, zu dem seit kurzem eine Unterrubrik der Local heroes am Entstehen ist: die Sinnfluencerinnen und Sinnfluencer (*Sinnfluencer*innen* 2023).

> Sucht man in sozialen Netzwerken nach Inhalten, die aus religionspädagogischer Sicht relevant sind und sinnvoll im Religionsunterricht eingebracht werden können, stößt man immer wieder auf Hashtags wie #nachhaltigkeit, #klimawandel, #umweltschutz oder #wenigeristmehr. Mittlerweile ist es zu einem Trend geworden, den eigenen Einsatz für Klima und Umwelt auf Social Media zu dokumentieren und Nutzende dadurch zu einem nachhaltigeren Leben anregen zu wollen. (*Mendl/Lamberty/Sitzberger* 2023, 71)

Diese Gruppe von Influencern ist dadurch gekennzeichnet, dass sie für sich beanspruchen, nach bestimmten moralischen Grundsätzen zu leben und dies für ihre Follower als lebens- und nachahmenswert herausstellen. Sie wollen sinnvolle Inhalte anbieten und werden daher mit dem Begriff »Sinnfluencer« zusammengefasst.

Vorbilder aus dem echten Leben scheinen also weit weg zu sein. Doch welche Rolle spielt das überhaupt? Und was ist das »echte Leben«? Wieso kann Superman als Vorbild dienen, wenn er doch eine rein fiktive Figur ist, die so gar nicht zum normalen Leben passt? Ist es nicht so, dass sie zwar nicht am echten Leben teilhaben, aber in ihrem Leben echt sind, authentisch und glaubwürdig für das eintreten, was sie als richtig erachten? Die Jugendlichen kämpfen nicht gegen den Bösewicht Lex Luthor oder wie Batman gegen den Joker, aber sie sind fasziniert davon, wie sich ihre Helden konsequent in diesen Kampf stürzen und sich authentisch darum bemühen, die Welt wieder in Ordnung zu bringen. Die Botschaft an sie selbst aus den Filmen lässt sich so beschreiben: »Steh zu dir! Sei, wie du bist, dann wirst du als Ich-Figur stärker werden! Bei Superhelden wie Spider-Man und anderen gibt es ein Wechselspiel zwischen Anerkennung, Entwicklung der eigenen Identität und Ich-Stärke.« (*Barg* 2019)

Doch die Bewertung von Vorbildern gestaltet sich keineswegs bei allen so einfach. Insbesondere stellt sich die Frage, wie Personen, die auf ihrem jeweiligen Gebiet offenkundig Erfolg genießen – sei es als Spitzensportler oder renommierte Musiker – einzustufen sind, wenn sie gleichzeitig gegen Regeln verstoßen oder in anderen Bereichen kontrovers sind. Beispielsweise haben einige durch Doping (wie Jan Ullrich, siehe: *Der Spiegel* 2023) oder aufgrund von Missbrauchsvorwürfen (wie Robert Kelly, siehe: *Stern* 2022) die Grenzen des Erlaubten überschritten. Sind solche Personen geeignet, (noch) als Vorbilder für Kinder und Jugendliche zu dienen? Und schließt das aus, dass man sich in der Schule im Unterricht mit diesen Biografien auseinandersetzt?

Exkurs: Lernen an fremden Biografien

Die Frage nach dem pädagogischen oder didaktischen Potential von Vorbildern lässt sich nicht beantworten, ohne dass man das zugehörige Lernmodell thematisiert. Nachdem der Ansatz des Lernens an fremden Biografien hinlänglich bekannt sein dürfte, beschränke ich mich an dieser Stelle auf einen kurzen Exkurs dazu. Der Ansatz, den Hans Mendl mit seiner Local-heroes-Datenbank forciert und in seinen zahlreichen Veröffentlichungen deutlich gemacht hat, wendet sich gegen ein einfaches Nachahmungslernen. Das Motto »Schau, wie toll dieser Mensch ist! Mache es genauso!« kann nicht mehr zielführend sein. Zu sehr wird damit die Reflexion über das eigene Handeln ausgeblendet und einem kritiklosen, nicht überlegtem Tun Vorschub geleistet. Würde man so vorgehen, wären aus pädagogischer Sicht Biografien wie die von Jan Ullrich oder Robert Kelly nicht geeignet, im Unterricht eingesetzt zu werden. Demgegenüber erscheint das Modell-Lernen nach Bandura (*Bandura* 1979) schon komplexer und mit Ansätzen von Reflexion und tiefer gehendem Nachdenken, wieso eine Person in einer bestimmten Situation genauso handelt und nicht anders.

> Das Modell-Lernen im engen Sinn zielt aber letztlich ebenfalls auf eine Wertübertragung in einem Teilsegment ab: Als erfolgreich ist ein Lernen dann zu qualifizieren, wenn Lernende in analogen Situationen mit einem begründeten Rückbezug auf eine zuvor besprochene Person ähnlich handeln (*Mendl* 2022, 451).

Aus diesem Grund bieten sich zwei weitere Lernstrategien an, die eine offenere Auseinandersetzung mit den Werten und Normen anregen, die für die jeweiligen Protagonisten handlungsleitend sein könnten. Zum einen das diskursethische Lernen, das auf einen unmittelbaren Transfer verzichtet und sich gemeinsam im Klassenverbund darum bemüht, die Handlungsoptionen zu diskutieren und jedem seine eigene Entscheidung zubilligt und ihr auch wertschätzend gegenübersteht. Dies erfordert natürlich eine große Ambiguitätstoleranz, wenn sich Schülerinnen und Schüler nicht für die Lösung begeistern, die die Lehrkraft doch als selbstverständlich und erstrebenswert ansieht. Zum anderen führt ein Handlungslernen im Kontext von – meist größeren – Projekten zur Auseinandersetzung mit Wertvorstellungen und Menschen, die z. B. in sozialen Kontexten arbeiten (Altenheim, …) oder sich für andere ehrenamtlich (Tafel, …) einsetzen.

Greift man im Lernprozess auf die vielschichtigeren Modelle zurück, so lassen sich damit sehr wohl ganz unterschiedliche Biografien in den Unterricht einspielen und zur Diskussion stellen. In diesem Sinne sollen auch die Local heroes oder die Sinnfluencerinnen und Sinnfluencer nicht einfach nachgeahmt werden, sondern die Kinder und Jugendlichen sollen in der Auseinandersetzung mit dem Ausschnitt aus der Biografie, die präsentiert wird, für sich einen Standpunkt dazu finden und dies begründet bewerten. Dabei spielt die Frage nach der Authentizität und der Glaubwürdigkeit der Personen oftmals eine große Rolle.

Das Leben im Netz

Die Frage nach der Echtheit und dem echten Leben stellt sich in den sozialen Medien nochmals auf ganz andere und mittlerweile mehrdimensionale Weise: Da ist zum einen die Grundfrage nach dem, was da gezeigt wird: Sind die Bilder, Audios und Videos denn überhaupt echt? Ist das, was ich sehe oder höre, tatsächlich so gemacht oder vom Urheber bearbeitet oder von einer künstlichen Intelligenz so arrangiert worden? Nicht nur Nachrichten und Schlagzeilen werden manipuliert, sondern ganze Videos können (nahezu) perfekt erstellt werden und erwecken den Eindruck, dass hier reales Geschehen gezeigt wird. Die Möglichkeiten, die sich durch die Verwendung von künstlicher Intelligenz ergeben, steigen potentiell rasant an. Insofern wird die medienpädagogische Arbeit an den Schulen weiterhin eine wichtige Aufgabe für alle Fächer sein. Kinder und Jugendliche, die in der mediatisierten Welt aufwachsen, müssen unter anderem dazu befähigt werden, kritisch mit dem umzugehen zu lernen, was ihnen alles begegnet und zum Teil den Anspruch erhebt, das echte Leben zu sein und die Wahrheit zu repräsentieren. Dass sich natürlich auch noch weitere Aufgaben im Umgang mit den Medien ergeben, darauf sei an dieser Stelle nur verwiesen.

Zum anderen stellt sich gerade im anvisierten Teilbereich der Social-Media-Welt eine weitere Frage: nämlich die nach der Echtheit von Influencern und Influencerinnen: Ist das tatsächlich das normale Leben? Wird hier echtes Leben präsentiert oder ist das ganze ein Schauspiel, das gekonnt echtes Leben darstellt? Oder ist es einfach eine gute Möglichkeit, echt cool zu leben?

Sei authentisch

Mit dem Aufkommen der neuen Social-Media-Welt hat sich ein ganz neuer Berufsstand entwickelt: der des Influencers / der Influencerin. Und dieses neue Berufsfeld ist unter den Kindern und vor allem Jugendlichen sehr beliebt:

> Hilfe, mein Kind will als Influencer auf Instagram, TikTok oder Youtube Karriere machen? Dabei ist dieser Berufswunsch laut unserer Umfrage inzwischen kein Exot mehr, knapp 43 Prozent der von uns befragten Abiturientinnen und Abiturienten können sich vorstellen, selbst als Creator tätig zu werden,

ergab eine Studie der PFH Private Hochschule Göttingen (*Nachrichten Informationsdienst Wissenschaft* 2023). Auch wenn die Befragung von über 600 Abiturientinnen und Abiturienten nicht repräsentativ ist, zeigt sie doch, welchen Stellenwert Influencerinnen und Influencer besitzen.

Influencerin oder Influencer zu sein, bedeutet in der Regel, auch sich selbst zu vermarkten. Erfolg und Misserfolg hängen nicht unwesentlich davon ab, wie vertrauenswürdig die Follower ihr Vorbild einschätzen. Umschrieben wird dies meist mit dem Begriff der Authentizität. Doch was versteht man eigentlich darunter?

Authentizität bezieht sich zumeist auf die Eigenschaft eines Objekts, einer Person oder eines Inhalts, das als echt, glaubwürdig und unverfälscht wahrgenommen wird. In digitalen Medien umfasst Authentizität die Echtheit von Inhalten, Identitäten und Interaktionen. Im Dorsch-Lexikon der Psychologie findet sich folgende Definition:

> Authentizität [...], authentisch zu sein bedeutet, sich gemäß seinem ›wahren Selbst‹, d. h. seinen Gedanken, Emotionen, Bedürfnissen, Werten, Vorlieben, Überzeugungen etc. entspr. auszudrücken und zu handeln [...]. Authentizität setzt Selbstkenntnis [...] voraus und zeigt sich im unverzerrten Verarbeiten selbstbezogener Informationen. Handlungen entspringen dem eigenen Selbst und werden nicht von äußeren Einflüssen bestimmt. Weiterhin schließt es ein, dieses wahre Selbst in sozialen Beziehungen offen zeigen zu wollen [...]. Authentizität schließt nicht aus, dass man sich in versch. sozialen Rollen unterschiedlich verhält (*Dorsch* 2024).

Authentizität ist von zentraler Bedeutung für das Vertrauen der Nutzer in digitale Medien und beeinflusst maßgeblich die Glaubwürdigkeit von Informationen. In der Definition des Lexikons nimmt die Selbstbestimmtheit des Subjekts einen großen Raum ein: »Handlungen entspringen dem eigenen Selbst und werden nicht von äußeren Einflüssen bestimmt« (*ebd.*). Genau an dieser Stelle wird es aber bei den Influencerinnen und Influencern schwierig. Ist das, was sie tun und präsentieren, nun ihr wahres Leben, sind sie wirklich so? Oder ist es für die Follower gestellt, damit es spannend bleibt, aufregend ist, immer wieder neu und interessant, damit sich die Zahl derjenigen möglichst immer weiter erhöht, die sich die Beiträge anschauen und liken. Je höher die Zahl der Follower, desto höher auch der Verdienst der Influencerinnen und Influencer. Statista gibt den Verdienst von Micro-Influencern (10 bis 50 Tausend Follower) mit 100 bis 500 Dollar pro Post an, bei Macro-Influencern (500 Tausend bis 1 Mio. Follower) liegt der Betrag schon im Bereich von 5 bis 10 Tausend Dollar pro Post (vgl. *Statista* 2023). Natürlich sind viele Faktoren für die Bewertung der Preise verantwortlich, dennoch ist mit dem gesteckten Rahmen deutlich, dass man als Influencerin oder Influencer durchaus ein einträgliches Leben führen oder zumindest ein gutes Zusatzeinkommen erwirtschaften kann.

Im Bereich der Sinnfluencer scheint die primäre Motivation für die Internetpräsenz nicht der monetäre Gewinn zu sein, sondern die Tatsache, dass sich die Sinnfluencer für eine Sache einsetzen, die ihnen besonders am Herzen liegt und die sie möglichst vielen anderen Menschen zugänglich machen und sie damit zu einem ähnlichen Verhalten anregen wollen. Dennoch lassen sich Ergebnisse aus der Marketingforschung wohl übertragen:

> The other data revealed by analysis confirms that trust has a positive and significant effect on perceived usefulness. Once participants accepted trust, not only had they more intention to buy, *but they also found increased perceived usefulness in the site.* This highlights the mediating role of trust in social commerce adoption. Therefore, trust has a significant role in e-commerce by directly influencing intention to buy and indirectly influencing perceived usefulness. (*Hajli*, 2014, 400; Hervorhebung R. Sitzberger)

Der Zusammenhang zwischen der Wahrnehmung einer Influencerin oder eines Influencers und der Einschätzung, wie nützlich so eine Seite für einen selbst ist, gilt in der Beziehung zu Sinnfluencer*innen genauso. Insofern ist die Authentizität ein Schlüssel zur Bewertung derer, denen man folgt. Dazu passt, dass 50% der Jugendlichen (»voll und ganz« [13%] / »weitgehend« [37%]) angeben, dass die Influencer*innen für sie über ernsthafte Themen sprechen. Zudem sind für 26% (7% und 19%) die Influencer*innen wie gute Freund*innen. Immerhin 35 % (16% und 19%) haben schon einmal etwas gekauft, was die Influencer*innen empfohlen haben. (vgl. *mpfs Jim-Studie* 2023) Das zeigt, dass es nicht nur beim Zu- und Anschauen der Posts und Videos bleibt, sondern tatsächlich auch Handlungsimpulse im echten Leben aufgegriffen und umgesetzt werden. Zusätzlich wird bedeutsam, dass Sinnfluencer*innen nochmals besonders wahrgenommen werden: »Unlike traditional mainstream celebrities, they are perceived as more intimate, accessible and familiar because they provide insight into their personal lives, talk about their experiences, opinions or problems« (*Schorn* 2022, 347). Die inhaltliche Ausrichtung der Sinnfluencerinnen und Sinnfluencer auf Themen, denen ethische Relevanz zugeschrieben wird, erfordert von ihnen, dass sie ihre Botschaft nicht unabhängig vom eigenen Lebensstil präsentieren können. Bis zu einem gewissen Grad müssen sie ihre Karten offenlegen, um zu zeigen, dass sie zu ihren Inhalten und Ansichten stehen, sie ernst meinen und auch selbst leben. Offensichtlich wäre es nicht vorstellbar, dass ein Influencer für ein veganes Leben plädiert und gleichzeitig selbst Fleisch und Milchprodukte verzehrt. Die Authentizität ist der Schlüssel für die Bewertung als echtes und ehrliches Darstellen der Inhalte, für die die Sinnfluencer*innen stehen. Dass im Leben der Influencer das Vermarkten von Produkten Teil des Berufsbilds geworden ist, trifft auf die Sinnfluencer grundsätzlich genauso zu. Hier gilt es jedoch noch mehr darauf zu achten, ob das Produkt nur beworben wird, weil der Hersteller entsprechend Geld dafür zahlt, oder ob es tatsächlich für sinnvoll und verwendenswert eingestuft wird.

Das Leben ist vielschichtig und komplex

Unsere moderne Welt ist in den letzten Jahrzehnten immer komplexer geworden: Die Globalisierung schreitet einerseits weiter voran, andererseits werden seit der Coronakrise einseitige wirtschaftliche Abhängigkeiten stärker unter die Lupe genommen und man versucht diese teils abzubauen. Der Angriff Russlands auf die Ukraine und der Konflikt zwischen der Hamas und Israel verschärfen in vielen Bereichen die Lage der Bevölkerung nicht nur in den betroffenen Gebieten, sondern auch in Deutschland. Die Bewertung der unterschiedlichen »Brandfelder« gestaltet sich mal einfacher, mal jedoch auch sehr schwierig. Jedoch sind die Auswirkungen auf jeden Einzelnen von uns spürbar, wenngleich auch hier in unterschiedlicher Weise. Die Menschen sind nicht nur (theoretisch) über das digitale Netz mit allen anderen Menschen der Welt verbunden, sondern das Netzwerk der Abhängigkeiten durchzieht unsere ganze Existenz. Der Versuch, sich dem Ganzen zu entziehen und nur für sich zu sein, kann so letzlich nicht gelingen. Diese Erkenntnis mag ernüchternd und frustrierend sein, zeigt sie doch auf, dass kein unabhängiges, freies Leben, ohne anderen zu schaden, möglich scheint. Dennoch gibt es viele Möglichkeiten, sein Leben anders und sinnerfüllt zu gestalten.

Pia Kraftfutter: Von der Sinnfluencerin zur Moderatorin, Illustratorin und Mediatorin

Pia Kraftfutter ist ein bekannter Name in der deutschsprachigen Social-Media-Welt. Pia Schulze, so ihr bürgerlicher Name, hat sich als Sinnfluencerin einen Namen gemacht. Unter dem Label »Pia Kraftfutter« teilt sie seit 2017 auf den üblichen Plattformen wie Instagram und YouTube ihre Gedanken. »Meine Online-Präsenz habe ich seitdem genutzt, um über Tierrechte, Veganismus, Klimagerechtigkeit, Aktivismus, Nachhaltigkeit & alternative Liebeskonzepte aufzuklären« (*Schulze* 2024). Sie verband ihre Inhalte mit einem authentischen Lebensstil, der sowohl zum Nachdenken anregte als auch konkrete Handlungsanweisungen für ein erfülltes und umweltbewusstes Leben bot. Die Welt der Influencer ist oft ein Balanceakt zwischen Idealismus und Realität. Pia Kraftfutter hat sich klar auf die Seite des Idealismus gestellt. Doch wie glaubwürdig ist sie in ihren Empfehlungen? Ihre Sinnfluencertätigkeit hat sie stark reduziert und widmet sich nun ihrer Arbeit als Moderatorin, Grafikdesignerin und Illustratorin, als Mediatorin und Beziehungsberaterin. In Bezug auf ihr alter ego Pia Kraftfutter gibt sie Beratungen und Schulungen zu Awareness-Themen für Teams, Kollektive und andere Gruppen.

Pia Schulze verkörpert einen inspirierenden Ansatz in der Welt der Sinnfluencer. Sie scheint das, was sie empfiehlt, weitgehend gelebt zu haben und immer noch ansatzweise zu leben. Dabei gibt sie ihrer Community ganz praktische und umsetzbare Tipps, um ebenfalls einen bewussteren Lebensstil zu führen. Dies geschieht jedoch meist mit einem sehr moralischen Zeigefinger. Wie bei jedem öffentlichen Akteur gibt es daher Raum für Skepsis und Diskussion über die volle Übereinstimmung von Wort und Tat. Dennoch zeigt Pias Engagement für Nachhaltigkeit und Authentizität, dass sie bestrebt ist, eine positive Veränderung zu bewirken – sowohl online als auch offline. Sich über diese Aspekte bewusst zu werden und die Frage nach der Authentizität zu stellen, macht die Beschäftigung mit ihr interessant und produktiv im Schulkontext.

Im Folgenden werden zwei Themen herausgegriffen, die sich für die Auseinandersetzung mit ihr als Sinnfluencerin gewinnbringend in den Religionsunterricht einbringen lassen. In Fortführung der obigen Ausführungen zum Lernen an fremden Biografien geht es nicht darum, Schülerinnen und Schülern eine vorbildhafte Influencerin zu präsentieren, die sie nachahmen sollen. Es geht um das Reflektieren der positiven Impulse, die sie geben will, und das kritische Hinterfragen dessen, was sie als *Sinn*fluencerin erstrebenswert und vorbildhaft anpreist.

Pia Kraftfutter: Leben ohne neue Kleidung

Auf ihrer Website stellt Pia Schulze an den Anfang des Beitrags zum Umgang mit Bekleidung die Frage, ob wir unser äußeres Erscheinungsbild über Menschenrechte und Nachhaltigkeit stellen können. Damit provoziert sie gezielt und schert aber auch alle über einen Kamm. Kernpunkt ihrer Kritik an der modernen Modewelt und vor allem der fast fashion ist die Tatsache, dass noch immer viel zu oft Textilien unter schlechten oder sogar menschenunwürdigen Bedingungen produziert werden. Trotz aller Verbesserungen in den letzten Jahren scheint es kaum vorstellbar, dass ein T-Shirt mit einem Preis von 10,- Euro oder weniger fair und nachhaltig produzierbar sein soll (vgl. z. B. den Podcast von Fairtrade Deutschland, siehe QR-Code).

Podcast von Fairtrade Deutschland

So ist es auch ihr erstes Argument, dass sie kein Kleidungsstück tragen will, von dem sie nicht hundertprozentig sicher sein kann, dass dafür niemand ausgebeutet wurde, weil sie solche Firmen nicht unterstützen will. Ihr Ratschlag für dieses Problem zielt zunächst einmal darauf ab, grundsätzlich weniger zu konsumieren und gezielter und länger Kleidungsstücke zu tragen. Außerdem setzt sie darauf, Kleidung nur mehr second hand zu kaufen. Für die Schülerinnen und Schüler könnte ihr Tipp von »Kleidertauschpartys« interessant sein, weil dies sehr leicht umzusetzen ist. In ihrer Darstellung finden sich ebenfalls Gegenargumente, die sie zu entkräften versucht. So z. B. die Anfrage, ob es denn nicht besser sei die Kleidung zu kaufen, weil die Arbeiter*innen dann wenigstens einen Job hätten, auch wenn er schlecht bezahlt ist. Anders wären sie vielleicht arbeitslos, und das sei doch noch schlechter. Insgesamt versucht sie einen authentischen, nicht überhöhten Lebensstil aufzuzeigen, gesteht offen, dass sie selbst noch nicht an dem Punkt ist, dass ihr ihr optisches Erscheinungsbild egal sei und die Hauptsache sei, dass es ethisch korrekt ist. Trotzdem bleiben die Tipps, wie man verantwortungsvoller Kleidung kauft, Überflüssiges spendet oder verkauft, sich selbst auf Flohmärkten einkleidet oder doch teurere Fair-Trade-Kleidung anschafft, hinterfragbar und herausfordernd. Es zeigt sich, dass der Text entweder in seiner ursprünglichen Originalform oder leicht gekürzt und verändert für Grundschüler*innen sehr viel Potential bildet, um tatsächlich eine Diskussion zu führen und sich über das Für und Wider ihrer Vorschläge auszutauschen.

Website von Pia Kraftfutter, einer veganen Bloggerin

Pia Kraftfutter: 3 Tipps für perfekte Weihnachten

Einen für den Religionsunterricht interessanten und ergiebigen Beitrag findet man bei Pia Kraftfutter zum Thema Weihnachten, ein Thema, das man nun so gar nicht bei ihr vermutet. Schon vor dem Kennenlernen des Textes lässt sich die Überschrift an die Kinder und Jugendlichen als Arbeitsauftrag weitergeben: »Was sind deine 3 Tipps für perfekte Weihnachten?« Man sollte genügend Ambiguitätstoleranz besitzen, denn es ist zu erwarten, dass vielfältige Antworten kommen, die wenig mit dem theologischen Kerngehalt des Festes zu tun haben. Das Weihnachtsfest ist aber trotz aller Säkularisierung im Bewusstsein der Menschen nach wie vor fest verankert (vgl. *Sitzberger* 2025). Mit dem Stichwort der Authentizität ließe sich hier die Frage nach dem Wie und Warum des Feierns angehen.

 Pia Kraftfutters Tipps für ein nachhaltiges Weihnachten

Pia Schulze schreibt in ihrem Block ganz offen, wie sich ihr Verhältnis zu Weihnachten verändert hat: Zunächst ist sie noch fasziniert von der Weihnachtszeit, dem großen Familientreffen und es gab noch den einzigen Kirchenbesuch des Jahres. Dies dreht sich bei ihr durch die Pubertät ins Negative, sie kann sich nicht mehr dafür begeistern. Durch die Mitarbeit auf dem Weihnachtsmarkt bei ihrem Vater fällt ihr auf, wie sehr die Menschen durch den Konsum in dieser Zeit gestresst sind. Es ist der Kontrast zum »Fest der Liebe« und der propagierten Besinnlichkeit, der sie gegen alles Weihnachtliche aufbringt. Hinzu kommt, dass sie mittlerweile jede Religion für sich ablehnt. Dennoch hält sie es für möglich, dass

> mal ein netter Kerl namens Jesus auf dieser Welt unterwegs war, der für die damaligen Verhältnisse ziemlich coole Dinge gesagt hat und die Menschen vor genau dem bewahren wollte, was wir heutzutage erleben. Den vermeidlichen [sic!] Tag seiner Geburt also als Anlass zu nehmen, sich in dieser hektischen Welt Zeit für all die Dinge zu nehmen, die wirklich wichtig sind, finde ich trotz aller Kritik an Religion und Tradition echt in Ordnung. (*Pia Kraftfutter*, o. J.)

Kann man aber Weihnachten auf die Dinge, die wirklich wichtig sind, reduzieren? Bei Pia Schulze dreht sich alles um die Liebe, die es an Weihnachten zu schenken gilt. Und das stellt sie in den Kontext ihrer Lebensweise und Ansichten, die sie an der Stelle massiv ins Spiel bringt: Wie kann man soviel Geld für Geschenke ausgeben, wenn doch 50 Cent an Spende reichen würden, um Kindern mit einer Impfung vor dem Tod zu bewahren? Und wie ist es mit dem Weihnachtsessen? Unterstützen wir damit nicht ein System, das dazu führt, dass Tiere qualvoll leben und dann für den Braten sterben müssen? Ihre Lösung ist radikal: Verzicht auf Geschenke, stattdessen spenden und an Heiligabend (sie verwendet tatsächlich diesen Begriff) gemeinsam vegan kochen und essen. Sie möchte aber die bestehenden Traditionen nicht abschaffen, sondern wandeln. Bei Kerzenschein Bio-Tee trinken und gesunde, pflanzliche Lebkuchen essen, die weder einem selbst noch anderen Lebewesen schaden, ersetzen die klassischen Rituale und Bräuche. Sie wünscht sich, dass so Weihnachten wieder zum tatsächlichen Fest der Liebe wird.

In der Auseinandersetzung mit Pia Schulze und ihrer Vorstellung vom Feiern des Weihnachtsfestes kann die Frage nach der Authentizität in zwei Richtungen weitergeführt werden. Zum einen lohnt es die Frage zu stellen, ob und wie etwas authentisch gefeiert werden kann, wenn man sich doch eigentlich gar nicht zu dem zugehörig fühlt, was gefeiert wird. Was ist an Weihnachten für Pia Schulze dann »heilig« oder anders? Wieso feiert sie Weihnachten, spendet und gönnt sich, was traumhafte Weihnachten ausmacht, wenn sie ohnehin nicht religiös ist? Zum anderen: Reicht es, ein Fest der Liebe zu feiern? Sicher bewegt man sich da auf den Spuren Jesu, doch was kann den Heiligabend zusätzlich bereichern, um seine Geburt, die Menschwerdung Gottes, zu feiern? Mit den Schülerinnen und Schülern kann man Alternativen suchen, die jenseits des Besuchs des traditionellen Mitternachtsgottesdienstes liegen. Wie könnte man niederschwellig dem Fest der Liebe das Fest der Menschwerdung Gottes an die Seite stellen?

Das wahre Leben

Sinnfluencerinnen und Sinnfluencer propagieren in ihrem Bereich Lebensentscheidungen, die sie nach den für sie schlüssigen moralischen Maßstäben fällen. Dabei animieren sie ihre Followerinnen und Follower dazu, sich ihnen anzuschließen und ihr Leben in ähnlicher Weise auszurichten. Sie in den Blick zu nehmen kann den Religionsunterricht bereichern und mit einer Perspektive ergänzen, die in den herkömmlichen Themenfeldern so nicht auftaucht. Die Nähe zur Lebenswelt der Schülerinnen und Schüler bringt es mit sich, dass (vorwiegend) ethische Themen aus einer aktuellen, lebensnahen Brille betrachtet und diskutiert werden können. Ziel der Auseinandersetzung mit diesen fremden Biografien ist es dabei nicht, bestimmte Ansichten einfach zu übernehmen oder einfach unreflektiert nachzuahmen.

Im Religionsunterricht werden herkömmlicher Weise christliche Wertvorstellungen thematisiert, die nicht von allen in der Klasse geteilt werden (müssen). Die Hinwendung zum subjektorientierten Religionsunterricht wurde schon mit der Würzburger Synode grundgelegt. Die Bedeutsamkeit eines reflektierten und selbstverantworteten Glaubens als solchen wird von Hans Mendl seit Jahren in den Blick genommen und religionspädagogisch und -didaktisch entfaltet. Dabei rückt die Frage nach der Wahrheit fast zwangsläufig in den Fokus der Überlegungen, denn schließlich gehört die Wahrheit der Kirche zu den zentralen Inhalten des Religionsunterrichts. Und zu fragen ist, ob diese nicht für alle ihre Gläubigen die gleiche sein muss. Treffend stellt Mendl hierzu klar, dass der Wahrheitsbegriff vielfältig ist und nicht mehr mit einer absoluten, exklusivistischen Brille gesehen werden kann (vgl. *Mendl* 2023), so als ob es nur die eine, für alle gleich gültige Wahrheit gäbe.

> Über »die« Wahrheit kann man nicht sprechen, ohne sich selbst dazu in Beziehung zu setzen und sich über subjektive Bedeutungskonstruktionen auszutauschen. Der Gewinn eines Mühens um das Verstehen von Wahrheitsansprüchen, ihrer Herkunft und ihrer Bedeutung vor allem für die, die Fragen nach Wahrheit stellen, besteht in einer differenzierteren

Sicht der Wirklichkeit – sowie in einem Glauben, der Verunsicherungen aushält; um den gerungen und gestritten werden darf; der aber in jedem Fall auch einer vernunftorientierten Überprüfung und einem Dialog mit Andersdenkenden standhält. (*Mendl* 2023, 119)

Die Wahrheitsfrage gilt es mit den Kindern und Jugendlichen bei der Beschäftigung mit den Sinnfluencerinnen und Sinnfluencern in diesem Sinn anzugehen. Schülerinnen und Schüler sollen lernen, sich zu wichtigen, auch für sie lebensrelevanten Themen zu positionieren, oder zumindest über eigene Positionsmöglichkeiten nachzudenken. Dass das Leben immer wieder neue Situationen und Herausforderungen bringt und sich Lebenssituationen gerade im Kindes- und Jugendalter des Öfteren noch ändern und fluide sind, gilt es dabei zu beachten und mit ihnen ebenfalls zu diskutieren. Meine Entscheidung für oder gegen eine Sache, wie z. B. vegan leben zu wollen, muss keine Entscheidung für die Ewigkeit sein, sondern kann jederzeit hinterfragt und je neu bewertet werden. Ob es denn eine Wahrheit oder Werte gibt, die nicht verhandelbar sind und die mein Leben lang gültig sind, bleibt eine spannende Anfrage an alle, die sich vermeintlich schon für immer festgelegt haben. Der vielfältige Wechsel in den Biografien von Sinnfluencerinnen und Sinnfluencern mag hier zum Nachdenken anregen.

Literaturverzeichnis:

Bandura, Albert, Sozial-kognitive Lerntheorie, Stuttgart 1979.
Dorsch, Lexikon der Psychologie, Stichwort Authentizität, https://dorsch.hogrefe.com/stichwort/authentizitaet; letzter Zugriff am 30.6.2024.
Barg, Werner, »Avengers«: Durch die Pubertät mit Superhelden, in: Focus online, 2019, www.focus.de/kultur/leben/avengers-durch-die-pubertaet-mit-superhelden_id_10633045.html; letzter Zugriff am 30.6.2024.
Fairtrade Deutschland, https://www.fairtrade-deutschland.de/service/newsroom/podcasts/podcast-detail/textilien-fair-fashion-statt-fast-fashion-4772; letzter Zugriff am 30.6.2024.
Hajli, M. Nick, A study of the impact of social media on consumers, in: International Journal of Market Research 56 (2014), Heft 3, 387–404.
Kraftfutter, Pia, 3 Tipps für perfekte Weihnachten, o. J., https://kraft-futter.de/3-tipps-fuer-perfekte-weihnachten; letzter Zugriff am 30.6.2024.
Medienpädagogischer Forschungsverbund Südwest, JIM-Studie 2023, online unter: https://www.mpfs.de/studien/jim-studie/2023/; letzter Zugriff am 30.6.2024.
Mendl, Hans, Im Mittelpunkt der Mensch. Prinzipien, Möglichkeiten und Grenzen eines schülerorientierten Religionsunterrichts (Religionspädagogik konkret 1), Winzer 2004 (^{2}2007; ^{3}2010).
Mendl, Hans, Vorbilder / Modelle / Heilige / Local Heroes, in: *Henrik Simojoki / Martin Rothgangel / Ulrich H. J. Körtner* (Hg.), Ethische Kernthemen. Lebensweltlich – theologisch-ethisch – didaktisch (Theologie für Lehrerinnen und Lehrer 4), Neuausgabe, 3., komplett neu erarbeitete Auflage. Göttingen 2022, 446–455.
Mendl, Hans, Die Wahrheit über Jesus Christus, in: braunschweiger beiträge 168 (2023/1), 114–119.
Mendl, Hans / Lamberty, Alexandra / Sitzberger, Rudolf, Influencer, Christfluencer, Sinnfluencer: Das didaktische Potenzial von Selbstpräsentationen in digitalen Welten, in: *André Schütte / Jürgen Nielsen-Sikora* (Hg.), Wem folgen? Über Sinn, Wandel und Aktualität von Vorbil-

dern, 2023, 65–79. (DOI: https://doi.org/10.1007/978-3-662-66838-2; letzter Zugriff am 30.6.2024).

Nachrichten Informationsdienst Wissenschaft, Studie Berufswahl im Wandel: fast die Hälfte aller Abiturienten will Influencer oder Creator werden, 2023, https://nachrichten.idw-online.de/2023/08/16/studie-berufswahl-im-wandel-fast-die-haelfte-aller-abiturienten-will-influencer-oder-creator-werden; letzter Zugriff am 30.6.2024.

Schorn, Anna, Promoting sustainability on Instagram: How sponsorship disclosures and benefit appeals affect the credibility of sinnfluencers, in: Young consumers 23 (2022), 345–361.

Schulze, Pia, Aktuell: Meine Arbeit, meine Angebote 2024, in: https://kraft-futter.de; letzter Zugriff am 30.6.2024.

Sinnfluencer*innen, Homepage des Lehrstuhls für Religionspädagogik und Didaktik des Religionsunterrichts der Universität Passau, abrufbar unter: https://www.uni-passau.de/localheroes/sinnfluencer; letzter Zugriff am 30.6.2024.

Sitzberger, Rudolf, Das Fest der Familie – Heilige Nacht?, in: *Mirja Kutzer / Ilse Müllner / Annegret Reese-Schnitker* (Hg.), Heilige Zeiten. Verständigungen zwischen Theologie und Kulturwissenschaft (im Erscheinen).

Stern, Ex-Popstar R. Kelly im Missbrauchsprozess zu 30 Jahren Haft verurteilt, 2022, www.stern.de/politik/ausland/saenger-r--kelly-im-missbrauchsprozess-zu-30-jahren-haft-verurteilt-32496858.html; letzter Zugriff am 30.6.2024.

Der Spiegel, Ex-Radprofi Jan Ullrich: »Ja, ich habe gedopt«, 2023, https://www.spiegel.de/sport/jan-ullrich-ex-radprofi-gesteht-doping-17-jahre-nach-dem-betrug-a-e91af826-9bab-4c8a-b2f0-5e29c0787fe3; letzter Zugriff am 30.6.2024.

Statista 2023, Marktdurchschnittspreis für einen Beitrag von Influencern auf Instagram weltweit im Jahr 2023, in: https://de.statista.com/statistik/daten/studie/1119636/umfrage/influencer-einkommen-pro-post/#statisticContainer; letzter Zugriff am 30.6.2024.

Sinnfluencer*innen im Religionsunterricht
Ein Unterrichtsprojekt

Carolin Grillhösl-Schrenk

Kinder haben heute immer früher Zugang zu sozialen Medien. Ab einem Alter von 10–11 Jahren besitzt bereits mehr als die Hälfte der Kinder ein eigenes Smartphone (*KIM-Studie* 2022, 5). Spätestens mit dem ersten eigenen Handy spielt der Einfluss von Influencer*innen auch auf die Schülerinnen und Schüler von Grundschulen eine zunehmend große Rolle. Wie man Influencer*innen zum Lernen an fremden Biografien nutzen und sie im Religionsunterricht einsetzen kann, soll in einem eigenen Unterrichtsprojekt aufgezeigt werden. Dabei soll vor allem ein Blick darauf geworfen werden, welche Methoden es gibt, die Schülerinnen und Schüler zu einer echten Auseinandersetzung mit diesen zu bewegen, die nicht moralisierend ist, sondern sie mit der Zeit immer mehr zu eigenständigem Denken und Urteilen befähigt.

Influencer*innen – Sinnfluencer*innen?

Bevor ein genauerer Blick auf das Vorgehen meines Unterrichtsprojekts geworfen wird, soll allgemein geklärt werden, inwieweit Influencer*innen überhaupt zu *Sinnfluencer*innen* werden können. Ich meine, das ist in zweierlei Hinsicht möglich. Zum einen werden in den sozialen Medien viele Themen aufgegriffen, die auch in der christlichen Ethik eine Rolle spielen, wie zum Beispiel die Bewahrung der Schöpfung Gottes. Zum anderen können Influencer*innen natürlich auch für Kinder und Jugendliche zu Sinnfluencer*innen werden, wenn diese ihrem eigenen Leben einen tieferen Sinn verleihen. Ob sie von Erwachsenen, zum Beispiel von den eigenen Eltern auch als sinnvoll erachtet werden, sei zunächst einmal dahingestellt. Fest steht, dass Kinder und Jugendliche heute in einer digitalen Welt aufwachsen, die eine Vielzahl an Optionen und Informationen bietet. Gleichzeitig sehnen sie sich vermutlich gerade auch deshalb nach Orientierung und Sicherheit innerhalb dieser Vielzahl an Möglichkeiten (vgl. *Kochhan u. a.* 2020, 56). Umso wichtiger erscheint es, dass bereits Kinder lernen, sich mit möglichen Sinnfluencer*innen auseinanderzusetzen und eigenständig ethische Urteile zu fällen.

Influencer*innen im Religionsunterricht – ein diskursethischer Ansatz

Wer sich die Frage nach dem Umgang mit fremden Biografien im Religionsunterricht stellt, muss zunächst die Identitätsentwicklung von Kindern und Jugendlichen in den Blick nehmen und betrachten, welche Rolle fremde Biografien dabei spielen. »Kinder und Jugendliche bei der Entwicklung einer fluiden und fragilen Identität zu unterstützen, erscheint als eine der zentralen Aufgaben des Religionsunterrichts.« (*Mendl/Sitzberger/Lamberty* 2023, 10)

Dabei findet biografisches Lernen immer dann statt, wenn das lernende Subjekt dem eigenen Leben und Glauben eine Bestimmung gibt. Dies geschieht zum einen in Auseinandersetzung mit der eigenen Lebensgeschichte, den Anforderungen der Gegenwart und subjektiven Zukunftsentwürfen. Gleichzeitig erfolgt eine solche Entfaltung des eigenen Lebens auch immer in Auseinandersetzung mit vielfältigen anderen Biografien. In der Beschäftigung mit anderen Lebensentwürfen und im Abgleich mit eigenen Vorstellungen eines guten Lebens sollen daher im Religionsunterricht Grundeinsichten für ein gelingendes Leben aufscheinen (vgl. *ebd.*, 10).

Der Ansatz vom lernenden Subjekt her gedacht bedeutet, dass es nicht auf die moralische Qualität der gewählten Person ankommt, sondern auf den didaktischen Umgang mit der fremden Biografie. Kinder und Jugendliche sollen sich daran »abarbeiten« (*ebd.*, 12). Das kann auch heißen, sich bewusst vom Verhalten oder von Denkweisen und Einstellungen anderer Personen abzugrenzen. Sie sollen sich mit ethischen Entscheidungen und Werten dieser auseinandersetzen, sie durchleuchten und so zu eigenem, ethischen Denken und Urteilen fähig werden. Bei diesem diskursethischen Ansatz wird also völlig auf eine Übertragung von erwünschten Verhaltensweisen, wie es beim Nachahmungslernen oder teils noch beim sozial-kognitiven Ansatz des Modelllernens (vgl. *Bandura* 1979; *Mendl* 2019, 191) angedacht war, verzichtet, denn der Weg ist das Ziel. Das Hin- und Herdenken, das Be- und Überdenken verschiedener Entscheidungs- und Verhaltensmöglichkeiten, das Betrachten und Beachten der Positionen anderer, das gegeneinander Abwägen verschiedener Argumente, all das führt letztlich zu einem zunehmenden Argumentations- und Reflexionsvermögen und letztlich zu einer Befähigung zur ethischen Urteilsbildung (vgl. *ebd.*, 13).

Wahl der Thematik: Aspekte der Tierethik

Als konkretes Thema wird eine Auseinandersetzung mit dem *Vegan-Sein* angestrebt. Dies erfordert einen kurzen Exkurs in die Tierethik. Tierethische Themen sind vor allem im Hinblick auf eine viel wachere Wahrnehmung des Elends von Tieren und einer zunehmenden Verbreitung des vegetarischen und veganen Gedankens in der gesellschaftlichen Diskussion allgegenwärtig. Skandale um die Haltung von Tieren in Zoos, in der Lebensmittelindustrie oder bestimmte Züchtungen von Moderassen können hier als Beispiele genannt werden. Ein ethisch angemessener Umgang mit Tieren sowie die Frage des Verhältnisses von Mensch zu Tier rücken dabei immer mehr in den Vordergrund. Der Anteil an vegetarisch lebenden Personen in Deutschland hat sich in den letzten zehn Jahren auf vier Prozent verdoppelt. Gleichzeitig wird jedoch ein weltweiter Anstieg des Fleischkonsums bis 2050 um 85 Prozent prognostiziert, was negative Folgen für Tierwohl, die globale Nachhaltigkeit und Gerechtigkeit mit sich bringt (vgl. *Tretter* 2018, 1).

Der Tierschutz in Deutschland wurde 2002 im Grundgesetz verankert. Tiere im landwirtschaftlichen Sektor unterliegen aber der Nutztierverordnung, was zahlreiche Schutzaspekte des Tierschutzgesetzes wieder aufhebt und etwa zu betäubungslosen Kastrationen und Kupieren von Schwänzen oder dem Abschleifen von Eckzähnen bei Ferkeln und Ähnlichem führt (vgl. *Eichler/Tramowsky* 2021, 2).

In welchem Verhältnis der Mensch zum Tier steht, ist eine Frage, die im Laufe der Geschichte unterschiedlich beantwortet wurde und die bis heute unterschiedlich diskutiert wird. Anthropozentrische Sichtweisen stellen menschliche Bedürfnisse und Perspektiven in den Mittelpunkt und berücksichtigen tierische Belange aus der Einsicht menschlicher Verantwortung heraus, was das Tier dem Menschen gleichsam ausliefert (*ebd.*, 4). Die Existenz der Tiere ist dabei rein auf den Menschen ausgerichtet, ohne dass ihnen ein Eigenwert zugestanden wird. Diesem Verständnis erteilt Papst Franziskus in der Enzyklika »Laudato si'« als jüngste kirchliche Verlautbarung angesichts der ökologischen Krise eine Absage, wenn er schreibt: »Während wir die Dinge in verantwortlicher Weise gebrauchen dürfen, sind wir zugleich aufgerufen zu erkennen, dass die anderen Lebewesen vor Gott einen Eigenwert besitzen.« (*Papst Franziskus* 2015, Nr. 69) Der Papst vermeidet dabei den Begriff »Würde«, den er allein dem Menschen zuschreibt.

In den verschiedenen Publikationen zur Tierethik werden vor allem die theologischen Motive der Gottesebenbildlichkeit, der Herrschaftsauftrag und die daraus wachsende Verantwortung für die Mitgeschöpfe herangezogen (vgl. *Tretter* 2018, 6).

Die Deutsche Bischofskonferenz (DBK) wählt in ihrer Schrift »Die Verantwortung des Menschen für das Tier« die Gottebenbildlichkeit als Grundmotiv. Diese eröffnet dem Menschen Rationalität, Zukunftsfähigkeit und Freiheit. Die besondere Stellung des Menschen in der Schöpfungsordnung gibt ihm eine Würde, die über die Würde und den Eigenwert der anderen Geschöpfe hinausgeht. Der Mensch ist das einzige Wesen, das Gott entspricht, das Gott hören und antworten kann. Diese Würde erteilt dem Menschen zugleich den Auftrag, verantwortlich und artgerecht für Tiere zu sorgen (vgl. *DBK* 1993, 19). Auch im Hinblick auf die Haltung und den Umgang mit Nutztieren bezieht die DBK hier Stellung. Der Mensch hat demnach zwar das Recht, Tiere zum eigenen Nutzen zu halten, das Ruhegebot des Sabbats, das auch Tieren zugeschrieben wird, erinnert aber daran, dass auch Nutztiere nicht ausschließlich unter dem Nutzengesichtspunkt betrachtet werden dürfen. Es wird dabei betont, dass es nicht genüge, Tierquälerei zu unterlassen, sondern sich am Wohlbefinden der Tiere zu freuen und dieses zu fördern (*ebd.*, 39).

Anfang des 21. Jahrhunderts sind von Michael Rosenberger und Kurt Remele zwei christliche Tierethiken erschienen, die Bezug auf eine vegetarische oder vegane Lebensweise nehmen. Rosenberger wendet sich vor allem der industriellen Tierhaltung zu und bezieht sich auf die Schöpfungstexte, die eine friedliche und vegane Lebensweise vorstellen, die erst nach der Flut endet. Er verweist auf den eschatologischen Tierfrieden (Jes 11,6–8), der Frieden und Vegetarismus propagiert. Diese Vorstellungen sind für Rosenberger ein Stück biblische Utopie. Er erklärt dazu:

> Im Horizont der systemischen Betrachtung wäre es zumindest gegenwärtig nicht zu verantworten, dass alle Menschen vegan leben[,...] ein vollständiger Verzicht auf das Essen von

Tieren würde für die Ernährung der Menschheit unlösbare Probleme aufwerfen, und ein vollständiger Verzicht auf die Nutzung von Tieren würde die Biodiversität des Planeten massiv reduzieren. (*Rosenberger* 2016, 71)

Die Lösung sieht er in einem Zwischenschritt auf dem Weg hin zum Reich Gottes, nämlich in einer ökologischen Landwirtschaft und einer Minimierung der Gewalt gegen Tiere (vgl. *Rosenberger* 2016, 72).

»Große Wellen schlug der Speziesismus-Vorwurf von Peter Singer, der sich ganz grundsätzlich gegen die moralische Sonderstellung des Menschen richtet.« (*Fenner* 2022, 166) Dies ist eine für eine tierethische Diskussion durchaus umstrittene Position, die dieser australische Philosoph und Ethiker hier vertritt. Er hat den oben genannten Begriff des »Speziesismus« geprägt. Darunter ist eine moralische Diskriminierung von Lebewesen aufgrund ihrer Artzugehörigkeit zu verstehen. Statt Lebewesen über ihre Art zu definieren, solle man sie nach ihrem Person-Sein behandeln. Dies erscheint auf den ersten Blick vielleicht positiv, erweist sich aber durchaus als problematisch. Die bloße Zugehörigkeit zu einer Spezies dürfe nach Singer keine ethische Relevanz haben. Menschlichem Leben nur deshalb ein Lebensrecht zuzuerkennen und vor Tötung zu schützen, weil es eben von der Art Homo Sapiens ist, sei damit Speziesismus, jedenfalls dann, wenn man nicht gleichermaßen Bedenken gegen das Töten von Tieren habe.

In Analogie zu Rassismus und Sexismus als moralische Fehlhaltung entwickelt Singer seine ethische Anschauung. Die Meinung, der Geltungsbereich des Rechts auf Leben und das Tötungsverbot decke sich mit der Gesamtheit aller menschlicher Lebewesen, sei demnach eine Selbstprivilegierung des Menschen als Gattung (vgl. *Hilpert* 1994, 343). Was für Singer daher zählt, ist nicht die Gattung, eine Art bzw. eine Spezies. Lebensrecht und Tötungsverbot gelten seiner Ansicht nach für »Personen«. Als ›Person‹ versteht Singer ein Wesen, das rational und selbstbewusst ist und sich als von anderen Wesen getrennt erlebt, mit einer Vergangenheit und einer Zukunft (vgl. *Singer* 2011, 94).

Die Frage danach, ob ein Tier damit ›Person‹ sein kann, bejaht Singer und erklärt, dass sowohl wilde Tiere als auch Versuchstiere bereits bewiesen hätten, dass sie sehr wohl einen Sinn für zukünftige Situationen haben, in denen sie und ihre Artgenossen die Wahl über verschiedene Handlungsoptionen verfügen (vgl. *ebd.*, 99f.). Aus dieser Sichtweise ergeben sich allerdings problematische Schlussfolgerungen für das Bild vom Menschen. Singer selbst erklärt beispielsweise, dass es, wenn zwischen Arten unterschieden werde, schlechter zu sein scheint, einen Schimpansen zu töten, als ein stark eingeschränktes menschliches Wesen, das niemals in der Lage wäre, eine Person zu sein (vgl. *ebd.*, 101).

> Es ist offensichtlich, daß Singers Position nicht nur in ihren praktischen Anwendungen, sondern auch vom anthropologischen Grundmodell her, zu dem sowohl für das deutsche Rechtssystem als auch für die Logik der Menschenrechte wie für die jüngere theologische Ethik maßgeblich gewordene Theorem von der Menschenwürde […] in stärkster Spannung steht. (*Hilpert* 1994, 343)

Denn der Mensch wäre nicht mehr aufgrund seines Menschseins, sondern nur aufgrund seines Personseins vor Tötung geschützt. Die Auswirkungen, die diese Ansicht auf Themen wie Euthanasie, Abtreibung und Lebensrecht behinderter Menschen hätte, erscheinen äußerst bedenklich.

Wahl der Influencerin

Betrachtet man den oben geschilderten diskursethischen Ansatz, so wird die Frage nach den christlichen Werten der Person, an der gelernt werden soll, nachrangig. Entscheidend ist vielmehr das didaktische Potential, das sich eröffnet. Dem Verhalten, den Entscheidungen und Wertvorstellungen anderer Personen kann ich zustimmen oder ich kann mich bewusst davon abgrenzen. Wichtig ist es, sich intensiv mit verschiedenen Optionen und Positionen auseinanderzusetzen und diese zu be- und überdenken.

Die Wahl für mein Unterrichtsprojekt fiel nach einigen Überlegungen auf die Influencerin *Raffaela Raab*, die in den Sozialen Medien als die ›Militante Veganerin‹ bekannt wurde. Die Wahl begründet sich damit, dass es sich bei den Themen Umwelt- und Klimaschutz sowie Gerechtigkeit und Forderungen nach entsprechenden Handlungsweisen grundsätzlich um für Jugendliche drängende und wichtige Angelegenheiten handelt. So weist die Shell Jugendstudie 2019 nach, dass sich quer durch alle Gruppierungen eine Reihe von Gemeinsamkeiten fand, unter anderem die Sorge um die ökologische Zukunft, ein starker Sinn für Gerechtigkeit und Achtsamkeit in der Lebensführung sowie ein wachsender Drang, für diese Belange auch einzutreten (*Shell Jugendstudie* 2019, 13). Da sich Kinder der vierten Klasse durchaus bereits im Übergang zum Jugendalter befinden, sind das sicher auch Themen, die sich bereits für diese Jahrgangsstufe eignen.

Die ›Militante Veganerin‹ tritt massiv für die Belange der Tiere ein. Sie kämpft gegen Speziesismus (Singer), also einer moralischen Diskriminierung von Lebewesen, ausschließlich aufgrund ihrer Artzugehörigkeit und übernimmt somit stark die Position Singers. Sie bezeichnet Tiere in diesem Zusammenhang auch öfter als ›Tierpersonen‹. Auch ihr Tiktok-Profil überschreibt sie mit dem Spruch: ›Speziesismus = Rassismus‹. Was Raffaela Raab besonders kritisiert, ist, dass Menschen eine Art von Tieren lieben und sie als Haustiere halten, während sie andere Tiere, die nicht weniger fühlen können, wie sie es nennt, »versklaven« und diese lediglich zur Gewinnung von Nahrung dienen.

Die Klassenlehrerin der Schülerinnen und Schüler, mit denen das Projekt durchgeführt wird, ist selbst Vegetarierin, was in der Klasse bereits zu der Frage führte, ob dies sinnvoll sei und wie man das denn schaffe. Raffaela Raab bringt in ihren Videos dazu durchaus viele bedenkenswerte Argumente, über die diskutiert und nachgedacht werden kann. Kinder diesen Alters befinden sich nach Kohlberg auf der Stufe der »Naiv-hedonistischen Orientierung«. Gut ist demnach, was den eigenen Bedürfnissen entspricht und anderen nicht schadet (vgl. *Kohlberg* 1995; *Mendl* 2018, 36). Dies ist im Hinblick auf das Thema insofern spannend, weil Raffaela Raab in den Fokus nimmt, dass »Nicht-Vegan-Sein« in jedem Fall anderen Individuen schadet.

Kinder in der vierten Klasse befinden sich aber sicher auch teilweise im Übergang zur von Kohlberg beschriebenen »Prima-Kerl-Orientierung« (vgl. *Kohlberg* 1995; *Mendl* 2018, 36), bei der Mehrheitsvorstellungen des Umfelds, der Peergroup und in diesem Alter sicher auch der eigenen Eltern übernommen werden, die mehrheitlich nicht vegan leben. Gerade diese Tatsache macht das Thema besonders interessant, wenn die Argumente von Raffaela Raab selbstverständliches Verhalten des Umfeldes hinterfragen.

Diese Tatsache sowie die Ungleichbehandlung von Tieren können für Schülerinnen und Schüler eine Art moralisches Dilemma darstellen. Viele Kinder haben Haustiere und lieben diese. Dass jedes Tier fühlen kann, wir aber diesbezüglich unterscheiden in ›Haustiere‹ und ›Nutztiere‹, kann als Problem wahrgenommen werden. Entweder Menschen entscheiden sich dazu, diese Ungleichbehandlung von Tieren zu akzeptieren, was vermutlich dem Gerechtigkeitsempfinden von Kindern und Jugendlichen eher widerspricht, oder sie entscheiden sich dagegen, was aber in Konsequenz entsprechende, nicht unbedingt einfach umzusetzende Handlungsweisen und den Verzicht auf deren Genuss verlangen würde. Dieses Dilemma kann sich als fruchtbar erweisen. Wenn Kinder und Jugendliche immer wieder mit moralischen Dilemmata konfrontiert werden, steigt nachweislich ihre Sensibilität für die Komplexität ethischer Fragestellungen und ihre Fähigkeit, zu begründeten, differenzierten moralischen Urteilen zu kommen (vgl. *Mendl* 2018, 128).

Ein weiterer wichtiger Aspekt in Raffaelas Videos ist aber auch die Art und Weise, wie sie sich für ihre Überzeugung engagiert. Sie bezeichnet alle Menschen, die nicht vegan leben, als Rassisten und hat den Leitspruch: »Nicht vegan ist nicht ok!« Sie könnte mit Menschen, die nicht vegan leben, nicht befreundet sein und sie nicht akzeptieren. Dieses ›militante‹ Vorgehen ihrerseits, verbunden mit massiven Angriffen auf Menschen, die anders denken und ihre Meinung nicht teilen, eignet sich ebenfalls gut, um darauf einzugehen, wie man für Belange, die man als wichtig erachtet, eintritt, und in welchem Maß andere Meinungen zu akzeptieren sind.

Vorgehensweise

Die Klasse, in der die Unterrichtsstunden durchgeführt werden, ist eine vierte Klasse mit 13 Jungen und 9 Mädchen der Grundschule Wegscheid, die ich nicht selbst unterrichte. Bevor eine intensivere Auseinandersetzung mit dem Thema erfolgt, erscheint es sinnvoll, dass die Schülerinnen und Schüler ihre ersten Gedanken und ihre anfängliche Meinung zum Thema »Vegansein« und zu »Menschen, die vegan leben« festhalten und begründen.

Dies ist insofern wichtig, damit die Kinder in einer späteren Reflexion überlegen, ob die Auseinandersetzung, das Diskutieren von Argumenten sowie das gemeinsame Reflektieren in der Gruppe, etwas mit ihnen gemacht hat. Dabei ist es nicht entscheidend, ob sich die Meinung der Kinder ändert. Wichtig ist vielmehr der Blick darauf, ob sie ihre Meinung und die Gründe dazu nach wie vor so verfassen würden, ob sich Begründungen nun fundierter formulieren lassen oder auch geändert haben. Dazu erhalten sie ein Arbeitsblatt, auf dem sie festhalten, was ihre Meinung zum ›Vegan-Sein‹ ist und was sie von Menschen halten, die vegan leben.

Danach gliedert sich die Vorgehensweise in drei grundlegende Schritte. Im ersten Schritt sollen sich die Kinder mit dem Dilemma der Ungleichbehandlung der verschiedenen Arten von Tieren (Haustier – Nutztier) auseinandersetzen, zu welchem Zweck eine Haltung von Nutztieren geschieht, und ob oder wie sie sich rechtfertigen lässt (Videomaterial 1). Dabei werden anfangs nur Videos eingespielt, die die Position von Raffaela darstellen, um den Schülerinnen und Schülern das moralische Dilemma zu eröffnen.

In einem zweiten Schritt werden ausgewählte Videos angeschaut, in denen einzelne Passant*innen auch Gegenpositionen liefern, und in denen auch immer wieder die Frage auftritt, ob das Töten von Tieren mit dem Töten von Menschen gleichgesetzt werden kann (Videomaterial 2). Die Abfolge der Videos erfolgt dabei nach Argumenten, die von diesen Passant*innen eingestreut werden. Da ich das Projekt nicht in meiner eigenen Klasse durchführen kann und mir deshalb nur eine begrenzte Anzahl an Unterrichtsstunden zur Verfügung steht, wähle ich einzelne der später aufgeführten Videos und Argumente aus.

Als mögliche Weiterführung des Projekts ließe sich in einem dritten Schritt auch noch auf das Thema eingehen, auf welche Art und Weise man sich für Belange, die für einen selbst als wichtig erachtet werden, einsetzt und inwieweit Entscheidungen anderer Menschen, die von der eigenen Einstellung abweichen, akzeptiert werden können, sollen oder müssen (Videomaterial 3). Auch hierzu sind einzelne Videos und Anregungen für eine Weiterarbeit im Unterricht angefügt. Die QR-Codes leiten zum entsprechenden Videomaterial weiter.

1. Schritt: Konfrontationen mit Videomaterial 1: Ungleichbehandlung von Tieren

Zunächst wird bewusst ein Blick auf Situationen geworfen, in denen Raffaela Raab ihren eigenen Standpunkt eröffnet. Im Zentrum steht der Vergleich von Haus- und Nutztieren, der viele Kinder zum Nachdenken bringt, inwieweit es gerecht ist, Tiere ungleich zu behandeln.

Video 1 Ungleichbehandlung von Tieren

Ich denke, dass es einige Kinder als Dilemma empfinden, dass Tiere unterschiedlich behandelt werden und wir die einen lieben, während wir die anderen zur Nahrungsgewinnung nutzen. Die folgenden Arbeitsaufträge werden im Sinne der Placemat-Methode zunächst von jeder Schülerin und jedem Schüler in einer Ecke eines großen Plakats für sich selbst beantwortet. Dann wird jeweils ein Austausch in der Kleingruppe vollzogen, in der die Kinder miteinander diskutieren und die wichtigsten Erkenntnisse, Argumente und Gegenargumente in der Mitte des Plakats gemeinsam festhalten. Im Anschluss daran erfolgt eine Diskussion über das Thema im Plenum.

Überlegung zu ersten Arbeitsaufträgen:
Was denkst du? Fühlen alle Tiere gleich?
Fühlt eine Katze zum Beispiel genauso wie ein Regenwurm?
Schmerz? Hunger? Angst? Stress? Rache? Freude? Hass? Liebe?
Fühlt eine Katze das Gleiche wie ein Schwein?
Schmerz? Hunger? Angst? Stress? Rache? Freude? Hass? Liebe?
Wo sind Gemeinsamkeiten? Wo sind vielleicht Unterschiede?
Gibt es auch Gefühle, die nur Menschen haben?

1. Raffaela kritisiert, es sei nicht in Ordnung, eine bestimmte Art von Tieren zu lieben und die anderen zur Gewinnung unserer Nahrung zu nutzen und auch zu töten.
2. Welche Argumente sprechen für und welche gegen die Meinung von Raffaela?
3. Unter welchen Umständen ist es deiner Meinung nach in Ordnung, Tiere als Nutztiere zu halten? Unter welchen Umständen nicht?

Um die eigene Meinung noch einmal abschließend festzuhalten, verfasst am Ende der Stunde jede Schülerin und jeder Schüler zu einem der beiden ausgewählten Videos einen möglichen Kommentar, den er oder sie Raffaela unter ihr Video posten würde.

2. Schritt: Konfrontation mit Videomaterial 2: Gegenargumente zu Raffaelas Positionen

Nach der ersten Arbeitsphase werden Videos aufgegriffen, bei denen Gegenargumente eingespielt werden. Es soll hier beispielsweise darauf eingegangen werden, ob und welche Gründe es gibt, die die Haltung von Nutztieren rechtfertigt oder nicht, wie etwa persönlicher Genuss, die Verankerung des Fleischkonsums in der Gesellschaft oder die persönliche Entscheidungsfreiheit. Für meine Unterrichtsstunden in der 4. Klasse soll hier wieder mit der Placemat-Methode gearbeitet und aufgrund der zeitlichen Begrenzung eine Auswahl bei den verschiedenen Argumenten getroffen werden.

 Video 2 Argument – es steht nicht im Gesetz

1. Raffaela sagt, dass die Haltung von Nutztieren grundsätzlich genauso schlimm ist, wie es die Sklaverei von Menschen war. Was denkst du darüber?
2. Wann würdest du eine Haltung von Nutztieren »Sklaverei« nennen? Wann nicht?
3. Finde Beispiele!

4. Kann man davon ausgehen, dass etwas im Gesetz steht, wenn es wirklich schlimm ist?

Video 3 Argument – Umgang mit Nutztieren ist entscheidend

Was sind für dich die Unterschiede zwischen Mensch und Tier?
z. B. Hat ein Tier eine Vorstellung vom Tod?
Denkt ein Tier über den Himmel oder Gott nach?
Kann ein Tier einem anderen vergeben oder mit jemandem befreundet sein?
Fühlen Tiere wie Menschen (Schmerz, Leid, Liebe, Hass, Freundschaft ...)?

1. Raffaela ist der Meinung, dass es kein Unterschied ist, ob ich einen glücklichen Menschen erschieße oder ob ein glückliches Tier getötet wird.
2. Was sagst du zu ihrer Meinung?
3. Findest du es in Ordnung Tiere als Nutztiere zu halten, wenn sie artgerecht gehalten werden? Ist es für dich in Ordnung, dass solche Tiere dann auch getötet werden?

Video 4 Argument Pflanzen fühlen auch (Kind)

1. Was sind für dich Unterschiede zwischen Tieren und Pflanzen?
   Denkst du Tiere und Pflanzen fühlen gleich (Liebe, Hass, Freude, Leid ...)?
   Was bedeutet das für dich?
   Welche Unterschiede siehst du zwischen Tier, Pflanze und Mensch?
2. Sollte man alle gleich behandeln? Was würde das bedeuten?

Nach dem Vorstellen der entstandenen Plakate soll im Plenum noch einmal zusammengefasst werden, welche Argumente für und gegen Raffaelas Meinung sprechen. Im Anschluss daran verfassen die Schülerinnen und Schüler in Einzelarbeit einen Kommentar zu einem der Videos, in dem sie Raffaela ihre eigene Meinung zu ihren Argumenten schildern sollen. Alternativ dazu wäre es möglich, dass die Schülerinnen und Schüler ein eigenes TikTok Video drehen, in dem sie ihre eigene Meinung präsentieren.

3. Schritt: Konfrontation mit Videomaterial 3: Verurteilung aller Menschen, die nicht vegan leben!

Die Videos von Raffaela eignen sich in besonderer Weise auch dafür, herauszuarbeiten, wie man sich am besten für Belange, die einem wichtig sind, einsetzt und wie man Menschen gegenübertritt, die man von der eigenen Sache überzeugen möchte. Es handelt sich im Folgenden um eine mögliche Weiterführung des Projekts, die im

Unterricht nicht erprobt wurde, die ich aber aufgrund ihres Potentials nicht aussparen möchte.

Video 5 »Raffaela kann nicht mit Nicht-Veganern zusammenleben«

1. Was sagst du dazu, dass Raffaela nur mit Menschen befreundet sein kann, die vegan leben?
2. Wie findest du den Vergleich, den Raffaela zieht? Ist es ein schwieriger Vergleich oder findest du ihn passend? Begründe deine Antwort!

Video 6 »Raffaela lässt nicht mit sich reden«

1. Wie wirkt das Verhalten von Raffaela auf dich!
2. Welchen Tipp könnte das Mädchen gehabt haben?
3. Was würdest du Raffaela raten?

Auswertung und Reflexion des Unterrichtsprojekts

Die Durchführung der Unterrichtsstunden gestaltete sich für die Schüler*innen sowie für mich selbst äußerst interessant. Zunächst war ich sehr überrascht, dass einige Kinder der vierten Klasse Raffaela bereits kannten. Das führte automatisch dazu, dass die Kinder nicht nur bei den von mir vorgegebenen Arbeitsaufträgen blieben, sondern auch immer wieder darauf eingingen, wie Raffaela für ihre Überzeugungen eintritt und ob sie das gut oder schlecht finden. Wie sehr die Thematik die Kinder fesselte, zeigte die Tatsache, dass sie während der Arbeitsphasen, speziell im Austausch in den einzelnen Gruppen, konsequent bei der Sache blieben und sie nicht in unterrichtsfremde Themen abschweiften.

Dabei waren in einzelnen Gruppen durchaus heftige Diskussionen zu beobachten. Was auch dazu führte, dass ein Schüler in der Reflexion der ersten Unterrichtsstunde erklärte, dass ihm vorher noch nicht bewusst war, wie viele unterschiedliche Meinungen es gibt. Neben der Frage, ob nun alle Tiere gleich fühlen, war es vor allem die Frage nach den Haltungsbedingungen von Nutztieren, die die Kinder am meisten verunsicherte. In den Reflexionen am Ende der Stunden erklärten die Kinder, dass sie zwar wussten, was ›vegan‹ bedeutet, sie sich aber jetzt das erste Mal richtig Gedanken dazu gemacht hätten. Einige Äußerungen dazu waren z. B. »Ich habe heute das erste Mal so richtig über Tierquälerei nachgedacht.« Oder: »Den Gedanken von Luka fand ich wirklich interessant. Ich habe darüber noch nie nachgedacht, ob Tiere es merken, wenn sie zum Schlachter kommen.« Ein Junge meinte zu mir: »Ich habe danach noch länger mit Luka und David gesprochen. Dass ich vegan schlecht finde. Ob sie das auch so finden.« Ein Mädchen gab an, dass das

Nachdenken sie wirklich beeinflusst hat. Sie meinte: »Davor habe ich noch nie wirklich darüber nachgedacht, was manche Menschen Tieren antun. Die Unterrichtsstunden haben mir viel beigebracht.« Ein Junge entgegnete daraufhin, dass das Diskutieren auch auf ihn Einfluss hatte, er allerdings jetzt noch viel sicherer sagen kann, dass ›vegan‹ für ihn schlecht ist. Die meisten Schülerinnen und Schüler erklärten, dass sie es nicht gut finden, wie manche Tiere gehalten werden und dass man darauf achten sollte, was man kauft. Zwei Kinder meinten auch, dass sie jetzt darauf achten wollen, etwas weniger Fleisch zu essen. Was abschließend festgehalten werden kann, ist, dass das Thema die Kinder noch viel mehr angesprochen hat, als ich erwartet hatte. Auch die Klassenlehrerin berichtete mir, dass die Kinder auch außerhalb meiner Unterrichtsstunden immer wieder darüber ins Gespräch kamen. Die Schülerinnen und Schüler waren engagiert bei der Sache und diskutierten leidenschaftlich. Dass das Nachdenken über das Thema gewinnbringend für sie war, darüber war sich die Klasse durchaus einig.

Literaturverzeichnis

BANDURA, ALBERT, Sozial-kognitive Lerntheorie, Stuttgart 1979.

DEUTSCHE BISCHOFSKONFERENZ, Die Verantwortung des Menschen für das Tier. Positionen – Überlegungen – Anregungen, München 1993.

DEUTSCHE SHELL (Hg.), Jugend 2019. Eine Generation meldet sich zu Wort, Weinheim/Basel 2019.

EICHLER, JANINE / TRAMOWSKY, NADINE, Tierethik/Tiere, in: WiReLex 2021 (https://bibelwissenschaft.de/stichwort/200870/; letzter Zugriff am 25.10.2023).

FENNER, DAGMAR, Einführung in die Angewandte Ethik, 2., vollständig überarbeitete und erweiterte Auflage, Tübingen 2022.

HILPERT, KONRAD, Wer hat ein Lebensrecht? Peter Singers ›Praktische Ethik‹ in der Diskussion, in: Katechetische Blätter 117 (1992), Heft 4, 304–348.

KOCHHAN, CHRISTOPH / ELSÄSSER, ANNE / HACHENBERT, MICHAEL, Marketing- und Kommunikationstrends. Interviewstudie zur Akzeptanz bei Digital Immigrants und Digital Natives. Wiesbaden, Heidelberg 2020.

KOHLBERG, LAWRENCE, Die Psychologie der Moralentwicklung, Frankfurt a. M. 1995.

MENDL, HANS, Religionsdidaktik Kompakt. Für Studium, Prüfung und Beruf, München 2018.

MENDL, HANS, Taschenlexikon Religionsdidaktik. Das Wichtigste für Studium und Beruf, München 2019.

MENDL, HANS / SITZBERGER, RUDOLF / LAMBERTY, ALEXANDRA, Sinnfluencer:innen im Religionsunterricht: digital – nachhaltig – sinnvoll?, in: *Ines Brachmann* u. a. (Hg.), Innovative Lehrkräftebildung, digitally enhanced. Multimodale Impulse aus dem Projekt SKILL.de 2023. Verfügbar unter: https://oer.pressbooks.pub/skilldeopenbook; letzter Zugriff am 25.10.2023.

REMELE, KURT, Die Würde des Tiers ist unantastbar. Eine neue christliche Tierethik, Kevelar 2016.

ROSENBERGER, MICHAEL, Sich nähren wie ein Pelikan? Tierethische Überlegungen zur menschlichen Ernährung, in: rpi loccum 2/2016, S. 70–74.

SINGER, PETER, Practical Ethics, Cambridge 2011.

TRETTER, MAX, Tierethik (Version 1.0 vom 26.11.2018) in: Ethik-Evangelisch. Eine Initiative des Netzwerks Ethik in der Evangelisch-Lutherischen Kirche in Bayern und der Lehrstühle für Evangelische Ethik an den bayerischen Universitäten 2018 (https://www.ethik-lexikon.de/lexikon/tierethik; letzter Zugriff am 25.10.2023).

Kann man von Let's Playern lernen?
YouTuber der Gaming-Szene im Religionsunterricht

Manuel Stinglhammer

»Das ist ein bisschen wie früher…« – Worüber reden wir hier eigentlich?

»Das ist ein bisschen wie früher mit dem großen Bruder […] dem hat man ja auch beim Spielen zugeguckt und sich dabei unterhalten« (*Horchert* 2012), so erklärt Erik Range alias ›Gronkh‹, einer der meistgeklicktesten Produzenten von Webvideos in Deutschland diesen Trend.

Let's Player (auch: Gamer, Gaming Influencer) werden Personen genannt, die sich beim Spielen von Computerspielen (›Zocken‹) aufzeichnen, dabei unterhaltsam und gewitzt, in jugendsprachlichem Jargon kommentieren, die Videos online verfügbar machen oder streamen und so das Publikum teilhaben lassen, natürlich mit entsprechenden Werbeeinheiten dazwischen. Gaming-Influencer verdienen ihr Geld eben auch über Werbung, entsprechende Abonnentenzahlen, Aufrufe bei den Plattformen und über Merchandising.

Vielen Erwachsenen der Generation 40+ erschließt sich die Faszination nur schwer. Was ist so spannend daran, jemanden beim Zocken von Videogames zu beobachten? Und trotzdem ist die Reichweite dieser Influencer hoch. Mehrere Millionen Abonnent*innen, Klickzahlen, die teilweise in die Milliarden reichen, zeigen, wie sehr sie über die Sozialen Medien zum selbstverständlichen Bestandteil der Lebenswelt von Jugendlichen geworden sind. (vgl. *Schau-hin, Let's Play*)

Vor diesem Hintergrund ist zu fragen, ob dieses expandierende Genre, genauer die Gesichter, die sich hinter dem Let's Play verbergen, für den (Religions-)Unterricht nutzbar gemacht werden können. Hans Mendl formuliert insbesondere für den Bereich der Identitätsbildung in und durch digitale Welten ein Forschungsdesiderat, das ich gern aufnehme und weiter zu konturieren versuche. (*Mendl* 2021, 302) Auf der Basis seines profilierten Ansatzes eines Lernens an außergewöhnlichen Biografien (*ders.* 2015) ist zu fragen, ob und in welcher Weise diese medialen Stars im Religionsunterricht thematisiert werden können. Nach einigen soziologischen Eckdaten sowie der kurzen Vorstellung dreier Let's Player erfolgt eine religionspädagogische Einordnung und Konkretion.

Soziologische Eckdaten

Laut der JIM-Studie von 2023 verbringen Jugendliche (12–19 Jahre) durchschnittlich 91 Minuten (2022: 83 Minuten) täglich auf der Videoplattform YouTube; 80% geben an, diese regelmäßig, 44% sie täglich zu nutzen (vgl. *Medienpädagogischer Forschungsverbund Südwest* 2023, 40). Der Anteil der 6- bis 13-Jährigen liegt bei 41%, wobei 28% angeben, regelmäßig Videos der Let's Player zu konsumieren (vgl. *ders.* 2020, 43.45).

Digitale Spiele nutzen 72% der befragten Jugendlichen täglich oder mehrmals die Woche, durchschnittlich verbringen sie pro Tag 92 Minuten damit, wobei Jungen (119 Minuten) fast doppelt so lange »zocken« wie Mädchen (61 Minuten) (vgl. *ders.* 2023, 48f.). Gaming ist demnach bei männlichen Jugendlichen deutlich stärker ausgeprägt.

Diese Zahlen illustrieren, dass der Gaming-Markt im letzten Jahrzehnt geradezu explodiert und zu einer Milliarden-Industrie geworden ist. Im Jahr 2022 konnte in Deutschland ein erneuter Rekordumsatz von 9,8 Milliarden Euro (Spiele und entsprechende Hardware) erzielt werden (im Vergleich: 2019: 6,2 Milliarden Euro; 2016: 2,9 Milliarden Euro) (vgl. *Statista* 2024).

Nach Angaben einer repräsentativen Umfrage im Auftrag des Verbands der Deutschen Games-Branche e. V. haben ein Viertel der Deutschen schon Let's Play-Videos oder Gaming-Livestreams angesehen, bei den 16- bis 24-Jährigen liegt der Anteil sogar bei 65% (vgl. *Verband der Deutschen Games-Branche e. V.* 2023). Den Kindern und Jugendlichen ist die Einflussnahme durch Werbung dabei nicht immer bewusst (vgl. *Medienpädagogischer Forschungsverbund Südwest* 2023, 40).

In Bezug auf den favorisierten YouTube-Kanal bzw. auf die Influencer im Allgemeinen zeigt die JIM-Studie (freie Namensnennung möglich) eine große Heterogenität (vgl. *ebd.*). Während Mädchen sich primär für die Bereiche Beauty und Alltagsthemen interessieren, sind für Jungen Computerspiele bedeutsamer. Den Let's Player, den alle kennen und dem alle folgen, gibt es nicht (vgl. *Mendl/Lamberty/Sitzberger* 2023, 71).

Zusammenfassend lässt sich festhalten: Influencer und Influencerinnen sind »Teil des Alltags von Kindern und Jugendlichen. Sie dienen als Vorbilder, zeigen was in ist und wie der Alltag von erfolgreichen Menschen aussieht« (*Internationales Zentralinstitut für das Jugend- und Bildungsfernsehen* 2022, 2).

Let's Player – ein Einblick

Was fasziniert an (Gaming-)Influencern?

Das Faszinosum »Influencerinnen und Influencer« lässt sich mit einigen Aspekten charakterisieren (vgl. zum Folgenden: *Kost/Seeger* 2020, 36–38; vgl. *Pirner/Häusler* 2019, 12).

- a) Authentizität: Influencer wirken echt und unverstellt. Sie streamen aus dem heimatlichen (Kinder-)Zimmer und lassen an ihrem Alltag teilhaben. Sie besitzen eine hohe Glaubwürdigkeit und werden eher als Freund oder Freundin wahrgenommen (vgl. *Klicksafe* 2023).
- b) Teilhabe ermöglichen: Die Konsument*innen werden unterhalten, die Spielerinnen und Spieler teilen unmittelbar ihre Erlebnisse und Emotionen (vgl. *Schau-*

hin) und das möglichst dauerhaft durch regelmäßig eingestellte und zielgruppengenaue Inhalte (Reziprozität).
c) Commitment: Darüber hinaus verkörpern YouTuber & Co bestimmte Werte und Haltungen, die sich wie ein roter Faden durch die Videos ziehen.
d) Kommunikation: Ein Chat in einem Livestream oder die Kommentare und Likes unter den Videos ermöglichen Kommunikation und verstärken das Gefühl, Teil der Communitiy zu sein bzw. suggerieren Nähe zum Let's Player (parasoziale Interaktion).
e) Community: Die Follower nehmen sich so als Teil einer Community wahr, die gleiche Interessen verfolgt. Solche Communitys sind identitätsstiftend und bieten einen – auch zeitlich – stabilen Beziehungsraum (vgl. *Schmidt/Taddicken 2022, 31*).
f) Expertenstatus: Ferner wird Influencerinnen und Influencer ein Expertenstatus in ihrem Genre zugesprochen.

Let‹s Player als Vorbilder

»Irgendwie ist Gronkh wie ein zweiter Vater. Es hört sich total übertrieben an, aber er hat tatsächlich essenziell zu meiner Meinungsbildung in den letzten Jahren beigetragen« (*YouTube, Gronkh*). Dieser exemplarische Kommentar zu einem Video des eingangs zitierten YouTubers »Gronkh« macht den Einfluss deutlich.

Grundsätzlich geben in der Sinus-Jugendstudie über 80% der Befragten an, dass sie ein Vorbild haben. 22% nennen dabei ein Vorbild aus dem Bereich Entertainment (z.B. Musik, YouTube, Film), höher liegt nur die Familie und hier vor allem die Mutter (40%). Interessant in diesem Zusammenhang ist, dass Mädchen ausschließlich männliche Vorbilder aus diesem Bereich des Entertainment nennen (vgl. *Calmbach u. a. 2020, 221*).

»Menschen suchen aktiv nach Vorbildern oder sozialen Kontakten, mit denen sie sich identifizieren können. Das gilt auch für virtuelle Kontakte« (*Kost/Seeger 2020, 36*). Deshalb ist es nicht verwunderlich, dass auch die digitale Welt die Identitätsbildung beeinflusst und entsprechend Vorbilder generiert, an denen sich Kinder und Jugendliche (zeitweise) orientieren.

Die identitätsbildende Funktion Sozialer Medien wird dabei in drei Dimensionen beschrieben: Identitätsmanagement (Wer bin ich?), Beziehungsmanagement (Wo ist mein Platz in der Gesellschaft?) und Informationsmanagement (Wie orientiere ich mich in der Welt?). Durch Webvideos, Klicks, Kommentare, Likes, Profile und der Zugehörigkeit zu bestimmten Communitys werden verschiedene Aspekte der eigenen Person definiert und öffentlich (vgl. *Schmidt/Taddicken 2022, 28*).

Let's Player – kurz vorgestellt

Wer sind diese Männer und Frauen, die zur Identitätsbildung Jugendlicher beitragen? Die Gamingszene scheint fast unüberschaubar groß. Die hier präsentierte Auswahl orientiert sich an Bekanntheitsgrad (Abonnentenzahlen bzw. Aufrufe) in Deutschland sowie an der Empfehlung der beiden Kinder des Autors und ist deshalb bereits subjektiv gefärbt. Aufgrund der Tatsache, dass Gaming ein deutlich stärker jungenspezifisches Thema ist, die bekanntesten Gamer ausnahmslos männlich sind und sogar Mädchen aus dem Bereich des Entertainments ausschließlich Männer als Vorbilder benennen (vgl. vorheriges Kapitel), sei es hier gestattet, drei männliche Let's Player näher zu beschreiben, ohne die weiblichen Influencerinnen dieses Genres, wie z. B. XFibii oder Pandorya, zu vergessen.

Erik Range alias »Gronkh«

Ein Gamer der ersten Stunde ist der bereits eingangs zitierte Erik Range (»Gronkh«) (vgl. *Böhm/Gruber* 2016), der als »großer Bruder« (geb. 1977) der Gamingszene bezeichnet wird. Biografisches ist, wie bei vielen Influencern der Gamingszene, wenig bekannt. Fast fünf Millionen Abonnent*innen und mehr als drei Milliarden Aufrufe seiner mehr als 16.000 Videos sprechen für seine Reichweite (vgl. *YouTube, Gronkh*).

> Ich spiele und rede dazu. Dafür gewinnt man keinen Oscar […] Mir ist klar, dass die ›Let's Play‹-Schiene nicht den höchsten intellektuellen Anspruch hat. Aber ich will die Leute gut unterhalten und emotional mitnehmen beim Spielen. Und ich flechte auch immer mal wieder Gesellschaftskritik […] ein, poche aufs Miteinander. Das geht nur oberflächlich, aber ich möchte das Thema wenigstens anschneiden (*Böhm/Gruber* 2016).

So thematisiert er während des Spielens, gleichsam en passant, die Flüchtlingsthematik und positioniert sich argumentativ in einem längeren Passus: »Ich werde immer sein ›Pro Mensch‹...« (*YouTube, Gronkh*, Oft gefragt, Min. 1:30). Dabei nimmt er Bezug auf die Ängste und Nöte der Geflüchteten, genauso wie auf die schwierige Situation der Politik. Außerdem ist Range der erste Digitalbotschafter der »Aktion Deutschland Hilft« und sammelt mit seinen Charity-Aktionen unter dem Titel »Friendly Fire« Spenden für den guten Zweck (vgl. *Böhm/Gruber* 2016).

Patrick Mayer alias »Paluten«

Im Vordergrund steht Unterhaltung. Dass dabei Humorvolles nicht zu kurz kommen darf, bestätigt Patrick Mayer alias »Paluten«, weil es darum geht, die »Zuschauer auch noch mehr an meinem Leben teilhaben zu lassen« (*Pfister* 2017). In einem emotionalen, immer wieder von Werbung unterbrochenen, knapp 12-minütigen Video macht er seine Eheschließung und die Geburt seines Kindes öffentlich. »Es ist das Geilste, was mir in meinem Leben je passiert ist […] Es ist das Schwerste, Stressigste, Anstrengendste […]« (*YouTube, Paluten*, Ich habe geheiratet & bin Vater geworden..., Min. 5:30). Dabei erzählt er von der schwierigen Situation der Scheidung der Eltern in der Schulzeit und dass deshalb die Themen Hochzeit und Familie eine besondere Bedeutung für ihn haben. Mit mehr als 5 Millionen Abonnent*innen und 5 Milliarden Aufrufen mit knapp 8000 Videos gehört auch Paluten zu den führenden Let's Playern Deutschlands (vgl. *YouTube, Paluten*).

Er lässt in den wenigen existierenden Interviews durchscheinen, dass er auch mal »Ferien vom Internet« macht. »Ich gehe gern Wandern oder fahre Ski [...] Und das auch immer wieder bewusst, weil ich Bock auf Natur und Sport habe und dann auch einfach nur den Augenblick genießen will ohne irgendwelche Ablenkungen oder Nebengeräusche« (*Main Echo* 2019).

Maximilian Schuster alias »Icrimax«

Der YouTuber (geb. 1997) mit mehr als 3,5 Millionen Abonnent*innen und fast zwei Milliarden Aufrufen der mehr als 3.000 Webvideos (vgl. *YouTube, Icrimax*) wurde auch durch seine Vorliebe für Luxus bekannt. Er kaufte sich einen Rolls Royce für eine halbe Million Euro:

> Ja, ich habe viel Geld. Aber ich habe niemandem etwas weggenommen, niemanden betrogen, niemandem geschadet. Wenn ich etwas Legales mache, immer meine Steuern zahle, wenn ich mich dann noch um meine Eltern kümmere und am Ende des Tages immer noch genug Geld da ist, um mir meinen großen Traum vom Rolls-Royce zu erfüllen – warum soll ich das dann nicht machen? (*Meckert* 2023)

Von einer Reporterin des MDR gefragt, ob er einen Tipp habe, worauf es wirklich ankommt, sagt er: »Einfach durchziehen [...] jeden Tag [...]. Egal, was ihr machen wollt, es wird nie schnell gehen« (*MDR* 2023, Min. 9:30).

Let's Player im Religionsunterricht?

Aber: Taugen solche Typen für den Religionsunterricht? Kann man an ihnen oder mit ihnen lernen? Pro und Contra ist in den Blick zu nehmen.

Einerseits: Muss man auf jeden fahrenden Zug aufspringen?

Berechtigt ist zu fragen, ob man auf »jeden fahrenden Zug aufspringen müsse«. Let's Player verstehen ihre Tätigkeit primär als Entertainment, eine konturierte Botschaft wird in aller Regel nicht transportiert. Es geht um Spaß und Unterhaltung, ohne großen intellektuellen Anspruch und als solche muss man sie auch betrachten. Insofern ist zu fragen, inwieweit dieses Genre für den Unterricht taugt und ob nicht geeignetere Vorbilder mit mehr Inhalt, mehr »Vorbildhaftigkeit« im Sinne allgemein anerkannter Normen und Werte sinnvoller wären. Ist es nicht unsere Pflicht, den Lernenden bei der Vielzahl an Identifikationsfiguren diejenigen anzubieten, die für die Entwicklung ihrer personalen und sozialen Identität förderlich sind? Ein James Bond wurde letztlich im Religionsunterricht weniger thematisiert, auch wenn er für viele ein Star und Vorbild war.

Ferner besteht immer die Gefahr, sich mit der Okkupation der jugendlichen Lebenswelt anzubiedern und dadurch als Lehrkraft auch peinlich zu wirken (vgl. *Mendl/Lamberty/Sitzberger* 2023, 72). Muss man nicht den Kindern und Jugendlichen manchmal ihre Welt, die sie in ihrer Entwicklungsphase brauchen, lassen und nicht gleich wieder pädagogisierend in das Klassenzimmer holen und zerpflücken? Die Einwände wiegen schwer, ein Blick auf die andere Seite lohnt aber.

Andererseits: Kann man einen zentralen Teil der Lebenswelt einfachhin ausblenden?

Wenn, wie dargestellt wurde, Influencer und Influencerinnen fester Bestandteil der Kinder- und Jugendkultur heute sind, ist zu fragen, ob man nicht »radikal an Lebenswelten und entwicklungspsychologischen Bedingungen vorbeipädagogisiert« (*Mendl* 2015, 194), wenn man diesen heute wichtigen Teil jugendlichen Alltags ausblendet. Und laufen wir nicht in dieselbe Falle wie einst frühere Generationen, die bei den Rolling Stones, den Beatles oder später ACDC gleich ›den Teufel am Werk‹ sahen? »Schule ist kein Netzwerk, das losgelöst von der Lebenswelt der Schüler/innen gedacht werden kann: Lernende tragen immer einen Teil ihrer Lebenswelt in sich und sind von ihr beeinflusst« (*Lamberty/Sitzberger* 2021, 141). Dann gilt aber, »dass die Medienwelt von Kindern und Jugendlichen Pädagogen und Lehrern aktuelles und lebensnahes Material zuspielt, das aufgegriffen werden kann, um daran auch anstehende Identitätsfragen zu klären« (*Mendl* 2015, 201). Und ist es nicht auch medienpädagogische Verpflichtung, zu einem mündigen und kritischen Umgang mit den Inszenierungen der digitalen Welt zu erziehen? (vgl. *Mendl/Lamberty/Sitzberger* 2023, 73)

Es ist freilich ein ernstzunehmender Einwand, ob in den Idolen der YouTube-Welt eine ausreichende Vorbildhaftigkeit vorliegt, um pädagogisch aufgearbeitet zu werden. Andererseits: Sollte man die »unselige Unterscheidung von Idol und Vorbild« (*Mendl* 2015, 195) nicht endlich lassen, um sich unvoreingenommen dem anzunähern, was sie Kindern und Jugendlichen bedeuten, ohne sofort die Nase zu rümpfen oder die Hände über den Kopf zusammenzuschlagen? Jugendliche brauchen zeitweilige Identifikationsfiguren als Spiegelungsfolie für Hoffnungen, Befürchtungen, Wünsche und Sehnsüchte. Sie bieten »geborgte, ausgeliehene Kraft, geborgten, ausgeliehenen Sinn. Beides wird gebraucht, bis die eigenen Kräfte wieder reichen« (*Liebau, zit. n. Mendl* 2015, 47). Jugendliche gehen »weit souveräner damit um, als Erwachsene meinen, und erkennen beispielsweise die Differenz von Inszenierung und wirklicher Person« (*Mendl* 2015, 47).

Ich folge meinem Lehrer Hans Mendl in seiner Neugier und kritischen Offenheit für die »Zeichen der Zeit« und beantworte – nach Abwägung der Argumente – die Ausgangsfrage, ob man mit und an Gaming-Influencerinnen und Influencern im Religionsunterricht lernen könne, mit Ja. Und zwar auch aus einer christlichen Grundhaltung heraus, dass wir Identitätsbildung nicht den digitalen Medien überlassen dürfen, die dann immer auch unreflektiert und von Manipulationsversuchen durchsetzt sein wird. Die Frage ist eher, in welcher Art und Weise die Personen didaktisch ins Spiel gebracht werden können.

Mit Let's Playern im Religionsunterricht lernen

Die Art und Weise: Diskursethischer Ansatz

Im diskursethischen Ansatz des Lernens an fremden Biografien von Hans Mendl wird ausdrücklich und folgerichtig der Abschied von jeglichen unreflektierten Nachahmungswünschen postuliert (vgl. *Mendl* 2011a, 54). Dies ist auch bei Heiligen oder biblischen Personen anzuraten. (vgl. *ders.* 2015, 194f.) Lernende sind selbstreflexive Subjekte. Die Schülerin bzw. der Schüler »handelt planvoll, entscheidet selbstverantwortlich über Alternativen und weist seinen Entscheidungen Sinn zu« (*ebd.*, 71). Lernen an fremden Biografien zielt letztlich auf eine Unterstützung der Identitätsentwicklung, die als reine Selbstentwicklung gedacht, zum Scheitern verurteilt wäre: »Wir benötigen Impulse von außen, um dann in Auseinandersetzung, Orientierung und Abgrenzung dazu das eigene Leben zu gestalten« (*ders.* 2016, 5). Eigene Erfahrungen und Deutungen werden so konfrontiert mit und ausgeweitet auf die gedeutete Wirklichkeit anderer (vgl. *Lindner* 2014, 285; vgl. *Mendl* 2015, 84).

Dieser Ansatz erlaubt deshalb den Rückgriff auch auf »schräge Singularitäten« (*Dam/Mendl* 2023, 5) oder »Anti-Typen« (*Mendl* 2015, 89), weil es ja nicht darum geht, Personen in ihrer Vorbildhaftigkeit vorzustellen und zur Nachahmung zu animieren, sondern vielmehr um eine kritische Auseinandersetzung, die zu einer begründeten Positionierung führt (vgl. *ebd.*, 71). Man verzichtet auf unmittelbare Übertragungsmuster und diskutiert moralisch herausfordernde Situationen, um die Wertentwicklung und Urteilskompetenz zu fördern, ohne eine Entscheidung oder Verhaltensweise als die einzig richtige oder ethisch legitime zu postulieren (vgl. *ders.* 2011a, 54). Das dürfte – gerade hinsichtlich »schräger Typen« im Bereich der Social Media – bei Lehrkräften das eine oder andere Grummeln in der pädagogischen Magengegend auslösen. Hier ist Zurückhaltung gefragt, was nicht bedeutet, dass man nicht eine kritische Auseinandersetzung stimulieren darf (vgl. *ders.* 2015, 203).

Deshalb können einige Grundregeln hilfreich sein, wenn man auf die Let's Player-Szene zugreift, um religiöse Lernprozesse anzustoßen.

Grundregeln für den Umgang mit Let's Playern im unterrichtlichen Kontext

a) Let's Player sind mit biografischen Eckdaten, Interview- oder Videoausschnitten stets so einzubringen, dass sich Lernende mit ihren Aussagen, Haltungen, Argumenten und Verhaltensweisen auseinandersetzen und sich begründet positionieren können, und zwar im Sinne eines »freiheitsverbürgenden Lernens« (*Ziebertz* 2008, 356) und ohne, dass sie von Lehrerseite madig gemacht werden (vgl. *Mendl* 215, 203).

b) Es gilt mit Bedacht und Vorsicht vorzugehen, um sich nicht anzubiedern. Die Lehrkraft muss vorher überlegen, welche Personen Anknüpfungspunkte bieten.

c) Dafür braucht es eine unterrichtliche Einbettung des Gaming-Influencers, um Vernetzungen zu ermöglichen. Eine Einzelstunde, abgekoppelt von jeglicher Wertediskussion, wird schwerlich fundierte Positionierungen herbeiführen können.

d) Let's Player können durchaus mit christlichen Wertvorstellungen oder anderen Personen aus dem christlichen Kontext verknüpft und konfrontiert werden. Nicht im Sinne einer Gegenüberstellung »gutes Vorbild – schlechtes Vorbild«, sondern im Sinne eines Anregungspotenzials, »um die unhinterfragten Vorstellungsmuster der Schülerinnen und Schüler aufzusprengen, gesellschaftliche und lebensweltliche Plausibilitäten zu durchbrechen und ihnen ein kritisches religiöses Urteil zu ermöglichen, ohne sie zu Objekten des Lehrens oder – schlimmer noch – zu Marionetten der Glaubensverkündigung herabzuwürdigen« (*Lindner* 2014, 285).

e) In medienpädagogischer Hinsicht kann aufgedeckt werden, wie Influencer und Influencerinnen Geld verdienen. Dies ist auch die Voraussetzung, um mögliche Manipulationen zu durchschauen.

Konkretionen

Welche konkreten Anregungen ergeben sich daraus für den Religionsunterricht? Entweder die Person dient als Vehikel, um eher allgemeine Lebensthemen, Wünsche, Hoffnungen oder Befürchtungen einzuspielen, oder aber um über gelingendes Leben nachzudenken (vgl. *Mendl* 2015, 208). Alternativ wird man stärker biografische Handlungs- und Entscheidungssituationen betrachten und reflektieren, wie es dem Lernen an fremden Biografien entspricht. Nachdem dilemmatauglichen Handlungs- und Entscheidungssituationen der Gaming-Influencer und -Influencerinnen (noch) wenig bekannt sind, wird man häufiger zur ersten Variante greifen.

Einige methodische Impulse mögen als Anregung für eine unterrichtliche Umsetzung dienen.

a) Aussagen bedenken und dazu Stellung nehmen
»Ich werde immer sein ›Pro Mensch‹!« (»*Gronkh*«)
Die Aussagen von Erik Range zur Flüchtlingsthematik können ein Denkanstoß für die Lernenden sein. Nach der Sammlung einiger biografischer Eckdaten wird eine Passage des Videos präsentiert, aus dem zentrale Argumente beurteilt werden und danach überlegt wird, wo man »Gronkh« zustimmt und an welcher Stelle man sich abgrenzen möchte. Dies kann in das Verfassen eines Kommentars zum Video münden. Ähnliches ist für »Paluten« (Welche Momente möchte ich »ohne Ablenkung« erleben?) und »Icrimax« (Reicht es aus, niemanden zu schaden?) denkbar.

b) Was darf man sagen?
In einem Spiegelinterview wird »Gronkh« gefragt: Sollte man in einem Stream oder Video »Spasti« sagen, wie es manche YouTuber machen? Oder »Hurensohn«? (*Böhm/Gruber* 2016)
Die Diskussion kann auf die Perspektive ausgedehnt werden, inwieweit YouTuber

Verantwortung für junge Menschen haben, inwieweit sie Vorbilder sein müssen. Schülerinnen und Schüler können GOs und NO-GOs von Vorbildern entwerfen. Diese können mit dem Gebot der Nächsten- und Selbstliebe bzw. dem Dekalog verglichen werden.

c) Individuelle Influencerinnen und Influencer präsentieren
Schülerinnen und Schüler entwerfen eine steckbriefartige (digitale) Seite zum individuell gewählten Influencer. Eine kurze Lebensbeschreibung mit Hilfe biografischer Eckdaten wird verfasst, ein zur Person passender Wahlspruch wird notiert und Lernende formulieren, was ihnen an der Person (nicht) gefällt, was sie bewundern und welche Fragen sie gerne stellen möchten. Schließlich kann auch eine Wertepyramide gestaltet werden, in der deutlich wird, welche Werte dieser Person wichtig sind und wie ich mich selbst dazu positioniere (vgl. *Mendl* 2015, 87.263).

d) Kontrastieren
Dem Umgang von Maximilian Schuster alias »Icrimax« mit Geld und Reichtum kann kontrastierend das Vorhaben von Marlene Engelbrecht (BASF-Erbin) gegenübergestellt werden, die 25 Millionen Euro ihres geerbten Vermögens über einen Bürgerrat an die Gesellschaft zurückgeben möchte (*Hilpert* 2024). Dabei können Pro und Contra sowie Handlungsmotive erforscht werden, ehe zu einer differenzierten Positionierung angeregt wird. Es ist auch denkbar, die vier Kardinaltugenden (Klugheit, Gerechtigkeit, Tapferkeit, Maß) zu erarbeiten und sie an dieser Stelle einzubringen, um zur Stellungnahme herauszufordern.

Diese Beispiele zeigen, dass eine Auseinandersetzung mit Let's Playern durchaus unterrichtliches Potenzial enthält, auch wenn unmittelbar religiös-christliche Anknüpfungspunkte in der Regel fehlen. Das ist einzuräumen. Irgendwie dann doch Gott ins Spiel zu bringen (weil es sich ja um Religionsunterricht handelt), wirkt meist künstlich, anbiedernd und schadet der Sache mehr als sie nützt. Das Lernen an außergewöhnlichen Biografien ist in diesem Kontext eher als Hilfe zur Identitätsentwicklung, Wertentwicklung und religiös-moralischer Urteilsfähigkeit im Bereich des ethischen Lernens zu sehen. Das ist aber keine mindere Aufgabe, sondern fordert einen Religionsunterricht, bei dem die Schülerinnen und Schüler »fit werden für den Umgang mit Pluralität« (*Mendl* 2015, 30).

Literaturverzeichnis

Böhm, Markus / Gruber, Angela, YouTube-Star Gronkh »Der Schund kommt zwangsläufig nach oben«, 2016 (https://www.spiegel.de/netzwelt/web/gronkh-youtube-star-im-interview-ueber-friendly-fire-ii-und-hass-im-netz-a-1122401.html; letzter Zugriff am 29.3.2024).

Calmbach, Marc u. a., Wie ticken Jugendliche 2020? Lebenswelten von Jugendlichen im Alter von 14 bis 17 Jahren in Deutschland. Sinus-Jugendstudie, Bonn 2020.

Dam, Harmjan / Mendl, Hans, Welche Vorbilder brauchen Kinder und Jugendliche? Biografisches Lernen im Wandel der Zeiten, in: Religion 5 bis 10 50 (2023), 4–6.

Görig, Carsten, »Minecraft«-Roman führt SPIEGEL-Bestsellerliste an. Da staunt man Klötzchen, 2018 (https://www.spiegel.de/kultur/literatur/minecraft-bestseller-von-paluten-die-schamhamas-verschwoerung-auf-platz-1-a-1201338.html; letzter Zugriff am 29.3.2024).

Hilpert, Britta, So will Engelhorn ihr Erbe gerecht verteilen (https://www.zdf.de/nachrichten/politik/engelhorn-millionen-erbe-verteilung-buergerrat-100.html; letzter Zugriff am 30.3.2024).

Horchert, Judith, Let's-Play-Stars Gronkh und Sarazar. Deutschlands berühmteste Vorspieler, 2012 (https://www.spiegel.de/netzwelt/games/let-s-play-videos-machten-gronkh-und-sarazar-beruehmt-a-859241.html; letzter Zugriff am 29.3.2024).

Internationales Zentralinstitut für das Jugend- und Bildungsfernsehen: Dagi Bee, Bibi, Gronkh und Julien Bam seit 5 Jahren konstant die beliebtesten Influencer*innen von Kindern und Jugendlichen [Pressemeldung], 2022 (https://izi.br.de/deutsch/presse/Pressemitteilungen/Pressemitteilungen.htm, Zugriff am 29.3.2024).

Klicksafe, Influencer. Wichtige Vorbilder oder schlechter Einfluss?, 2023 (https://www.klicksafe.de/influencer; letzter Zugriff am 27.3.2024).

Kost, Julia F. / Seeger, Christof, Influencer Marketing. Grundlagen, Strategie und Management, Paderborn ²2020.

Lamberty, Alexandra / Sitzberger, Rudolf, »Ich würd' es liken« – ein YouTube-Video im Blick von Jugendlichen, in: *Norbert Brieden u. a.* (Hg.), Digitale Praktiken. Jahrbuch für konstruktivistische Religionsdidaktik 12, Babenhausen 2021, 132–143.

Schau-hin, Let's Play: Gaming-Filme auf YouTube, o. J. (https://www.schau-hin.info/grundlagen/lets-plays-gaming-auf-youtube; letzter Zugriff am 28.3.2024).

Lindner, Konstantin, Biografisches Lernen: Kleine Leute und große Gestalten, in: *Georg Hilger u. a.* (Hg.), Religionsdidaktik Grundschule. Handbuch für die Praxis des evangelischen und katholischen Religionsunterrichts, München 2014, 281–292.

Main Echo, YouTuber Paluten macht auch mal Ferien vom Internet, 2019 (https://www.main-echo.de/magazine/mami-papi-ich/aktuelles/youtuber-paluten-macht-auch-mal-ferien-vom-internet-art 6827104; letzter Zugriff am 26.3.2024).

Meckert, Philipp, Auto für halbe Million. Kölner Youtuber: »100.000 Euro? Irre viel Geld, aber kein Problem«, 2023 (https://www.express.de/koeln/youtuber-kauft-auto-fuer-halbe-million-100-000-euro-kein-problem-388196; letzter Zugriff am 28.3.2024).

Mendl, Hans, Gandhi, Bibi und die anderen, in: Neue Gespräche 41 (2011), Heft 6, 8–10.

Mendl, Hans, Orientierung an fremden Biografien, in: Loccumer Pelikan (2011a), Heft 2, 53–57.

Mendl, Hans, Modelle – Vorbilder – Leitfiguren. Lernen an außergewöhnlichen Biografien, Stuttgart 2015.

Mendl, Hans, »Identitäts-Arbeit« als Aufgabe des Religionsunterrichts? Über biografisches Lernen zur religiösen Identität, in: reliplus. Religionspädagogische Zeitschrift für Praxis & Forschung, hg. v. *Kompetenzzentrum für Religionspädagogische Schulbuchentwicklung an der Kirchlich-Pädagogischen Hochschule Graz-Seckau*, 9–10 (2016), 4–7.

Mendl, Hans, Lernen an Vorbildern und Modellen, in: *Konstantin Lindner / Mirjam Zimmermann* (Hg.), Handbuch ethische Bildung. Religionspädagogische Fokussierungen, Tübingen 2021, 296–302.

Mendl, Hans / Lamberty, Alexandra / Sitzberger, Rudolf, Influencer, Christfluencer, Sinnfluencer: Das didaktische Potenzial von Selbstpräsentationen digitaler Welten, in. *André Schütte / Jürgen Nielsen-Sikora* (Hg.), Wem folgen? Über Sinn, Wandel und Aktualität von Vorbildern, Berlin 2023, 65–79.

MDR, Icrimax im MDR TWEENS Interview, 2023 (https://www.mdr.de/tweens/podcast/live-show/audio-icrimax-interview-mdr-tweens100.html; letzter Zugriff am 27.3.2024).

Pfister, Ralph-Bernhard, Let's Player Paluten: »Wir machen keine Kampagnen, auf die wir keinen Bock haben«, 2017 (https://www.wuv.de/Exklusiv/Specials/Gaming-Mobile-Gaming/Let%27sPlayer-Paluten-%22Wir-machen-keine-Kampagnen,-auf-die-wir-keinen-Bock-haben%22; letzter Zugriff am 28.3.2024).

Pirner, Manfred / Häusler, Nastja, Influencer als Vorbilder? Eine Bestandsaufnahme und Impulse für den Religionsunterricht, in: Loccumer Pelikan (2019), Heft 3, 9–13.

Schmidt, Jan-Hinrik / Taddicken, Monika, Soziale Medien: Funktionen, Praktiken, Formationen, in: *dies.* (Hg.), Handbuch Soziale Medien, Wiesbaden ²2022, 19–34.

Statista, Umsatz im Gaming-Markt (inkl. Hardware) in Deutschland von 2012 bis 2022, 2024 (https://de.statista.com/statistik/daten/studie/824576/umfrage/umsatz-im-gaming-markt-in-deutschland/; letzter Zugriff am 26.3.2024).

YouTube, Gronkh (https://www.youtube.com/user/Gronkh; letzter Zugriff am 27.3.2024).

YouTube, Gronkh, Oft gefragt: Meine POLITISCHE Ausrichtung! (+Cannabis) (https://www.youtube.com/watch?v=_CUTG17gRv4; letzter Zugriff am 28.3.2024).

YouTube, Icrimax (https://www.youtube.com/icrimax; letzter Zugriff am 28.3.2024).

YouTube, Paluten (https://www.youtube.com/Paluten; letzter Zugriff am 29.3.2024).

YouTube, Paluten, Ich habe geheiratet & bin Vater geworden... (https://www.youtube.com/watch?v=M66ZCW7n2v4; letzter Zugriff am 28.3.2024).

Wikipedia, Gronkh (https://de.wikipedia.org/wiki/Gronkh; letzter Zugriff am 25.3.2024).

Ziebertz, Hans-Georg, Biografisches Lernen, in: *Georg Hilger / Stephan Leimgruber / Hans-Georg Ziebertz* (Hg.), Religionsdidaktik. Ein Leitfaden für Studium, Ausbildung und Beruf, München ⁵2008, 349–360.

Beiträgerinnen und Beiträger

Bahr, Matthias (*1960), Dr. theol., Professor für Religionspädagogik und Didaktik des katholischen Religionsunterrichts an der Rheinland-Pfälzischen Technischen Universität Kaiserslautern-Landau, Campus Landau

Brieden, Norbert (*1968), Dr. phil. Dr. theol., Professor für Religionspädagogik / Praktische Theologie an der Universität zu Köln

Burrichter, Rita (*1961), Dr. theol., Professorin für Praktische Theologie am Institut für Katholische Theologie der Universität Paderborn

Gärtner, Claudia (*1971), Dr. theol., Professorin für Praktische Theologie an der Technischen Universität Dortmund

Garmaz, Jadranka (*1974), Professorin für Religionspädagogik und Katechetik an der Katholisch-Theologischen Fakultät der Universität Split

Gojny, Tanja (*1974), Dr. theol., Professorin für Religionspädagogik und Didaktik der Evangelischen Religionslehre an der Bergischen Universität Wuppertal

Grillhösl-Schrenk, Carolin (*1978), Dr. phil., Lehrerin an der Grundschule Wegscheid

Heger, Johannes (*1983), Dr. theol., Professor für Religionspädagogik und Didaktik des Religionsunterrichts an der Katholisch-Theologischen Fakultät der Julius-Maximilians-Universität Würzburg

König, Klaus (*1959), Akademischer Direktor am Lehrstuhl für Didaktik der Religionslehre, für Katechetik und Religionspädagogik an der Katholischen Universität Eichstätt-Ingolstadt

Kropač, Ulrich (*1960), Dr. theol. habil., Professor für Didaktik der Religionslehre, für Katechetik und Religionspädagogik an der Katholischen Universität Eichstätt-Ingolstadt

Langenhorst, Annegret (*1966), Dr. theol., Studiendirektorin am Gymnasium Wendelstein

Langenhorst, Georg (*1962), Dr. theol. habil., Professor für Didaktik des katholischen Religionsunterrichts und Religionspädagogik an der Katholisch-Theologischen Fakultät der Universität Augsburg

Leitmeier, Walter (*1967), Dr. theol., Akademischer Direktor und Leiter der Lehreinheit Didaktik des Katholischen Religionsunterrichts an der Friedrich-Alexander-Universität Erlangen-Nürnberg

Lindner, Konstantin (*1976), Dr. theol. habil., Professor für Religionspädagogik und Didaktik des katholischen Religionsunterrichts an der Otto-Friedrich-Universität Bamberg

Neumann, Michaela (*1967), Dr. phil., Akademische Oberrätin am Lehrstuhl für Didaktik des katholischen Religionsunterrichts und Religionspädagogik an der Katholisch-Theologischen Fakultät der Universität Augsburg

Porzelt, Burkard (*1962), Dr. theol., Professor für Religionspädagogik und Didaktik des katholischen Religionsunterrichts an der Katholisch-Theologischen Fakultät der Universität Regensburg

Riegel, Ulrich (*1966), Dr. theol., Professor für Religionspädagogik an der Universität Siegen

Riegger, Manfred (*1967), Dr. theol. habil., Akademischer Direktor am Lehrstuhl für Didaktik des katholischen Religionsunterrichts und Religionspädagogik an der Katholisch-Theologischen Fakultät der Universität Augsburg

Roose, Hanna (*1967), Dr. phil., habil. (theol.), Professorin für Praktische Theologie / Religionspädagogik an der Evangelisch-Theologischen Fakultät der Ruhr-Universität Bochum

Sajak, Clauß Peter (*1967), Dr. theol. habil., Professor für Religionspädagogik und Didaktik des Religionsunterrichts an der Katholisch-Theologischen Fakultät der Universität Münster

Schambeck sf, Mirjam (*1966), Dr. theol. habil., Professorin für Religionspädagogik und Didaktik des Religionsunterrichts an der Katholisch-Theologischen Fakultät der Ludwig-Maximilians-Universität München

Schiefer Ferrari, Markus (*1960), Dr. theol., Professor für Biblische Theologie, Exegese des Neuen Testaments und Bibeldidaktik an der Rheinland-Pfälzischen Technischen Universität Kaiserslautern-Landau, Campus Landau

Sitzberger, Rudolf (*1966), Dr. theol., Akademischer Direktor am Lehrstuhl für Religionspädagogik und Didaktik des Religionsunterrichts am Department Katholische Theologie der Universität Passau

Stinglhammer, Manuel (*1975), Dr. phil., Wissenschaftlicher Mitarbeiter am Department für Katholische Theologie der Universität Passau und Seminarrektor i. K. im Bistum Passau

Stögbauer-Elsner, Eva (*1977), Dr. theol., Akademische Oberrätin am Lehrstuhl für Religionspädagogik und Didaktik des Religionsunterrichts der Universität Regensburg

Werner, Matthias (*1988), Dr. phil., Wissenschaftlicher Mitarbeiter am Lehrstuhl für Didaktik des katholischen Religionsunterrichts und Religionspädagogik an der Katholisch-Theologischen Fakultät der Universität Augsburg